U0641216

国家出版基金项目
NATIONAL PUBLICATION FOUNDATION

单中惠 总主编

杜威教育研究大系

杜威在华教育讲演集

王凤玉 单中惠 编

山东教育出版社
·济南·

图书在版编目（CIP）数据

杜威在华教育讲演集 / 王凤玉，单中惠编 . — 济南：山东
教育出版社，2024.6

（杜威教育研究大系 / 单中惠总主编）

ISBN 978-7-5701-2381-0

Ⅰ.①杜… Ⅱ.①王… ②单… Ⅲ.①杜威（Dewey, John
1859—1952）—教育思想—文集 Ⅳ.①G40-097.12

中国版本图书馆CIP数据核字（2022）第215672号

丛书策划：蒋　伟　孙文飞
责任编辑：周红心　周宝青
责任校对：刘　园
装帧设计：王玉婷

DUWEI ZAI HUA JIAOYU JIANGYANJI
杜威在华教育讲演集
王凤玉　单中惠　编

主　　管：山东出版传媒股份有限公司
出版发行：山东教育出版社
地　　址：济南市市中区二环南路 2066 号 4 区 1 号　　邮　编：250003
电　　话：（0531）82092660　　网　址：www.sjs.com.cn
印　　刷：山东临沂新华印刷物流集团有限责任公司
版　　次：2024 年 6 月第 1 版　　印　次：2024 年 6 月第 1 次印刷
规　　格：710 毫米 × 1000 毫米　1/16　　印　张：33
字　　数：470 千　　定　价：136.00 元

如印装质量有问题，请与出版社发行部联系调换。（电话：0531-82092686）

总　序

单中惠

　　美国哲学家和教育家约翰·杜威（John Dewey，1859—1952）走过了93年的人生道路。在整个学术生涯中，杜威从哲学转向教育，既注重教育理论，又注重教育实验，始终不渝地进行现代教育的探索，创立了一种产生世界性影响的教育思想体系，成为现代享有盛誉的西方教育思想大师。凡是了解杜威学术人生或读过杜威著作的人，都会惊叹其知识的渊博、思维的敏锐、观点的新颖、批判的睿智、志向的坚毅、撰著的不辍。综观杜威的学术人生，其学术生涯之漫长、学术基础之厚实、学术成果之丰硕、学术思想之创新、学术影响之广泛，确实是其他任何西方教育家都无法相比的。

　　杜威的著述中蕴藏着现代教育智慧，他的教育思想具有恒久价值。这种恒久价值主要体现在五个方面：阐释了学校变革与社会变革的关系；强调了教育目标应该是学生发展；倡导了课程教材的心理化趋向；探究了行动和思维与教学的关系；阐明了教育过程是师生合作的过程。特别值得指出的是，杜威的那些睿智的教育话语充分凸显了创新性。例如，关于社会和学校，杜威提出："社会改革是一种有教育意义的改革"，"社会重构和教育重构是相互关联的"，"学校是一个社会共同体"，"教会儿童如何生活"，等等。关于儿童和发展，杜威提出："身体和心灵两方面的发展相辅而行"，"身体健康乃各种事业的根本","心智不是一个储藏室","解放了的好奇心就是系统的发现","教育的首要浪费是浪费生命",等等。关于课程和教材,杜威提出:"课程教材心理化","在课堂上拥有新生命","批量生产造就了埋没个人才能和技艺的批量教育","教师个人必须尽其所能地去挖掘和利用教材",等等。关于思维和学习,杜威提出:"教育的原理就是学行合一","做中学并不意味着用工艺训练课或手工课取代教科书的学习","学习就是要学会思维","讲课是刺激和指导反思性思维的时间和场所",等等。关于创造与批判,杜威提出:"创造与批判是一对伙伴","发展就等于积极地创造","批判和自我批判是通往创造性释放之路",等等。关于道德教育和职业教育,杜威提出:"道德教育的重要就因为它无往不在","道德为教育的最高最后的目的","品格发展是学校一切工作的最终目的","职业教育的首要价值是教育性的","普通教育与职业教育同时并行",等等。关于教师职业和教师精神,杜威提出:"教师职业是全人类最高贵的职业","教师是学校教育改革的直接执行者","教师必须是充满睿智的心灵医师","教师是艺术家","确保那些热爱儿童的教师拥有个性和创造性","教育科学的最终实现是在教育者的头脑里",等等。

　　杜威的教育名著及其学术思想,受到众多哲学家、教育学家的推崇。例如,美国哲学家和教育家胡克(Sidney Hook)特别强调了杜威的《民主主义与教育》一书的经典价值:"在任何领域中,在原来作为教科书出版的著作中,《民主主义与教育》是唯一的不仅达到了经典著作的地位,而且成为今天所有关心教育的学者不可不读的一本书。"[1]英国教育史学家拉斯克(Robert R. Rusk)和斯科特兰(James Scotland)在他们合著的《伟大教育家的学说》(1979)一书中则指出:"在过去的一百年里,提供指导最多的人就是约翰·杜威。……在教育上,我们不得不感谢杜威,因为他在对传

---

[1]〔美〕约翰·杜威. 杜威全集·中期著作第9卷〔M〕. 俞吾金,孔慧,译. 上海:华东师范大学出版社,2012:导言.

统的、'静止的、无趣的、贮藏的知识理想'的挑战中做出了自己最大的贡献，使教育与当前的生活现实一致起来。……在20世纪70年代后期，在杜威去世后的四分之一世纪里，有一些迹象表明教育潮流再一次趋向杜威的方向。"①

尽管杜威也去过日本（1919）、土耳其（1924）、墨西哥（1926）、苏联（1928）访问或讲演，但他印象最深刻的是在中国的访问和讲演。从1919年4月30日至1921年8月2日，杜威在中国各地访问讲学总计两年零三个月又三天。其间，他的不少哲学和教育著作也在中国翻译出版，对近现代中国教育的发展以及近现代中国教育家陶行知、陈鹤琴、黄炎培等产生了不可忽视的影响。因此，西方教育学者中对近代中国最为熟悉，对近代中国教育影响领域最广、程度最深和时间最长的，当属杜威。

杜威在华期间，蔡元培在他的60岁生日晚餐会演说中曾这样说：杜威"博士不绝的创造，对于社会上必更有多大的贡献"②。我国近现代学者胡适在《杜威先生与中国》（1921）一文中也写道："自从中国与西洋文化接触以来，没有一个外国学者在中国思想界的影响有杜威先生这样大。"③ 因此，杜威女儿简·杜威（Jane Dewey）在她的《约翰·杜威传》（1939）一书中这样提及杜威和中国的交往："不管杜威对中国的影响如何，杜威在中国的访问对他自己也具有深刻的和持久的影响。杜威不仅对同他密切交往的那些学者，而且对中国人民表示了深切的同情和由衷的敬佩。中国仍是杜威所深切关心的国

---

① ［英］罗伯特·R. 拉斯克，詹姆斯·斯科特兰. 伟大教育家的学说［M］. 朱镜人，单中惠，译. 济南：山东教育出版社，2013：266-288.

② 蔡元培. 在杜威博士之60生日晚餐会上之演说. //沈益洪. 杜威谈中国［M］. 杭州：浙江文艺出版社，2001：330.

③《晨报》，1921年7月11日。

家，仅次于他自己的国家。"①

教育历史表明，如果我们要研究美国教育的发展，要研究世界教育的发展，要研究中国教育的发展，那我们就必须研究杜威教育思想。正如美国学者罗思（R. J. Roth）在他的《约翰·杜威与自我实现》（1961）一书的"序言"中所指出的："未来的思想必定会超过杜威……可是很难想象，它在前进中怎么能够不通过杜威。"这段话是那么睿智深刻，又是那么富有哲理。

在中华人民共和国成立后，杜威教育研究在相当长的一个时期里成为学术禁区。1980年，我国著名教育史学家、华东师范大学教育系赵祥麟教授在《华东师范大学学报（哲社版）》当年第2期上发表了《重新评价杜威实用主义教育思想》一文，首先提出对杜威教育思想进行重新评价，在我国教育界特别在教育史学界产生了很大的影响。应该说，这是我国改革开放后对杜威教育思想重新评价的"第一枪"，引领了对杜威教育思想的再研究。赵祥麟教授这篇文章中最为经典的一段话——"只要旧学校里空洞的形式主义存在下去，杜威的教育理论将依旧保持生命力，并继续起作用"，它不仅被我国很多教育学者在杜威教育研究中所引用，而且被刊印在人民教育出版社2008年出版的五卷本《杜威教育文集》的扉页上。

自改革开放以来，在实事求是精神的引领下，我国教育学界对杜威教育思想进行了重新评价，并使杜威教育思想研究得到了深化。其具体表现在：杜威教育研究的成果更加多样，多家出版社组织翻译出版杜威教育著作，研究生开始关注杜威教育研究，中小学教师对阅读杜威教育著作颇有兴趣，等等。

特别有意义的是，华东师范大学出版社出版了由刘放桐教授主编、复旦大学杜威与美国哲学研究中心组译的中文版《杜威全集》38卷，其中包括《杜威全集·早期著作（1882—1898）》5卷、《杜威全集·中期著作（1899—

---

① Jane M. Dewey. Biography of John Dewey. // Panl Arthur Schilpp. The Philosophy of John Dewey. Evanston and Chicago: North-western University, 1939：42.

1924）》15卷、《杜威全集·晚期著作（1925—1953）》17卷以及《杜威全集·补遗卷》。刘放桐教授在《杜威全集》"中文版序"（2010）中强调指出，杜威"被认为是美国思想史上最具影响的学者，甚至被认为是美国的精神象征；在整个西方世界，他也被公认是20世纪少数几个最伟大的思想家之一"。应该说，《杜威全集》中文版提供了珍贵的一手资料，不仅有助于杜威哲学思想的研究，而且也有助于杜威教育思想的研究。

2016年是杜威的最重要的标志性著作《民主主义与教育》出版100周年。作为对这位西方教育先辈的一个纪念，美国杜威协会（John Dewey Society）于2016年4月、欧洲教育研究学会（European Education Research Association）于同年9月28日至10月1日分别在美国华盛顿和英国剑桥大学召开了《民主主义与教育》一书出版100周年纪念会。2019年是杜威诞辰160周年，也是他来华访问讲演100周年。美国芝加哥大学、哥伦比亚大学师范学院等高等学府的学者，分别举行了纪念杜威访华100周年的学术研讨会。

与此同时，在我国，不仅众多教育学者发表了与杜威教育相关的文章，而且一些教育学术期刊也开设了相关的纪念专栏或专题，还有一些全国或地方教育学术团体举行了各种形式的纪念性学术研讨活动。中华教育改进社、北京师范大学教育历史与文化研究院等还共同发起了纪念杜威来华100周年系列活动。其中，2019年4月28日举行了"杜威与中国教育高端学术会议"，人民网、新华网、光明网、中国社会科学网等分别对此进行了报道。事实表明，如果没有改革开放，我国教育学界就不会有对杜威教育思想的重新评价，也就不会有杜威教育研究的深化。

杜威是20世纪美国乃至世界上最有影响的教育家之一，他给教育带来了一场深刻的革命。杜威教育研究是西方尤其是美国教育研究中的一个重要领域，也是一个既有恒久价值又有现实意义的重要课题。对于当今我国学校的教育教学和课程改革，杜威教育思想也具有重要的现实意义。"杜威教育研究大系"的出版，既可以展示我国改革开放以来杜威教育研究的成果，又可以推动杜威教育研究在我国的进一步深化，还有助于教育学者和学校教师更深入更理性地认识与理解杜威教育思想。这是"杜威教育研究大系"出版的目的之所在。

"杜威教育研究大系"由我国杜威教育研究知名学者、华东师范大学教育学系单中惠教授任总主编，由合肥师范学院教师教育研究中心朱镜人教授、沈阳师范大学教育学院关松林教授和河南大学教育学部杨捷教授任副总主编。"杜威教育研究大系"共11分册，具体包括：

《杜威与实用主义教育思想》（单中惠/著）

《杜威教育经典文选》（朱镜人/编译）

《杜威在华教育讲演集》（王凤玉、单中惠/编）

《杜威教育书信选》（徐来群/编译）

《杜威教育名著导读》（单中惠/著）

《杜威心理学思想研究》（杨捷/主编）

《杜威教育信条》（单中惠/选编）

《杜威教育在日本和中国》（关松林/主编）

《杜威教育在俄罗斯》（王森/著）

《杜威评传》（单中惠/编译）

《学校的公共性与民主主义——走向杜威的审美经验论》（［日］上野正道/著，赵卫国/主译）

在确定"杜威教育研究大系"的总体框架时，我们主要考虑了四个原则：一是综合性。不仅体现杜威在理论与实践结合的基础上对教育各个方面进行的综合性论述，而且阐述他把哲学、心理学和教育学结合起来，以及对世界各国教育产生的广泛影响。二是创新性。凸显杜威教育著述中的创新精神和教育智慧，以及杜威教育研究的新视角、新发现、新观点和新方法。三是多样性。既有西方学者的研究，也有我国学者的研究；既有总体的研究，又有专题的研究，还有比较的研究；既有理论研究，又有著作研究，还有资料研究。四是基础性。对于杜威教育研究这个主题来讲，整个研究无疑具有重要的学术价值，但有些研究在某种意义上还是基础性研究，冀望在研究视野及研究深度和广度上推进我国杜威教育研究。当然，这四个方面也是"杜威教育研究大系"力图呈现的四个特点。

杜威教育研究是一项具有重要意义的工作，又是一项十分艰辛的工作。就拿一手资料《杜威全集》（*Collected Works of John Dewey*）来说，南伊利诺伊大学卡邦代尔分校杜威研究中心前主任博伊兹顿（Jo Ann Boydston）主编英文版《杜威全集》，从1969年出版早期著作第一卷到2012年出版补遗卷，这项38卷本的汇编工作前后共花费了43年时间；由复旦大学刘放桐教授主持翻译的中文版《杜威全集》启动于2004年，从2010年翻译出版早期著作起，至2017年最后翻译出版补遗卷，也历时13年。因此，就杜威教育研究而言，如果再算上难以计数的二手资料和三手资料以及大量的相关资料，那要在相关研究中取得丰硕的创新成果并非一件易事，这需要我国教育学者坚持不懈地潜心研究。在这个意义上，"杜威教育研究大系"的出版虽然是我国改革开放以来杜威教育研究的一个具有标志性的系列成果，但也只能说是初步的研究成果。

对当今我国教育改革和发展来说，杜威教育思想仍然具有重要的现实价值。那是因为，尽管杜威与我们生活在不同时代，但杜威所探讨的那些问题在现实的教育中并没有消失，后人完全可以在杜威教育思想探讨的基础上对那些教育问题进行更深入的思考和分析，并从杜威教育思想中汲取智慧。在杜威教育研究不断深化和提升的过程中，首先要有更理性的研究意识，其次要有更广阔的研究视野，还要有更科学的研究方法。当然，展望杜威教育研究的未来，我国教育学者应该努力把新视角、新发现、新观点、新方法作为关注的重点。

"杜威教育研究大系"是山东教育出版社承担的"十三五"国家重点图书出版规划项目，也是2022年度国家出版基金资助项目。"杜威教育研究大系"的出版，得到了山东教育出版社领导的高度重视和大力支持，在此谨致以最诚挚的敬意。"杜威教育研究大系"项目从启动到完成历时五年多，在此应该感谢整个团队各位同人的愉悦合作。

在西方教育史上，约翰·杜威无疑是一位具有新颖的教育理念和产生巨大影响力的伟大教育家，但他自己还是最喜爱"教师"这一称呼，并为自己做了一辈子教师而感到无比的自豪。在此，谨以"杜威教育研究大系"献给为教师职业奉献一生的约翰·杜威教授。

2023年8月

目　录

三、学校教育

四、平民教育

前言　杜威教育思想与近代中国教育

美国教育家杜威（John Dewey，1859—1952）作为一位具有世界声誉的教育大师，曾对世界上许多国家的教育产生了影响，其中对中国的影响最大。由于杜威亲自来中国访问和讲学，再加上他在哥伦比亚大学任教时的学生胡适、陶行知、陈鹤琴等人的宣传，其实用主义教育思想在 20 世纪前半期的近代中国成为一种传播很广的教育思想，产生的影响超过了任何一种西方教育思想。胡适在《杜威先生与中国》一文中曾这样写道："自从中国与西洋文化接触以来，没有一个外国学者在中国思想界的影响有杜威这样大。"[1] 北京大学原教授、中国教育学者吴俊升在增订《杜威教授年谱》时也强调指出："中国教育所受到外国学者影响之广泛和深远，以杜威为第一人。杜威所给予外国教育影响之巨大，也以中国为第一国。"[2] 美国教育学者施瓦茨（B. Schwartz）也指出："在 20 世纪中国的学术史上，约翰·杜威与现代中国之间的交往是最吸引人的事件之一。"[3] 总之，西方著名教育学者中最熟悉中国的人当推杜威，中国

---

[1] 葛懋春，李兴芝. 胡适哲学思想资料选（上）[G]. 上海：华东师范大学出版社，1981：181.

[2] ［美］杜威. 民主主义与教育 [M]. 王承绪，译. 北京：人民教育出版社，1996：序.

[3] B. Keenan. *The Dewey's Experiment in China*. MA：Harvard University Press，1977，Preface.

学者最熟悉的以及对近代中国教育影响领域最广、程度最深和时间最长的西方教育学者也当推杜威。

（一）杜威访华前的实用主义教育思想传播

早在民国初年，一些中国学者就提倡"科学"和"民主"。实际上，"从1915年起，赛先生和德先生的口号在那些自由改革家中间已颇为流行"[①]。正是在"科学"和"民主"的口号下，西方的各种思想被介绍到中国来。一些西方哲学著作，特别是孔德（A. Comte）、达尔文（C. R. Darwin）、赫胥黎（T. H. Huxley）的著作，为实用主义哲学和教育思想在中国的传播作了准备。

在领导资产阶级旧民主主义革命的过程中，以孙中山为代表的资产阶级革命派提出了在中国发展资本主义的纲领。中华民国临时政府成立后，第一任教育总长蔡元培主持制定并颁布了改革教育法令，建立了新学制并采取了一系列措施，对封建社会教育进行了改造。这标志着传统的封建教育在形式上的终结，也标志着中国教育近代化的开始。

毛泽东在《论人民民主专政》一文中明确指出："自从1840年鸦片战争失败那时起，先进的中国人，经过千辛万苦，向西方国家寻找真理。"[②]在文化和教育上也是如此。对于近代中国教育界的人士来说，如何解决在教育近代化过程中出现的新问题，如何根据中国社会的特点有选择地学习和吸收西方有益的教育思想，如何把西方先进的教育体制和教育思想与中国的教育实践结合起来，是亟须深入思考和努力解决的问题。在《美国与中国教育》（*America and Chinese Education*）一文中，杜威曾这样写道：年轻的中国人"需要西方的知识和方法，以便他们自己独立地运用它们去发展中国，而不是抄袭其他国

---

① B. Keenan. *The Dewey's Experiment in China*. 1977：49.

② 毛泽东选集（第4卷）[M]．北京：人民出版社，1960：1474.

家"①。正是在这样的背景下，中国的一些知识分子去美国留学，想从西方寻找救国救民的真理。因此，批判传统学校教育的杜威实用主义教育思想对于当时中国教育界那些怀着"教育救国"主观愿望的知识分子来说是富有吸引力的。正如杜威所指出的："人们还没有在其他地方如此经常地听到像今天中国青年代表人物那样说的话，即教育是改造中国的唯一方法。"②

近代中国教育家王国维在西方教育理论的传入过程中起了很大作用。1901 年 5 月在上海创刊的《教育世界》由他担任主编。该杂志较为系统地评价与传播了西方教育理论和教育制度，在近代中国教育界对西方教育理论的研究上起了先锋的作用。这本在中国开教育专业刊物之先河的杂志，在创刊之初就以译文为主，介绍日本、欧美各国的教育理论以及教育的历史和现状，几乎包括了世界教育发展史上的各种教育理论流派。

此后，于 1909 年创刊的《教育杂志》是近代中国教育界又一本重要的教育专业刊物。这本杂志一直发行到 1948 年，对西方教育理论和制度尤其是美国教育制度和杜威实用主义教育思想在近代中国的传播起了重要的作用。20世纪以后，特别是民国以后，在中国传播的西方教育理论中，杜威实用主义教育思想是一种重要的教育理论。主张学习与传播当时先进的西方科学文化和教育理论的蔡元培先生，于 1912 年 2 月发表了《对于新教育之意见》一文，评述了西方的实利主义教育，成为在中国最早介绍实用主义教育思想的人。蔡元培指出："实利主义之教育，以人民生计为普通教育之中坚。其主张最力者，至以普通学术，悉寓于树艺、烹饪、缝纫及金、木、土工之中。此其说创于美洲，而近亦盛于欧陆。……实利主义之教育，因亦当务之急者也。"同时，他

---

① J. A. Boydston. *The Collected Works of John Dewey*, *The Middle Works*, Vol. 13. Carbondale：Southern Illinois University Press，1983：230.

② J. Blewett. *John Dewey*：*His Thought and Influence*. New York：Fordham University Press，1960：215.

又指出："今日美洲之杜威派，则纯持实利主义者也。"①

1913 年 7 月，近代中国教育家黄炎培在《教育杂志》第 5 卷第 7 号上发表了《学校教育采用实用主义之商榷》一文。在这篇文章中，他批判当时的学校教育脱离实际和生活，主张学校教育采用实用主义，"打破平面的教育，而为立体的教育。……改文字的教育，而为实物的教育"，"此种教育，在欧美不仅著为学说，且见诸实行。……今观吾国教育界之现象，虽谓此主义为唯一之对病良药，可也"。②黄炎培不仅从理论上论证了教育与生活、学校与社会的联系及其必要性和可能性，而且结合当时中国的普通教育和实业教育情况，提出了采用实用主义的具体方案。《学校教育采用实用主义之商榷》一文发表后，曾在当时中国教育界引起强烈的反响和热烈的讨论。黄炎培提出的学校教育采用实用主义的主张，较大地推动了实用主义教育思想在中国的传播。

应该指出，蔡元培、黄炎培提出中国的学校教育要采用实用主义教育，实际上是在学习和吸取西方教育理论的基础上，试图从理论上清除传统的封建教育影响以及解决教育近代化过程中出现的新问题的一种努力。这不仅反映了当时中国经济的发展对教育改革的迫切要求，而且也与当时传播的"科学"和"民主"思潮以及"教育救国"思想有着密切的联系。此后，中国教育界对实用主义教育的兴趣渐增，很多教育学者对实用主义教育思想竞相研究。1916—1918 年的《教育杂志》连续刊载了介绍杜威教育学说的文章，例如，署名"天民"的《杜威氏之教育哲学》《杜威氏明日之学校》等。《新教育》杂志 1919 年第 1 卷第 2 期也发表了一些文章——沈恩孚的《杜威教育主义》、郑宗海的《杜威氏之教育主义》等，较系统地论述了杜威的教育理论。因此，实际上，在杜威访华前夕，实用主义教育思想在近代中国已成为一种有影响的教育思想。

---

① 蔡元培教育论著选 [M].北京：人民教育出版社，1991：2-5.
② 黄炎培教育文选 [M].上海：上海教育出版社，1985：18.

为了迎接杜威来中国访问和讲演，胡适、陶行知等人做了不少准备工作。1919 年 3 月 31 日，陶行知在《时报》的《教育周刊》第 6 号上发表《介绍杜威先生的教育学说》一文，指出："杜威先生，是当今的大哲学家，也是当今的大教育家。……杜威先生素来所主张的，是要拿平民主义做教育目的，实验主义做教学方法。这次来……必定与我们教育的基本改革上有密切关系。"①同时，他还简要介绍了杜威的生平和著作。1919 年 4 月，赶在杜威来华访问和讲演之前，创刊不久的《新教育》杂志就特地出了《杜威专号》（第 1 卷第 3 期），刊登了杜威的照片和《杜威先生传略》，以及胡适的《杜威哲学的根本观念》和《杜威的教育哲学》、蒋梦麟的《杜威之伦理学》、刘经庶的《杜威之伦理学》等文章。胡适还应邀请杜威来华的团体的要求，就实用主义运动作了四次讲演，除讲到皮尔斯和詹姆士外，特别着重讲述了杜威。甚至在杜威第一次正式讲演前一天，即 5 月 2 日晚上，胡适还对一千多名听讲者作了一次关于实用主义的讲演。这些文章和讲演，在一定程度上激起了人们对杜威来华访问和讲演的热情以及对实用主义哲学和教育思想的兴趣。

（二）对杜威产生深刻持久影响的中国之行

1919 年初，当杜威正在日本东京帝国大学讲演时，他收到了一封来自中国的邀请信。北京大学、南京高等师范学校、江苏教育会、浙江教育会和尚志学会等五个教育团体邀请他来中国讲学。南京高等师范学校校长郭秉文还在日本拜会杜威，当面表达了这个愿望。杜威在征得哥伦比亚大学校方同意续假后高兴地接受了这个邀请。这是杜威以前的一些中国学生胡适、陶行知、蒋梦麟等人努力的结果。胡适在他的自传中曾这样回忆："当蒋梦麟和我这一群杜威的学生听说他在日本讲学时，我们商请北京大学、南京高等师范、江苏教育

---

① 华中师范大学教育科学研究所.陶行知全集（第1卷）[M].长沙：湖南教育出版社，1984：102.

会……筹集基金邀请杜威来华讲学，并负担全部费用。"①

1919年4月28日，杜威偕夫人艾丽丝·奇普曼（Alice Chipman）一行乘"熊野丸"轮船离开日本前往中国。1919年5月1日上海《民国日报》报道：杜威夫妇是4月30日抵达上海的。北京大学代表胡适、江苏教育会代表蒋梦麟、南京高等师范学校代表陶行知以及迎接的人群在码头上迎接杜威夫妇的到来。杜威的女儿露西（Lucy Dewey）是1919年7月加入杜威的中国之行的。

对于杜威来说，在中国的早期日子里，最高兴的一天是5月12日与孙中山先生的见面。由于对哲学颇有兴趣的孙中山特别感兴趣于知与行的关系，因此，在与杜威见面时就讨论了这个问题。后来，杜威曾这样回忆："那天傍晚，与前总统孙中山先生在一起感到很高兴。"②

杜威中国之行的足迹遍及奉天（今辽宁）、直隶（今河北）、山西、山东、江苏、浙江、湖南、湖北、江西、福建、广东十一个省和北京、上海、天津三个城市，作了200多次讲演。杜威的女儿露西后来回忆说，由于听讲者十分踊跃，杜威在"那些省城里的讲演都被安排在最大的会场里，那是必要的"③。"听他讲演的，不仅有学生和教师，还有其他知识阶层的代表。这些地方的报纸也充分报道了杜威的讲演活动。在许多情况下，杜威所作的讲演都由一位速记员记录下来，然后发表在一些广泛发行的小册子上。"④

1919年10月19日，北京大学校长蔡元培特地为杜威在北平中央公园来今雨轩举行了六十岁生日晚餐会。在晚餐会上，蔡元培致辞说："我所最先感想的，就是博士与孔子同一生日……博士的哲学，用19世纪的科学作根据，用孔德的实证哲学、达尔文的进化论、詹美士的实用主义递演而成的，我们敢

---

① 葛懋春、李兴芝.胡适哲学思想资料选（下）[G].上海：华东师范大学出版社，1981：110.

② G. Dykhuizen. *The Life and Mind of John Dewey*. Carbondale：Southern Illinois University Press，1973：195-196.

③ G. Dykhuizen. *The Life and Mind of John Dewey*. 1973：199.

④ [美]简·杜威.杜威传（修订版）[C].单中惠，编译.合肥：安徽教育出版社，2009：41.

认为是西洋新文明的代表。"他还说："我觉得孔子的理想与杜威的学说有很多相同的点。这就是东西文明要媒合的证据了。但媒合的方法，必先要领得西洋科学的精神，然后用他来整理中国的旧学说，才能发生一种新义。"① 后来，1920 年 10 月 17 日，北京大学举行典礼授予杜威名誉博士学位。在这次典礼上，蔡元培称杜威为"西方的孔子"，在场的人对此给予热烈的掌声。杜威本人后来说，这给他留下了深刻的印象。②

当杜威来华访问的资助者和从前的学生在上海第一次见到他时，都希望他能在讲演中谈论教育改革。实际上，杜威后来在中国各地所作讲演的内容非常广泛。概括起来看，杜威在中国讲演的内容主要是现代科学、民主、教育及其相互之间的密切联系。他讲演的基本观点大多出自《学校与社会》(The School and Society)、《儿童与课程》(The Child and the Curriculum)、《民主主义与教育》(Democracy and Education) 以及在日本东京帝国大学的讲演稿（即后来出版的《哲学的改造》）。从杜威的讲演题目来看，有关教育方面的讲演仍为数最多。因此，在中国的两年多时间里，杜威与新教育共进社及其成员保持了密切的联系。

全国各地报纸都对杜威的访问和讲演活动作了充分的报道。《新教育》杂志 1920 年第 3 期出了《杜威专号》；《平民教育》杂志也出了《欢迎杜威博士专号》。杜威在中国的讲演被译成中文，随即或以整篇或以概要的形式发表在中国的哲学和教育杂志上。胡适曾把《每周评论》第 26 号、第 27 号编辑成《杜威讲演录》专辑。有些讲演后来还汇编成书出版，例如，1919 年 10 月由江苏省立第二师范学校新学社编辑出版的《杜威在华演讲集》、1920 年 8 月由北京晨报社发行的《杜威五大讲演》、1921 年 2 月由上海泰东图书局出

---

① 蔡元培教育论著选 [M]. 北京：人民教育出版社，1991：239-240. 引文中的"詹美士"，今译"詹姆斯"。

② B. Keenan. *The Dewey's Experiment in China*. 1977：10.

版的《杜威三大演讲》①、1921 年 9 月由上海泰东图书局出版的《杜威罗素演讲录合刊》(张静庐编)、1921 年 10 月由商务印书馆出版的《杜威教育哲学》。其中,《杜威五大讲演》一书在出版后的两年中,共计重印 14 次。由于杜威没有留下讲演的英文原稿,因此,直到美国学者克洛普顿(R. Clopton)和中国学者吴俊升合编的英文译本 *John Dewey : Lectures in China, 1919—1920* 于 1973 年出版后,美国教育学者及西方教育界才逐步了解到杜威在华讲演的具体内容。

1921 年 7 月 11 日,杜威一行离开北京赴山东访问。在济南的第二次讲演(7 月 18—23 日)以及游泰山、谒孔庙、青岛游览(7 月 25 日至 8 月 1 日)之后,杜威于 1921 年 8 月 2 日偕夫人和女儿一起离开青岛取道日本回国。从 1919 年 4 月 30 日抵达中国至 1921 年 8 月 2 日离开中国,杜威的中国之行共计两年三个月又三天。

由于北京大学等教育团体的安排以及杜威从前的诸位学生的帮助,杜威在中国的访问和讲演活动确实是成功的。在杜威离开中国前一个月,在纽约发行的《中国学生月刊》(*Chinese Students Monthly*)上曾刊文写道:"杜威先生在中国的行程是非常成功的。从他抵达中国到现在,所到之处都受到了热烈的欢迎。一些银行家和编辑经常去他的住处拜访;一些教师和学生则集聚在他的教室里。一些社团竞相接待他,听他的讲演;一些报纸竞相翻译并刊登他的最新言论。他的发言和讲演被竞相阅读,他的传记被精心撰写。人们认真地评论他的哲学,并毫不费力地记住他的名字。"② 美国学者基南(B. Keenan)也这样指出:"约翰·杜威在中国受到了极为热烈的欢迎。杜威个人对改革和进步的赞同以及他作为一个现代教育哲学的权威,使他引起了很多听讲者的兴趣。"③

---

①《杜威三大演讲》一书包括"教育哲学""试验伦理学""哲学史"三个部分。其中,"教育哲学"部分又单独成书出版,即上海大新书局1935年4月出版的《教育哲学》。

② B. Keenan. *The Dewey's Experiment in China*. 1977:34.

③ B. Keenan. *The Dewey's Experiment in China*. 1977:10.

与此同时，中国之行也给杜威留下了深刻的印象。他的女儿简·杜威1939 年在《约翰·杜威传》（*Biography of John Dewey*）一书中这样写道："不管杜威对中国的影响如何，杜威在中国的访问对他自己也具有深刻的和持久的影响。杜威不仅对同他密切交往的那些学者，而且对中国人民，表示了深切的同情和由衷的敬佩。中国仍是杜威所深切关心的国家，仅次于他自己的国家。……杜威从美国到中国，环境的变化如此之大，以至对他的学术上的热情起了复兴的作用。"①1967 年，大约在杜威访问中国 46 年后，曾参加过杜威中国之行的露西·杜威也回忆说："中国人民是极为友好的人民，他们给我们以无微不至的关怀并十分大方。在中国的这两年是我一生中最丰富多彩和令人愉快的，对我的父母来说也有同样的感觉。"② 对于中国之行，杜威在 1920 年 11月 7 日给哥伦比亚大学哲学系主任科斯（J. J. Coss）的信中这样写道："这是我一生中所做过的最感兴趣的和智力上最有益的事情。"③

（三）师承杜威的近代中国教育家们的改革

在中国访问和讲演时，杜威与一些中国知识分子交往密切。美国塞顿·霍尔大学教授培里（T. Berry）在《杜威对中国的影响》（*Dewey's Influence in China*）一文中指出："在访问中国期间，杜威自己同中国知识分子之间在学术思想上的交往程度确实是令人惊讶的。"④培里所提及的那些"中国知识分子"，主要有杜威在哥伦比亚大学教过的学生胡适、陶行知、陈鹤琴等。从 1904 年起，杜威在哥伦比亚大学哲学系和师范学院任教，一直到 1930 年退休。对于杜威来说，这一时期是他学术生涯中的重要时期。美国学者基南在《杜威在中国的实验》（*The Dewey's Experiment in China*）一书的开头就明确指出："作

① ［美］简·杜威. 杜威传（修订版）[C]. 单中惠，编译. 合肥：安徽教育出版社，2009：42.

② G. Dykhuizen. *The Life and Mind of John Dewey*，1973：200.

③ *John Dewey to John J. Coss*，7 November，1920. Butler Library.

④ J. Blewet. *John Dewey: His Thought and Influence*. 1960：224.

为世界上实用主义哲学和教育的最重要的倡导者，在第一次世界大战时，杜威在他的多产的生涯中达到了顶峰。"① 由于杜威与美国教育界和心理学界的其他一些著名学者，如孟禄（P. Monroe）、克伯屈（W. H. Kilpatrick）、坎德尔（I. L. Kandel）等，都在哥伦比亚大学师范学院任教，因此，哥伦比亚大学在哲学和教育理论方面不仅成为美国具有很大影响的一所著名大学，而且成为在世界上享有盛名的一所著名大学，从而吸引了国内外众多青年前去学习。正是在这种背景下，胡适、陶行知、陈鹤琴、蒋梦麟、郭秉文等作为赴美国留学的青年学生先后进入了哥伦比亚大学。在那里，他们无疑受到了杜威的思想方法和实用主义教育思想的影响。这些后来致力于中国教育改革的学者，"在美国进步主义思想的中心哥伦比亚大学学习，并在其生平的某点上自认是约翰·杜威的追随者"②。特别是胡适，他最终选择实用主义为自己的思想信仰，实际上是由于杜威的影响。

尽管胡适、陶行知、陈鹤琴都师承杜威，并且是近代中国新教育运动的推动者，但是，他们在思想方法上或在教育观点上从杜威那里受到的影响程度并不一样。尤其应该指出，陶行知和陈鹤琴对杜威实用主义教育思想并不是照抄照搬。作为学生的陶行知和陈鹤琴无疑在一定程度上吸取了杜威的学说和理论中的合理因素，但如果从他们各具特色的教育思想形成来看，又可以说这是他们对杜威的学说和理论进行改造的过程。陶行知在反对传统的中国封建教育的过程中，从杜威实用主义教育思想中吸取合理因素并在长期的平民教育、农村教育和普及教育的实践活动中试图对杜威的学说和理论加以改造，形成了他自己的"生活教育"理论，体现了人民大众的新民主主义教育的方向。正是在教育实践活动中，陶行知发现了杜威的教育学说和理论行不通，这不能不引起他的深思和反省。经过在实践活动中对真理的不懈追求，陶行知逐渐摆脱了

① B. Keenan. *The Dewey's Experiment in China*. 1977：9.

② ［加拿大］许美德，巴斯蒂. 中外比较教育史［M］. 上海：上海人民出版社，1990：184.

杜威教育思想对他的影响，办起了适合中国国情和为中国人民需要的教育。美国现代中国学的奠基人、哈佛大学教授费正清（J. K. Fairbank）在《陶行知与杜威》一文中指出："杜威博士的最有创造力的学生是陶行知。……陶行知是杜威的学生，但他正视中国的问题，则超越了杜威。"[①]陶行知的学生张劲夫先生也指出，陶行知"早期确实受过杜威的影响，但他回到中国之后，尤其是到了人民群众中以后，就逐渐改变了观点。……到了后期……在教育思想上已形成了自己的独特观点"[②]。陈鹤琴也从批判传统的中国封建教育出发，吸取了杜威实用主义教育思想中在他看来是合理的和有用的东西，并结合中国的教育进行了改造和实验，试图使教育理论科学化和中国化。

胡适也积极地介绍杜威的实用主义，并对近代中国反封建的文化运动起了重要的作用。与此同时，他还注意将实用主义教育思想与中国传统文化教育中的某些精华结合起来，并进行中国化教育道路的探索。但是，胡适选择的却是一条与陶行知和陈鹤琴不同的道路，其教育改革探索仅仅停留在学术研讨上。哈佛大学前东亚研究中心主任、哈佛大学教授孔斐力（Philp A. Kuhn）在《陶行知：一位教育改革家》一文中指出："陶行知和胡适是同时从美国回来的留学生，两人都深受杜威实用主义普通学校观点的影响。然而在起始阶段，陶行知的事业和胡适……便存在着分歧。"[③]这段话也反映了胡适和陶行知那些注重教育革新实践的教育家之间的不同。

（四）杜威在华教育讲演的思想精粹及特点

杜威来华后，对中国学术界作了200多次讲演，其中相当数量的讲演是教育讲演。杜威1919年4月30日抵达上海，之后几天，即1919年5月3—

---

① ［加拿大］许美德，巴斯蒂.中外比较教育史［M］.上海：上海人民出版社，1990：397.
② 中国陶行知研究会.陶行知教育思想研究文集［C］.北京：人民教育出版社，1985：17.
③ 周洪宇.陶行知研究在海外［M］.北京：人民教育出版社，1991：48—49.

4日，他就在江苏省教育会作了题为《平民主义的教育》的讲演。这是杜威来华后的第一次教育讲演。当然，在他的在华教育讲演中最知名和最有影响的是：1919年9月21日至1920年2月22日在北平北洋政府教育部所作的《教育哲学》系列讲演，以及1920年4月7日至5月5日在南京高等师范学校所作的《关于教育性质和学校教育的教育哲学》系列讲演。作为一位当时已经在美国教育界乃至西方教育界具有卓越影响的教育家，杜威所作的教育讲演自然引起了众多近代中国教育学者的极大兴趣，因为他们正面临着如何思考与学习西方先进的教育体制和教育思想的问题。

1. 杜威在华教育讲演的思想精粹

（1）教育哲学对教育的指挥引导

在杜威的在华教育讲演中，有关教育哲学的讲演是一个重要方面。教育哲学之所以重要，就在于它对教育的指挥引导。在《教育哲学》的讲演中，他强调指出："教育哲学就是要使人知道所以然的缘故，并指挥人去实行不务盲从、不沿习惯的教育。……当这时代倘没有教育哲学的指挥，一定不能从这许多互相抵触、互相冲突的里面，选出哪一种是我们应该采取的潮流趋势来。"在杜威看来，在教育理想上，倘注重旧的，则制造出做旧事业的人；若注重新的，则制造出做新事业的人。就教育而言，其具有三个要素：一是社会的要素，就是社会各种的情况、生活、需要等；二是知识的要素，就是对于各种学问须研究精通；三是个人的要素，就是学生的身心两方面怎样构造、组织，本着什么原理去生长和发展。

（2）学校生活就是一种社会生活

在杜威的在华教育讲演中，有关学校与社会的讲演也是一个重要方面。杜威认为，学校与社会是和合的，而不是分离的，因此，教育的基本观念、教育的目的和方法，都须为合于社会一切生活状态的。在《教育哲学》的讲演中，他强调指出："学校自身的生活就是社会生活的一部分，要使学生将来能过社会的生活，必须先将学校变成社会。学校的最大坏处，就是……所学与所用完全不能连贯。"在《关于教育性质和学校教育的教育哲学》的讲演中，他又指出："教育儿童，不但要他和自然的环境相接近，还要他和社会的环境相接触，然后儿童的知识和习惯才有启发及养成的机会。"在杜威看来，使学校和社会隔绝，其结果就会使学校生活没有生气、不切实用。因此，在《学校与社会的关系》的讲演中，杜威甚至这样说："学校的设备和组织，就是社会的模型；儿童在校内的生活，就是社会与生活的一个缩影。使学校和社会成为一体，就是使学校适应儿童的需要，叫他们得到充足的机会，以责任心去做事，打好以后在社会负责任做事的基础。"

结合当时中国社会和教育的情况，杜威在他的教育讲演中还专门对平民教育这个主题进行了阐释。在《平民主义的教育》的讲演中，他强调指出："我们实施平民主义教育的宗旨，是要每个人受切己的教育；实施平民主义教育的方法，是要使学校的生活真正是社会的生活。这样看来，人民求学的主旨就是求生活的真理，这是真正的目的。"

（3）身体健康是各种事业的基本

杜威十分强调一个人或一个学生身体健康的重要性。在《教育与社会进化之关系》的讲演中，他指出："一个人必有好身体，方才能发展好事业；身体不健康，则疾病丛生，天天请医生还来不及，又怎能管别事呢？至于社会的健康如何，不单是指少数的体育家而言，必拿一般人民的健康做标准。……倘欲求社会全体的健康、全社会体育的发达，则必从人人习运动始。"在《教育行政之目的》的讲演中，他更是指出："健康乃各种事业的基本，因此此种需要乃基本的需要。人民的体力精神，乃事业的根本。"在杜威看来，如果能够体育健全，智德两育自然可以圆满，而且运动的时候，需要具备如尊重他人人格、互助精神及勇毅、坚决、果敢、不懈等许多美德，所以，体育和德育也有密切的关系。他还在《教育的新趋势》的讲演中提出："譬如植物种子，若是没有病，种在地下，自然能吸收地下的水分；在地上的枝叶，自然能吸收日光。人若是没有胃病，饥渴自然思饮食。学生读书也是这样，若是精神健康、没有脑病，没有不喜欢求知识的。"因此，杜威在《教育与社会进化之关系》的讲演中大声呼吁：万不可上体育时，才注意体育，上别的课时，就不注意体育；万不可在学校时，注重体育，离学校时，就不注重体育。

（4）教师应研究教育的心理要素

作为一位教育家，杜威早期曾研究过心理学，并撰著过心理学著作。因此，在华教育讲演中，他也讲到了对学生心理个性的关注，并强调教师应研究教育的心理要素。在《教育之心理要素》的讲演中，杜威强调指出："心理的要素，就是个人的要素。学校里头的教授法应该适应个人的天性和心理，使个性发展。学校应当适应儿童的本性，在教育上是一个极大变迁。……所以，要人得充分的发展，必须适合他的本性才好。"在《学校与社会的关系》的讲演中，他也指出："要使儿童养成创造力、发明力，谋社会上的幸福，都是从儿童天然的才力发展出来的。"在杜威看来，因为学生有生长的动力，所以，教师对于学生之能事，就是给学生一个适当的环境，发展他的本性，完成他自己的动作。教师对于学生最要紧的是，设法激起他们求知识的欲望。然而，旧教育采用注入主义，大抵视学生心理如空白之纸，又视学生头脑如海绵、各种教材如水分，极力灌注强使吸收。因此，其最大的缺点，就是不能利用儿童个人之本能，而使之发展。正因为如此，杜威强调指出，教师必须研究心理学，把它当作一种有用的学问。教师教授时，应当注意学生个性的培养，关注哪处是他的长处、哪处是他的短处，发展个人之特长并利用此特长。正如杜威在《现代教育之趋势》的讲演中所指出的："一切学问和训练，必然要拿人类天然的、生来的本能做根据，利用他自动的能力，发展他原有的天性，才是新教育的宗旨。"

（5）自动教育促使创造力的发展

在华教育讲演中，杜威强调了自动教育的重要性在于促使创造力的发展。在《关于教育性质和学校教育的教育哲学》的讲演中，他指出："要知道教育是一种自我的发达，是受教育者渐次发达他固有的能力。这种发展不是从外面加入，乃是内部发生的。大凡一切生物都能够生长。"在《"自动"之真义》的讲演中，他又指出："真正的自动，是有目的地动作、有意义地动作。……自动，不是任性去做。有许多人，不知自动真义；以为我自由行动，别人不能干涉我；这是大错的。"在杜威看来，自动教育，即创造教育也，各人自信有自创能力，发展其自创能力以求新改良新发明。也就是说，用自己的方法做自动的研究去获得新知识。因此，杜威希望从自动开始，使学校养成一种有生气的儿童，社会养成一种有生气的青年。作为教师来说，不仅要养成学生自动之能力，而且尤要养成自己自动之能力。

当然，杜威也认为，讲到学生创造，并不是说一定要创造世界上没有的发明或前人所没有发明的东西。在《关于教育性质和学校教育的教育哲学》的讲演中，他就指出："所云发明与创造，不是专从结果方面说，但是也从方法方面说。发明不必定是发前人所未发，创造不必定是创前人所未创，只要我的方法与历程不苟同前人，那仍旧不失为发明与创见。"

（6）注重知行合一是真正的教育

知行合一是杜威教育思想的一个核心观念。在华教育讲演中，杜威在很多讲演中都强调这一点。在《自动与自治》的讲演中，他明确指出："能使脑与手相联络，换言之，即能使理想与实行一致。……盖即所谓知行合一者是也。"在《教育之心理要素》的讲演中，他又强调指出："教育的原理就是学行合一，依着行去学，再用所学的去行，使这两样合而为一，以完成完全学行合一的教育。"在杜威看来，有知识而不知利用，就好像把东西关在房子里头一样，虽然有这东西，但也可以叫作没有。尽管学校里学生是为求知识而来的，但传授给儿童的知识倘若不与儿童的经验相合，那儿童就不能自己去研究和探求，那就要养成知识的奴隶。因为旧教育法注重注入的及被动的教育，所以只养成学生一种记忆力，就如教师将瓶倾泻，而学生以碟承之。

知行合一体现了教育是经验的继续改造，因此，杜威在讲到学历史时，还这样提出：城市之建筑发展及碑坊古迹等，都可以是学生的研究史料，然后再拿这种历史史料和目前状况古今事实联络结合，使他们得到历史的观念。

（7）教法应使教材适合儿童经验

教法教材是杜威教育思想的一个重要方面。在华教育讲演中，他也对教法教材进行了阐释。在《关于教育性质和学校教育的教育哲学》的讲演中，杜威强调指出："教材即前人经验之精华，教法就是提示教材使它适合儿童现有之经验。教师最大的责任，即须将前人积累的经验与儿童的经验互相融合联络起来。他不但当知前人的经验如何，并且也须了解儿童现有经验之性质及原始，然后才能教授得法。"在他看来，根据学生经验，乃谓之自动教育、直接教育，而非机械教育、被动教育也。若是教材与学生的生活、需要、经验、兴趣以及社会状况分离，那学生所学的知识不仅没有什么实用，而且那些知识就好比一块美玉佩在身上而当作一个装饰品。在《平民教育之真谛》的讲演中，杜威还指出："教科书为全国所采用，必不能照各区特殊情形而编著。故纵令如何完美，必不免失之划一。学科能按照地方社会之情形，则生徒所有材料，日与耳目相授，能养成其高尚之情操，使对于社会有同情。……故应用教材时，不必死守成法。……要之授社会情形、学生程度，因材施教、临机应变，始可谓活教育，否则仍属死教育耳。"

在对学生成绩的评判上，杜威在《教育哲学》的讲演中甚至提出这样的观点："对于儿童成绩的进步与否，不得不用考试记分的制度来定。这不是评判儿童成绩的真方法。若真要评判儿童的成绩，那么应该看他们今天比昨天长进了多少，从前的缺点现在补正了没有，从前未发展的能力和兴趣现在发展了没有。总而言之，现在比从前是否进步。这才是评判儿童成绩的真问题。"

（8）一切教育都带有职业的性质

杜威十分强调一个国家要注意发展职业教育。在《关于教育性质和学校教育的教育哲学》的讲演中，他强调指出："从广义方面讲，一切教育都带有职业的性质。因为小学校里无论什么科目，都和将来成人后的职业有直接或间接的关系。"在杜威看来，无论什么人，总应该有一种职业，因为有了职业，一方面可以对社会有所贡献，一方面可以发展自己的才能；其结果，不但个人得享幸福，而且社会幸福也可以因此而增长。当然，职业教育的要旨，就在于能用科学的方法提高一国的经济状况与国民生活。在《普通教育与职业教育之关系》的讲演中，杜威还指出："因为人人都要有谋生的机会，人人都要有职业的企求，所以，职业教育是最切实要紧的了。"

但是，杜威同时强调了职业教育和普通教育的联系，指出最好是职业教育与普通教育同时并进。单有普通教育，没有职业教育是不好的；但除职业教育之外，还要有普通教育，两者相连训练，方才可以适应社会、发展实业、振兴国家。

（9）道德是教育的最高最后目的

道德这个主题也是杜威在华教育讲演的一个重要方面。在《教育哲学》的讲演中，他这样指出："道德教育是不是可从表面的知识使他与真的道德连起来。倘真明白了道德为教育的最高最后目的，那么，应该找方法使行为与道德打通，知了便去行。这样，也许可以做到道德为最高最后的教育目的的希望。"在杜威看来，道德就是学，就是生长，教育的程序即道德成长的程序，所以道德无止境。道德愈高，向上的善念愈多，行善的机会愈多。当然，新文明有新需要，就应该有新道德。杜威还提出，在道德教育上，应该注重品格的养成。在《伦理讲演纪略》中，他指出："无论何种社会，都有重视品行的观念，都应该看道德为重大的事，道德问题为社会要紧的问题，还要找出原理为社会指南。真正有道德的人就是重视道德的人。此种崇尚道德的观念在社会变革时代尤其重要。"

杜威还认为，道德教育重要就因为它无往不在。在《品格之养成为教育之无上目的》的讲演中，他指出："夫所谓品格问题，即德育问题。……盖德育精神本无往不在，故虽教算学、博物、理化等科时，皆有德育问题在内。提出德育为另一部分，此乃一大错误。盖必须使德育问题无往而不在，然后能达到讲求德育之真正目的也。"在杜威看来，道德的事情不是孤立的，不是和智育分离的，因为学校里的一切设施都和道德教育有间接或直接的关系，算学、历史、地理、物理、化学等科都可以做道德教育的重要工具。

（10）教师的领袖责任和职业精神

在华教育讲演中，杜威多次以教师为主题进行了专门讲演。在《教育家之天职》的讲演中，他明确指出："领袖是教育家的第一责任。……领袖所做的事，不过提出知识、意见供同伴之参考，使同伴观念明澈，更引起其感情，使其自动去做，并不从外方用高压强迫他做事。"在杜威看来，教师永远不能忘记他的职务是要做个领导者，永远不能放弃他做引导的职务。但是，他的职务并不是发号施令，而是能知道目的地所在和达到目的的方法，永远在前面做一个引导者。当然，教育领袖应该有三种要素或三种资格：一是对知识有热诚；二是对被领导者有兴趣与共同利益；三是明白所做的事对社会的价值。

此外，杜威特别强调教师的职业精神。在《教师职业之现在机会》的讲演中，他指出："无论哪种职业，都有它自己的精神。……职业的精神既如是之悠久，所以能发展它的理想、精神、习惯，足以感化职业者使他们有共同的目的，并且忠心于他们的职业。……这种精神——职业的精神——和教师的影响异常伟大。"在杜威看来，教师不仅要有三种能力——一是知识技能要丰富（对于知识方面），二是要有无限的同情（对于学生方面），三是知道自己对达到目的要有兴味（对于社交方面），而且要承担三种责任——一是对知识应负的责任，二是对学生应负的责任，三是对社会应负的责任。

2. 杜威在华教育讲演的特点

从整体来看，杜威在华教育讲演清楚地凸显以下四个特点。通过这些特点，人们在阅读他的教育著作时可以发现一个杜威，而在阅读他的在华教育讲演时甚至可以发现另一个杜威。

（1）**体现教育理念新颖性**

与旧的教育思想相比，作为一种现代教育思想，杜威在华教育讲演所阐释的教育理念无疑是具有新颖性的。这种新颖性在他的在华教育讲演中无处不在，诸如，学校生活就是一种社会生活，身体健康是各种事业的基本，教师应研究教育的心理要素，自动教育促使创造力的发展，注重知行合一是真正的教育，教法应使教材适合儿童经验，一切教育都带有职业的性质，道德是教育的最高最后目的，教师的领袖责任和职业精神，等等。也许，还值得注意的是，这种新颖性除体现在杜威所阐释的教育理念上，还体现在杜威阐释教育理念的思路上，也就是他讨论问题的广度和深度上，诸如，涉及中外古今，思索睿智，旁征博引，细针密缕，等等。

（2）**联系中国教育实际**

在在华教育讲演中，杜威注意联系当时中国的教育情况。通过对中国的访问，他了解到当时中国各地创办义务学校的情况。以此为基础，他强调指出，中国有它自己的情形，要解决其教育问题，就要有中国的教育，以便把天资很好的人民的本能完全发挥出来。杜威在他的教育讲演中还讲到，教育如架屋，政府如梁顶，国民如基础，必须基础牢固，屋才能巩固。在南京高等师范学校讲演时，他联系了该校附属幼稚园的养蚕和种花活动。在上海同济学校讲演时，他赞扬该校学生学习高深学问并辅以实验，并指出将来再实验到社会上就可以得到更大的利益。在《大学的旨趣》的讲演中，杜威指出：中国人天性很厚，之所以不能发达，就是因为无教育；中国根本的解决，除教育普及外，再没有办法了。因此，在《教育与社会之进步》的讲演中，他特别强调，中国教育要注意三个方面：一是注意小学教育和平民教育；二是男女必须受同等的教育；三是须注重穷乡僻壤的教育。在《工艺与文化的关系》的讲演中，杜威还提到，中国现在不但要输入西洋的科学，并且要有西洋人研究科学的精神，就是要思想解放。在《自动与自治》的讲演中，他强调，能使脑和手相联络，换言之，即能使理想与实行一致，此实中国所需要者，即知行合一。为了发展中国的教育，在《现代教育之趋势》的讲演中，杜威希望中国的教育家，一方面研究本国本地的社会需要，一方面用西洋的教育学说作一种参考材料，以便造成一种中国现代的新教育。在《教育者的天职》的讲演中，他还希望中国的师范生要有一种牺牲的精神，而且要全国结合，不但在城市着力，且及于乡村。在1921年6月22日离开北京前的最后一次讲演中，杜威这样对北京的教师和学生说："有一句最后的话奉告，就是大家应当专心于教育事业，以谋它的发展改良，增进职业的精神，然后国家才有强盛的希望。"①

（3）运用很多实际例子

杜威在阐述自己教育的思想时运用了很多实际例子。其中，既有自然界的例子，如在《关于教育性质和学校教育的教育哲学》的讲演中讲到的儿童的好奇心好像是吸铁石，以及在《现代教育之趋势》的讲演中讲到的把栽花种树看作教育方法；也有社会界的例子，如在《现代教育之趋势》的讲演中讲到的旧式知识论如同守财奴的积财观念。

既有他国的例子，如在《学校与社会》的讲演中讲到，美国有一个函授学校登出教人学游泳的广告，只是发种种游泳的讲义，教人在空气中练习，结果人跳到水中就沉到水底再也没能起来；也有中国的例子，如在《教授青年的教育原理》的讲演中讲到，学校教授儿童就像老鸦喂小鸦只管装进去。

既有现在的例子，如在《教育哲学》的讲演中讲到的不能用抽象的方法给儿童讲电气而应从现在的电灯、电报、电话、汽车中的电池等引导他们，以及在《教育者的天职》的讲演中讲到的登山时引导者应当在前面担负引导责任；也有过去的例子，如在《教育哲学》的讲演中讲到的基督教《新约书》的寓言中，一个主人把许多钱分给三个仆人后，他们三人分别采取不同做法而得到不同结果。

---

① [美] 约翰·杜威. 教师职业之现在机会. // 杜威罗素演讲合刊 [J]. 上海：泰东书局，1921.

（4）采用通俗幽默的话语

在阅读杜威在华教育讲演时，人们显然会得到与阅读杜威教育著作时不同的感受。其原因就在于：杜威在在华教育讲演中，采用了不少通俗幽默的话语，因而能使人们更好地理解和领悟他的教育思想。例如，在比较中美两国的传统教育时，他这样说：因为中国学生在高声朗读背书时身体也在动，而美国学生在静坐朗读背书时身体是不动的，所以，中国的传统教育在身体发展上还是比美国好一点。又如，在《现代教育之趋势》的讲演中，杜威说道："美国有一种农家，养鸡鸭出卖。卖的时候，常常把鸡鸭喂得饱饱的，可以多卖一点钱。但是鸡鸭喂饱了，便不肯再吃了，所以，他们特地造一种管子，插进鸡鸭喉咙里，把食物硬灌下去，使它们更胖更重。现在的教授方法，就是硬装食物到鸡鸭肚子里去的方法。考试的方法，就好像农夫用秤称鸡鸭的重量，看它们已经装够了没有。"在《教育的新趋势》的讲演中，他还提到，法国人好吃鹅肉，特地用管子装些食物灌到鹅肚里去，使之肥胖，至于鹅能消化不能消化，他是不管的。现在，教师只教学生多的知识而不注意引起学习动机的做法，不是与法国人喂鹅的方法一样吗？在《教育哲学》的讲演中，杜威特别指出，指挥教育、改造教育，好像驶一只船：装载货物固然应该持平，不要使它畸轻畸重；然装了以后，不能扬帆开驶，使满装了货物的船停在船坞里腐烂，当然是不行的。古代传下来的学问，就是装在船里的货物。现在的新潮流、新趋势，就是行船的风。我们应该使这满装货物的船乘风前进，不使它停在船坞里腐烂。在《学校与社会的关系》的讲演中，杜威还讲了美国的一个故事："一个学校在密西西比河的岸上，有一天有两个学生去找教师。一个说：'这个河就是地图所画的那个密西西比河。'那一个说：'不是的。'从这事上看来，他们记忆的能力，或者是相等，但是一个所学的和人生相联属，一个是不相联属的。这就是教授地理不管事实的毛病。"在《学校的行政和组织与社会之关系》的讲演中，杜威甚至还讲了古希腊的一个笑话：一个名叫普鲁克拉提士的人开了一个旅馆，所用的床都是一样的尺寸。如果旅客身体比床长，就将旅客的身体截去一段；如果旅客身体比床短，就将旅客的身体扯得同床一般长。

当然，我们必须注意到，杜威在华教育讲演的思想精粹是他的早期和中期教育思想。尽管 1916 年《民主主义与教育》一书的出版，标志着杜威确立了他的实用主义教育体系，但需要知道，杜威在华教育讲演中所阐释的并不是他全部的教育思想。因为杜威的学术人生十分漫长，他开始来华教育讲演的那一年正好是 60 岁，在华教育讲演后的 33 年里他的教育思想又有了新的发展。这种新的发展主要体现在他后来出版的《新时代的新学校》（1928）、《我们如何思维》（1933）、《经验与教育》（1936）等教育著作中，以及他后来并不为人所知的《教育中的个性》（1923）、《教育科学的资源》（1929）、《创造与批判》（1930）、《教育：修道院、交易柜台还是实验室》（1932）、《教育和社会变革》（1937）等重要的教育讲演上。正是在这个意义上，仅仅阅读杜威在华教育讲演集还是不够的，还须阅读杜威后期重要的教育著作和教育讲演，以便更深入和更全面地理解西方教育大师杜威教育思想的精粹。

（五）杜威教育思想对近代中国教育的影响

杜威实用主义哲学和教育思想曾对近代中国产生过很大的影响。五四前后，杜威已成为在中国具有重要影响的西方哲学家和教育家。随着杜威到中国访问和讲演，杜威的学说在中国思想界和教育界的影响更大了。实用主义（或称实验主义）被翻译介绍到中国来，成为一种重要的思潮。在杜威访华前后，先后介绍过杜威实用主义哲学和教育思想的中国学者主要有：蔡元培、黄炎培、胡适、蒋梦麟、郭秉文、张伯苓、陶行知、刘伯明、陈鹤琴、廖世承、孟宪承、郑宗海、朱经农、俞子夷、郑晓沧、姜琦、常道直、崔载阳和吴俊升等。他们在《教育部公报》《新教育》《教育杂志》《中华教育界》《教育潮》等刊物，以及北京《晨报》、上海《时事新报》、上海《民国时报》的副刊上发表的文章，在一定程度上推动了杜威实用主义哲学和教育思想在当时中国的传播。"到 1919 年 6 月，仅江苏、浙江两省，就雨后春笋般地出现了近二百种期刊……杜威在华期间，这些流行的刊物转载了杜威的讲演，并把它们传播到中国的每一个学术中心。"①

当杜威来到中国访问时，中美两国学术交流的高潮正在形成。杜威在中国各地讲演时，会场里总是挤满了听讲者，并能激起热烈的反响。对于杜威提出的各种观点，中国哲学界和教育界的人士总是仔细倾听并予以认真考虑的。英国哲学家和教育家罗素（Bertrand A. W. Russell）也曾这样评论杜威："很自然，他对美国人有最强的动人力量，而且很自然地几乎同样得到中国和墨西哥之类国家中进步分子们的赏识。"②杜威实用主义教育思想成为那些渴望革新教育的近代中国教育家的一种改革工具。

随着人们对杜威实用主义教育思想兴趣的增加，杜威的很多教育和哲学著作相继在中国出版。其中主要有：由朱经农和潘梓年合译的《明日之学校》（商务印书馆 1923 年版）、由邹恩润翻译的《民主主义与教育》（商务印书馆 1929 年版）、由许崇清翻译的《哲学之改造》（商务印书馆 1933 年版）、由刘伯明翻译的《思维术》（上海中华书局 1929 年版）、由张岱年和傅继良合译的《教育科学之源泉》（天津人文书局 1932 年版）、由刘衡如翻译的《学校与社会》（上海中华书局 1935 年版）、由李培囿翻译的《经验与教育》（上海正中书局 1946 年版）、由董时光译述的《今日的教育》（商务印书馆 1946 年版）等。当杜威抵达中国时，他从前的学生胡适、蒋梦麟、陶行知、郭秉文等早已是著名的年轻教授和教育家。担任南京高等师范学校校长的郭秉文是哥伦比亚大学师范学院的第一位中国博士生，因此，南京高等师范学校和北京高等师范学校成为当时受杜威教育思想影响的中心。1922 年，南京高等师范学校的一位教授这样说："有一些拒绝政治仕途的知名人士，他们把自己的整个精力转向学术界和教育界。就在那时，杜威博士来到我国宣传他的理论，告

---

① B. Keenan. *The Dewey's Experiment in China*. 1977：22.

② [英] 罗素. 西方哲学史（下卷）[M]. 马元德，译. 北京：商务印书馆，1976：386-387.

诉我们新教育是什么以及新教育应该采取什么方法，于是，整个国家的教育思想经历了一种变化，这就是新教育运动。"[①] 一些试图革新教育的教育界人士组织了社团，例如，新教育共进社（后改为中华教育改进社）、平民教育社等，成为试图按杜威的教育理论和方法革新中国教育的主要力量，在杜威实用主义教育思想的传播中起了重要的作用。

就哲学和教育两方面来看，正如在美国一样，杜威在中国影响最大的是在教育方面。在杜威来中国访问和讲演之前，从日本传入的以赫尔巴特（J. F. Herbart）为代表的德国教育思想和制度在近代中国教育中占有统治地位。然而，由于杜威来华讲演以及他的弟子和信奉者的广泛宣传，杜威实用主义教育思想在近代中国成为一种传播极广的教育思想，其影响超过任何一种教育思想。

这一时期，美国教育家克伯屈的设计教学法、进步教育家柏克赫斯特（H. H. Parkhurst）的道尔顿制、华虚朋（C. W. Washburne）的文纳特卡制等在美国进步教育运动中出现的各种新教学法，相继被介绍到中国来。后来，柏克赫斯特、克伯屈、华虚朋还先后于1925年7月、1927年3月和1931年2月访问中国，宣传他们的教育理论和方法。对近代中国中小学教育实践的影响，尤以设计教学法和道尔顿制为最大。就设计教学法的传入来看，从1919年秋天起，由俞子夷主持的南京高等师范学校附小的实验正式试行设计教学法。此后，江苏省第一师范附小也开始进行设计教学法实验。1921年，第七届全国教育联合会提出"推行小学校设计教学法案"，推动了设计教学法在中国教育界尤其是小学教育界的传播和实验。一些教育界人士认为，从杜威教育思想推演出来的设计教学法确是一种最符合教育原理和最足以表明教育实际的方法。杜威的一些学生还先后在北京、南京、上海、苏州等地，根据杜威教育思想开办了一些实验学校，其中有的实验学校，例如南京高等师范学校的实验学校，就被命名为

---

① B. Keenan. *The Dewey's Experiment in China*. 1977：65.

"杜威学校"。杜威对于这些实验学校也很感兴趣。

1915 年后，改革"壬子学制"的呼声日趋高涨。湖南省教育会首先提出动议，要求改革学制。由于杜威来华访问和讲演，美国的"6–3–3 制"也被介绍到中国来。1922 年 11 月 1 日中华民国政府正式颁布施行新学制，即"壬戌学制"。1922 年颁布的新学制除规定整个学校系统采用美国的"6–3–3 制"外，还规定废除教育宗旨而代之以"七项标准"：一是适应社会进化之需要，二是发挥平民教育精神，三是谋个性之发展，四是注意国民经济力，五是注意生活教育，六是使教育易于普及教育，七是多留各地方伸缩余地。从这七项标准中不难看出，新学制显然是受到杜威教育思想影响的。

在新学制颁布后的第二年，由全国教育联合会所属的新学制课程标准起草委员会所拟定的《新学制课程标准纲要》就公布了。与以杜威教育思想为理论基础的活动课程或经验课程相对照，该标准纲要与新学制一样，也受到了杜威教育思想的影响。与新学制课程标准相配套的教材，也很自然地强调"儿童本位"，注重儿童的兴趣和需要。

在杜威访华回国后第十年，即 1931 年，应中国政府的邀请，由德国、英国、法国、波兰等欧洲国家组成的国际联盟教育考察团来华考察。在《国际联盟教育考察团报告书》中，考察团批评了当时中国教育中存在的肤浅的美国化倾向，指出对中国教育影响最大的是美国，中国不但抄袭美国的教育学，并盲目欢迎美国教育的一切新花样。由于杜威教育思想在 20 世纪上半叶美国教育界占有主导地位，因此，尽管这份报告书没有指明"美国的教育学"是什么，但已清楚地表明杜威教育思想对近代中国的影响之大。

尽管在杜威离华回国后，人们对杜威实用主义教育思想的热情有所减弱，但它在近代中国教育界的影响是持久的。美国学者基南曾指出："尽管 1919 年具有某些有利条件，但杜威的思想对中国改革者的影响是短暂的。……然而，在专业的教育家中，他的思想的影响却是持久的……"[1] 美国著名的杜威研究学者戴克威曾（G. Dykhuizen）在《约翰·杜威的生平与精神》（*The Life and Mind of John Dewey*）一书中也指出："杜威对中国教育思想和实际的影响，很多既被记录下来又被持续下来。杜威在中国的访问和他的关于教育的讲演无疑加强了那些人的努力；那些人在杜威来华前一些年就已传播他的思想，并把他的思想运用于中国的学校中。在杜威访华后，那些人更加努力去指出杜威的教育哲学在中国是一种占统治地位的教育思想。"[2]

杜威实用主义哲学和教育思想在传入近代中国后之所以能产生如此广泛而重要的影响，是有一些原因的。其一，杜威从前的学生和信奉者对杜威及其实用主义哲学和教育思想的广泛宣传和介绍，为它在中国的传播提供了有利条件并做好了必要准备。其二，杜威本人亲自来中国访问和讲演，历时两年多，足迹遍及 14 个省市，其访问时间之长和访问地区之广在来华访问的西方教育家中是没有先例的。这无疑激起了人们对实用主义哲学和教育思想的兴趣，并推动了它的广泛传播。其三，作为当时世界上一种很有影响的新的教育思潮，以批判传统教育理论为目标的杜威实用主义教育思想显然为当时正在试图革新教育的中国教育界人士提供了必要的理论依据，因而具有很大的感召力。其四，也许更重要的是，杜威实用主义哲学和教育思想以科学与民主精神为核心，正与五四时期所提倡的科学与民主精神相一致，因而受到了那些先进知识分子和新文化运动人士的普遍欢迎。

《杜威在华教育讲演集》共汇集杜威1919—1921年间在中国的教育讲演60篇。根据讲演的内容，全书分成教育哲学、社会教育、学校教育、平民教育、职业教育、大学教育、现代教育、伦理教育、学生自治、教师职责10个部分，各部分讲演按讲演时间的先后排列。为方便读者阅读，编者对每一部分的讲演

---

[1] B. Keenan. *The Dewey's Experiment in China*. 1977，Preface.

[2] G. Dykhuizen. *The Life and Mind of John Dewey*. 1973：204.

都进行了初步的概括和归纳，在每一篇讲演的前面都有简要的"编者按"，对正文中某些词语进行了注释，在全书最后增加了附录《杜威在华主要教育讲演汇总表》。

一、教育哲学

教育哲学

关于教育性质和学校教育的教育哲学

教育哲学是美国教育家、哲学家杜威在中国讲演的一个重要部分。在中国之行的两年多时间里，杜威作了200多次讲演，其中以"教育哲学"为主题的系列讲演主要有两次。一次是1919年9月21日至1920年2月22日在北平北洋政府教育部所作的系列讲演，即《教育哲学》，后来收入由北京晨报社1920年8月出版的《杜威五大讲演》；另一次是1920年4月4日至5月16日在南京高等师范学校所作的系列讲演，即《关于教育性质和学校教育的教育哲学》，后来由上海商务印书馆1921年10月单独成书出版，书名为《杜威教育哲学》。

在这两次系列讲演中，杜威主要论述了以下八个方面。

第一，教育的性质。在《关于教育性质和学校教育的教育哲学》中，杜威论述了教育的必要性和可能性。从广义方面来看，教育就是生活，生活就是教育。对于儿童来说，因为其具有固有的受教育能力，所以教育是自然的和依据儿童天性的。他还论述了教育过程中所应用的利器，具体包括：儿童自觉的需要，儿童已有的行动和经验，以及可以刺激人和指引人的情境。他又论述了教育的效果以及怎样判断教育的效果。教育的效果就在于养成习惯，即一种能够在社会生活中应用的技能和能力，表现在知力、情绪、意志三个方面；在判断教育的效果时，重要的是知力、情绪、意志三个要素能够互相调和。因此，教育是经验的继续改造，一方面能够操纵经验，一方面能够使经验日益丰富。在《教育哲学》中，杜威论述了教育的重要性以及教育哲学的重要作用，强调教育与生长的关系，指出教育就是生长，没有教育就没有生长，并强调学校教育与日常生活隔离就会产生各种弊病。

第二，教育的目的。在《关于教育性质和学校教育的教育哲学》中，杜威论述了关于教育目的的各种理论学说，探讨了"文雅"与"实用"之间的冲突、"自由"与"训练"之间的冲突以及"保守"与"进取"之间的冲突。

第三，教育的三个方面。在《教育哲学》中，杜威论述了教育的三个方面，即儿童、学校和学科、社会。就儿童方面而言，它指的是教育的根基和起点，要求教育本于儿童的生长，发展儿童本能的方法有游戏、有组织的运动、演戏、工作四种。但是，教育上最大的毛病就是把学科看作教育的中心，而没有注重儿童的本能和以儿童的本能为基础。就学校和学科方面而言，它指的是教育的工具，就是一座过渡的桥。学校和学科不能只是为将来做预备，而不注意眼前的现在生活，否则就会产生弊病。为将来做预备应该是教育的结果，而不是教育的目的。因此，学校和学科应该考虑怎样使学生具有社会生活的知识、经验和能力。就社会方面而言，它指的是要达到的教育目的，即培养良好的社会公民。社会的改良依赖于学校，因为学校使社会向新的方面发展。学校社会化可以从非正式的方面、正式方面以及知识方面着手。

第四，学校的三个要素。在《关于教育性质和学校教育的教育哲学》中，杜威论述了学校的三个要素，即学校是一种特殊的社会生活、学校的各种科目以及教学方法。就学校生活而言，学校不能与社会生活相隔绝，否则就会产生没有生气、不切实用、没有兴趣三种坏结果。就学校科目及教育方法而言，教师的最大责任就是将前人积累的经验和儿童已有的经验融合起来。杜威还以语文、历史、科学教材的教学为例，对经验的要素和知识的性质进行了具体的说明。他指出，经验的要素包括儿童的主动性、受动性以及两者的关系。知识包括直接知识和间接知识两种，但教师必须把传授的知识和儿童已有的经验结合起来。

第五，科学在教育上的影响以及科学内容或教材与教育的关系。在《教育哲学》中，杜威指出，科学的发展和科学方法的进步，不仅在社会上、思想上、人生观上产生极大的影响，而且在教育上、知识上、道德上也产生极大的影响。但是，在这一方面，欧洲教育史上一直存在着很激烈的争论。必须看到，科学知识的传播可以增进人民的幸福和推动社会的发展，因此，学校教育的目的是把科学知识传播得广、传播得远，应用得广、应用得远。

第六，学制。在《教育哲学》中，杜威论述了学制问题，包括初等教育、中等教育和高等教育学制。他强调指出，应该注意把以儿童本能为基础、以科学为方法、以社会生活为目的这三个部分连贯起来，并应用于学制上。具体来讲，初等教育以养成活动的能力、技能和习惯为目的；中等教育更注重求知识，最重要的是了解自然界和社会界的情形；高等教育是培养专门人才。

第七，职业教育。在《教育哲学》中，杜威强调指出，对于职业教育来讲，最重要的观念是，职业教育并不只是养成本行业的专业技能，而应该注重使学生懂得职业所应知的科学方法，使他们心思耳目都极为灵敏和随时可以进步。在《关于教育性质和学校教育的教育哲学》中，杜威论述了职业教育与科学的关系，并从职业方面讨论科学的教学。他明确指出，一切教育都带有职业的性质，但学校教育又不应该都是职业教育。

第八，道德教育。在《教育哲学》中，杜威强调指出，道德教育是教育的最高的最后的目的。就道德教育而言，对于个人来说，就是养成心理上的习惯，其中最重要的是虚心、诚信和责任心；对于社会来说，就是把道德的目的与社会的目的统一起来，使学校本身就是社会生活。在《关于教育性质和学校教育的教育哲学》中，杜威论述了民主的基柱就是公开心、有目的、责任心、欣赏四种德性（即四种心理习惯），它们与道德教育都有间接关系。因此，真实的道德若要有积极的发展，就必须用丰满的思想去指导行为；同时，必须培养学生具有社会性的道德。

教育哲学

（在北平北洋政府教育部的讲演）

编者按：本文是杜威 1919 年 9 月 21 日至 1920 年 2 月 22 日在北平北洋政府教育部所作的系列讲演，共 16 次讲演。在系列讲演中，杜威从"为什么要有教育？"和"为什么要有教育哲学？"这两个问题开始讲起，渐进地讲到教育的三个方面（儿童、学校和学科、社会），以及教学内容和方法、学制组织，再讲到职业教育，最后讲到道德教育。具体来讲，在第 1 讲中，杜威主要论述了教育的重要性以及教育哲学的重要作用。杜威指出：本于儿童生长的教育是社会的、公家的、政府的责任，是人类社会进化最有效的一种工具；教育哲学是指挥教育联络儿童与社会两方面使它成为一个过渡的桥或摆渡船。在第 2—7 讲中，杜威主要论述了教育的三个方面：儿童，即教育的起点；社会，即教育的目的；学校和学科，即教育的工具。杜威指出：儿童期是真正的教育基础，应该使儿童社会化并变成社会的成员，懂得社会需要和为社会服务；学校和学科是与社会生活联系的，应使学科达到社会生活的目的。在第 8—11 讲中，杜威主要论述了科学的发展及其在教育上（教学内容与方法上）和社会上的影响。他指出：科学进步的影响既体现在物质上，又体现在道德上；真的科学之所以重要，不在它的结果，而在它的方法；科学发展推动了学校中的科学教育。在第 12—13 讲中，杜威主要论述了学制组织。他指出，初等教育、中等教育和高等教育是相互联系的，每一个时期都有它自己的目的和学理。在第14讲中，杜威主要论述了职业教育。他指出，职业教育应该注重使人懂得实业工业所应知的科学方法。在第15—16讲中，杜威主要论述了道德教育。他指出道德教育是无往不在的，应该把知识和行为连起来，并应该找方法使行为与道德打通。杜威在整个系列讲演中理论联系实际地阐述了他的教育哲学思想。在系列讲演结束后，杜威在他的答谢辞中坦诚地说："我所讲的并不完全根据西方的成效，有许多也根据西方的失败。因为西方已经失败，已经上当，所以希望中国人将来也许可以免除这个弊端。"

1

我开端先要提出两个问题：第一个是为什么要有教育，进一层说，为什么教育是不可少的？第二个是为什么要有教育哲学，进一层说，为什么教育哲学是重要的，是不可少的？

解答第一个问题，教育所以不可少的缘故，就是因为人类在婴孩时期自己不能生存，要是没有父母去教育他、扶助他，就不能成人了。有许多低等动物的教育，从小到大，不过都是偏于形体一方面。人类却不能仅注重形体一方面，还有心理、知识、道德等各方面的教育也都应该注重的。因为人类的婴孩时期是个渐进的时期，什么人都要经过的。教育就是从这个婴孩时期渡到成人时期的一只摆渡船，所以，教育不是奢侈品，是必需品。简单说，教育所以不可少的缘故，就是因为"生"与"死"两件事。人类当生下来的时候，不能独立，必须依靠他人，所以有赖于教育；死去的时候，把生前的一切经验和知识都丢了，后世子孙倘要再去从头研究，岂非太不经济，甚至文化或可因此断绝。所以，因为人有死亡这一件事，也非有教育把他的经验和知识传之子孙不可。

解答第二个问题，我们并不是说教育哲学万不可少，不过是很重要。我们且从反面看：倘使人类没有教育哲学，对于教育事业必定不去研究、不去思想，但看人家怎么教，我也怎么教，从前怎么教，现在也怎么教；或学他人的时髦，或由自己的喜欢，成一种循环的、无进步的教育。这就是没有教育学说的流弊。教育哲学就是要使人知道所以然的缘故，并指挥人去实行不务盲从、不沿习惯的教育。

在一种保守的社会里，教育哲学是用不着的。从前的旧社会大概都持这种态度，最近二三百年来才有点进步。社会学上有个笑话，说在以前石器时代，斧头都是用石做的，后来有一个人发明了铁也可以做斧头，于是那时候的人就用他所发明的铁斧把他杀死。这虽然是个笑话，但社会的进化的确如此，往往自己不喜欢进化，也不喜欢别人进化。

但是，另一种社会里，学说却是不可少。这种社会不但不反对变迁，并知变迁不可没有。故能欢迎变迁的潮流，预料变迁的趋势，设法去帮助改良的人物做改良的事业。当现在变迁很快的时代，多少潮流在外面激荡，我们应该去选择哪一种是对、哪一种是不对，辨别哪一种是重要、哪一种是次要。当这时代倘没有教育哲学的指挥，一定不能从这许多互相抵触、互相冲突的里面，选出哪一种是我们应该采取的潮流趋势来。

教育与长进（growth）①是很有关系的，教育就是长进。没有教育，就没有长进。教育不进步，社会也不能进步。试看最下等的动物，其初生的婴孩与父母大致相同，所不同者形体之大小而已；等级渐高，婴孩时期也渐久。一直到最高级的人类，婴孩与大人便完全不同了。我们看了这个比例觉得很奇怪，以为阶级最高的人类，产生婴孩便应该立刻变成人，岂非可省许多事？讵知这正是人类的极大的利益。因为有了这一个很长的婴孩期，正可在此期内尽量地教育他。人类的进化全仗这婴孩期的长久。

再拿人类社会来看，也可以看出渐进的阶级。初民社会生活简单，教育

---

① growth，一般译为"生长"。

也简单，不过在无形中的一种仿效罢了，就是现在的文明社会也大部分还是如此。他们没有学校的教育，只靠着直接的教育。一切人生日用的事，都是他们的教育。试看大多数的人，对于种种常识实在比我们多。他们虽然不曾受过有法式的教育，然我们不能说他们没有教育，不过他们所受的是"不文"（illiterate）的教育罢了。这种"不文"的教育，人类从前即使受到过也都是不知不觉的。后来渐渐进化，觉得一切知识的经验都不可不保存，使它传得远、传得久，于是文字也就发明了。

后世的人把文字当做一把钥匙，去从古人经验所得的知识库里面取出种种东西来应用，这实在是一件最便宜的事。

不过，有了文字教育以后，人渐渐与以前直接的人生日用的教育愈趋愈远了。文字的教育、学校的教育，我们固然承认它是必需的。因为没有它，便不能把古人的东西保存起来、传授下去。但是，这与人生日用愈趋愈远的流弊却也不少，大略说，可以分下列三种。

（1）这种文字教育——学校教育——的结果，必定养成一种特别阶级。所谓读书人、文人、学者，都是从这种教育养成的。这种教育与旁的社会也很有关系。受这种教育的人大约只有三种：第一，是古时的祭司、牧师、握教育权的人；第二，是有权势的人，从前所谓治人的人；第三，是有资产的人。

（2）这种教育的结果，渐渐趋于保守古训和文字的方面。古代保存下来的东西固然是最好的一部分，但是，大家把这保存下来的东西看得太重了，反把人类社会日用的教育看轻了，以为社会日用的教育不能算做正式教育的一部分。这就是第二个流弊。举一个很简单的例，譬如"culture"①这个词，本来是栽种的意思，是一件人生日用的事物。后来，把受过教育能通几国文字的人，也叫做受过"culture"的了。这就是从实用方面趋于文字方面的一个例证。这种趋势很可以从历史上看出来。欧洲数百年前，自然科学早已发明了，

———————

① culture，译为"文化"。

学校里面却还不曾将它收到课程表里去，间或收了也不能占重要的位置。从一般人的眼光里看来，以为这种自然科学比较那讲文字、讲道德的等等高深学问下贱得多。从前古希腊文明发达到这般地步却是不重科学，现在欧洲重文轻实的趋势，也还是受了古希腊的影响。

（3）这种教育的结果，使学校渐成独立的机关，与社会不生关系。社会上早已成为过去的东西，学校却还在那里教；社会上很有重大需要的东西，学校反不肯教了。大家把教育当一件容易的事，以为只要一本书一般小孩子就办得到的，无所用其研究的。所以，学校变成了最古的东西、最守旧的东西。举一个西洋教育史上的例子：二三百年以前，欧洲商业很发达，那时候还没有轮船，所以商品都是大家合股装在帆船里运输的。因此，那时对于这件事的计算，如盈余分配等事非常重要，特在数学里面添了一门。现在轮船发明了，这种事实全没有了，但是，数学书里面关于这类计算盈余分配的算法，却想尽种种方法，不能把它废去。问他为什么呢，说是从前传下来的东西虽然没有用，也不能去掉的。

以上三种流弊，可以帮助我们知道教育哲学应该提出来要讨论的问题：（1）怎样可以使特别阶级的教育变成大多数、变成普及；（2）怎样可以使偏重文字方面的教育与人生日用的教育得一个持平的比例；（3）怎样可以使守旧的教育，一方面能保存古代传下来的最好一部分，一方面能养成适应现在环境的人才。这就是教育哲学应该提出来讨论的问题。

以上三个问题当中，第三个最为重要。我们是现代的人，是20世纪的人。以前保存下来的东西，当然是不够我们用的。我们应该想法子改造从前教育的目的、方法和材料，使它们适应现代的需要。

指挥教育、改造教育，好像驶一只船：装载货物固然应该持平，不要使它畸轻畸重；然装了以后，不能扬帆开驶，使满装了货物的船停在船坞里腐烂，当然是不行的。古代传下来的学问，就是装在船里的货物。现在的新潮流、新趋势，就是行船的风。我们应该使这满装货物的船乘风前进，不使它停在船坞里腐烂。

我开场从长进讲起，现在也用长进来结束。人类共同的组织，也从幼稚时代到长大时代。下等动物的繁殖，与它们的父母没有分别。小猫大猫、小狗大狗，都差不多。两千年以后的猫，我们可以预料同现在一样；但是两千年以后的人类，我们可就不能知道了。所以，我们要是不喜欢暗中摸索、听其自然，就应该用教育哲学去指挥引导，按照我们预定的方针，达到我们希望的目的。因为人类的进化很难推测，若听其自然、暗中摸索，是非常危险的。教育所以重要，就是要使它免除这个危险。所以，教育不是个人的事业，是社会的、公家的、政府的责任，是人类社会进化最有效的一种工具。

2

我先把上次所讲的总括起来：教育之所以必要，因为儿童初生下来很弱、不能独立，与成人相差的距离太远了，所以要有这个长时期的抚养、教育和训练。这就是教育所以必要的缘故。

因此，我们可以得到今天所要讲的教育的三个要点：（1）儿童的方面；（2）将来儿童要进去做人的社会方面；（3）介乎二者之间的学校和教材。第三点最重要，因为它的目的是要使儿童进到成人社会里面去。教育哲学是指挥它联络儿童与社会两方面使它成为一个过渡的桥或摆渡船。

因为教育是要把三方面调剂得宜，所以不是容易的事。

第一，要有对于社会生活的知识——社会的哲学——就是要对于社会有很明了的观察，知道它的趋势和需要，预备使儿童将来入哪一种社会最为适宜。然后可以定教育的目的。

社会生活的知识使我们可以定教育的目的，这是远的一端。那近的一端就是儿童。儿童的意志欲望等，总之，儿童的心理学是第二件要知道的。譬如驶船一般，它的目的地固然不可不知道，但船的本身和船中的货物也不可不知道。社会是教育的目的地，是远的方面；儿童就是教育的本身，是近的方面，都是应该知道的、注重的。

单有上述两大端，还不能够做教育事业，因为还有介乎二者之间的学校和教材等琐细的事。历史、地理和自然科学等学科都不可不知道的，而且还须懂得这种学科的意义，一方面对于儿童有什么意义，一方面对于社会有什么意义。三者联络起来，然后可以当得教师、讲得教育。

因为教育所包的范围如此之大，所以是很困难的事业；也因为它所包的范围如此之大，所以是很有趣味的事业。试问世间哪一种职业所涵的方面有这么多，一方可以知道社会进化的情形，一方有可以研究儿童发展的机会，而一方自己还可以得到学问。这不是很有趣味的事业吗？

将以上所讲记在心头，我们可以看出从前种种教育方法和教育哲学的失败，都由于三方面调剂不得其平。今天所要提出来讲的，是从前的人把介乎二者当中的学科看得太重而把儿童与社会两方面看得太轻的流弊。

学科最容易脱离其他两方面而独立，因为学科是教师天天所见的东西。凡是近的东西天天见了，一定愈看愈大，并且能把其余的大东西都遮住了。正如拿千里镜来看近的东西一样。又如将一个手指放在眼前，可以把眼前的一切东西都遮住了。学科本来是联络儿童与社会的两岸的过桥，现在这过桥离了两岸而独立了。

把学科独立、与儿童实际生活脱离关系，其流弊有下列三大端。

（1）第一个流弊可以分三步：① 学科与真生活断绝，生活自生活，学科自学科。② 学科变成纸上的假东西，不是真实的东西。③ 学科在实际上不能应用。

最显著的一个例，就是成人把自己的种种知识用尽方法缩成一小块，使儿童熟读背诵，或用韵语，或如西方宗教中用的问答体。一切道德都已改变了，文字也已改变了，他们都不去管它。久而久之，自然毫无意义了。

创造这种制度的人，以为儿童将来一定能懂得的、应用的。其实终究不能懂得的，更不必说应用了。因为这种都是成人认为真理的东西，对于儿童本来没有意义。儿童的经验里面从来没有这些东西，自然不能懂得了。不能懂得，自然不能应用，自然对于行为不能发生影响了。儿童在未进学校以前，与他的母亲和他的同伴玩耍觉得很有意义，因为这些事都是他能懂得的、能用得的。一进学校便换了一个新天地，见的东西都是不曾见过的，听的东西都是不曾听过的。他于是以为学校里面这些东西本来与实际生活没有关系，本来只是骗骗先生的。我们费了多少时间、多少精力，在学校得了这样一个教的人和学的人都不希望实际应用的结果，这时间和精力不是完全白费了吗？

不但旧式的读经和宗教问答有这种坏结果，就是新式的各种科学，如历史、地理、物理、化学等，要是离开了人生日用去讲，其所得的结果也与旧式的教育完全一样。

譬如一个学化学的人，对于所学的东西只是认为化学科的东西、化学教室里头的东西，徒然记着许多符号、公式和种种实验的把戏。你若问他应用方面的，如肥皂怎样造法、为什么可以去衣服上面的污，他就不知道了。学植物、学动物的人也都如此。这种现象本来不能怪他，因为他本不知道所学的东西与人生日用有什么关系。所以，教育的人要是不把人生日用的实际生活放在心头，那么，无论什么学科都得到与旧式读经和宗教问答的同样坏结果。

这种结果还可以养成知行不合一。譬如某人学了许多学问，别人就名他为书生。这个书生的名字不是恭维他，是侮辱他，是表明他什么都不知道的意思。因为他所知的学问不能影响到他的行为，他的行为又不根于他所知的学问，于是养成人家看轻知识的一种习惯。实用教育之所以重要，就是这个缘故。说到实用教育，人家每每容易有一种误会，以为实用教育就是吃饭主义。其实不然。吃饭固然未始不重要，教师能教得学生得到饭吃，也是很好的。但是，这个实用教育的目的，是要使他用所学的东西，指挥他的一切行为；教的人能知道学科对于儿童和社会的意义，儿童也知道学科对于社会的意义。

（2）从上面第一个流弊看来，学科先与真生活脱离，次变成纸上的假东西，再次不能实际应用。这种学科，要是学生能用心去学它，也未始不可略有所得。无如与人生日用太没有关系了，儿童一见便生畏怯。即使勉强学它，也是看做例行公事、骗骗先生罢了。这因为儿童对于它全然没有兴趣，没有兴趣自然觉得学起来困难，自然常常有逃学的事了。

儿童因为没有兴趣，所以视求学为困苦的事。一般人——有许多学者——不晓得这个道理，以为人类的天性是不喜欢求学的，而人类的生活是不得不求学的；于是想尽种种方法去训练他，使他不得不求学。讵知他学了仍然不能知道。这就是学的东西与人生日用社会没有关系的缘故。倘若人们把要学的东西与人生日用社会连贯起来，那么儿童绝没有不喜欢求学的，因为好学正是儿童的天性。

我们试看儿童在未进学校以前，与他的母亲或同伴在一起的时候，何等喜欢求学：忽而问这样，忽而问那样。可见，儿童对于求学本有很大的喜欢的趋向。就是间或有几个例外，也一定或是白痴，或是心理上起了变态。因此，我们可以知道，现在学校制度的不适用，非但能使儿童本来喜欢求学的变为不喜欢，且能使他一见学问便生畏惧。这种学校制度还不是天天在那里造成一种人为的白痴吗？

西洋某国的修身书里面有一课讲学校内的义务的，是个问答的体裁。问的是为什么不应该逃学，那答语是个譬喻，谓牙齿痛了，应该就医，能忍得住痛苦的，一会儿就医好了，倘忍不住这短期的痛苦，那便永远痛苦了。这可见它的用意是根本承认求学为一件很苦的事体。

固然，我们总免不掉到牙医那里去就医。但这是偶然的、不幸的事体，是消极方面的，不是积极方面的。求学也是如此。困难痛苦都是消极方面的事。要是我们能够把积极有用的一方面提出来，决不会没有趣味的。

我们不要说儿童对于求学的苦乐关系甚小，要知它的结果影响于社会者很大而且很久。因为儿童学了这种讨厌的东西，将来走出学校以后一定不能在社会里去应用，社会便因此受了很大很久的损失。所以，我们应该去掉它的困难痛苦的一部分，提出它的有用处有趣味的一部分。工夫既省了，社会上也得应用了，儿童也不感受困难苦痛了。

（3）这种社会与学校分离的结果，其流弊在社会上是太不公平。一种书生是天生做的才具，能对于书本子上的学问有趣味。其余大多数的人，只知道五官接触的、能够实做的事体才有趣味，书本子上的趣味是没有的。结果，大多数的人遂没有求学的机会了。

加以书本子上的学问——文章、经传——在社会上很重要，于是，书生在社会上也占了重要的位置。其余大多数的人对于学问有没有趣味，却不去管它了。这还不是不公平吗？

因大多数的人对于学问没有趣味，所以我们应该改良学校的制度和教材，使他们也能感受教育的利益。倘是主张民治的教育——民治国家的教育，尤其应该注重大多数人的教育，使一般的工人、匠人、农人都能在民治国家、民治社会里尽一分子的责任。

今天所讲的多是消极的方面，下一次将提出积极的方面来讲。

3

第一次讲演的大要，是教育本于儿童的生长。儿童自婴孩以至成人，其生长有一定的程序，教育也随着他的生长，有一定的渐进的程序。第二次讲演的是教育应该一方与儿童的本能和经验互相联络、一方与社会的需要互相联络，否则不能收到教育的效果；并大略指出学科与儿童及社会两方面脱离关系的种种流弊。

教育的最大毛病，是把学科看做教育的中心。不管儿童的本能经验如何、社会的需要如何，只要成人认为一种好的知识经验便炼成一块，把它装入儿童心里面去。现在晓得这种办法是不对了。其改革的方法，只是把教育的中心搬一个家：从学科上面搬到儿童上面。依照儿童长进的程序，使他能逐渐发展他的本能，直到他能自己教育自己为止。譬如说，某人是受教育了，这并不是说某人从此不长进了；不过说，他受了教育到这个时候，从此可以利用他自己的机能向各方面充分发展罢了。

照以前所讲，成人社会是教育的目的，儿童是教育的起点，学校是二者之间一座过渡的桥。教育的目的，是要儿童走过这座桥，到成人社会里去做一个有用的分子。

第一个应该注重之点，是儿童在没有教育以前，有一种先天生成的本能、情性和冲动。教育就应该以这些东西为根据、为基础，不然便没有教育可施。

从前我在美术学校讲演"现代教育之趋势"①的时候，曾举儿童学话的事做个例。儿童学话由于他的本能，不是勉强可以教的。他一方面有听话的本能，一方面又有自己发音的本能。成人所可教的，不过中国人教他听中国话、说中国话，不要听英国话、说英国话这种方法罢了。要是自己没有本能，就是教也没有益处的。儿童所以能很自然，一方面因为有他自己的本能，一方面有父母的教育，一方面又有社会环境的需要。教育是利用他的本能及环境，使他朝我们所预定的方向去。

儿童不但有听音和发音的本能，还有一种同样的欲望。父母教他的时候，须将利用他的本能欲望，造成种种环境的条件，使他不得不用这种名词、这种文法，并必须使他用了有效。一切教育都是如此。这是拿天然的本能欲望做基础，造出一种环境，使他朝着所定某方向走去的一种方法。

我为什么再三申明天然本能的重要，因为有许多教育学者把这个不学而知的本能看得太轻了，以为儿童一定不能由婴孩一脚跳到成人的阶段。所以，他们总想把儿童期缩短，将成人的知识经验硬装进去。他们以为儿童期是完全白费了的，哪里知道这是真正的教育基础！

———————————

① 见本书第七部分。

举两个理由，证明中国今日为什么应该格外注重本能的教育。第一，如果教育的目的是造成贵族的、专制的国家的，那么，用这种装进去的方法也就够了，因为学的人多少总可得到一点知识。但如果在民治的、共和的国家，那么，教育便应该人人有平等发展的机会，去做一个真正的民治社会、民治国家的分子。第二，如果在太平时代，这种旧法也未始不可勉强过去。然在今日变迁活动的时代，又不能不变迁、不能不活动的时代，格外应该注重这种本能的教育。因为成人的性情已经固定、很难变迁，儿童的本能却是软的、易变的、可方可圆的，我们可以利用它朝着最新的、最适当的方向走去。

以上所讲的是个绪论，不过很长了。今天所要提出来讲的是"游戏"和"做工"与训练本能的关系。游戏与工作，对于身体的机能本来很有关系的。东洋诸国对于体育向不注意。西洋以前也是如此，以为身体是精神的仇敌，须先把身体镇服下去，然后可以有精神的发展。教育者先有了这一个根本观念，所以对于儿童一意要他静止、不准活动，然后把他认为宝贝的东西硬装下去。这种根本观念与新教育的精神恰恰相反。我有一次在美国讲演教育，说中国的教师教儿童均须高声朗诵，这种教育固然不好，但身体上总还有一部分的发展，比较西洋只准静坐并声音都不许一发者，还略为好些。教育倘不注重身体机能，是一定没有好效果的。游戏与工作便是最与身体机能有关系的东西。游戏是儿童喜欢向那一方面发展的活动，并不是坏的玩耍。倘能让它自由发展，我们可以看出它的许多种类。然大概是模仿成人的举动居多。研究社会学的人谓，就在野蛮社会里也是如此。西洋儿童的游戏种类很多，如设为主客的往来，我请你吃饭，你请我吃饭，以及煮饭、烧菜等动作。小女孩则玩洋娃娃，为它穿衣脱衣。靠近城市的小孩子，则有火车装运货物等游戏。可见，这些大概全是模仿成人的。

小孩子有这种模仿成人社会的活动，我们可以利用它造出许多有意义的游戏，用最容易的方法输入社会实用的知识。幼稚园发明者德国人福禄培尔

（Fröbel）^①就是应用这种方法的。我因此重新引用以前两句话：中国今日实在有拿人家发明的东西到本国来应用的好机会。虽它的细目自然也有不同的地方；而它的普通的方法，究竟是人家费几百年的心力发明的，拿来应用岂不很好。

这种幼稚园的制度，固然可以利用儿童模仿成人的一性，使他做有意义的活动；然还有一件事很重要，就是女教员的问题。这种初等教育断不是老年人或粗心男子所能胜任的。女子最能细心体会儿童的性情，倘能把幼稚园的教育移到她们手里，定可使她们做母亲而兼做教师的。理会福禄培尔的学理，将它所需要的恩物、唱歌等东西，用中国的材料，照中国的情形，造成一种新的幼稚园制度。倘能于我回国的时候做到这一层，我就很满意了。

游戏场上有组织的运动游戏，其对于体育方面、官能方面的好处不用说了。还有重要的是能发生一种社会的性质：一方能养成领袖的人才，一方又能养成辅助的人才。最重要的是能有一种通力合作的"teams"^②的精神。

其他还有道德方面的训练。第一，可以养成一种好汉（sportsman）的态度。好汉能主持公道，什么诡计作弊等等的事都是好汉所不取的。第二，能有对于运动本身的一种兴趣：不为卖钱，不为卖名，而对于运动自有很大的兴趣。这很可以养成尚武的精神。从前拿破仑^③被惠林吞^④战败滑铁卢的时候，惠林吞曾说，这一次的胜利并不是战场里得来的，是球场里得来的。这话虽然或系那种踢球的人造出来的也未可知，然其中确有道理。就看这一次的大战，英美军队平素并没有像大陆方面的训练，然竟能打得胜仗，这就因为他们的

---

① 福禄培尔（Friedrich Wilhelm August Fröbel，1782—1852），德国教育家，被誉为"幼儿教育之父""幼儿园之父"。

② teams，译为"团队"。

③ 拿破仑（Napoleon，1769—1821），法兰西第一帝国皇帝。

④ 惠林吞（Arthur W. Wellington，1769—1852），今译"威灵顿"，原名阿瑟·韦尔斯利，英国著名军人和政治家。他在滑铁卢战役中击败拿破仑，后任英国首相。

训练在运动场上面的缘故。法国人因英美人喜欢运动，特为他们造了许多运动场。现在法国人自己也晓得运动的重要，添造了不少的运动场。

现在我们要讲到做工了。凡是真有价值的手工，一定含有一点游戏的动作。儿童不但喜欢模仿成人的动作，还有一种喜欢制造的天性。因此，我们可以利用这种天性，使它变为有用。第一，训练他的官能。第二，使他随机应变。第三，最重要的，是有输入知识教育的价值。

何以说有输入知识教育的价值呢？譬如木工里的锯、锤、刨这种东西，用久了都是要发热的。人类几千百年前对于这件事已习见了，等到近来始发明力学上"能力永存"的道理。然这道理是很抽象的、很高深的，要是不能在这种锯锤发热的浅近事物上面引他进去、对他说明，儿童一定很不容易懂得的了。其余如烧饭的时候，可以讲化学的道理；种花的时候，可以讲植物学的道理。这种都是手工上可以输入知识的极大价值。

最后举一个例，五月里我初到南京的时候，南京高等师范的附属幼稚园正在养蚕。他们从选择蚕子和保存蚕子做起，渐渐用桑叶饲养，让它做茧；待我到时，已在抽丝的时候了。这种层次渐进的训练，倘抽象地看来，不过很有趣味罢了，其实在知识上有极大的价值。小孩子从蚕子看起，进而幼虫，再进而做茧，变为飞蛾，几个礼拜以内看出生物的全套变迁，一定能得到许多生物学上的知识。再讲实业方面，从选择蚕子入手，一直到丝的价值、绸的好坏，都可以使儿童知道。蚕丝为中国南方出产大宗，儿童从这里得到这许多循序渐进的知识，都可在社会应用。这种灌输知识的价值还不大吗？

最后还有很重要的，就是今天所讲的，千万不要误会，以为这种游戏、运动、手工不过是因为恐怕小孩子学得太苦了，给他一点有趣味的东西，像那吃苦东西的时候，给他一点饴糖一样。要晓得这并不是搁糖的教育方法。这是以本能为基础、使儿童能利用本能得到应得的知识的教育方法。

4

我前次讲过教育的三大部分。第一是社会，就是教育的目的；第二是学校和学科，就是中间一座过渡的桥；第三是儿童的生活和本能，就是教育的起点。这三部分当中，教的人每每容易偏重第二部分，而看轻第一、第三两部分，使学科成为孤立的东西，与将来的社会无关，与现在的儿童生活也无关。上一次提出方法来，第一用游戏和第二用有组织的运动引起儿童的兴趣和本能，使他能自由发展。今天继续再提出两种方法，就是第三"做戏"（dramatization）、第四"工作"（work），并说怎样能使它们与学校联在一起。

先讲"做戏"。儿童的心理与戏很有关系。人类的意识影像当中，有一种要向外表现的趋势。成人也是如此。喜了要笑、悲了要哭，除了故意镇静以外，平常没有不向外表现的。儿童的意思、观念、影像都是具体的居多，所以，格外容易于他的言语上、指使上、容貌上表现出来。游戏是用动作表现心理，做戏也是用动作表现心理，不过较有条理一点。儿童的心理每于言语、指使、容貌上表现出来，所以我们可以利用它，使它表现某种知识、意志或感情。

从学科里面选出几种最容易用做戏来帮助的，如文学、历史及人文地理，都是与人类社会很有关系的学科。文学中的小说和故事都可以用戏做出来的。人文地理中的人情、风俗、习惯，也可以用戏做出来的。至于历史，更没有不可用戏做出来的了。不过我用"做戏"这个名词，似乎太重一点。因为平常人总以为一出一出、一幕一幕的才可以算"做戏"。其实"drama"这个词，在希腊文里本来不过是"做"字的意思。倘儿童的程度，够得上把有头有尾的戏做出来，也未始不好。不过我所讲的做戏，却近于希腊文的原意思，是广义的做戏，并不是限于一出一出的。这不过是把历史事实分别担任、逐段演出来罢了。故事、小说、人情、风俗都是如此。总之，要使书本子上的东西能有一种动作的表现，使儿童把自己看做书中事物的一部分，并不是说狭义的、一出一出的平常戏剧家所演的戏。

用演戏的方法帮助学科，其最显明的利益就是使儿童有趣味。我上次已经讲过，我们这种教育方法并不是怕他学得苦了加点糖的教育方法。所以，使儿童有趣味还不是重要的目的。最重要的是，使它有知识方面的作用。第一能使他设身处地知道他自己就是戏中的人物，戏中的悲欢离合仿佛是他自己的悲欢离合。我们成人平常看戏也是如此。看好的戏，往往好像台上台下合而为一。所以，儿童在做戏的时候，做的人固然自以为戏中的一部，就是看的人也自以为戏中的一部。这时候，古代的人都仿佛当做同时的人，历史上的事也都仿佛当做自己的事。这种输入知识的方法，比那空讲日球、月球这种干燥的东西自然觉得格外亲切有味。就讲道德方面，从前的种种格言式、教训式的方法收效很少。倘能用演戏的方法输入道德教育，收效一定比那种纸上空谈的道德教育为大。我从前讲过，道德教育应该要先从行为做起。现在不得已而思其次，从做戏的行为上，也可以养成道德的习惯。第二个知识方面的作用，是可以引起儿童有选择的能力和安排的能力。一段故事里面，并不是都可以演出来的，于是选择出最精彩的一部分。这一部分当中，又不是个个人相宜的，于是你做这个、我做那个。但这还是个人方面，等到选择定了，于是大家商量怎样安排、怎样说法、怎样做法；哪一句话、哪一件事，应该要、应该不要；然后做成连贯的戏。这不但是个人方面，还能使他们有选择安排的能力及共通的精神了。倘弄坏了，大家负责。这样，不但使儿童有被动的吸收，并能养成自己活动的和选择连贯的能力。

第三个作用，可以使儿童的知识影像格外明了、正确。平常教习发问，儿童照书中回答，即使不错，也是很容易的。但倘要他实地做出来，那就非懂得一字一句的意义和名词所代表的事物、动词所代表的动作不可了。

最后第四个作用，就是能养成社会的、共同生活的习惯。课堂中你做卷子、我做答案，都是单独的。一到演戏的时候，大家的言语动作都要互相照应；成功失败是大家的事，不是一个人的事。所以，它能养成通力合作的精神，不但浅而易见地使儿童有趣味罢了。

次讲"工作"。工作也可以利用来使与儿童的生活经验发生关系。我们先问问工作是什么，工作与游戏的区别是什么。我们所以叫它工作，不叫它游戏，其根本不同的地方就是它的目的在要造成一种看得出的、可以留存的出产品，不像游戏的单使儿童有兴味、有动作罢了。儿童倘有想留下一点结果的意思，不单玩玩就算了，那就是从游戏时代进到工作时代来了。不过工作与游戏，在儿童眼里区别不大甚严。往往我们成人认为极苦的事体，如煮饭、烧菜等，大家都不要干，要使厨师去干的，在儿童却极喜欢并极有趣味，当做一种游戏去干。这一点也是应该注意的。

刚才讲过"工作"与"游戏"的区别。此刻再要讲的，就是"工作"与"功课"也略有不同。"功课"也是"work"，但它有自上而下的意思，有用教习的威权压逼出来的意思。我所谓工作是自动的、与儿童的心理连贯的，能产生一种出产品的工作。这与自上而下用教习的威权压逼出来的工作截然不同，又与强迫要做、不做要罚的"苦工"（drudgery）截然不同。

这种不但有兴味、有动作并且有结果的工作，在教育上的利益，据我看来，第一，因为有实在的出产品，就是开始教儿童做事要有目的。一切动作都集中在目的上，一切精神都贯注在目的上。第二，教儿童对于材料要有选择的方法和手段，处处须与他的目的互相照应。这可以养成一种判断的能力。现在的学校里造出许多无用的人才，就都因为没有判断力，而且他的方法手段与目的不能互相照应的缘故。他们倘能经过这种工作，一定于知识上有很大的益处。

不但如此，我所最注意的是在借此输入有用的知识，甚而至于高深的科学知识。譬如植物学，现在中学里教的总是科学家最后研究的结果，例如学名什么，普通名词什么，属于什么类、什么门、什么种、什么族。这种枯燥无味的教授当然不能在小学里教，即使教了，至多也不过使儿童记得许多名词，或再多也不过拿到真的植物能辨别哪一类、哪一门、哪一种、哪一族罢了。我们倘借工作的方法输入知识，儿童一定很有趣味。例如，种花、种树这等事，儿童都是极喜欢的。有许多植物，在短期内可以看出它的发芽、长成、开花、结子；教习便可随时随地教以种种有用的知识，甚而至于复杂繁难的科学知识。

譬如种花，拿种子放在泥土里，或湿棉花里，或吸水纸里，都会抽芽；但种在湿棉花里的芽便比种在泥土里的短，种在吸水纸里的又比湿棉花里的短。后来吸水纸上、湿棉花上的，待养料耗尽，都渐渐地枯了，而种在泥土中的却发生滋长，以至开花结果。因此，可以教他们所以然的道理，如日光、水分、热度、土性的肥瘠以及肥料选择，等等。这种都是与人生日用很有关系的科学知识，平常不能用以教中学以下的学生，一用工作方法便很容易输入了。

再举一个高深点的例子。前几年，有个科学家考察生物的生长要费掉多少能力，于是，他在一株正在生长的南瓜外面套上一只木箱，上置计算重量的码子，看它穿破箱盖的能力有多少。这种试验，儿童看了，以为植物生长的时候竟能举得起多少重，自然觉得很有兴味。因此，可以教他们凡是营养料能制造出很大的能力的道理；再推及于人类的能力，也由于营养料造成的。又如植物在生物界是怎样一个地位，它怎样靠营养料生长，人又怎样当它做营养料。这都是很高深的学问，借了工作的方法便可以尽量输入了。

科学的教授，在高级学校里，这百年来经历了一大革命，就是添出一种"试验室"的新方法。物理、化学等学科都有试验室，可以实地试验。它的根本道理与我们所讲的道理完全一样，就是要使学的人不但得到书本子上的学问，还要使他自己的动作参加在试验里面，看出某种试验是否能得与某种学理相合的效果。这就是用试验的结果来证明学理的方法。既然高级学校添了试验室，得了很大的进步，我们可以觉悟，幼稚园及小学也应该与高级学校打通，有一种试验的精神。我很奇怪，人类发生自然科学何以这样晚。人类的四周都是自然现象，本来早可以发生自然科学了，何以一直要等到最近的百年呢？据我看来，自然科学所以发生这样晚的理由，在于人类观察事物有了一点常识便不肯再去观察，只是用耳朵当眼睛去听别人家讲的道理，或自己闭了眼睛去想出道理来。要补救这种弊病，我想倘能懂得或利用我们所讲，常常用结果证明学理的试验方法或者科学的发达，因此可以格外有点进步罢。

以上所讲四种方法——游戏、有组织的运动、演戏、工作——我们已经把利用儿童的本能和生活做基础的道理讲完了。但这还是教育三大部分之一。以后再讲社会与学科两方面。

5

我再请诸君回想上几次讲过教育的三大部分：第一，儿童，就是教育的起点；第二，学校与学科，就是一座过渡的桥；第三，社会生活，就是教育的目的。第一部分前面已讲过了，并且略及第二部分。今天及下一次讲第三部分，就是社会的一部分。

总括说，教育的目的——民治国家尤其如此——是要养成配做社会的良好分子的公民。详言之，就是使社会各分子能承受社会的过去或现在的各种经验，不但被动地吸收，还须每人同时做一个发射的中心，使他所承受的及发射的都贡献到别的公民的心里去，也来加入社会的活动。

做一个好的公民，这句话看去仿佛有点政治的意味。人每以为所谓好的公民，总是指着对于选举等事能尽公民的职责、有忠心没有欺诈而言。这一部分固然也重要，在民治的国民尤其重要。因为不但自己不用欺诈卑劣的手段，还贵能互相监督、互相纠察，使大家做一个良好的公民。

但做这种用知识参与政治、监督政治的良好公民，还是很浅近、很明白的一方面。还有那非政治的一方面：第一，乃是要做一个良好的邻舍或朋友，因为人是共同生活的，一切公共娱乐以及图书馆等等都很重要。进一层，第二，不但我受别人的益处，还要别人受我的益处。第三，经济方面应该做一个生利的、出产的人，不要做分利的人。第四，应该做一个好的消费家。生利固然不容易，消费也不容易。譬如各种货物，要监督它们使它们没有假冒，便是极不容易的事；所以，我说应该要做一个好的主顾或消费家。我因此连带想到女子教育的重要。女子与消费的接触最多，因为女子总不能与家庭脱离关系的。要是女子有了教育，便可以随时限制、随时鉴别消耗品的好坏，做一个良好的消费家。西洋女子就是大家在那里注意消费品的监督或限制。最后一层，第五，较为肤泛，便是应该做个良好的创造者或贡献者。

我对于做良好公民的意义，举几个例，不过要表示说明教育的目的并不是要造成一班学者或读书人，只有了书本子上的学问便可完事。它的真正目的是要造就社会的有用分子。所以，良好的国民不是单纯能读几本书，他们一定还能对于社会有所贡献。倘学校要造成这种良好的国民，可以有三部分下手的功夫：（1）使儿童有对于社会尽义务的兴趣或心愿不是强迫的，是从感情发生的。（2）知识方面，使他知道社会生活和社会需要是什么。（3）单知道他的需要还没用，还要训练出一种本领去适应社会的需要。所以，教育者又应该从技能一方面下手。

现在要问，应该用什么方法可以做到这社会的目的？说起来方面很多，我且举几种最重要的。

第一，保存过去的成绩和经验，从语言文字下手。儿童学话的时候，已经把许多大人的经验都灌输进去了，但范围很窄，一用文字那范围便格外广了。虽然是千百年的东西，也可借此保存下去。

用语言文字保存过去的成绩——这一层非常重要；但大家都知道，而且都看得太重了，竟当它做学校的唯一目的，所以也不必慎重地提出来。语言文字还有社会的作用一方面，平常往往把它看得很轻，所以不可不提出来请大家注意。因为要是不注意这一层，便是抛却儿童的、社会的天趣。倘能随时注意利用他的谈话、使他常做演戏等事，或不至于流于没有用的语言文字的教育。

我看见报载中国的全国教育会议通过用白话做教科书的议案，我非常高兴。因为我虽然不大晓得中国的情形，然能用国语做教科书，总算是教育的一大进步。我刚才讲过，教育并不是要造成许多用不着的专家。所以，教育应该格外注意社会方面的用处。有许多人把保存和传授误为抄袭，不知所谓保存、传授者，其材料虽然不变，其形式本不妨常变。他们因为把历史看做循环的，不看做向前进步的，所以有这种错误了。我们应该注意的是，要使古代传下来的死东西活转过来，能在现在的社会里应用。

耶稣《新约书》里有个寓言，很可以拿来证明这个道理。有一个主人，把许多钱分给三个仆人，自己出门去了。第一个仆人拿了主人的钱去做生利的事业，赚了一倍；第二个赚了好几倍；第三个恐怕钱弄坏了，尽力地把它保存起来，不敢动它。过了几年，主人回来算账，知道这事，遂赏了第一、二两个人而罚了第三人，因为他把主人所给他的钱不曾发生一点效果的缘故。古代的学说也与钱是同样的道理。倘把它藏起来，不加一些利息上去，仍旧把原物奉还古人，这非但一方面我们自己不能拿来应用，一方面也太对不起古人了。

以上是第一层方法。至于第二层方法，就是选择社会的哪些部分对于儿童有需要。社会各部分并不都是好的，都是有用的。所以，全赖有选择的效用，使现在、过去、将来种种事业都集中于学校，做个儿童的工具。要使他不但保存古代已往的成绩，还能于现在及将来的社会有选择的能力。

社会的改良全赖学校。因为学校是造成新社会的、去掉旧弊向新的方面发展的、含有不曾发现的能力预备儿童替社会做事的一大工具。许多旁的机关都不及它。例如，警察、法律、政治等，也未始不是改良社会的东西，但它们有它们根本的大阻力，这个阻力唯有学校能征服它。

有两个理由可以证明，别的机关虽然也是职在改良习惯，而一定不能做到与学校同样的地步，就是别的机关无论有多大的能力，它的效果一定不及教育。第一，因为这种机关是管理成人的。成人的习惯早已固定了，很不容易使他改变；即使他们受了教育的影响，当时承认改变了，但一到外面恶社会里头，他的决心便立刻消灭了。所以第二个理由便是环境的不良。有这两个理由，我们费了许多的精神想去改变成人的性质，实在是一大悲剧。至于学校内的儿童，性质既没有固定，习惯也未曾养成，倘能施以良好的教育，尽可有任人伸缩的余地。至于他的环境虽然也和社会生活一样，但这学校内的社会生活却与平常外边的社会生活不同。因它是曾经一度选择过的，比较地格外精彩。这就是别的机关改良社会的能力一定不能及学校的缘故。

环境的关系既如上述。我此刻再讲一点习惯关系的重要。譬如烟酒这类东西，习惯了便不容易戒除。又如年长的人学外国文，觉得那里面有许多声音竟发不出来。这因为他对于这个声音从来没有发过的缘故。儿童便不同了：他的习惯没有养成，一切思想、行为、信仰等，都可以在他恶习惯未曾养成之先，把新的好习惯尽量输入。要使他的好习惯渐渐养成，有抵抗坏习惯的能力。

我们可以说，儿童或少年的教育使他养成一种新的习惯，实在是世界将来的极大希望。倘使没有新习惯的发生，自然灰心厌世，从此没有改良、纠正的希望了。须知儿童便是代表将来，老年人便是代表过去，过去的成功与失败我们都可不必计较，有了儿童便可重新做过。这就是儿童代表新希望的道理。

古犹太的先知有句格言说："A little child shall lead them."这实在是儿童代表将来无限成功的预言。法国当代大文豪兼历史大家法朗士（Anatole France）[1] 在一个教育会议上演说："我对于诸君有无穷的希望、无穷的感动，因为世界将来的希望和成就都在诸君的手中。大战以后，无论胜的败的，国内都经过一大捣乱，将来全在诸君的整理和改造。请诸君放大胆子做下去，因欧洲倘不愿再陷于发狂和野蛮的地位，则必请诸君造出一种新的人类。有人说，人类总是坏的，不会改善的了。这话大错。要知道人类已经改善不少了。这改善的能力，最大者便是教育。所以，教育实在比空气和饮食还要重大。"

刚才讲过第一层保存传授过去的成绩，第二层使儿童养成改良社会的预备。此刻讲第三层扩充推广儿童的环境。儿童的环境本来是很小的，不过零碎

---

[1] 法朗士（Anatole France，1844—1924），法国文学家。

的家庭生活罢了；一到学校，便较家庭扩大了。现在还要使它联络起来，养成更大的社会环境。

这第三层最重要，因为要使他从家庭很小的环境扩充开来，使他从历史、文学等学科知道，世界上不但有我们现在的人，上面还有古人，不但有我们中国，还有不同洲、不同文、不同风俗的外国。其余科学如化学、物理、天文等，也都是如此。总之，要使儿童的环境扩展，并有应付环境的技能。所以，这扩充儿童更新更大的环境一层，在第三层当中最为重要。

何以在现在的时代，这一层尤其重要呢？因为现在是东西洋文明最接近的时代。我时时注意此点：究竟我们所要接近的交换的是真文明呢，还是在战场上以枪炮相见的文明呢？我们倘使要接近的交换的是和平的真文明，那么，做教习的人应该要有国际文明的互相了解，使儿童有世界的眼光、世界的环境，并使各民族间互相了解的程度逐渐增加，互相冲突的程度逐渐减少。然则此时扩大儿童环境的一层，还不是更加重要吗？我并不是单说中国的学校应该扩充儿童的环境、使儿童有世界的眼光，就是世界各国也都应该如此。不过中国此时却有特别重要的机会，因为东方所得的西洋文化，好处不如坏处，益处不如害处，道德、经济各方面已经起了纷乱的现象。但这万万不能再用长城去抵拒它的了。所以，现在唯一的救济方法便是开着门把西洋文明的精彩灌输进来，使新输入的真文明抵抗从前所受的害处及危险，养成一班新的积极的人才。所以，扩充儿童环境的一层，在现在的中国自然格外重要了。

6

上次所讲的三个目的未免较泛，有目的而没有方法，也是无用。所以现在我提出来的，是怎样可以做到这理想的目的。就是怎样传授过去的经验，怎样刷洗社会的环境，怎样扩大儿童社会的观念。简言之，就是怎样使学生社会化，怎样使儿童变成社会的分子、有社会的兴趣。上次已经提起怎样使学校变成社会化的方法，可以分作三步进行：（1）从感情方面使儿童有社会的兴趣及感觉，知道自身以外还有社会、还有别人。（2）从知识方面，给他社会上必需的知识。（3）养成实行的习惯，使他成为社会有用的人才。

这还是下手的地方。现在要讲的是怎样可以做到这个地步。我们应先明白的是学校生活也是社会生活的一种。聚许多家庭境遇不同、门第不同、宗教不同、环境不同的儿童于一处，读书玩耍固不必说，还有寄宿宿舍的，那共同生活的时间尤为长久。这一层很重要，我们先明白了，然后可以讲下手的方法。

我们既然知道学校也是社会生活的一种，便可从此下手：学生中有一种天然组织小团体的趋势，或是同乡，或是同省，或是同社会的等级。但他们对于团体内的分子固甚亲近，而对于团体外的却竭力排斥。遇着公共的事体，屡为小团体争权利，有时竟不惜抛弃公共的利益。这种趋势非常危险。办教育的人，倘要把学校的社会生活来做社会化的基础，那么先须打破这种小团体的趋势。学校内这种排除外人的小团体很可以为社会之害，所以非打破它不可。

打破小团体的观念，使社会生活根据于共同的利益。它的方法，如男女同校，西方早已成为风俗，东方近亦渐渐有人注意。我们若要注意社会的生活，打破隔绝的阻力，男女同校便是一大利器。依我看来，有两个入手的所在：第一，从幼稚园入手，因为这时候儿童还不甚知道男女的分别；第二，从高等以上的学校入手，因为这时候年龄较大，已有了经验和自守的能力，他们的目的志趣都定了，不会再有什么大的变迁。

还有应该注意的，是公立学校的制度。这种制度能影响于社会生活者极大。从前的教育都是私有的。例如，一家请一个教师，或几家合请一个教师，再也不会想到教育是社会的事、是国家的事——国家不过每年有几次考试罢了。近百余年来，公立学校的制度渐渐发展，各国都有了一大觉悟，知道倘没有公立的学校，国家万不能做到统一的地步，所以，大家都情愿费许多心力、金钱办公立的学校。于是，公立的学校便占了社会上重要的位置。

讲到国家公立学校制度的好处，很可以拿美国的成效来作个例。美国东西三千余英里^①，南北一千五六百英里，人口都是每年有几十万的从各地方搬来，不但风俗历史习惯不相同，连语言文字也不相同。表面看去似乎不是一个统一的国家，其实不然。这种异言异服的人，过了多少年，把一切起居饮食及种种习惯都改变了，对于国家的统一依然毫无妨碍。虽然现在手续还没有完全做到，但已有了共同统一的目的，将来一定能做到的。这完全是公立学校制度的最大功效。因为它对于无论哪一国的人，都让他们进去，一起读书，一起玩耍，那国家自然容易统一了。

以上所讲第一点，都是从非正式方面入手的方法，如打破小团体、介绍男女同校、注意公立学校的制度和打破一切阶级。第二点是从正式的管理训练方面入手，就是学校的管理训练也要使儿童加入，使他对于规则不仅死守，还要懂得这种规则有什么意义，使他自己维持秩序，不使规则被少数人把持。这很可以养成真正守法的国民。

平常学校的管理有一个大错处，就是以章程、规则为超于儿童经验之上，儿童不配加入、不配与闻。所以，这种管理都是由上而下的、强迫的、不自由的管理，效果很少。要知道学校的规则，不但维持学校内的秩序，还要养成儿童将来在社会上遵守法律的经验和习惯；不但守法，还要使他自己立法。这种经验和习惯的养成，在社会上很有用处的。

现在各处有试验把学校当做城市的样子组织的，有许多竟是一个学生的小共和国；里面也有城市，以及立法、司法、行政的机关；法律由自己制定，自己执行；各种机关都由自己选举出人来组织。这并不是一种玩意儿，实在是要使儿童从半游戏、半正式的地方造成一个有训练的国民。譬如选举，不但是消极方面在学校内用的一点知识，还要积极方面养成将来在社会上选举的活经验。

---

① 英里：英美制长度单位，1英里等于5280英尺，合1.6093公里。

管理训练还是政治法律方面的事。其余经济、实业方面也可以有下手的方法。如房屋的清洁以及图书、机器的保存整理或添配，都可以使他们加入，负一种责任，养成将来在社会任事的责任心。再举一个很具体而有人实行的方法，就是分学生为若干组，分时、分日或分礼拜担任管理经济方面的事，如黑板和地板的清洁、材料的分配等。这种事往往由教师自己做的，其实大可不必，因为学生天然有一种竞争好胜的心，与其让他用于那些无谓的倾轧，不如使他做公共的事业。这种活似乎太琐碎，其实这不过是个例子，拿来说明教育应使儿童有实际经验的机会的根本学理。西方有句成语："一磅的学理，不如一两的实行。"它的意思也以为学理格言，后来都变成了一句口头禅，不如教他们实行的方法。实行一两，我想自比记得一磅的修身格言好得多。

还有如家具装饰品及仪器的添置、标本的采集，都可以让学生自己来办。轻便的东西，让他们制造；贵重的难做的东西，买了让他们保管；动物、植物、矿物的标本，让他们自己去采集；经费不够的时候，也让他们自己设法，或做戏募捐，或各向自己的亲戚朋友募捐；种种卖票咧、剧场管理咧，都可以让他们养成共同生活的习惯，都是极宝贵极有意思的事。此刻不过举几件与诸君谈谈而已。

以上讲的第一点从非正式的方面入手，第二点从管理训练正式的方面入手。现在要讲第三点从知识方面输入社会的知识和经验。儿童总有一部分很聪明，一部分比较愚钝。聪明的往往帮助愚钝的人作弊，无论如何防止也是没有用的。这因为聪明的总有余力可以助人。故我们不妨积极地利用他，使他变成助教：下课之后，帮助他人自修。聪明的因他有喜欢教人的心，自己可以教学相长；愚钝的人也可以因此得益；而一般的程度，也可因此互相帮助的精神，渐趋划一。

最后还有一个意见，上课的时候，往往有一种弊端，就是时间全被教师占去，不让学生开口。这于养成社会共同生活的习惯很有妨害。正当的方法，应该先教一个人起来，说明科学的大意，然后让第二人、第三人互相修正，互相补助。最好除正课以外，不要大家用一样的书，每人各将自己所学的东西向大家来报告。这事得益最大。教师一人在讲台上独讲，与养成社会共同生活的习惯大相背驰。

我向来的讲法总是先泛论学理，然后举许多例来说明所讲的学理。这种例子里面也许有不完全的、不能明白的，究竟重要的还在学理。今天所讲的学理，便是学校不但读书就算了，还要造成社会有用的公民，使他们有共同生活的习惯和能力，有注重公德公益的训练，知道立法、司法、行政的效用。那么，学校的生活才是一个活的社会生活；学校内培养出来的儿童才是一个懂得社会需要、能加入社会做事的人物。他们组织的社会国家，才是一个兴盛的社会国家。

7

我再重提教育的三大部分：（1）儿童，即教育的基础；（2）学校和学科，即教育的工具；（3）社会，即教育的目的。前两次已讲过教育的、社会的目的，上次并特别提出怎样使学校的组织、管理及生活可以用来达到教育的、社会的目的。

上次讲演的大旨，无非说明学校自身的生活就是社会生活的一部分，要使学生将来能过社会的生活，必须先将学校变成社会。学校的最大坏处，就是先为学生悬一个很远的目的，以为现在所学都为预备将来入社会之用，现在虽与生活没有关系，将来总有一天得用的。于是，所学与所用完全不能连贯。不知学校的生活必须处处与社会的生活有关，使学生对于学校的生活能生出浓厚的趣味。

学生的教育，倘专事讨论预备很远的将来生活，而不注意于眼前的现在生活，其弊约有下列几端。

第一，耽误学生的光阴。学生知所学的东西用处很远、与现在没有关系，于是且把这些东西搁下，先做那些与现在生活有关的游戏，玩耍去了。因为他们的目光很近，只知道趣味都在日前，自然把几十年后比较地不很亲切的事挤出去了、搁下去了。

第二，减少学生对于现在生活的趣味，不注意于现在而希望将来。这是一件很大的危险。有几派宗教和哲学也有这种弊端，往往悬一个很远的将来的目的，如天国、净土、极乐世界等，而对于现在的生活却很不注意。信仰的人渐渐养成一种坏的心理。其结果于世界文化的进步大受影响。

宗教和哲学的出世主义希望将来而不注重现世，比较地还有理由。因为他们都是成人，对于现世都已尝过滋味或有失意的经验，所以假设将来，实为解脱现在。但在教育，可谓毫无理由。儿童对于现在的生活兴趣正浓正厚，而教育者偏要用这种顶悬将来目的的教育方法，实在是一件最不合自然、最反乎常理的事。观于督察学生成绩的方法可以知之：考试咧，赏罚咧，想尽种种方法督促他们用功。因为所悬目的在于将来，自然不得不如此。

在教育史上，无论哪一国，总有一个时代用极残酷不人道的方法对待学生的。凡是大人对于儿童，本来一定很爱惜的，何以竟如此残忍呢？这不是很奇怪的事吗？我想没有旁的解说，只有一种，就是儿童的眼光看不见将来的目的，对于所学不发生一点兴趣，因此，大人若要儿童求学，不得不用种种刑罚去胁迫他们。

后来人类的良心稍为发现，觉得对于儿童施用体罚，究竟有点不忍。于是另换一个较近人道的方法，就是用奖赏去欺骗他们：考得好的给他一点信纸或一盒糖。这真是叫小孩吃苦药加一点糖的办法！这种办法虽然比体罚较为文明，但是儿童对于将来的目的依然毫无兴趣——不过本来用刑罚的，现在改用贿赂罢了。

第三，使我们评判儿童的成绩没有自然的标准。教育所悬的目的既然很远、与现在没有关系，我们自不能拿它来做评判儿童成绩的标准。于是，对于儿童成绩的进步与否，不得不用考试记分的制度来定。

这不是评判儿童成绩的真方法。若真要评判儿童的成绩，那么应该看他们今天比昨天长进了多少，从前的缺点现在补正了没有，从前未发展的能力和兴趣现在发展了没有。总而言之，现在比从前是否进步。这才是评判儿童成绩的真问题。

以上所讲的话，并不是说教育不应该预备将来，不过说预备的方法不是如此。预备将来应该是教育的结果，不是教育的目的。倘能把现在的生活看得重要，使儿童养成种种兴趣，后来一步一步地过去，自然就是预备将来。倘先悬一个很远的目的，与现在的生活截然没有关系，这种预备将来，结果一定反而不能预备将来。

讲到此处，实已牵涉了哲学上很重要的问题，就是人生的真意义应该是什么，应该是为将来呢，还是使现在的生活格外增加、格外浓厚呢？已经不单是儿童的问题了。

我们倘若相信人生的真意义应该使现在的生活格外增加、格外浓厚，那么，教育的目的应该增加儿童更多的能力、更多的兴趣，让他们每天所受的教育应该一天增加一天，教育便是现在的长进，不是将来的长进。因为倘若不是现在的长进，便是不长进。

斯宾塞（Spencer）①做教育论文，提出教育的目的是预备将来的生活，可以算教育界一大进步。因为从前的教育，与生活完全没有关系。但是，这话千万不要误解。要知所谓预备将来的生活，并不是很远的生活，是一步一步过去的生活。步步都是生活，便是步步都是预备。

以上是个引论，引起今天要讲的本题，就是教育三大部分中学科的一部分，究竟以哪一种最为适用，可以做到教育的社会生活的目的。倒过来说，就是现在所有的地理、历史、读本、写字等学科，究竟与儿童及社会有什么关

---

① 斯宾塞（Herbert Spencer，1820—1903），英国哲学家、教育家。

系；要教这种学科，究竟有什么理由。

用哪一种学科、怎么样的教法，才能做到教育的目的？学校的生活是社会的生活，故有社会生活的作用。怎样可以使学生有社会生活的知识、经验和能力？这是一个大问题。

因为问题太重大了，所以不能一个人解决，即使一个人能够解决的，也不能在讲演的时间解决。其法只有各人随时随地去试验，哪一种应用，哪一种不应用，或应添置，或应废除，才可以解决这个问题。但不是乱七八糟的可以解决，也要有学理做个指挥、做个根基、做个假设，然后用试验的结果来证明这学理是否没有错误。

我虽然再三引申，怎样使学科能与儿童现在的社会生活联在一起，但所谈的还是大旨，其具体的方法仍在各人自己随时随地去留意。但我可以举出两个应该防备之点。

其一，不要把留存下来的习惯、古训、旧法来做标准，不论本国外国，凡是留存的东西总未必能全适用。

其二，应打破读书人和学者的观念。从前的学问是为个人做装饰，不为社会的生活，不过少数人拿了做摆架子张门面的东西罢了。这种观念应该打破。

我们如拿无论哪一国的课程表来看，问他们为什么你们要教这种学科，他们一定回答不出，大概总是说这是受遗传的影响罢了。一个英国的学者曾经发过一个疑问，说：学科当中为什么要这样注重文学而不注重科学呢？他的答案是，这是两千年前古希腊的遗风，要解答这个问题，非回到两千年前的古希腊不可。

再举一个例子，如德国当初教育大改良的时候，各国因看了它的兴盛，大家都依样传抄，不知它的改良是针对当时的时世的，一经别国的传抄，便变作无意识的了。要知应付需要，一定要自己随时随地试验出来的，抄袭他几十年前的成法，哪里能行呢？

不但盲从古训和成法的观念应该打破，还要打破教育成为少数人装饰品、奢侈品的观念，就是打破教育的贵族观念。有这种观念的人，以为学了可以比平常人高出一等。其实，这种学问只能供少数人的特别研究，与普通大多数的人生日用毫无密切关系。

一部分人学了这种文学、文法、文理，渐渐成为挂了某种学问招牌的学者。他们以为学问便是那些学科；不是那些学科，便不成其为学问。于是，教育遂被这些人垄断、被这些人永久专利。

他们又以为，倘把平常人生日用的事包含在学问之内，岂不是把学问的程度降低了吗？学问的资格失去了吗？

他们不愿意把人人懂得的东西来做教育的内容，使学问的程度资格因此堕落。于是，不知不觉地养成了一种保存旧教育制度的心理。教育便永远成了一种少数贵族摆架子张门面的招牌！

我们不但应该把政治上、经济上的贵族制度打破，尤应该把知识思想上的贵族制度一起打破。

再加上一点普通的意见。从前学问范围很小、材料有限，所以，各国都想不约而同地注重文学、文法、文理等学科。现在这种只有几种学科供我们选择的时代已经过去了！

现在的时代是学问知识一日千里进步的时代。现在人类一年中所发明的新科学、新知识，比三百年前全世界人类几千万年积下的科学和知识还要多！

从前的弊病，在于供我们选择的学科太少，现在却患在太多了。因为太多，不容易辨别哪一种应教、哪一种不应教，所以，尤需有一种理论学说来做个标准或指挥。否则，妄想样样都要知道，结果一样都不能知道。

现在教育界的最大坏处，就是见有一种新的学科，便以为非添加不足以趋时。这实在是很蠢的妄想。结果只成一种很肤浅的皮毛学问。一方养成趾高气扬、自炫博学的贵族习惯，一方对于真正的学问，仍是不能懂得清楚。

但是，这种知识增加、学问发明的现状对于教育界有两种大的贡献。其一，打破从前选择学科的孤陋；其二，扩大从前对于学科偏重文艺的范围。

下一次再讲在这学科繁多的时代，怎样可以选择使与儿童的生活联络、有关系的学科。再加一点，教育应该打破看不起儿童切身环境的观念。儿童的切身环境，非但不应看轻，还应利用他种种需要、兴趣和材料来做下手的方法。

从前看轻儿童的乡土环境、其习惯的养成，大约有两个理由：

第一，因为预悬很远的将来的目的，不但时间在多少年以后，即空间也在多少里以外，不在儿童切身的乡土。

第二，误在一种全国一致的迷信，所以不能把乡土的东西拿来做教育的材料。

8

上次讲演学校的学科与社会生活的关系，以及怎样使学科容易达到社会生活的目的。今天仍把这个题目继续下去。

但今天先不列举种种历史、地理等学科，而讲一段绪论。近世知识界、思想界的变迁使学科不能不受影响。所以，今天要讲的是近几百年的事，是科学发达以后教育上所受的大影响。

今天所讲略为偏向理论一面，虽似太觉高远、与学科无甚关系，然我们所讲的是教育的哲学；既讲哲学，自不能不把教育的范围稍加扩大，使诸君知道历史的背景。那时代的一切社会生活、社会组织都影响于教育，使它不得不变迁。

科学方法的进步和应用的发展，对于社会上、思想上、人生观上都有极大的影响。今把它举在下面。

第一，科学进步发展的影响，不在科学自身分量的增加，以新的代替旧的，以正确、近于事实的代替不正确、远离事实的。因为此种分量的增加、性质的改变，尚不足以发生知识思想界的革命。

须知分量的增加、性质的正确还是一种结果，其所以能够增加、能够正确，在乎"方法"的变换。从前用旧的、不正确的方法做学问，不能发生新的知识。科学发展以后，思想的方法根本改变。此种新方法可以应用于无论哪一种学科，影响自然大了。此点最为重要。

简单说，科学的方法便是归纳的方法，一切都从事实下手、从试验下手，思想界因此起了很大影响，故可称之为思想界的大革命（Intellectual Revolution）。

此种革命，起来并不很久，大约不过三百年。16世纪初年，欧洲思想界的信仰和普通观念与千余年前无大差异，除中古近世略为加上一点新知识以外，其根本上的没有条理、没有系统，依然毫无变迁，迨至16世纪及17世纪之间，进步的革新家始把从前的旧方法统统改革了，因此，一切工业、政治、社会、宗教、道德都起了很大的变迁。

以上是第一点，因方法的改换引起知识思想界的革命。

第二，科学发展进步的影响，除改换方法以外，还给我们两种重要的观念，使我们的人生观都改变了。

（1）自然法（law of nature）的观念。科学进步以后，知道天然界虽然无论如何纷乱，却有一定的规律、条理和次序。故看一切天行，都当它为有常度的变化，由此发生天然界齐一的观念，在人生观上发生极大的影响。

（2）能力（energy）的观念。古代的人都注意于静的方面，如研究宇宙万物的本质是什么。近世科学发展以后，知道万物除静的本质以外，还有动的能力。譬如光、热、电都是动的能力的变态，这种观念与古代大不相同，在人生观上也发生极大的影响。

此种观念的重要点，就是注重动而不注重静。最初还不过光、热、电的一部，后来并推到生物的变迁。所以，它不但造出新的天文学、物理学、化学，简直造成新的生物学以及人类学、人种学、社会学。这都是因为知道天然界不是静的而是动的所起的影响。

这些新思想的发展，打破古代信仰成说的迷信。古代根本观念的谬误，在于迷信某种一定不变的通则。人事方面的宗教以及一切制度，也是永远遵守成法、不稍变迁，结果养成少数圣人、贤人的权威，压迫大多数人不得不如此做去。新思想发展以后，知道社会人生也是活动的，而且看出变迁当中的因果关系，遂把从前信仰成说和服从少数圣贤的天经地义的观念一律打破。

古代的天经地义，在西洋完全是少数人掌管的，中古的教会便是掌管这些天经地义的机关。从新思想发生以后，首先打破天经地义的观念，事事都要自己来试验归纳，把少数人的专利权一起撞翻。那少数人的方面也出来反抗，于是引起思想界的大革命。欧洲当时思想界新旧的对抗简直是两大敌营，起了大而且久的战争。最重要者是在生物进化的观念——因环境的适宜，生物渐渐从下等变至高等——打破古代一定不变的成义。因为要推翻几千年根深蒂固的信仰态度影响太重大了，所以五六十年前的反对非常剧烈，反对的人也很多。

讲到此处，略为停顿。讲一段欧洲知识思想界的小史，虽似与教育无关，但欧洲与中国有根本不同的历史背景，一经讲明，自然容易明白，所以不得不讲。欧洲的文化起源于古希腊，古希腊对于自然很有研究，关于天文、地理、生物等科学，积聚的知识很多，收集的材料也不少。传至罗马，基督教变为共同宗教的时候，把古希腊传下来的科学作为它们的学问的一部分，与宗教及社会生活都联在一起。到了新科学发生以后，因为旧科学与人生日用早已有密切关系，所以牵动科学，便把社会全身都牵动了。这是欧洲文化史上与中国不同的地方。

欧洲古代的科学思想不但与宗教及社会生活有关，而宗教复与政治有关。中古政教不分，国家与教会是二而实一。思想基础也是根于旧国家的流传。所以，新科学发生连带打破旧国家和旧政治的观念。懂得这层以后，科学与旧思想为什么开三百年的大战争便可明了了。

东方与西方文化史上不同的地方，即在于此。西方的自然科学来自古希腊，积聚很多，因基督教的关系与中古的社会、政治、宗教都相连贯。东方则不然。我虽不甚懂得中国的文化史，但知道中国古代的学问多偏向于人生哲学一方面，对于生物、天然、地体等自然科学不甚注意，所以科学程度较浅，还够不上与政治、宗教、社会、人生发生连贯的关系。所以，新思想输入不大遭人的反对。在西方可以开几百年战争者，到了中国，社会上竟不当它是革命。

这个区别很重要。东方人不要以为不受抵抗似乎占了便宜，其实是吃大亏了。欧洲人因为与人生日用有密切关系，所以起来反对，大家互相辩驳，知道它的根本在什么地方、应用在什么地方，把新观念都彻底地研究出来了。在东方，因为与人生日用无密切关系，所以没有人抵抗，新思想的输入不过添了几个名词，于它的真意义依旧不能懂得，结果对于人生日用不发生一点影响。须知不留心、不注意，决不能使科学进步。反对是最好的事体，是进步的表示。愈加反对，思想便愈加进步。倘大家对它没有兴趣，于人生不受影响，则科学的进步也迟缓了，范围也不能扩大了。

欧洲思想史上的特长在乎争自由。一切思想、言论、研究、著作、出版、信仰等自由争得以后，才可以有科学的研究。研究然后可以有进化。这是与人生很有关系的事，所以不能不争。东方对于自由比较地看得不重要。这话初听似乎很泛，其实中国的确尚不希望知道科学的真正意义是什么。初时以为科学只在技术方面，不过电机、蒸汽机、开矿、造路等方法而已。前几年看见清华派送留美的学生 80% 须学机械工程等科，只有 20% 可以学旁的科目。这也可以看出中国对于西洋文化的态度了。这种技术方面的学科固然重要，但尤其重要的在于受新科学精神的影响，造出新的人生观。

以上第一、第二两点都讲完了，我们再讲第三点。

第三，科学发展进步的影响，发明"力"的观念，知道把天然的能力征服下去，为人类效力。举一个例子。人类几千万年前已知道这桌子烧了以后可以发生火的，但新科学的解说，谓桌子不是死的，是无数小单位在那里动，烧了以后，把这种动的力变作热的力了。这是新科学对于一种力可以变为旁的力的解说。

类推开去，水也不是死的，热了变为蒸汽，把它关起来可以做许多的大事业。动的汽船、汽车可以缩小世界，静的工厂、机器可以使实业界起大革命，这都可以代表人工征服天然能力的地方。

后来，渐渐从蒸汽机的力变为电机的力。电机发明以后，又起了许多影响——电报、电话、电灯都可利用。这都是人工征服天然能力的地方。

这些蒸汽、电气的大发明不是偶然的，也不是从玩意儿中得来的，是从辛苦中研究得来的。政府忌它，还要研究；宗教忌它，也要研究。所以，代表它们的并不是这许多的机器，而是对于知识的态度和精神。

此种蒸汽、电气的大发明，在物质方面，工商业、交通事业等固然得到极大的利益。或者以为在欧美的社会上，因此起了不安宁的状况，许多人对于社会都大不满足，这是不好的地方。但这也未必。从好的方面看，因科学进步的结果，知道利益应该大家普及、不应该让少数人独占，也是好的。

征服天然的能力，所以谋大多数人的幸福，不应该少数人独占，结果发起许多慈善事业，如防疫医院、公共卫生等，于社会、人生都有影响。近 50 年来，英美人生寿命的统计平均可以比较以前增加 10 岁，这也是科学大发明以后的影响。

最后讲到科学的进步对于政治上的影响。如美国这么大的国家，本来一定不能实行共和政体。古代有大国不宜于共和之说，也因为大国的各部分交换意见有种种不方便之处。现在既有电报、电话、报纸往来传达消息，所以，这么大的共和国也一点不觉困难地进行过交往，这是科学进步以后对于政治上的影响。

古代所以有大国不宜于共和之说，因为小国寡民彼此容易交换意见；现在大国所以能共和，也因为能征服这层困难。意见交换，有电话电报；货物交换，有轮船火车。交通便利以后，连风俗习惯也一起打破。所以有因物质的基础，然后大共和国可以毫无困难。

如果学校新教育要适宜于现社会，那么，教育者应该知道科学进步的真意义是什么，思想方法的变迁和新方法的建设是怎样，对于社会人生政治宗教的影响是怎样。然后教育不至于变为机械的、模仿的教育。

9

上次讲演近几百年科学的大进步在思想上起了很大的影响，不但方法的改换，而尤于科学界发生新的观念。这种方法和观念在教育上，不但内容，还有教授的方法也发生了影响。

在教材方面，科学进步的影响大概减少从前偏重文科方面的语言、文字等学科，而加上些注意实证的（positive）学科。

在教授方法方面，科学进步的影响则把从前武断的方法，如依据古说遗训、圣经贤传以及强使学生记诵等等都减少了，而加上些使学生直接去观察、去实验的方法。

现在为方便起见，可把科学进步的影响分为两大种：（1）科学进步对于物质上的效果；（2）对于道德上的效果。平常起居、饮食、交通的方便使我们的幸福增加，这是物质方面的。至于发生新的希望、新的信仰，扩大道德的范围，则是科学进步对于道德方面的影响了。

科学进步的影响如此之大，所以，我们可以说，东方文化西方文化的区别，即在于此。西方科学的进步比东方领先二三百年，所以，不但物质方面受科学进步的影响，而因科学的观点，道德方面所受的影响尤大。

我从前说过几次，今天可以再连带说一说，就是西洋科学发展以后，在物质方面所受的坏影响较东方为少。因为它们能把物质的变迁与科学态度的变迁同时并进，在思想精神方面可以有此一层保障，所以虽然也受点科学文明的坏处，而能同时受其好处。东方则只用人家的结果，对于科学的态度不稍变更，故不能得它们抵抗坏影响的一层保障，结果非常危险。

因为有此危险，所以今天要讲的就是注重科学进步在道德上发生的影响。

单得了物质的文明，而不能得物质文明底下的态度和精神。铁路、电报、电话、汽车都有了，而不知道此种文明在思想上发生的新观念、新道德，结果一定物质与精神分为两极。物质方面新了，而道德方面还是旧的。日本就是如此。兵也、商也、交通事业也，都无不新了，而旧观念、旧道德、旧习惯终于不能打破。结果，新文明与旧文明的坏处都受着了，而好处都不能受着。所以，今天我要讲的是科学进步在道德上的影响，要使物质文明与道德思想同时并进，不仅受它的坏处而还能受它的好处。

我到中国以后常常有人问我：怎样可以输入西方的物质文明，使生计发展、交通方便，而同时能免除物质文明的流弊？西方物质文明的流弊固然不能说没有，如个人方面的爱财和残忍、社会方面的资本家与劳动界的竞争、种种罢工罢市的风潮，都是有的。但我总想把它的好的方面尽力解说，做个抵抗坏影响的保障。虽然不过一种解说，而所解说的在西方也未完全做到，但影响也未尝不可因此减少物质文明的坏处。

科学进步在道德方面发生两大影响。

第一，发生新的希望、新的勇敢。一个国家或民族老了以后，与一个人一样，胆也小了，志气也畏缩了，往昔少年的精神也变为衰靡不振了。故须时时提起它的希望和勇敢，使老的国家变为少年的国家。

这种新的希望和新的勇敢从什么地方来呢？就在对于人的智慧有一种新的信仰。我们现在受了科学的影响，知道人的智慧可以打破从前的一切愚昧、错误和紊乱。故对于人生起了一种新的态度。愚昧、错误、紊乱都不怕它，我们都可以用智慧去打破它。

古代科学没有进步的时候，人类对于天然现象大概不过两种见解。初看去，觉得一切变迁都是紊乱无序。再看去，觉得日月运行、寒来暑往，都有一定，但不是人力所能管辖，都归于不可知的天命。这两种见解在人类社会所起的影响，就是以天然现象为非人力所能懂得，即能懂得也有定数，非人力所能管辖，起一种悲观失望的态度，对于天然现象只是放任、不要研究。

这种坏影响可以说有下列三种。

其一是看不起天然科学的对象。人类对于希望不到的东西总看不起它，只当它是不好的。西洋有个很普通的寓言，狐狸见了葡萄要去摘它，摘不到它，说葡萄是酸的，不要摘了。人类何尝本来不要拿天然界的东西来替他效力？拿天空的闪电来拉车、来点灯，谁不喜欢？无奈拿它不到，不能懂得它，只得说这是不值得懂得、不值得管理罢了。

其二是悲观与命定主义（fatalism）。他们以为凡事都有定数，人工无能为力，因此厌世——对于世界只取被动的态度。放任达观等坏观念都是从此而起。有了科学方法，便觉得人类有一种新的希望。人的能力可以知道天然界种种微妙而征服它。于是自被动的变为主动的，自悲观的变为乐观的，自命定的观念变为人定胜天、征服天行的观念。

其三是个人没有方法找真理，只能大家服从古训、旧说、遗风。他们以为古人不会错的，古圣人尤其不会错，大家非服从他不可。因为没有能力、没有方法自己去找真理，所以只得如此。

以上是科学不进步的三大坏影响：（1）看不起天然现象，以为不值得研究；（2）悲观与命定主义；（3）自己没有能力和方法发现真理，只能服从现成的古训、旧说、遗风。有了科学的方法，把这三种都可一一打破。（1）对于天然现象，知道很值得研究；（2）征服天行，为人类造幸福；（3）自己有创造、发明、发现的宏愿。

我想解说何以科学进步可打破从前的迷信。大概从前以为每样东西都有一个"性"，于是万物就有无量数的微细分子。而且无形中有几个大的东西，如上帝、鬼神、天命等，在那里从中拨弄，为人力所不能懂得。古代有了这两种见解，就以天然界为无量数的小分子而受几个不可思议的大"力"所支配，故对于它虽想下手，也无从下手。科学之所以能纠正它，就在能够懂得万物并不是有无量数的性，不过很简单的几十种元素，也并不是有几个不可思议的东西在那里作怪，不过科学上的几条定律。于是，对于天然界能纠正从前的谬误，而有下手研究的把握了。

譬如近世的化学，说万物不是无量数的性，只是六七十种元素。这不是已经很简单了吗？而且每一种元素都有一定变化的规则，某种与某种可合，某种与某种不可合，于是更加简单了。基本的元素既简单，变化复有定律，自有法子可以研究了。

以这种元素和定律做基础，倘于发现问题的时候不能解说，便增进我们研究的兴趣，鼓励我们解决的勇气，却不会因此失望。所以，由消极的变为积极的态度，能独立创造地找出天然界种种神秘来了。

总之，科学的进步在道德上的大变迁，就是对于天然界的种种困难不致失望，却要找出理由和原因设法去纠正它，打消从前消极的态度，而相信人的智慧可以研究解决种种困难。古代对于因果看得很严，以为仿佛像大轮盘一般地在那里转，运气好的，可以偶然侥幸逃出轮盘以外。现在懂得它的道理了，就可以设法纠正，用人力来找它的原因。

以上是科学进步对于道德上的第一大影响，就是发生新的希望、新的勇敢。

第二，发生新的"诚实"。我并不是说诚实是科学的结果，大家都知道古人看得诚实也很重的。不过，诚实的地位很不容易做到，总要有了真话，然后可以说真话——有许多看去虽似真话，实在是假话。科学就是先使我们知道真话，然后再来说真话。

古代科学没有进步的时代，天然界紊乱无序，真理很不容易找到，即使知道一点真理，于紊乱的当中也无法说真话。所以，虽然人人都想说真话，而这思想每每抵不过周围种种不让它说真话的势力。

天然界种种事实既然没有条理，不易懂得人类要想说真话的一番好心，于是在这个紊乱当中，为种种私见、成见、党见以及不愿开罪圣贤、公论、长上等外来势力，打消得干干净净了。

人类有一种很普通的见解，以为人类社会目前的安宁幸福比天然界的事实真理更为重要，所以宁愿牺牲真理来迁就社会的暂时安宁，不愿意开罪别人扰乱社会的秩序。于是，遇事都弥缝过去算了。讵知这样保全社会秩序，将来最后算起总账来格外加重，扰乱也格外加重。故牺牲真理而迁就现状者，将来必加利还本。

科学进步以后，使我们有新的诚实，有研究事实的方法和信仰，知道人的智慧，有找出真理解决天然界事实种种困难的能力。对于事实只是老实说出，这么样就是这么样，然后去找出真理，去想解决纠正的方法，不是弥缝过去就算了。对于一切社会问题、家庭问题都是如此。所以，说老实话并不重在说，重在找出什么东西才是老实话。

科学进步还要使我们知道社会人生必需的条件，否则，社会上种种不好的制度就不能发现。我们有了方法才可以找出它的原因，用方法去补救它。所以，科学不赞成秘密，赞成公开，主张调查、考察、研究和讨论，使从前想说老实话而仍不能说老实话的旧习惯一概打破。

柏拉图（Platon）[①]说："实在"（being）应放在"现象"（seeming）之先，比现象尤为重要。这话不但在玄学上有价值，在道德上也有价值。因为现象者，看上去虽是什么，而实在不是什么。社会上的事实也都是现象，很不容易找到真理，因为真理在社会上、人生中有许多的仇敌。

这种仇敌，一言以蔽之，即成见而已。或为个人的利害，或为一家一派的利害，有了先人之见；或自己不说，或限制别人不许说，或因爱情的关系，或因礼貌的关系，都可以使人不说老实话，把真相放到现象的底下去，而提高看去是什么其实不是什么的现象的一部分。

并不是说人类有意作伪去做真理的仇敌，但不必意，只要无意中感情冲动、怕得罪了人，该说老实话的地方也敷衍过去了事，便不知不觉中做了真理的仇敌。科学进步以后，态度一变，不但知道真理的重要，并且知道求得真

---

① 柏拉图（Platon，约前427—前347），古希腊哲学家和教育家。

理的方法和态度。这个影响就是对于社会上种种事实，处处用这种种方法和态度去对待它。所以说，科学的影响能发生一种新的诚实的态度。

以后再讲此种观念在教育上的应用，现在先简单说几句，不提应用一层。科学进步不但在教育方面得到许多新奇的知识，重要的还在态度和精神。打破从前的悲观、被动、奴守古训，以及不肯说老实话、不肯以事实当事实的态度，而代以新的希望、勇敢和新的诚实，以人力找出真理、找出原因，去补救它、纠正它。

10

上两次讲演科学发展以后在知识上及社会上的影响。前两次是普通的影响，上次是道德方面的两种影响。

今天所讲纯粹是科学发展以后在知识思想界的影响。我们先问知识方面的科学方法是什么。自然不消说得，求学便是求得知识的一部分；得到知识以后，一方再去教人。故知识界的变迁，当然在求学及教授的两种方法上发生大影响。

此刻第一点要讲的，科学并不是书本子上积聚的知识。化学、物理、天文等都不是科学的本身，只是科学的结果。真的科学之所以重要，不在它的结果，而在它的方法——就是重要在这些积聚的知识是怎样来的。若单知道这样那样的科学，而不知道科学的方法，算不得知道科学。

假如世界上发现一种很怪的变迁，把人类求知识及用知识的方法统统毁了，只剩一堆的所谓科学，那时一定不能说是有科学，只可说有一堆很古怪的死知识。因为科学之所以重要，在于求知识的方法及能根据已知的推求未知的更深的方法。这才是科学的本身。倘只是一堆的知识，哪里可称为科学，不过外面的结果罢了。

这话初听似乎很怪，但是仔细一想，何以学校有了科学很久而所发现的结果很少；博物、化学、物理都教了，只是没有结果。这因为所教的科学都是大家已发现的结果，而不能使学生有发现真理的方法。学生所得只是一堆古董，而不是研究、发明、管理、指挥天然界的能力。

今天所讲并不是这种那种科学怎样教法，因为这太琐碎了。要讲的不过是科学方法是什么，从这方法教者应起什么觉悟。有了这方法，无论哪一种科学都是应用，并不限于教这种那种科学。

科学的方法是什么呢？简单说，科学的方法便是试验的方法。这方法的大意，简单说，便是用人的动作（action），将一方的心的作用和另一方的天然界的事实连起来。

譬如有一种金属，不知道它是什么，旧方法不过是看它什么颜色、什么光、多少重。然这种方法都不够用。科学的方法则在用人的动作加点酸下去，看它起什么反应，另加点别的酸下去，又起什么反应。加酸不够，则用热，烧到多少热，变什么样子。这都是用人的动作引起它的变迁，将它的性质和用处全明白了。故曰：科学的方法是人的动作连起心的作用和天然界的事实，有创造的关系。

这个话详细说就是动手时先有一种计划，用什么下去，应该起什么现象，所以是心的作用。放下去以后看它是否起什么现象，与我的计划对不对；不对再用别的方法试验，使它发现新的事实。由新的事实再发现新的观念，所以是有意识的。

我闻中国古代有"知之非艰，行之惟艰"的话。试验的方法却与之相反。这是只有行然后可以知、没有动作便没有真的知识。有了动作，然后可以发现新的光明、有条理的事实以及从前未发现的知识。故曰：没有行，决不能有真的知。

把科学与非科学一比较便明白了。有许多知识不能称科学，就因为它没有条理、次序。科学的所以不同，就因为有条理、次序。故科学的知识是有组织的知识，它所以有组织，因为有人的动作加进去，把它安排得条理、次序显明出来。

没有组织，只有一堆的知识，固然不是科学。而有许多旧的学者以为真理不自外而自内，于是闭目冥想出有条理、有次序的真理来。这种真理虽然可算是理想中的宝塔官殿，但能与天然界的事实相符与否实在没有保证。故但有理想也不是科学，必须事实与理想连起来，生出有益的关系，才是真的科学。

现在可把试验（experiment）与经验（experience）来比较。后者是被动的居多，它的次序只是依照来的先后，没有有意的支配；前者则不然，是有意的居多，是有目的地支配经验、指挥经验。

从来对于经验，大约只有三种方法。

第一，是瞎碰。这是盲目尝试，没有远见，很费工夫。偶然也许碰到很好很精的方法，但总是碰不着的居多。

第二，是畏缩。这是少去做事、少去尝试，总之不敢去经验。

第三，是试验。这不如第一种的盲目尝试，而却以意识做向导；也不如第二种的少去做事，而却很肯做事，不过不肯乱做，只是有意识地试验。

一个化学家做试验一定不是没有计划地去瞎碰，而是有意识、有目的的。照预定的计划应该起什么作用，倘不起什么作用，便把它放在旁的东西里面，看计划能否实现。虽然向着将来，而以观察现在事实为根据。故试验的方法只是两层：第一，是有计划；第二，是根据现在事实。不是瞎碰，也不是畏缩，而是与之恰恰相反。

这种瞎碰的试验方法也可算是一种试验。但所以不算它是科学的方法，因为它没有预算，定要等到困难发现始能转弯。科学的方法就是在乎预算，一步一步地把将来的作用先布置周妥，有知识上的组织。这是科学方法传播后养成的态度。

讲到这里，我们要提出试验方法的重要分子，便是"假设"（hypothesis）。这不是空守，也不是武断，只是提出假设来做试验的指挥。

这个观念很重要，因为科学的试验不是武断的、一定不变的，只是暂时认它为有试验的价值。故试验的都是假设的性质，假设它应该起什么作用，起了是对的，不起是不对的。没有一定不变的真理，只有有试验价值的假设。故一个观念全靠自己当它假设，有待证明就是看它是否能起应起的作用，还应该有待人家改变它。

譬如有一个新的很重要的主张，依天性习惯只有两种态度：（1）对的，承认它；（2）不对的，否认它。自从科学的试验态度发明以后，发生新的第三种态度，就是对于一种主张，以为也许真的、也许假的，只认它为一种假设，认它为有试验的价值，可以做动作的根据。至于它是否值得认为真或假，都以试验的结果来定。

古来有两种思想的态度：（1）武断的（dogmatic）；（2）怀疑的（skeptic）。武断派不用试验，只是凭理性以定是非。怀疑派以为样样没有真理，只是放任、随遇而安。

这两种虽然都不能使人满意，然都有它的好处。武断派认定一个观念，往前做去；怀疑派不承认绝对的真理，这是他们的好处。但他们都没有建树。试验的方法，在有武断派的积极兼有怀疑派的研究态度：有两派之长，而没有两派之短。

试验方法的长处，尤在能真的守旧，真的求新。新的旧的都不是一概推翻，然也都不认为最后的真理，只是以试验的态度做存在的理由。所以它是真守旧的，也是真求新的。

试验的方法是进步的方法，非但不反对变迁，而且注重变迁。事物不是一定不变的，都以境地不同而变迁。试验方法，最重要在新分子的随时加入，影响于进步的境地，为有计划、有把握的冒险。新分子加入以后，也以试验的结果来定价值。

所以，试验方法进步以后，继续发现许许多多的新发明。各种机器等等工业上应用的机械愈弄愈多。因为它无形中有个进步的观念已经成为定理，故不把古代当做黄金时代。它只是一往直前，因新分子的加入随时变迁，而把黄金时代放在将来。这也是科学的方法的影响。

古代希腊虽然哲学、文学思想很发达，但其哲学没有进化的观念。无论它讲到怎样高深、怎样难懂，总不过古代如何好、现代如何堕落，或不过另提一个理想的时代，绝没有人类向前进化的观念。自从欧洲科学方法进步以后，一天一天地渐有向最好方面前进的观念。这是科学方法以试验结果定价值的结果。

试验的方法固然是进步的、向前的方法，但也是守旧的。因为它对于往昔的事实只要经得起试验，都认为有保存的价值。它的往前以已得的事实为根基，而对于过去，不存一起推翻的观念。譬如簸谷，轻的都向上被风吹飞了，重的谷的本身依旧存在。试验的方法对于过去的事实存保存的观念，凡是经得起试验的没有不保存它，也正是这个道理。试验的方法对于研究古代的兴趣非但不减少，反比从前增加，因为它对于凡是有保存价值的都用试验的态度对待它。

试验方法对于教育的关系，今天不能详讲，但可略讲一点。试验方法并不是用了去教这个教那个。有了试验方法所生的教训，就使学校都应该充满试验的空气。从前的武断态度只是定了章程，永远遵守；或怀疑态度，完全没有计划，过了今日不知明日怎么样，都各有弊病。我们应该先有一个计划，步步以试验的结果来更变。

现在有求一致的趋势，先定了章程，然后办学校，结果只是形式的统一。学校应有试验的计划，办学的、做教师的都随时随地试验，随时随地修正；复以各地试验的结果互相报告，彼此交换意见，彼此纠正。集合大家试验的结果成为有弹性的教育精神。这不是形式上的统一，是精神上的统一。

11

今天继续讲演科学在教育上的用处。上次是科学方法的重要，今天是科学内容或材料在教育上的关系。

在今天要讲的本论以先，先讲一段绪论。这就是欧洲教育史上三百余年来有一种很剧烈的争论，一方主张以语言、文字、文学、历史等人文的学问为主要教育，一方则主张以自然科学为主要教育。文艺复兴之后，知文学、历史等学科的重要，故想把它们保存在学校之内占重要的部分，而反对自然科学的侵入。此种争论至现在还时有所闻。

在这长期争论的当中，两方各有见解、各有主张。文字、语言一方面的人，其理由以为这些文字、语言、历史、文学、哲学等学科都是关于人的、关于人事的，故称它为"人文的学问"。科学中的酸、气、力、质、昆虫与人有什么关系，当然是不重要。语言、文字等人文的学问因与人事有关系，故价值最高，其美感一方面可以养成高尚的态度、行为、仪表和气概，其价值哪里是讲力、质、昆虫等自然科学所能及的呢？

他们以为文学所代表的是人类最高的理想和希望，所记载的都是道德教训、嘉言懿行，能使读者鼓舞奋发，所以是最高文化的结晶。历史也是如此，所载都是兴亡之大道，看了也使人鼓舞奋发，所以都有价值。科学所代表的都是比人低，都是人以下的昆虫、下等动物、花木、矿物、结晶、原子、分子，绝没有文学、历史那样高的价值。

这种学者对于自然科学，至多也不过承认它在实用上的价值，以为衣食住或可因此增加进步，但实用只是物质方面的，与精神毫无关系，即使有点关系，也不过训练心思知识，如算学，是一种心思的体操，能使心思格外正确。但这还不重要，究竟不能及精神上、道德上的"人文的学问"的重要。

在那一方面主张注重科学的，以为科学是真理，所知的都是实在、是真际，不是玄想。我们如能研求实在和真际，自然是最高的道德目的。人文的学问不过是人造的、不自然的、假设的，凭人玄想的结果未必能靠得住。所以自道德上讲，科学的训练自比文学的训练高得许多。不但如此，文字教育的结果使人但知注重形式虚文，成为重名轻实的习惯。语言、文字本是代表事实的符号，文字教育却使人忘其所代表的事实，养成虚伪的结果，科学可以使它们回到真的面目。还有文学虽也有许多好的意思，但却有许多坏的意思与它互相矛盾；其间没有标准，也没有公正人为它审定。科学是大家公认的，决没有矛盾的地方。即此一层，科学又是比文学高了。

我今天提到这历史上的长期争论并不是也要加入，帮助哪一边。不过这很可以代表引起我们研究哲学上的一个问题，究竟人与自然有什么关系。刚才讲的两派彼此互相辩论、攻击，都是代表错误的哲学。他们以为科学有人的科学、有自然的科学，把人与自然分为各自独立的东西。而教育哲学的问题，是怎样可以使学生懂得人与自然不是隔断的、绝不相容的，而是彼此互相依靠、互相连贯的。

如果人与自然可以严格地分离，那么，人文的学问自然应该比自然科学高一点。但人与自然是不能分离的，自然是人的媒介物。人事关系无处不以自然为舞台。人天天在媒介物的当中，哪里能分得开呢？故他们以人文的学问与自然科学互争高低的，都错误在把人与自然看做分离。

假如以一个银圆放在箱子里面，一定与在外面时不生变动，这就是银圆与环境没有关系。人对于自然却不是如此。人与自然犹植物与所栽的泥土：植物的生长，与泥土的厚薄肥瘠及日光水分有密切的关系；人的生长之过去与将来，也与自然有密切的关系。

自然界对于人的重要贡献，至少也可以有三种。

（1）材料。人没有自然界，就没有生活的材料。

（2）工具。煤、铁、电机、汽机，种种不可少的工具，都是自然界所供给的。

（3）能力。一切作用的能力都是自然界供给的，光、热、电等的力，固由自然界而来，就是个人的能力也非靠自然界供给不可，没有能力便不能生活了。

所以，人与自然分开，便不能知道人的真相。道德、精神等话虽很好听，但其大多数都与材料、工具、能力有密切关系。倘不把自然环境连在一起讲，决不能懂得人类精神、道德发展的真相。

语言文字的教育偶然也会产生几个伟大的人物，但是很少数。他们口头虽讲为人道说法，为天下人类代表，但这些伟大人物总在少数贵族士大夫的阶级。无论何国，凡是文字的教育必在有闲工夫的士大夫阶级。大多数的平民和他们所谓高尚、看了能鼓舞奋发的人文的学问毫无关系。结果少数人受了教育，大多数人都压下去。极端主张科学固然也有弊病，但能使人人有管理衣、食、住的本领，供给生活的需要，故比较近于民治的精神，这是科学教育的长处。

科学教育的错处在与人事分离；其长处在与人事密合，使人人能管理自然界的材料、工具和能力。主张科学教育的人也太趋极端，把科学教育当做一种专门学者的教育，结果流于枯燥，不能引起人的兴趣。因为他们所教的都是很专门的名词、很离奇的事实，与人事关系太少了。这一层是科学家的错处，与主张文字教育的人对于自然界没有关系的错处正相等。

专门科学家固然重要，否则科学怎样能够发展？但自小学起一直上去的科学教育，却不能以教专门科学家的方法把已经成熟的科学成绩去教。故科学教育应使与人事有关，人文的学问应使与自然有关。两种争论都应免除，使人与自然不相分离。科学教育苟与人事无关则效力很少，不过记得几个专门名词与几件离奇事实而已。

讲完绪论，我们引到实在应用的结论，就是科学在学校教育里面不要悬空。其起点就应从人事社会有关的用处下手，渐渐上去，其最后的结果还是要回到人事社会有关的用处。起点在这个地方，结果也仍在这个地方。

不幸，西洋教授科学的方法已经固定，与我们所讲完全不对。他们遗传下来的方法，大约只有两种。

（1）以自然科学当自然科学教学生。动物、植物、矿物、化学、物理都与人事无关，各科又与别科无关，如房子无门的不相交流。其实，自然界并不隔阂断绝。试拿植物来看，虽是植物学的材料，而它的色料、养料由泥土而来，便与化学、物理学、地质学有关，甚至于与天文学、气象学都有关。自然界既然彼此互相打通，教授自也应该如此互相连贯。故科学教育应利用学生的兴趣，从人事方面下手，使他们知道天然界彼此互相联系的用处。

（2）以科学家完成的结果教学生。简单说，这种教法等于语言人文的教法。使学生记得几个专门名词、专门术语，与文学教育使学生记得几个死言语文字有什么区别。因这都与人事没有关系。他们的错误在于不带历史进化的观念，是一种劣等的办法。须知这种科学是几百年来多少学者一步一步地积起来的。倘不管它是怎么来的，只是教学生整个地拿去，哪里能见成效呢？学生既不能把几百年来许多学者所积聚的成绩整个拿去，所以应该在训练方面养成他们的一种态度，使他们知道所以有现在的结果的程序，成效自然大得多了。

如果我们从科学在社会人事方面的用处下手，悉心领会，教法也并不困难。下手的方法，如种树、花、五谷都是预备饮食、衣服材料的，渐渐地引他们进去。这种与儿童的生活经验都有关系，很容易领会，于是可以一步一步地把科学知识输入，成绩也很大。我简单奉劝提倡科学教育的人，应从与社会人事已发生关系之处下手，在儿童经验之内，不要超于儿童经验以外。

如以电气为例。用抽象的方法向儿童讲电气，怎样能够懂得，即大一点的儿童也未必能领会。但倘从现在已经成为经验的电灯、电报、电话、汽车中的电池等处引他们进去，儿童对于这种用得着的实物自然比书本子里面抽象的东西容易懂得多了。

照现在教科学的方法一定有免不掉的困难，就是年少的够不上。但照我们所讲的方法，从极小一直到专门学者不会间断。种一颗种子，待它出芽、生根，一步一步地上去。动物、矿物、物理、化学都是如此，只要有经验好一点的教师不难渐渐上去，至于高深。旧法不照儿童生长的次序，骤然把现成的知识教儿童，儿童只要考试及格就抛弃了，至多也不过记得几个专门名词而已。我们所讲的方法是依照人的知识的生长，一步一步上去的。譬如树木一年一年地往上生长。这种有系统的知识都可以变成他的知识系统中的一部分。

刚才讲的只是方法的前一部分，就是起点应与人事、社会有关系。但是我们讲过，科学教育最后的结果仍应回到人事、社会。社会大多数的人都与自然环境有关；农人尤为密切，工人也如此。他们从历史遗传及经验得来种种方法，如播谷、分秧、风车、水车、磨、肥料等，都是由祖父传之于父、由父传之子孙，不明白它的道理，只知向来这样做，大家这样做，保存旧法，不求进步。但是，社会进步必须各方面同时进步。所以，学校教育的目的不是希望学生都成为科学家，是希望科学知识传播得广、传播得远，应用得广、应用得远。产生一两个发明家还是小事，传播应用得广远影响最大。这就是科学教育的最后结果，仍然回到人事间、社会上来。

这种教法不但比农工的方法进步，还有大的用处，就是科学知识传播以后，人民的幸福可以增加。农工等大多数人的做工都不知所以然，只是机械地做下去，这是一个大缺点。他们对于工作毫无趣味，只因不做不能生活，于是不得不做。这种做工简直是一种痛苦，真是所谓苦工了。科学知识传播以后，与农工等各行业的器械都有密切关系，每一业的器械有一业的理由、有一业的兴趣。西方劳动界不安静的原因虽有多端，而科学教育不普及也是一种。开矿、造路等工作都是机械的，没有趣味。科学教育普及以后，这种不安静的现状也许因此减少。因为他们所以痛苦，大半由于工作没有兴趣；工作没有兴趣，由于不懂得它的理由；不懂得它的理由，由于科学方法的不传播。

这种方法在实际上的应用很大。中国将来的50年，不消说得，物质文明一定要发展的。我们现在远望50年后，有两条路可以走。

第一，少数人有专门科学知识，知道机械的道理、科学的用处，大多数人对于科学茫无所知，结果少数人垄断科学所发生的利益。虽然也有一小部分的好处，然而太不平均了，利益太为少数人所独占了。

第二，先去安排预备50年以后的事，用活的方法传播科学知识，使大多数人将来能享受科学所发生的利益，因不平等而发生的扰乱也因此免除。

欧美倘于100年前有先见之明，不阻挡科学的传播，而用正当的方法使大多数人知道科学的所以然，也许现在不只像现在的欧美，而是更好更幸福的欧美。

12

前几次讲儿童的发展、活动、能力做教育的基础；以后再讲社会的目的；再后讲近世科学的发展在历史、文化和思想上的影响；最后讲科学方法在科学上的应用。这是以前讲演的大意。

以前的 11 次讲演都把教育的部分分开单独研究。以儿童本能为基础，以科学为方法，以社会生活为目的，都是分开的，没有系统的、总括的研究。今天把它连贯起来应用于学制上。自初等、高等而中学而大学，一步一步地把它贯串。我们所讲的学理怎样可以应用到学制上去？哪一种学制应用哪一种学理？

教育的制度，无论哪一国，都可分作三个时期。第一，是儿童时期。第二，从儿童发达起来过渡到成人，就是中学的时期。第三，快要成人了，受高等教育的时期。照他长进的次序，每一个时期的教育应该根据哪一种学理，哪一种学理应该应用到哪一个时期上去，这是今天要讲的。

先讲第一步初等教育。初等教育根据于两种重要事实：

第一，儿童时期是最初受学校教育的时期。这时期儿童的吸收力最大、伸缩力最强，变好变坏都可以的。

第二，这时期是个基础的时期，不但是中学、大学的基础，尤是他一生事业、习惯、嗜好的基础。

明白了这两种事实，然后可以定初等教育的方针。但是，历史传下来有一种很坏的趋势，就是把这个时期看得不重要，并且讨厌它，以为不如赶快长大了的好。这时期所求的知识固然较少，但是时期的重要我们应该承认的。历史上好像都以为不应该有这时期，看不起它，以为这几年不过是枉费了的。所以，他们以为初等教育什么人都可以教。这种趋势实在很坏。天主教当中有一支名曰"耶稣军"（Jesuits）[①]，最以教育著名的，它的教育家有一句话：把小孩子给我，到八九岁的时候还你。它的意思以为到了八九岁基础已经定好了。不但它的一派如此，就是卢梭（Rousseau）[②]、裴斯泰洛齐（Pestalozzi）[③]、福禄培尔这班大教育家也都注重儿童教育，因为也都承认这个时期是基础的时期。

何以这些大教育家都注重，而普通心理反看做不重要呢？因为儿童在这愚昧无知的时代，一般人的心理都看他的心当做一只碗、一把壶的样子，这时候要装的东西甚少，自然什么人都可以教了。但是，儿童的态度、行为、思想和待人接物的习惯，都与他的一生有很大的影响。譬如他有好奇的心理，倘这时候不去鼓励它、利用它，使它成为试验的态度，只是压它下去，那么这心理便变为麻木了。又如好问的心理、冒险的心理，都可以养成他研究的态度和勇敢的性质。又如喜与人玩耍，可以利用它成为彼此亲爱互助的习惯，倘压它下去，便渐渐变为孤僻了。这时期所求的知识虽少，但习惯的养成作用很大，引导他可以成为好习惯，否则也可以成为坏习惯。所以，这时期的教育比中学、高等学校教育尤为重要。

从此可知，初等教育的目的并不在使儿童读许多书、得许多丰富的知识，而在养成将来应用的能力、技能和习惯。这个观念很重要，即在古代也承认这个道理，只要去看旧式小学教育所定的教材便知道了。古代小学只有读书、写字、算学三种学科就完了，可见它的意思并不是在要叫他读得好、写得好、算得好，而在养成他一种有用的能力、技能和习惯。

旧式小学教育虽也承认学科是养成能力、技能、习惯的东西，但它的方法与新式的绝对不同。从两种绝对不同的方法底下，自然产生绝对不同的习

[①] 耶稣军，今译"耶稣会"，由西班牙人罗耀拉（Ignatius Loyla，1491—1556）创立。

[②] 卢梭（Jean Jacques Rousseau，1712—1778），法国启蒙思想家、教育家。

[③] 裴斯泰洛齐（Johan Heinrich Pestalozzi，1746—1827），瑞士教育家。

惯。旧式的单是教学生在一条路上走，不许逸出轨道，天天如此。这种刻板的、无用的教法，虽然所教的东西只要一提头就能往下背诵，但一试用到别处就没有用了。故旧的教育，无论它承认读书、写字、算学都是养成习惯的东西，而它所养成的习惯总是孤立的、死的、呆板的，而不是可以活用的。

我们自然承认读书、写字、算学的重要在养成能力、技能和习惯，所以知道用工夫在这三种上是值得的、不枉费的。须知这三种是工具，不是叫他能读、能写、能算就完了，还要他知道所以要养成习惯的用处。也不是叫他在一条路上走，也不是叫他当做玩意儿，是要叫他有能力选择好的文学、历史等种种东西，知道为什么那些好的该读、那些不好的不该读。这便是把儿童的生活经验与学科连贯起来。

关于这一层——儿童的生活经验与学科连贯起来——从前已讲过不少，此刻不再讲了。但是应该注意的，这些读书、写字、算学须使儿童知道是人生日用的一部分，并不是什么玩意儿。譬如所读所写的字不要单是认识就完了，还须知道字是代表人、物等等的名称。就是一个字不是一个独立的字，而是一个人名或物名。算学也是如此，不是空的数目而是人或物的计算。文章也是如此，不是书本上课堂中的文章，而是真的经验的记录。总之，都不是玩意儿，而是人生日用的一部分。

初等教育虽然以养成活动的能力、技能、习惯为目的，但却不是说这个时期不应该求知识。知识也要求的，却不该从求知识下手。知识应该从养成活动的能力、技能和习惯中得来。教育的基本原理，去看几个月的小孩子就可以得到。他的手脚一定时在那里活动，你若给他一张纸，他把它团了，然后撕为碎片；见了东西，又要去摸摸是光滑的还是粗糙的。这无不是求知识的法门。看去虽似野蛮，却无处不是求知识。故从几个月的小孩子，可以得到教育原理。初等教育所以养成技能、习惯，养成的结果自然得到许多有用的知识，不要先当它是一个目的。

不但看几个月的小孩如此，就是成人也有这个道理。农夫于几年当中懂得土性的肥瘦、肥料的使用、气候水分的关系，何尝是当它是知识求来的？人要生活不能不去活动，等到习惯养成以后，自然得到有用知识，而最初目的却不在求知识。农夫的事业就是他的自然结果。石匠、木匠也是如此，锯锉的使用、规矩的理由又何尝当它是知识学来？故初等教育一面养成有用的活动的能力、技能和习惯，一面自然发生知识。这可以说，寓求知识于养成习惯之中。

现在再讲第二步中学教育的时期。这时期是一个人向青年过渡的时代，与初等教育略为不同一点。初等教育是养成有用的技能、习惯，中学教育则求知识较重。其两个最重要之点就是：

（1）自然界是什么东西？

（2）人事界是什么东西？

简单说，就是把初等教育时期无意中得来的知识，推广到天然界、人事界去。因为青年正要往天然界、人事界中去活动，倘不晓得它们是个什么东西，一定有许多不方便。

青年预备将来事业所在的天然界、人事界求知识，这知识可按广义的历史、地理来代表它：以广义的历史代表人事界，而以广义的地理代表天然界。这一部分的知识下礼拜关于历史、地理的方法时再讲。今天先提出中等教育一个重要问题，就是农业、工业等专门性质应带多少。

中学因为在初等教育与高等教育之间，所以有许多都当它做预备性质，为将来升入高等教育的预备。但这弊病在于不是个个人都能升学，有许多要出去谋生的；预备的东西太专门了，到工商界去没有用处。高等教育的学校较少，自然也不能全数容纳，在日本成为教育界的大风潮，十人中只有一人至多也不过五人能受高等教育。又因预备太专门了，学工的不能文，学文的不能工，这种不能连贯的流弊是很多的。所以，我主张中学自身应该完全独立的，升学固然可以，就是出去谋生也有相当的技能。

美国的经验很有可以供诸君参考的地方。中学校即大学预科，带着很强的预备性质，名曰预备学校。它的教员都是大学毕业生，它的学科都以大学入学试验为标准。因此有人反对说太不经济，主张把八年的中学变为平常国民的高等学校，不管大学需要什么，只管社会需要什么，完全解放，不受大学羁绊。有几个州立的大学也宣言只要学科的程度好，不管合不合大学入学试验规定的本子上的东西，都可以进来。如此是大学来迁就中学，不是中学去服从大学。

讲到专门的问题，不但是预备升学的专门教育应该讨论，就是预备将来事业也有专门，也应该讨论。预备专门的学制，德美两国是两个极端。德国有许多的专门中学，农有农业中学，商有商业中学，矿有矿业中学，机械工程也都如是；还有当教习的有师范中学，做律师助理的有法政中学。这种制度的好处很容易明白，就是定好了一条路子按部就班地往上走，很经济的。

美国的学制没有专门中学，农、工、商、矿都没有一种预备职业的，其弊在于太泛。但德国制度的危险，在于十三四岁的孩子怎样可以指望他有判断终身职业的能力。农、工、商、矿都是终身职业，既经选定，倘再更改是很危险的。美国虽患太泛，但是可免这种弊端。德国专门太早的弊端，约有三种。

（1）少年这时候还没有独立的判断，把他赶到狭路上去，不许走别条路，结果非常危险。倘在贵族政治的底下，阶级可以预先分好了，做官的做官，做工的做工，也许弊端不大；但倘在民治的国家，个人自己都须先有适当的选择，然后在将来可有适当的发展，那么十三四岁的人哪里办得到？

（2）少年还不配选择职业。如选定学工程师，后来因为心理不相近，忽然想做文学家，结果把少年时期耽误了。

（3）现在一切都在变迁的时候，学校内的功课总比较守旧，倘花了四年五年的好工夫在学校内预备，预备好了，已赶不上外面的新学问了，所以，这实在是一种妄想。

以上是批评两种学制的话。我的意见，以为中学校未始不可有特别注重的科学，但须不妨害普通性质，使它成为独立存在的教育。每种教育的材料不妨带点专门性质，近农的注重农，近工的注重工。这样使学生有了应用知识，升学也可以，就是出去谋生对于本门特别技能虽然没有知道，但有了活动的能力，可于短时间内学成应用。

现在只能举个简单的例子，如农村里头办起中学来，大多数人都是农家的子弟，应该完全取材于本地风光，如农产、树木、肥料、土性、制造等特别的材料、特别的问题；但所学还是普通应用的知识，不必专办农业中学。这种学生出来以后，短时间内可以变为农夫，且能懂得它的精彩，但知识上还是独立的。

以上是讲中学。现在因时间不够，只能用几句话把高等教育的要旨讲一讲。高等教育的大学专门学校应该养成专门的人才，不是专门的机械；尤重要者，须养成专门领袖人才，在工业、实业、政治、文学各科当中知道它的方法，使别人能在他所开的一条路子上进步；不但事业上做领袖，还要在本门的学问上做领袖，这是高等教育应该根据的。

13

上次讲演学制的组织，从初等教育一直到高等教育，其目的在什么地方。初等教育的目的已经详细讲过了。上次讲到中学教育的目的，谓应该使学生熟悉天然界、人事界的情形。今天再详述中等教育的目的。

要讲中等教育学制的内容，须先讲明为什么中等教育应该使学生知道天然界、人事界的情形。其理由有二。

（1）使学生知道自己的能力与哪一种相近，可以对于将来职业的预备有点标准。中等教育是过渡的时代，倘不能使学生知道天然界、人事界的情形，只是叫他们自省，决不会有适当的标准。所以应该叫他们知道天然界有什么东西，是怎样情形；人事界有什么东西，是怎样情形。知道了然后可以进去做事。

我们知道世界上许多痛苦和不经济，都是从选择职业的不当来的。倘所选的职业与本人的能力嗜好不相近，个人方面因为不能尽其天才，只感痛苦，没有乐趣；社会方面本可以受它利益的，也因此反受其害了。西方有一句话："方的柄放在圆的孔内，一定不会适当的。"（这话中国也有的）就是这个意思。职业选择不当由于知识不充足。譬如一个能做工程师的生在农村里头，没有可以看见纺纱、织布等机器的机会，所见的都与他性质所近的不能相投。或者一个能做科学家的生在城市当中，到处只见街道、房子。这些不能得到充足的知识——不能知道天然界、人事界种种事实——就是一切痛苦和不经济的原因。

常人选择职业的大病，在于选择没有标准，不过是偶然的、被动的，不是父母或旁人给他选定的，便是他瞎碰来的。痛苦和不经济都是由此发生。所以，最重要的是使本人有充分的知识、广大的眼光，知道天然界、人事界的种种不同，对于哪些有兴趣，哪些没有兴趣。我们看见一种不认识的金类，先用旁的金类去摩擦它，看它的硬度；再加热，看它的熔度；再放在各种酸液里头，看它起什么反应。这样一试，不认识的金类便可以认识了。人才也是如此，先把教育范围推广，看他对于某种事业起什么反应。中等教育是人生态度将定的时候，正应推广范围，供他选择将来职业之用。

这种办法不能单靠学生，教师也应该负责任，看他对于哪一种发生兴趣，便引导他向有兴趣的一方面去。教育的大病是不管学生性质相近与否，只是要他及格。教师所应该注意的，就是学生为什么这几科好、那几科不好。因为这不仅几分上下的区别，还可以观察学生的天才向哪一面发展。学生对于某科的擅长不擅长，就可以有选择职业的应用。

（2）中学教育应避免专门太早之弊。这一层上次也已讲过。中学时代是还没有进高等专门或从事职业的时代，应该给他天然界、人事界面面俱到的知识，庶几上次所讲专门太早的种种弊害可以免掉。

讲明了这两个理由，我们再讲中等教育制度普遍的道理。先讲我们所住的自然界与种种人事的关系。现在还没有一个词可以包括"把自然界的地球当做人类所住的家园，不仅山川河海等物而已"的意义，所以暂用广义的"地理"这个词来代表它。

平常教地理的只是教人牢记：什么河发源于什么山，往什么方向流，经过哪一府、哪一州、哪一县，到什么地方，与什么小河相汇，流入什么海洋；什么山发源于什么山脉，绵延多少里，最高峰多少尺，有什么树木。这些名词都是很不容易记的，而且没有用处。要用的时候，费几分钟工夫参考一下就知道了。我们另外还有许多不可缺少的东西，何必花这么多的工夫在没用的事体上面呢？

记这些全靠记忆的琐细事体，与记天花板上砖地上的破缝多长有什么分别？如其有用，除非把山脉、河流与人类生活连贯起来，讲它发生什么关系，如出产、都市等。

研究自然界的根本观念，就是人类事业处处与环境有关，处处须应付环境。历史上的事实，都是一个时代对付天然环境的势力的痕迹。在消极方面，怎样征服天然界有害的势力，如日光、雨水、猛兽等；积极方面，怎样利用有害的势力为我们做事，建设种种文明。人类的事业处处与天然有关的。这样讲法才可以发生兴趣。

例如讲到天文，书上告诉你，地球转动的轴是有点斜的，斜度几分几秒，因此，南半球、北半球所受的日光不同。平常教法总是教人记着斜度几分几秒，因受日光的不同所以有寒热带，几个月冬天，几个月夏天。这样教法是不对的。我们应该把它与文化连在一起。如北方因为天气冷、日光少，所以发生什么民族、文化较迟较低；但是，人类在这种天文、地理不相宜的地方，尚且能与自然奋斗、造出文化，如火的发明、衣服的发明及北冰洋中捉鱼等，这种都能引起兴趣，可以知道人类在天然界所占的地位。

再用寒带以南受日光较多、天气较温的地方来讲。地势有高山、平原的不同，土性有膏腴、瘦瘠的不同，因此发生的民族有特别的气质、风俗和习惯。如蒙古的地方宜于畜牧，所以发生游牧民族，养成居无定所的习惯和勇敢冒险的天性。因职业的关系，所以出产品是油饼、牛乳等物。又因天性、习惯、文化种种关系，所以人民善战，在文化史上发生极大的影响。

再讲到土地膏腴的地方，因为生活较易、居有定所，所以无论东方西方，文化发生最早者总在这等地方。滨海的民族养成航海通商的习惯，富于冒险的性质。这不过举几个例子，日光与人事文化已经有这么大的关系。这种知识不但容易懂得、容易记得，有训练心思的功效，还可以使他们知道地理不是只有几个死板板的府、州、县，还有种种人类应用的事业及自然界究竟有什么东西。

这样讲法既把学生的眼光推广，然后渐渐引他到社会政治的问题上去。如英国为什么以这样小的岛国，而能在商业上占这么大的地位，殖民地这么多，运输这么发达？因为在地理上看来，它是个滨海国。煤、铁、石灰又都与制造有关。不但历史上的事实容易懂得，就是从地理下手，也可以讲到它地理上的位置、天然的物产与它的文化的关系。于是可以引到社会政治问题。

还有最应注意的，我们与其泛讲这一部分、那一部分，不如多用点工夫在重要的一点上。例如，泛讲一遍以后，专指定一种高平原的地理、文化、民族、习惯、职业对普通文化的影响。不妨用几礼拜乃至几个月的时间，使他们对于这一部分毫无疑点。再指定滨海，也是如此。总之，使学生格外了解所学的事实。

以上是讲自然界，其与人生的关系已经如此密切。现在再讲较重于人事方面的，就是"广义的历史"。平常教历史有两种大缺点：

（1）专注重时代年月。什么朝代的起讫、皇帝的生死，种种与学生没有关系的事使他拼命记着。不知纪年只是代表文化的先后，没有独立的性质，若不注意它所代表的文化变迁、因果关系，只注意它的符号和零碎片断的事实，有什么用处呢？

（2）太注重政治。什么某皇帝哪年即位、某总统哪年就职，都是很注重的。还有最多的是战争，某年有什么之战，某年有什么之争，都是这些没用处的零断的事实。

我们并不是说政治不重要，不过是有许多更为重要的事，如水火机器的发明、工业商业宗教的发生，都比王公大臣的生死重要得多。偏重政治史的大坏处，是在养成学生一种错误的历史见解。这种历史是贵族教育的结果。在贵族教育的时候或者比较地有用，我们现在要讲平民教育，占重要的是工商、物产、宗教、美术等。这种专重政治的历史有什么用处？

譬如工业史，我们从它所得的教训比政治为多，但是它最不完全，重要的事实都无从考察。不过我们可以用进化的观念把它贯串起来，从草昧时代直到现在。石器时代，人类所用的斧、刀都是石的；后来发现铁，又发明用火化铁的方法，使生铁变成熟铁；然后，渐渐发明纺纱、织布的机器。这些在文明史上都是极重要的。又如中国养蚕的发明、织绸机器的发明，在社会文化上一定发生很大的变化。这些都是文化的基础，而从前的历史不注意，真是它的缺点呵！这样教法可使学生想象能力发展，使之对于人生的见解格外明了。人类的文化不是几个朝代几个皇帝可以造成的。

不但工业史重要，就是思想知识史也何尝不重要。平常历史的大缺点是花许多工夫去讲几个大英雄名将的战功，而对于思想、科学、哲学大家反不注重。希腊的历史讲亚立山大（Alexander）[①]战功最详细，而不知道有个几何学大家游克立特（Euclid）[②]比亚立山大重要得多。对于亚立山大同时的大哲学家亚利士多德（Aristotle）[③]，中古一千年的思想不能逃出他的范围的，不过说了

---

① 亚立山大（Alexander the Great，前356—前323），今译"亚历山大"，马其顿国王，称"亚历山大大帝"。

② 游克立特（Euclid，约前330—前275），今译"欧几里得"，古希腊数学家。

③ 亚利士多德（Aristotle，前384—前322），今译"亚里士多德"，古希腊哲学家。

一句他是亚立山大的先生。（适之①先生说：中国太史公不惜用万数字替项羽②作本纪，而于哲学大家、科学大家的墨子③，只给他24个字，也属这个缺点。）这都是轻重不适当。

教历史的根本错误，是当历史为过去的陈迹、已经死了的东西。我们应该把历史当做活的东西，研究过去是因要知道现在和将来。人类进化的痕迹是连绵不断下来的。这个国家所以像现在的样子是从前种种势力造成的，由此可以推知其将来政治、文化、思想、工商业等。就是不要当它记载朝代英雄的历史，而是研究社会的历史，一步一步回头看去都能知道了，然后可以懂得解决将来问题的趋势。

现在假如有人问："替中国的中学和高等小学定历史的课程从哪里下手？"我可以供给一个意见，就是下手之先，把一切重要的政治、社会、经济、外交以及种种运动的问题开一个单子，一步一步地回说上去，何以发生这种问题？未发生之前情形如何？这些与现在都有关系，教法较活且容易领会，而可以帮助解决现在种种问题，做个参考材料，并懂得现在种种运动的理由。

总括一句话，无论历史、地理，其教授的方法都应免掉从前琐碎的弊病。地理的山脉、河流里数，历史的朝代、英雄、名将，都应免除。最好使它们与文化史联合起来。与其肤浅地泛讲，不如提出要点发挥尽致，使各方面的知识都能用到，养成学生有判断的能力，如此，地理、历史两科才能与人生发生关系。

---

① 适之，即胡适（1891—1962），中国学者、教育家。

② 项羽（前232—前202），秦末农民起义军领袖，秦亡后自立为西楚霸王，后在楚汉战争中被刘邦击败。

③ 墨子（约前468—前376），春秋战国之际思想家、教育家，墨家学派的创始人。

14

我离开美国的前几年，美国讨论最热烈的问题便是"职业教育"（vocational education）的问题；到了中国看见中国人对于这个问题也很关切，讨论得也很多。可见世界的运动已经有了一致的趋势：东方所要急于讨论的问题，也是西方所要急于讨论的问题。今天讲演前几次所讲的学理在"职业教育"上怎样应用。

讲职业教育须先知道的一个道理，就是职业有两方面：一方面是做工、制造、出产的；另一方面是消费出产的物品的。这两方面不能偏废。就以狭义的工业讲，一方面制造，一方面也要顾到有人消费，何况普通的工业呢？且这两方面都靠教育：有了教育始能一方面有有知识的工人制造，一方面复有真能享用物品的消费者。

举个最明显的例子，现在西方各国工作时间的问题，从前 12 小时，后来 10 小时，最近改到 8 小时；但有许多人反对。他们的理由以为这些工人做了 8 小时的工便走了，其余的时间到外面去喝酒、戏赌以及做种种不正当的娱乐，不如叫他们多做几小时的好。这话实在错了！工人所以要把时间用在不正当的娱乐，实在是没有正当教育的缘故。这事例很明显。所以，正当的职业教育一方面要顾到工人，一方面也要顾到这些工人在闲暇时间还是和常人一样。

我们所以要讲这些话，因为知道古来的教育有一个很普遍的性质，就是把教育分为两大部分：一部分是治人的，一部分是被治的。治人的是闲暇阶级，只是做官办政治；被治的是劳动阶级，只是制造生活的需要。教育则偏向闲暇阶级，给他文学、历史、地理的知识，希望他教育发达了可以做官、可以治人，但是，没有什么实用。所以，闲暇阶级的教育是偏于一方的。

正式教育既全为闲暇阶级而设，大多数的工人自然没有机会可以享受。他们不做工不能生活，所以，所受的教育只有师父对于徒弟的一点训练，到了出师的时候，连这一点训练也没有了。但是，这些还算较有系统的。还有许多不过整日在工场里得到一点本行的知识，竟谈不到师父的训练。但是，这些虽没有书本子的知识，也可算得"狭义的职业教育"。可见，职业教育并不是新有的，是古代大多数人都受过的。不过，我们的问题是要打破一部分治人的、闲暇的与一部分被治的、劳动的阶级，然后再讲职业教育。

因这不相容的两部分，我们有一件重要的事实可以注意，就是这个区分全是根据于社会的。古代的社会本分为两种阶级：劳动者除了做工以外没有闲暇，一方闲暇阶级则完全不需劳动。于是，教育也根本不同。闲暇阶级是用心的，劳动阶级是用体力的。教育只管所谓上等人物，专教他们用心思记忆、想象，而不必用肢体的运动，所以是文学的教育；劳动一方面完全用手足，而用不着心思，只要手足灵敏就够了，所以只是一种手艺。社会不同，教育也因而不同。

从前讲过好几次，历史上亚利士多德的影响很大。他在两千多年前已为我们定了教育的规程。他定一部分闲暇阶级的教育曰"自由的教育"（liberal education），而定劳动阶级的教育曰"机械的教育"（mechanical education）。自由的教育应该格外注重精神上的文学、哲学、修辞学、伦理学、文法、音乐，使他理想的能力格外丰富；劳动阶级只要做工就够了，用不着这些东西，所以希望他肢体发达，给他一种机械的教育。这是亚利士多德定下来的规程。古希腊虽亡，但他的影响却两千多年来所逃不了。最近两世纪科学发明、社会变迁了，各项运动开始渐渐把这划分两部分的意见打破；但因入人太深，故还不能完全打破。

西方虽然注重工业很久，但打破文学教育、注重职业教育，不过是最近50年的事。反过来看中国，别处虽与西方不同，而这一层却也不知不觉地造成阶级的教育，注重文章、文学等书本子上的东西。

最近来的时代，科学进步。科学里面有许多要用心而非兼用肢体不可的。应用科学，肢体尤为重要，在室内要用肢体试验、出去则有测量，等等。民主运动渐渐看重劳动者。商业发展，知道生计是社会的基础。合起这几方面来，养成一种新的见解：知道从前的观念错了，从前所看不起的现在都应该抬高了，由此打通劳心劳力的阶级，可以研究职业教育——打通的社会中的职业教育。

职业教育最重要的观念就是，职业教育并不是"营业教育"（trade education），不是做专门行业的教育。做专门行业的教育是机械的，用不着心思和高深的学问，只希望养成本行的专门技能就算了。但这不是职业教育。职业教育应该注重使人懂得实业工业所应知的科学方法：一方面应用手足肢体发展的本能，一方面不能不注重知识、知道科学的所以然。否则对于行业没有趣味。倘能知道科学的所以然，则随时可求革新进步。不但做工方面，就是享受工业出品的方面，也可以革新进步。

职业教育有两种弊端，不可不防备的、避免的。

第一，千万不要认定某种人天生就是做某种事业的。有了这个观念，便在青年时代给他很狭隘的行业训练，后来不能改业。这个结果很危险，在这变迁的社会当中，往往把人才糟蹋了。补救的方法是，给他们博大广阔、面面俱到的教育，使他们的心思技能有格外广阔的根基，能于短时间内变成某行业的人才。

第二，千万不要以现在的实业工业程度做标准。社会是常常变迁的，等到训练好了，外面早已变更，不适用了。学生偏向此种行业，很难改换。现在是工业变迁的时代，教育应该用将来的工业为标准。倘现在所教过了几时不能适用，那便不该教。中国现在尤其如此。教育应该给学生基础的方法技术，使他心思、耳目都极灵敏，随时可以进步。这比狭义的训练好得多。

我所讲注重知识思想，并不是把工作一部丢了，就是讲普通教育时也不主张不用肢体。科学发展，即知单靠知识思想不够，所以要去试验。英文中"实验室"（laboratory）这个词，就是从"工作"（labor）这个词来的。看此我们很可以得到教训：纯粹的科学尚非工作不可，况且是职业教育呢。单有工作，单有文学，我们都不承认；最好是把知识思想在科学实验室当中训练。这才是我们希望的教育。

做工的重要，不但做工的，就是将来预备做管理人的，也应该实地练习。倘只知道一点学理，却恐怕衣服弄脏，不肯去实地练习，这个人要得很有成绩的管理，一定办不到的。我们从经验证明，凡是有好成绩的管理人，都是从底下起来的，所以他能知道工作的内容。

刚才讲的还限于有职业的人的关系。现在从民治的国家社会来看，应该如何下手？第一点，是人人都要做工，做一部分的有用事业为社会贡献；倘不做工而只是分利的，便是惰人。第二点，做工的报酬不但金钱，尤须要使他们长进。我们应该替他们设法，使他们的脑筋不会饿死。不可使他们只能做这样，不能做那样；而要使他们知识思想有趣味、有进步。从此可以知道，职业教育应该如何下手才能顾到这两要点。

诸君知道全世界的工人现在成为一个最危险的大问题。其所以如此危险，不但是时间、工资的问题，其重要之点乃在工人对于工作没有趣味，没有发展知识、运用心思的机会。他们所不满意的，就是单靠物质上的报酬的不够。由此可以推到中国，这个问题尤其重要。中国工业正在开始动手，倘受高等教育者知道此点的重要，将广大的见解使将来工人方面有发展心思知识的机会，也许可以免掉现在欧美纷乱不安的现状。做律师的、教学生的，都除了物质的报酬以外，有知识心思上的长进；只有大多数工人一点没有兴趣。对于这一点，将来做国家领袖者不可不注意。

总结起来，今天所讲，职业教育注重工作，尤需注重发展知识心思。至于在社会方面的重要，以前讲过许多次，也不用仔细讲了。中等教育前回讲过，是一步一步地预备选择职业的机会和材料，使学生知道天然、人事是什么。现在要讲初等教育。初等教育以前讲过，应该工作就是游戏、游戏就当工作，也带点职业的性质。因为工作、游戏都需运用心思肢体，可以养成职业上的能力。

我们知道，普通生活不外四项职业，就是衣、食、住和交通。一切耕种、织布、造房子、车马运输来往，无论如何复杂，总逃不了这四项。初等教育的小孩，其趣味便是事事模仿大人。我们可以把广义的衣、食、住放到初等教育里去做教材，一方面可以做预备，一方面使他们得到技术，并知道社会方面的重要。这虽然不是职业教育，但却是很稳妥的职业教育的预备。

高等教育也有职业方面。专门和大学虽然都是专门，但也有非专门的一部分应该做普通学问。医药、法律固然与社会有影响，就是别的也须从大处着想，不与社会隔断。如舆论事业范围渐渐扩大，不但访员、通信员是舆论事业，就是有学问的人，倘不去做这个事业，便不能使人知他事业的重要。如此才可以有没有弊病的专门教育。

15

最后两次的讲演，我们专讲道德的教育（moral education）。无论哪一国讲教育的人，都公认教育的最高的、最后的目的是道德教育。

大家虽然公认道德教育是教育的最高的、最后的目的，但都觉得困难，不知怎样可以做到这道德教育的目的。学校中的功课有许多，如读书、写字、习算等科，表面上往往似与道德无关。那么，教育的最高最后目的既是道德，而给他们的教育，如读书、写字、习算等，却都是知识一方面的，不是自相矛盾吗？

照这样看来，问题是在研究知识方面的学科是否与道德有密切关系。倘找不出关系，不能与道德联合起来，那么，我们不如取消理想的希望，老实说，教育的目的不在道德而在知识就完了。所以，现在应该研究的问题，是怎样可以用知识的教育做到道德教育的目的。

最普通的办法就是以为道德确是重要的，道德教育确是不能去掉的，所以，于各科之外特别添设一科，曰修身或曰伦理，教他们做人的道理，以补助别科所不能做到的地方。这种方法其实是没有功效的。我们试想以一两点钟与地理、历史等平等的时间，教那些纸面上、理论上的道德，谓能影响于实际的行为，绝不是做得到的事。

有许多地方，从表面看去，知识可以影响于人生的行为的。如知道冷的、热的、可食的、不可食的等，都立刻可以与人生的行为有影响。

这一部分似有影响，但还有许多。如记得地理上许多名词，与人生无关的。又如测量的人不能不知道三角，而竟有许多人记得三角的公式而不能实地测量的；冶金的人不能不知道化学，而竟有许多人记得化学的公式而不能冶金的。由此可以知道，知识也有不能影响人生行为的。所以，我们的问题是在怎样求知识而能使它于人生行为有影响。

修身书本子上的理论的道德所以不能影响于人生行为，也与刚才所讲的道理一样，因为有许多地方太抽象了。大凡知识不能影响于人生行为，多半根于两个原因：

其一，不能引起人的意愿或欲望；

其二，即使引起了，因为知识不够，不知道怎样去做。

刚才所讲冷热等知识，本来根于人的欲望，所以，能于行为有影响。倘离开太远了，一则不能引起欲望，或引起了而不知怎样去做，于人生行为有什么关系呢？

还有一层大的困难，就是倘把道德教育与别科平等，特设修身、伦理等名目，是把道德与别科分离了。而实际上，道德却不是独立的在另一范围，而与各科有密切关系。这样看来，学的时候是单纯的、分离的，而实际应用起来是与别科联合的，自然不能与人生行为有关了。

我并不是说道德不可单独研究。单独研究未尝没有价值。但是，单独研究学科，未必靠得住能影响人生的行为。不能影响人生行为的学科，无论如何有价值，于儿童的道德观念还是毫无益处的。所以，我们把这一层方法丢开，回到别的学科与人生有何关系的问题上来。浅看去，有许多显而易见与人生行为有关系的。如使学生养成许多良好的习惯，如专心、有恒、正确、忠信等，都是知识，而可以养成道德习惯的。

但是，这些习惯虽可使与道德有密切关系，也须看教法的怎么样。教法好的发生好的习惯，否则也许发生坏的习惯。譬如专心一种习惯，是要使他有责任心；但倘教得不好，可以造成虚伪或潦草的习惯。这个例子可以说明，要养成好的习惯，非有好的教法不可。

还有困难之点是怎样可以使养成的好习惯，不但在教员面前，就是在外面也不改态度。有许多习惯是表面的，不是内在的，所以一到外边便恢复他的潦草等习惯了。我们注重的地方就是怎样可以使学生养成好的习惯，不是表面的而是由于内在的思想愿望发生的。由内在的思想愿望发生的习惯，才是与道德真有密切关系。

养成内在的思想和愿望等知识心理上的习惯，照我看来，有三种最为重要。

第一，虚心或曰公开的心（open-mindness）；

第二，知识的诚实（intellectual honesty）；

第三，责任心（responsibility）。

先讲第一，虚心或曰公开的心。我们先从反面看，什么东西使我们的心闭住。这个原因大约有三。

（1）成见。就是以先入之见为主，凡是先入的都是不错的，倘后来的有不相投的事情，便用此先入之见出来抵抗。

（2）骄傲。就是以我见为主，凡是新理与别的道理不与我见相合的，都要抵抗。

（3）自私自利的观念。凡是于我有利的都是好的，否则是不好的。

"虚心"与这三种恰恰相反。凡求真理时，无论与成见或我见相符与否，也无论于我有利与否，只要是真理便领受它。这才是所谓虚心或公开的心。

这种去掉成见、我见和自利观念的虚心，表面上虽与知识有关，是知识方面的事，其实与人生行为也有密切关系。例如，"公正"是道德上的问题，然要做到公正，而先有成见，则如何行呢？因必须有容纳人家的观点和意见的虚心，然后能做到公正。又如，"慷慨"不是道德上的问题吗？然倘不先去掉成见，如何能慷慨呢？"公正"和"慷慨"两种如此，我们可以推知虚心不仅是知识方面的事，而与道德上养成容纳反对的意见和观点的习惯很有关系的。

从前批评教授法的大坏处在于阻碍虚心习惯、养成我见和成见的习惯，如注重一致，无论如何不同的，一定要叫它强同、照一定的规程去做。这很可以养成我见，因为它的趋势养成全班以先生的话为标准；考的时候照样揣摩，决不能引起虚心的观念。还有一种坏处是照一定答案去做，如背书一字也不能错。这种教法很可养成我见、成见的态度，所以是虚心的习惯的大仇敌。

换句话，虚心就是要人讲理。怎样讲呢？如说做事不要先有成见、不要先顾自己利害，总要顾这事体本身的利害。这就是虚心。照旧法的教授，先生叫学生牢记所讲的东西，养成一种盲从的、呆板的习惯。这便是不讲理，不讲理就是不虚心的缘故。

再讲第二，知识的诚实。诚实是道德，平常用在办事上或营业上。而知识上的诚实，即指承认事实的价值。你错了，你自己须能承认；你的仇敌不错，你也须承认他。不要事实如此，我见如彼，一味颠倒是非、装面子、文过，都是知识上的不诚实。

知识的诚实既是只认事实、不认利害，所以有许多旧的教法只可养成"贰心"。学校中的贰心是什么呢？就是心思一方面上课，一方面想他们自己的上天下地的事体。考试时不准把他们自己所想的写出，只准照先生所讲一字也不能错，这自然只可养成贰心的习惯了。还有什么知识上的诚实？

再讲第三，责任心。责任心怎样讲呢？大概是两种意思：其一，是做事靠得住，不会耽误；其二，是无论这事的结果如何、利害难易如何，自己既承认要做了，不肯推诿给别人，就是自己肯担负所做的事的结果的责任。

责任心的习惯虽是道德方面的，而内中还有知识的部分。小孩子本不懂什么责任，也说不上责任，但他做事总预先看看效果然后干下去。效果既然看见了，无论如何总是要做。若不见明白的效果、上了人家的当，就无所谓责任心。知了效果，知了效果的于我有利有害，还是做下去，这才是责任心。所以，责任心中，知识的部分很重要的。

责任心的两层：（1）靠得住；（2）见了效果，不顾利害做下去——好像对于人情很不普通。但是，教育倘有适当的教法，使人类养成道德的观念，能预先推算此事的结果，每事于未做之先决定做否；既做了，无论是有害的也要做下去了。养成伟大的人格，下手处不在太高，不过如此而已。这是学校内应该细心体察以养成的。

为什么世界上终于能以少数人的武力支配世界上大多数人的行为？这就是大多数人不负责任的缘故。大多数人因为不肯预料结果、做决定的根据，把支配世界的权利让给少数强有力的武人。这是现在还逃不出武力支配世界的大原因。

不但如此，大多数人不负责任也是世界民主政治发展迟缓的原因。人人本来不愿意受人家支配的，而何以人类竟让少数人支配了千万年？这因为大多数以为自由固然不错，但要做到自由非常麻烦；有自由固好，要麻烦实在不好；因为怕麻烦，所以连自由也不要了罢。所以宁愿千万年地让少数人去干，不自由也不要紧。

我们的问题是现在学校对于责任心的关系。照现在的学校管理，断不能养成学生自己判断的责任心。现在的学校只有两个方面负责任：一个是教员，一个是教科书；而学生负被动的责任。他不过把先生所教、书上所有的照样背出来，没有预测效果的能力和判断的能力，自然没有所谓对于自己所做的事的结果的责任心了。

刚才讲过，责任心还有做事靠得住、做到底的一部分。这一部分现在的学校也是不能办到。单靠书本子、不讲应用，怎样可以使他靠得住、做到底呢？故责任心中这较轻的一部分尚且做不到，自然不能做到较大的一部分了。

所以，学校功课宁可少一点，终要使他做到底，以养成他的责任心。

我们现在要问，道德教育是不是可从表面的知识使他与真的道德连起来。倘真明白了道德为教育的最高最后目的，那么，应该找方法使行为与道德打通，知了便去行。这样，也许可以做到道德为最高最后的教育目的的希望。

这是当今教育一个最大问题：教育还是注重养成心理的习惯，如虚心、知识的诚实、责任心的呢，还是只要读书多、在成绩展览会中可以出风头就够了呢？倘注重前一说，那么教了这些科学并不是当做最后目的，而是一种方法，用以养成虚心、诚实和有责任心的人格。这是一个最大问题。

16

从前开讲的时候，提出教育的三大部分：第一，儿童的本能、感情和活动，做教育的基础；第二，社会的目的，儿童将来要进去做人的；第三，学校的学科，利用儿童的本能做到社会的目的。这个部分在道德上也可以应用。现在从道德上把这三部分联合起来讲。

上次是从个人方面下手，觉得个人方面所应该注意，最为重要的性质有三端：第一是虚心或曰公开的心，就是破除成见、我见和自私自利之见，承认事实，养成公道；第二是知识的诚实；第三是责任心，对于所做的事体负责任。并讲到知识方面和精神能力方面。但这都是个人的，不是社会的。今天讲的是要从社会方面着想，使学校的道德教育怎样可以把道德的目的与社会的目的认为是一个东西。

从前讲演差不多时时提起教育的目的是为社会的。其实，所谓社会的目的便是道德的目的。例如，单讲社会的目的，其意就是要养成一种人品，能对社会有益，能做社会有用的一分子，这个目的自然就是道德的目的了。须知道德有三个部分：（1）知识；（2）感情；（3）能力。先有了知识，知道因果利害及个人与社会的关系，然后可以见诸行为。不过单有知识，而没有感情以鼓舞之，还是不行，所以，又要感情引起他的欲望，使他爱做、不得不如此做，对于社会有一种同情和忠心。但是，单有知识、感情还没有用，所以还须有实行的能力，对于知道了要做和爱做不得不做的事体，用实行能力去对付它。

实际的问题是怎样可以使学校教育的学科，如语言、文字、算学、历史、地理、物理、化学等，不但使学生记得，还要使他懂得社会方面的重要。他的知识能增加社会方面的同情，他的训练有实行社会生活的能力。所有学科都应做到道德的三部分，就是使每种学科都是社会的。例如，语言是彼此交换意见的工具，一切行为和意见的较为统一都是语言的效能，更容易知道是社会的。因为没有语言，意见行为不能相通，便不成为社会了。

从前的社会生活完全是地方的、局部的，所以，只要语言就够了。语言用不着学校的帮助，因为我们知道小孩子一大半的语言都是自动学的，不是到了学校才学起来的。后来渐渐有人往别处去旅行、通商或做官，把地方的社会逐渐打破，于是知道写下来的文字的重要，只靠语言是不够的了。世界普及教育何以发生得这样晚，就是因为交通不便，各处本来都是地方的社会的缘故。

现在各国都从地方的生活变为国家的生活，所以大家都知道共同文字的重要，因为既从地方的变到国家的生活，对于一国过去的历史、将来的预算和世界的关系，都非了解不可了。中国土地如此之大，交通又不甚方便，方言又如此之多，所以，文字的问题格外重要。从前只有这些语言，自然够用的，现在却不够用了。所以，基本的问题是怎样找一种共同的语言，以为真正的民治共和国家的工具。

我曾听见许多外国人或中国人说，中国人没有爱国心、没有共同生活的习惯，要共和是做不到的。其实，这句话忘了一件重要的事实，就是世界各国在一百年前也都是如此的。没有普及教育和国家观念的民族，阅书看报既然不能，交换意见须借口语，如何指望它能有共同生活的习惯？只要教育推广，各地人民都能读书看报，知道过去、将来的利害和本国各部及外国的关系，自然能养成共同生活的民族了。

故真正的共和国家非用语言文字来解决是不行的，因为语言文字是社会生活的工具。我对于中国语言是外行，不能有解决的办法，但从道德的、社会的目的着想，有两件事可以主张的：

（1）通信、写书、办报及交通应用的文字，都应该与国民大多数人日用的语言相接近，倘离得太远了，决不能养成社会共同生活的观念。近来中国白话运动的成效有这样的速度，大概就是人人知道需要大多数日用的语言的缘故。

（2）注音字母的问题。注音字母能于一个月中使失学的成人容易读书，这话再三试验，既属的确，那它的效用实在很可惊异。长成的人已经失了求学的机会，倘能于短时间内得有若大的效用，则简直比西洋文字还要快得多。例如，英文一年学成要算是很快的了。注音字母比从前繁重的汉文，其功效之大不待言了；不过只有几个注音字母，也是没有用的。一方面传播注音字母，一方面尤需预备进行发刊注音字母的读物。

我单提出语言文字来讨论，不过是举个例子，其余各科也都有社会的作用。语言文字不是个人认识了可以摆架子，表示自己所受的教育比别人格外高深之用，也不是专为个人可以自修之用。其用在于养成社会共同生活的观念，扩充眼界，不为地方的局部的观念所限。通信、作文等都是最重要的作用；再大而至于社会共同的知识学问、遗传习惯，不但感情方面，还及于知识能力方面。故道德不是直接的，是间接的，各方都可以助成社会的习惯、能力和感情，便是道德的教育。

我此刻不必一一遍举算学、历史、地理、物理、化学等每科在社会方面的利用，做道德教育的重要工具，诸君可以推想而知。我现在用一句话总括起来：教育的社会的目的和道德的目的的意思，可以把教授法、管理法和组织法一起贯串。我们很可以把这观念做个试验，看它是否能养成社会所需要的品格。我想以这个观念贯串教育的宗旨，看它哪一点成功、哪一点失败，然后逐渐地修正，一定得到很好的结果的。道德教育的重要就因为它无所不在，所以断不是修身、伦理等科以一两小时的训练工夫可以办得到的。唯各方面都含有这道德教育的大目的，然后可以做到。

从哲学讲，道德教育的含义很深，最重要的是"个性"与"社会"的关系。道德教育不如旁的教育。它一方面发展个性，养成个人的知识能力感情；一方面发展之后，还须使社会的同情格外增加。所以，问题在怎样使个性发展，同时并把同情的范围扩大，对于社会情愿尽忠、情愿牺牲。

这个问题之所以困难，因为社会与个人很似背驰的。所以，倘个人方面太注重了或社会方面太注重了，都有流弊。个人方面太注重时，每每流于自己出风头、不惜凌驾别人，或独善其身、与别人没有关系。社会方面太注重时，又每每流于个人不负责任，以为古代如此、大家如此，我何必有所主张。故个人与社会不但方向不同，直似互相妨碍，道德的问题自很难解决了。

这个问题与民治主义的问题是一样的。怎么说呢？民治主义（democracy）也有同样的两方面。一方面要使人人的个性有充分发展的机会，无论门户家产等级都须有机会发展他天然的能力；一方面还要顾到社会方面共同意志的需要。换句话说，就是人人发展他的个性。因为期在能做社会中有用的分子，辅助共同意志的表现。共同意志是至高无上的，个性的发展在能对于共同利害负责任、有牺牲的精神。民治主义的社会、个人两方面，与道德问题的社会、个人两方面是一样的。

学校教育怎样可以帮助解决这个不但是道德上的并是民治主义的问题呢？就是学校不但是预备将来的社会生活，简直学校本身就是社会生活。学校本身既当做社会看，那么也同社会一样，有个人、社会两方面。个人方面，一点一点地把他禀性所近、嗜好所近或特别善良的个性提出来，使他能充分发展。社会方面，养成他的社会的知识，使他知道现在和将来社会的种种需要及各种行业对于社会的种种关系。再说，共同生活尤需有牺牲的精神，情愿牺牲自己的利益，为社会共同的利益谋发展。这样而后可以做到将来社会生活的目的。

学校内的民治与外面的民治一样，应该注意的重要之点，就是每一个人不是只配做领袖，也不是只配做辅从的。民治的大仇敌就在：一面少数人只做领袖，不做辅从；一面大多数人只做辅从，不做领袖。真正民治精神在乎领袖与辅从都从才具上分出来：甲对于某方面有长处的，在某方面是领袖；同时对于没有长处的方面，还是辅从。乙对于另一方面有长处的，在另一方面是领袖；但对于甲的方面仍是辅从。这样领袖和辅从同时交互并做，才是民治主义的真正目的。

团体中领袖是不可少的，但只做领袖不做附和，只出令而不受令，则习惯范围狭小，渐渐与大多数人隔离，不能做团体的一部分。倘不做领袖不能发展天才，在学校中只知附和先生所讲，或附和教科书，或附和同学，这种人对于团体非但不能有所贡献，简直是团体以外的人。补救的方法就是使领袖人才越多越好，一方做领袖，同时在他方做附和。讨论商量的结果，以全体的力量执行。领袖者一方面拿出人格上的势力来，同时一方面受许多人的贡献，则领袖者也得益处。结果，大多数人都是团体的一部分，才是道德的民治的问题的解决。

我布置这个16次讲演的时候，不知不觉中有一个意思常常在脑子背后。我到中国是五月初一，正与中国学生运动同时，所以脑子背后时时有一个学生运动的影子。讲演虽然不是处处说到，但却处处想到。学生运动可以表示一种新觉悟，就是学校教育是社会的，它的贡献不但对于本地、对于小群，还能对于大群、对于国家。运动初起时未必有此观念，但进行之后不知不觉中却有此趋向。大半年来，言论上似乎有点觉悟，从前已经辜负了，此后对于社会、国家想不会再有十分隔离的了。这好像是学生运动的意义。

这个运动的起来，稍微有点观察的人都可以看出几点短处：

（1）偶然的。因为源于意外之事的发生。

（2）感情的。因为实在愤激了、忍不住了，遂起来的。

（3）消极的。因为是阻挡禁止一件事体，不让它做去。

这三种短处，即无论如何热心的人也应该承认的。但是，进行以后，渐渐有意识的觉悟，知道教育有社会的责任和社会的作用。我希望这个趋向逐渐前进，不枉费于缺陷：从偶然的归到根本的、永久的事业上去，从感情的归到知识的、思想的事业上去，从消极的归到积极的、建设的事业上去。

我们这样讲，并不说感情可以不要。感情是要的，但须受思想的支配，用到基本的问题上去，不要把感情能力用在偶然的、消极的事故上白白糟蹋。这才是有意识的运动，才可以把中国逐渐革新。西洋有句话："罗马不是一天造成的。"所以，问题是很复杂。语言文字普及教育，使人人受其益处。经济方面更复杂了，要有计划发展天然富源，免致贫富不均，闹出阶级战争的惨状，蹈欧美的覆辙。这全赖诸君受高等教育的去做有恒的事业才是。

[记者附注]　杜威先生这个讲演，是北京大学、教育部、尚志学会、新学会四个团体公请的。今天是讲演的末了一次，所以四团体代表公推梁伯强先生致辞感谢，并再请北京大学代表胡适之先生翻译。辞毕以后，杜威先生答说："我因为恐怕略有误解的地方，所以再加一句：我所讲的，并不完全根据于西方的成效，有许多也根据于西方的失败的；因为西方已经失败，已经上当，所以希望中国人将来也许可以免除这个弊病。现在乘此新造教育制度的机会，中国倘能避免西洋失败的弊病，将来成效一定比西洋为大，我可以断言的。"

（1919年9月21日至1920年2月22日，胡适口译。

《杜威五大讲演》，北京晨报社编，1920年）

关于教育性质和学校教育的教育哲学

（在南京高等师范学校的讲演）

编者按： 本文是杜威1920年4月7日至5月5日在南京高等师范学校所作的系列讲演，共十次讲演，分为"教育之性质"和"学校教育"两个部分。在第一部分，杜威主要论述了教育的必要、教育的可能、教育的实施、教育的效果、教育效果的判断五个方面。杜威指出：从广义方面看教育，教育就是生活，生活就是教育；教育就是受教育者渐次发展他固有的能力，这种发展不是从外面加入的，而是内部发生的；生命就是生长，生长就是生命；教育的结果就在于养成习惯，即一种技能、一种能力；教育就是一方面能操纵经验，一方面能使经验日益丰富。在第二部分，杜威结合实际例子，对学校的三个要素（学校机构、各种科目、教学方法）、课程与方法、经验之要素、知识之性质、科目的教学、职业教育、教育目的、德性（心理习惯）、道德教育等九个方面进行论述，阐述了他理想中的学校教育。杜威指出：学校教育是有系统的、有规则的、有规定科目和方法的教育，但学校教育若与社会生活隔离，就会产生没有生气、不切实用、没有兴趣等弊病；儿童的经验由直接间接相合而成，学校应该使它们合成有系统的知识；教师最要紧的是激起学生求知识的欲望；学校各门科目的传授都应该讲究科学的方法；从广义方面讲，一切教育都带有职业的性质；教育学说的冲突就体现在文雅与实用、自由与训练、保守与进取三个方面；学校应该使学生养成公开心、有目的、责任心、欣赏四种德性；学校应该促使真实的道德的积极发展，培养学生有社会性的道德。

第一部分　教育之性质

此次要和诸君讨论的是教育哲学这个题目，但是要讨论这个题目先要研究教育的意义究竟是什么。明白了教育的意义，用它做个基础，然后才可以讨论教育哲学。提到"教育"这两个字，都以为限于学校里的才当做教育，就是学校教育罢了。这种见解未免太狭义。我们应该从广义的、更深的地方着眼，不仅囿于狭义的学校教育。讲到广义的学校教育，是指学校内外的教育说的。我们常见儿童在家庭里、在社会上与别人相来往接触时也可以得到知识和技能，并且可以培养他们心理的习惯和道德的观点。所以，广义的教育就是用人与人往来接触的影响去陶冶儿童的思想和习惯。现在把广义的教育分析一下，拿来明白它的内容是怎样的。

- 教育为什么是必要的？
- 教育怎么样是可能的？人怎么样能够得教育？
- 什么是教育历程中所应用的利器？
- 受过教育以后可以生出什么结果？
- 教育结果的批评。

（一）教育为什么是必要的

现在，先讲教育必要的缘故。讲到教育，倘使专从学校教育着想，那么教育好像是奢侈品。因为到学校里去读书，必定要许多费用，要有钱的人才能求学。就是不当它奢侈品看，做有用的，亦是当它非必要的。倘若从广义方面看教育，那么教育就是生活，生活就是教育了。这种教育，除掉下愚以外，个个人是不能离去的。教育是从两方面合成的：一是成人，一是儿童。成人以经验给儿童，一施一受合为教育。我们从生死两种现象，就看出教育是必要的；倘若没有生死，那么教育可以不要了。

1. 生

我们看婴孩生下来的时候，能力非常薄弱，比那小动物实在差得很多。小动物生下来，不过多少时就能够自立自养；小儿的能力却不是这样的，他必定要父母的长期养护，所以必须要教育了。教育他就是使他体魄和精神两方面皆能发达，因为儿童所需要的不但是肉体上的衣、食、住，倘使没有人和他来往、没有人和他谈话，那么等到长成了必定是个愚蠢无知的人。我们平常看见儿童受成人的教育这种事看惯了，觉得十分平常，不去关心。正如我们呼吸空气，也不觉得空气的存在。殊不知儿童不受教育，结果必定成了愚蠢的人。近来，有的心理学家以为人的心灵可以自然发达、不需人助，这是一种谬误的见解。因为人类虽有本能，然必要和人往来才能发达。教育儿童，不但要他和自然的环境相接近，还要他和社会的环境相接触，然后儿童的知识和习惯才有启发及养成的机会。

2. 死

教育的发生，因为人类有死的现象。上面已经说过，儿童受教育是有生的结果。讲到成人是必定要死的。倘若没有教育，那么他生存的时候所有的一切文明劳绩将要跟了他同归于尽；靠了教育的能力，把成人所有的经验传给儿童，儿童将来再传给下代的儿童，这就是社会的遗传，就是社会的生命是延绵永续的。讲到个人的生命，那是总有一天告终的。社会生命和个人生命的区别就在这个地方。现在举一个譬喻来说明社会生命是继续的：我们所织的布是用经纬组织成的，上面有许多花纹、图样等，历些时候，这中间的线有些必要破烂，再用新线修补一下，这块布仍旧完全。社会的生命也是这样的，老的分子死了，新的分子继续起来充补它，所以是永久不断的。教育是什么呢？就是一种历程，靠着这种历程，社会的生命才可继续。这种历程常在改造的当中，是日新不已的，是创造进化的。将既有的经验传给儿童，还能够使他改善，所以社会的继续不是靠着政治、法律的，是靠着教育的。教育是社会的生活，社会的生活日新不已，人住在这个中间，他的能力和知识多从社会中的生活得来，所以他的行为应该和社会相合。倘若做事有害于社会，那就是不忠于社会，是社会上的蠹虫了。

（二）教育为什么是可能的

现在要讨论第二个问题，就是教育怎么样是可能的？人有什么能力能使教育有效？儿童初生的时候，对于社会说起来是很无能力的；但是假使他一无能力，那么教育的人虽然有多大的本领也是没有效力。所以，儿童必有固有的能力，才能容受教育。比方一块泥土，陶匠可以拿来做成瓦器；一条木头，木匠可以拿来做成器皿；但是泥和木头皆是被动的，陶匠、木匠不能拿自己的思想和知识灌输到瓦器、木头里面去。儿童却不是这样，他们有主动的能力，能够领略成人的思想和知识。儿童好学的思想实在非常恳切，可以说比成人要教他们的心还要恳切一些。他们有好奇心，见一事一物常常要去探问；他们还喜欢模仿，见成人的一举一动就要去学。儿童是极愿意受教的，倘使成人肯热心地教他，无论直接教育或间接暗示，他皆欢喜领受的。这个道理可以拿肉体的生长和精神的生长比较一下，就容易明白了。儿童当饥饿的时候就要吃食物，这不是拿食物自外面勉强输入，因为他内部有这个要求，有要求食的冲动，所以他要吃下去，才能消化。精神上的生长也是这样的，我们不能拿食物给一块石头去吃，使它发达。儿童自有能力吸收外部的食物并消化。据生理学家说，人体内的细胞能够吸收食物。从此可以知道他内部有能力了。心理学家也告诉我们说，人的心理有能力去吸收外部的知识，这种能力就是本能。本能是一种倾向，能够受外部的影响。

诸君要晓得教育是社会改造的历程，一切社会里的文化都在这儿看出来的。社会的生命类似一种教育的戏剧，一幕幕地连续出来、日新不已、绵绵不绝，不是固定的、静止的，又须知道教育是自然的、根据儿童的天性的，是儿童自然所好的。学校教育倘若失败而为儿童所厌弃，那么一定是第一点的错误，或是第二点的错误，或是第一、第二全弄错了。

（三）什么是教育历程中所应用的利器

今晚我所要讲的是教育实施的问题。今试举个例证加以分析，摘出要素，然后下个结论，那么这个问题不难解决了。譬如小儿学英语吱吱咯咯、非常困难，和成人学外语比较起来觉得要困难些。为什么呢？儿童脑中空空洞洞，学习语言之前先要领受观念；至于成人，观念已备，就省却许多周折。但是，"学者"二字的意义却可从研究学习语言的程序及方法中求之。前次曾讲学习的哲理，因儿童有固其于内的本能和不待外求的冲动，所以能够学习。小儿能学习语言也是一样的道理。他有发音的本能，又有做声的能力，他并且欢喜听他人的发音。小儿发音，在成人听起来似乎无甚意义、无甚价值。然而假使不从这儿去细加研究，就不能知道学习语言的方法和它的重要。我们要知道倘若儿童没有发音的能力，就不能使他言语、教他学习语言。儿童有此本能，我们就只消就他本能的音加以矫正，而有一定的目的罢了。儿童开始学习语言的时候，并没有什么意义含在里面，不过是一种自然的流露。如啼饥号寒一般，有时不能不有过余的精力，借此发泄出来；有时为需要所迫，不能不借此表示出来。此种发音纯出自然。其欢喜听音或模仿他人之音亦是自然。既爱听音又爱发音，二者相连都是与生俱来的。但是，发音、听音、学音是一问题；那变声音为言语，又是一问题。所发的音，怎样附意义上去呢？此不可不加穷究的。对于这层，我们要知道儿童除有发音的本能外，还有社交的本能。人每喜交换他的经验，接受取与就是这种的表示。儿童生来无力无能、处处不能独立，要靠人的帮助，有什么欲望、有什么需要都表示于外。做慈母的必定要留心照料他，使他不至于缺少必需的事物。所以，听见小儿发音，揣摩他的意义去满足他的欲望，那小儿因为他的欲望可以满足，心中非常欢喜，就常常发音了。又如小儿发音，欲得物品的时候，母亲必设法去应他的要求。或指着兄妹，并叫他的名字而问他是否；或指着物品，而同时呼他的名称而问他要否。小儿在这个时候，可以渐渐领略音的意义，又因他慈母喜欢他学音，于是常常练习，意义就更加明白了。据现在儿童语言的研究者调查，一岁半以前的儿童能发世界各国的语音。至于成人学起外国语来就觉得非常困难，这是什么缘故呢？因为当学习语言的时候，不能一发即中。做母亲的听见他发得正确，就喜形于色；不正确，就不去理会他。所以，有合的就保存下来，不合的就失掉了。成人不能像儿童发音的丰富，就是这个缘故。儿童既能发许多声音，他选择和淘汰的情形究竟是如何的呢？大抵所发的音，倘能达他的目的、满他的需要或能得人家的欢心，就留存不废。简单说起来，就是能有结果能生效力的就取下来，那有痛苦不满意的或是不生效力的，就渐渐除去不要了。发音还有一层用处，就是可以叫人注意，又能指导他人的行为，使他的目的和环境可以相得、可以相体合，而成人也能从他的发音明白他的意义、指导他的动作，所以是互相影响的。我们果真能了解学习语言的原理和方法，那么就可以将他应用到教学上，那么教学里面就没有什么玄秘的意思。通常教学的方法违反学习语言原则的地方很多，因为他们忽视：

（1）学者自觉的需要。不管儿童自觉的需要，但凭教者自己的意旨，这是第一件坏事。要晓得儿童必觉得有什么缺少，然后有感觉的主动力，否则是漠然无所动于衷的。

（2）学者已具的动作和经验。第二件就是不能利用儿童已经具备的动作。因为我们要叫儿童学习，必以他的已具动作为出发点，然后因势利导。不然必至于拿儿童当做海绵可以吸收水分，硬从外面注入。所以，真正教授必是利用已具能力加以指正的。况且知识和技能不像具体的物件，可以直接传授于他人。真正的教授，当就已有的积极动作，指引到那发达滋长的一条路上去。教小儿言语，必定要等他自己发声的时候矫正。教书也必定要拿他已有的动作倾向做个基础，然后因材施教，否则断难容受。尔之教材，好似高岗的流水一泻无余。教师果能留意免去以上两弊病，就可以使学者行所当行、制驭环境了。

（3）可刺激人、指引人的情境。还有一件学校教授上觉得很困难的，就是儿童对于课程毫无兴趣。无兴趣是因为无意味来的。譬如教体操，节节运动都有一定。此在儿童心理中实在是毫无意义而生兴趣的。儿童学习语言所以兴味浓厚的缘故，因为他无学习的觉知。一到读书的时候，课程死板就可以学习为苦了。所以能教的人，应诱发起学者的兴趣，使他做要做的事，万万不可强迫他才是。

如此则教师对于儿童之能事，不过给他一个适当的环境或状况，发展他的本性，完成他自己的动作，注入强迫是不行的。从前的人或拿教师比做园丁，却是不错。因为种子有固其于内的活力，受了灌溉就生长起来。学生亦有生长的动力，教师不过从旁指正就是了。至于成人的教育，教师也只能给他相当的方法和环境，如利用演讲及教科书等，引起他的兴味。用效果易见的事情，去激发他有价值的目的。这样一来，做教师的人并不是要将他的学问技能炫示出来，使学生都崇拜他、尊敬他；实在是带着协助的性质和帮助的意思，鼓励学习者发出自动的活力来的。

（四）什么是教育的效果

我曾经说过，我所说的教育是广义的教育，是从人生经验中得来的教育。教育的结果就在养成习惯。我所说的习惯，比普通的意义稍微要广些。习惯乃是一种技能、一种能力，能在社会中做特殊的事业、发生特殊的技能的。今天所要讨论的，就是去获得这种技能及能力的方法。这种技能及能力的发展能使我们：

1. 控制动作

（1）经济。我们起初做事的时候动作很散漫、没有系统，所以耗费精力很多。你看小孩子学步的时候，没有一定的次序、一定的动作。你倘骑过脚踏车，你也一定记得初学的时候动作散漫，和儿童学走路一样。

（2）入正轨。把各种动作纳入正轨之中，向我们所要达到的目的进行，勿被其他散漫的动作阻止。凡泅水、写字、打字等诸动作都是这样，都是要把动作集于正轨向前去进行。这种例证在动作方面固然可以引用，在思想界方面也是一样适用的。譬如一个人走入新地方，种种新境遇从来没有接触过，他不晓得同新境遇发生何种关系才好，也不晓得要用什么方法才可以达到所欲达的目的。又如乡下人走进城市，看见电车、汽车等东西也不知道要怎么应付才好。又如没有科学知识的人，一到工厂里，看见机器轧动也不晓得应该同它发生什么关系。又如陆上的人，一到海面上去就脑筋昏乱，简直不晓得方向，不晓得要用什么方法达到要达的方向。学生初学数学、代数、几何、三角的时候，也和上面诸种情形相同：脑子模糊不清，不晓得要怎样措置。因为有这种情形，所以就发生教育上的问题。平常的教员因为自己已经习完这种科学，头脑很清楚、观念很明晰，就以为学生也是这样，忽视学生的不足。施教的时候，学生就收不到它的益处。学生初学科目时，自然不知头绪、暗中摸索。旁观的人就以为他的做事很耗费时间，有轻视他的心理，不晓得正是他唯独要暗中摸索，自动地寻出条路来，然后可以达到他的目的。凡不能达到目的的动作都要一律淘汰，渐渐地经济而入于正轨。从这种历程得来的知识是很靠得住的。所以养成习惯的第一步，主观方面是控制自己的动作、思想；客观方面是驾驭材料和环境，做我的工具，以达到所要达的目的。就是从我们的经验动作里面把适宜的选择出来，把不适宜的淘汰掉。一举一动都是达到这有目的有效率的动作。

2. 动作有秩序

控制动作以后，就是要使动作的进行有秩序。适当的动作，有规则、有条理、有规划，以达到我的动作的目的。有技能的人做事很有步骤，第一步是第二步的准备，第二步是第三步的准备。你只要看弹风琴、打网球的人就可明白了。一切动作前后有次序、有系统，毫无纷乱的现象。譬如走路的时候，第一步似乎是第二步的刺激，第二步是第三步的刺激。首尾衔接、如连环然，前后进行的阶段按部就班、循次不乱。知识方面也是这样。有学问受过训练的人，思想和注意力集中于一处；没有受过训练的人，思想和注意力就不集中了。所以受过训练的人，他的思想进行如走平坦大路，不会有纷乱的现象发生的。这是养成习惯的第二步。有第一个要素就能控制动作、控制环境，做事就能有效率，不至于浪费精力。有第二个要素就能有秩序，做事就能敏速、一往前进，不至于迟迟吾行了。

3. 动作有兴趣

做事有了条理，动作不会纷乱，那么对于事体就发生出爱情来。有某种技能的人见做这种技能的时候必技痒起来，这就是对于这事发生爱情的缘故。所以喜欢去做，不肯罢休。凡人对于一种学问或做一种事情倘使没有兴味，就不能养成习惯。有时我们对于一事不发生兴趣，那么不论如何，这事总不容易做得好。教员看见学生做事不发生兴趣每每责难他，其实是不应该的。我们应该研究他为什么没有兴趣，他的失败的原因在什么地方，来想法子补救。这才是正当的态度。儿童做事时，我们要使他觉得能够成功，不要使他觉得要失败，那么他才有兴味。在道德上也有发生兴味的必要。我们每每看到道德很好的人忽然堕落下来弄到道德卑下，这是因为他在道德卑下的地方做事才能达到目的、能胜利、有兴趣的缘故。堕落的不幸，他是不愿的。我们要保持他的道德，永远在高原上，不堕落到平原来，一定要使他做事的时候有成功胜利的感觉，勿要使他有灰心的事情，因之减少兴味。这是习惯养成的第三步。

有人听了这番言语，就要发出疑问来，说你方才说养成习惯一事究竟和教育有什么关系？我就回答道：我们所说的教育和普通人的意见不同。普通人以为教育的目的在获得积累的知识，所以学生能读书、能背诵，逢到他人问难时能炫其渊博，像陈列所把各种东西展览出来一样，就算是一个好学生。其实，我们判定学生的优劣应当看他是否有控制自己、控制环境的能力，是否有适应社会的本领。儿童初入学校时，很喜欢读书，因他所接触的是新境遇，内力发展，自己要去吸收知识，并不是被动的。一到年龄长大，因为天天上课，兴味逐渐减少，就不大喜欢读书了。他的知识一天一天积累起来，丝毫没有用处，全然作被动的记忆，哪里会内力发展、生出兴趣来呢？旧式教育的坏处，即在要把知识在学生脑里堆积贮藏起来，有时教他重复演出来给大众看。新教育应该把这种弊端除去。养成习惯以后，做起事来，时间、劳力可以经济又能发生兴趣。这件事似乎很浅近，没有什么了不得，然倘使应用到实际上去，必有一番新气象，或者竟要做教育的革命。这种理想要经过多年的研究，仔细筹划方可实现出来，应用到实际上去。将来改良教育就逃不掉这个方法了。

这种习惯的养成，概括起来里边含有三个要素：一是智力方面的，凡造成一种习惯，必须知道这种习惯的意义，就是要知道造成习惯作何用处。二是意志方面的，要达造成习惯的目的，必须规划方法、利用工具，决心把它做成功。三是情绪方面的，做事而有成效往往发生兴趣，一举一动之间心中感觉愉快。

（五）怎样判断教育的效果

此处所说习惯含义较广，不但表面动作有习惯，就是思想感情也有习惯。吾人一切生活总脱不了习惯，所以要生活好，先要习惯好。养成好习惯，必须有好习惯的标准。西谚说：习惯是一个好奴才，不是一个好主人。意思是说，习惯是吾人应当用以达到目的的工具，是供人指挥、使人生活最好的利器。倘若吾人屈服在习惯的势力之下，为其所操纵而且发出此种习惯动作，往往与吾人的理性相达，那么我们就要大受其累了。大概造成习惯的三要素（知、情、意）能互相调和，则为好习惯。一方得力，一方失势，各相偏倚，则为恶习惯。例如，饮酒、赌博之时，豪情胜举，十分快乐，此种习惯全为感情所制，而理性无权、理不制情，做出来的事体当然是不能有好结果了。又如，做事偏于意志，仅愿实行，不问理由，它的弊害也是很大。我们可以儿童学数学时记诵乘法九九表为例，儿童虽能将九九表熟读烂诵，计算也能敏捷无误，不过此种习惯，做者自己没有了解的意识。两数相乘为什么能成积，计数时为什么要有乘法表，此中理由儿童每不明白。只知道按部就班、照例行事，这是缺欠知的分子的缘故；儿童演算只知做单调反复的手续，枯燥厌倦毫无兴趣，这是缺乏情的分子的缘故。总之，教育所要养成的习惯必须了解所做的意义，有实地做事的方法，而又有手到心随的趣味。现在把它详细讨论于下。

（1）造成习惯倘若把智力方面略而不顾，则其效果必将大坏。阻止进步，妨碍生长，厄抑发达，都是这些没有智力驾驭的坏习惯在那里作梗的缘故。凭着缺欠智力的习惯去做事，往往不知宗旨、莫明其意。学科学则仅记定义，学数学则仅记方程式。硬记强习成为规律，做起事来好像车行故辙，只知道走一条路。西洋有句传说，说路上有车辙，如照车辙而行，可免危险；略欲改道，立即翻覆。这不是劝人做事步武故辙，乃是劝人不要去造成车辙，致行动不能自由。康庄坦道，车轮无碍，东南西北，到处随人，哪里会有翻覆的危险呢？

有人以为儿童幼时求学，记诵方式、定义以及漠不相关的观念，虽幼时不甚了解，全将强记亦无危险。因为成人以后更事渐多，幼时无意义的动作自然渐能领悟，而成为有用的习惯。此种说法按之实际殊不为然。儿童幼年机械的学习，祸机早伏，危险更大。因为经过长时间的反复作用，脑中好像车行故辙一般，日渐成了一条通路，一举一动都照着老规则做去。四围约束，不得自由。一遇非常，便穷于应付。翻车脱辐，祸患随之。阻止自由发达，都是因为有了一条老车辙的缘故。蛤蚌体软，不能不有一层硬壳去保护它自己，不过它一方面受了硬壳的好处，一方面却吃了它的亏累。身体的生长发达，都被这硬壳阻挡。一个人倘若苟且偷安、受制于习惯，亦如蚌壳一样。它一方面能够使我们做事更便当一点，一方面却把我们四面围住使我们挣扎不得。既不能生长又不能自由行动，不知不觉地终日做那习惯的奴隶。你看可怕不可怕！因机械的习惯是一条故辙，它不容你走旁的路，所以读古书烂熟的人往往做古人的奴隶，用圣经贤传来支配他的一生。一见新奇，就拼命反对。他只配老死在旧状况里面，对于新状况，无论是想象的、实际的，他终是没有移动的希望，因为他已经被习惯四周包围起来了。卢骚①说，我不愿我的学生养成习惯，我只希望他有一个不养成习惯的习惯。彼所反对的必定是顷间所说机械呆板的坏习惯，要是广义的习惯，包含知、情、意三要素的习惯，我想他是不反对的。

大概机械习惯的养成，由于无意思的重复，日日行之则习惯自成。学校中所用机械的练习最容易养成此弊。把个课室当做操练脑袋的操场，结果遂造成心理上的坏习惯，把乘法表记得烂熟的学童做起乘法来就是求很简单的两个数字之积（例如 9 和 7），他必定要把表中不相干的其他数字之积，背上一大串才可得到一个答数。教师在历史课上出一个前后关系的问题，学生必要把前后上下的事实写上一大篇，才能把关系顺着背诵的文字带出来。你看，这种机械的习惯做起事来笨不笨！

一种习惯的养成，重复总不能免。不过单调地重复，实在少能济事。驴子转磨虽转了千百次，也做不出旁的事。所以，重复之中尤须有变化。小孩打毯一上一下，似乎尽是重复，却不知道这里边也有急徐轻重的变化和为什么要这样打法的意义。小孩认字全靠重复记诵，必没有什么用处。必要把此字所代表的意义明白、声音分析以后，背诵才有益处，硬行注入的字，日后断断不能活动移用的。

世界上做单调重复动作的人有三种：一种是愚蠢至极、不能用心的人；一种是恶习已成、无法解脱的人；一种是受人控制不得不听命于人的人。否则中人之资，在普通的境况中断不肯做这种乏味事体的。世界上的事体总是依着目的而行的，不过做事的人有时竟可以把这了解目的的一件事放在别人身上，自己只可闭着眼睛行。譬如小孩学数学，目的在教师的脑中，他教儿童这样，儿童便这样做。凡是地位高的人教地位低的人做事，都有这个倾向。事体本身和为什么做此事的目的两者分开。高头的人在那里计划，低下的人只做得高头的人的机器，结果便要生出危险。教育界上许多习惯传自古昔。教育宗旨、教

---

① 卢骚（Jean Jacques Rousseau，1712—1778），今译"卢梭"，法国启蒙思想家、教育家。

育目的，有许多是古人的脑中而不在当今施行教育者的身上。有阶级的社会里面，士君子是有思想、有目的的人，做工劳力的人便做了士君子的机械。学校里因为教师的知识技能高出学生，所以学生只须听教师占有目的意识的特权，学生只可闭着眼做事，自己不能伸展发达。

所谓了解意义，并不是穷根究底的意思。要是这样，那就是一举手的小事，也能使最有名的心理学家、生理学家穷于解释。不过既做一事，则做事者对于为什么做此事的目的终须明白，然后才能自己以意规划进行、达到目的。否则一习既成、只限一事，想去应用，不能自主。如有意识而又晓得为什么要有这种习惯，这种习惯怎么样能造成功，则见新境遇新状况时，自然能够随意运用，不至束手无策了。

（2）我们做事，必然知道目的所在和有正确的方法。倘若对它没有浓厚的感情，就不能支配我们以达到目的，不会和目的发生关系。对于事物或目的有一种吸引力，能使我们动心的就是感情的要素。譬如有甲乙二人，甲爱钱财，乙好学问。两人的目的不同，那就乙所好的不能使甲歆羡，甲所好的不能使乙关怀。所以对于一事物，如果漠然无动于衷，就不会引起他的欲望，也不会发生行为出来。对于目的如发生了感情，好像自己的本身和欲望的对象混合一起，就有关系会结合起来。没有感情，当然不发生行为、不会有感情上的结合，人人最深的教育必能影响人的好恶爱憎——正当的好恶爱憎——不然是很浅薄的。

前天讲过，习惯束缚人的行为如车轮之遵循故辙。因它层次反复、依成法做，脑中留了痕迹，逼他不得不这样做，成为机械的习惯。这样照样办事，一点生气没有，不能了解其中意义何在，不但缺少知识的要素并且缺少感情的要素。倘若做一事有了感情，那么冲动是由内部发生的；如没有感情，那是由外力压迫而来的。

这种情的反应和态度在心理学上称为兴趣。此刻就要讨论兴趣在教学上有何关系。

首先要分辨的就是我们对于一件事，大概持两种态度：（1）旁观的态度；（2）参与的态度。譬如有一战争，当未决雌雄时，作壁上观的但看其双方活动的情形如何，看到底鹿死谁手。对于他个人的兴趣感情丝毫没有关系，纯是冷静的旁观态度。如照相镜一样，物来顺应、廓然大公、不管好坏。但参战的人却不然了，他看这事的成败利钝就是自己的成败利钝。他的本身和这件事合而为一。于是就发生感情上的关系，要袒护自己一方。在这战争的一例中，看出旁观者和参与者两种不同的态度，可证明兴趣的性质。可见，对于一事物如有兴趣，在感情上就要发生关系，就会和该事物一致。

再举一例。譬如游戏，两个人所持的态度不同，一是旁观者，一是参与者。参与者对此就发生兴趣，好像是自己分内的。对于游戏的进行结果怎样，感情上有密切的关系。参与者虽是高兴如此，但旁观者不发生兴趣，持中立态度，感情上毫无影响。

在以上所举二例——战争、游戏中发生兴趣的是能与事物一致，不发生兴趣的是与事物不相关联。这很可以引申到一切思想、观念、事实上去。在学校里所发生的一切不论思想、观念和事实，儿童对之也都有这旁观和参与的态度。如有兴趣的，就好像成了他本身的一部分；如没有兴趣的，就漠然无动、不相关涉。

设学校里有两种学生：一是性近数学，对于数学发生兴趣，竭力研究下去，数学对他好像挑战、要决一雌雄。他用全副精神应付它。在他心目中，只有数学和他一致。至于那一性质不近数学的学生，有厌恶数学的心，没有感情上的反应。除必不得已，或是怕别人讥笑，或是怕考试落第，只稍稍学些数学，数学与他不发生关系。假使他一切都不愿，那一定纯要被动的了，所以有些教员不能在学生所习的科目本身上设法使他直接发生兴趣，就于科目之外另想方法使他发生兴趣。第一就是用恐吓的方法，教员利用儿童畏惧的本能，用种种方法恐吓使他不敢不做。这样的法子，或者也许有些效果，可以引起兴趣，但总不是从科目本身上发生的，不能引起儿童的好奇心。有时教员不赞成这恐吓法子，因为这样办法就使学校里冷冰冰的，好像充满了秋冬之气。乃改用奖励法，然仍于教材外想主意，和恐吓没有大区别，不过一是消极、一是积极罢了。所以，以上两种法都不是正当方法，不能养成有生气的习惯。因有了恐吓、奖励才去做，一旦没有了就不做，很是不好。教者须要从教材里引起他们的兴趣，最紧要的方法就是教员所授的课要和儿童的经验需要有一交点，教材和儿童的需要有了关系，那好像已有天然的结合，兴趣就不期然而然地发生了。

有人反对注意兴趣，说学校里也应该使儿童做些他所不喜欢的功课，让他战胜种种困难，磨炼他的意志。主张此说的也有真理在。但一方面磨炼，一方面还要有目的，并且必是他们认为有价值的目的，方才可使他们发生兴趣，不致徒吃些苦。要知道儿童学习没有目的的科目和他的经验需要没有关系，就觉得这种科目无价值、没用处、枯燥乏味，无兴趣了。再看如有人决意要做医生或学问家，有了理想、定了目的，他就觉得面前好像有一种势力引之前进，因有这理想的吸引力就不怕困难，总要努力胜过它，以达到他的目的。所以，教员授课如和儿童天然兴趣背道而驰，那是非常吃力。如能适合他们的需要，引起他们的兴趣，师生间就行动一致、毫无扞格了。

（六）总论

要知道教育是一种自我的发达，是受教育者渐次发达他固有的能力。这种发展不是从外面加入，乃是内部发生的。大凡一切生物都能够生长。生长是生命的表示，有生命总有生长。所以，生命就是生长，生长就是生命。一颗植物的种子，有生长的机能在它的里面，所以它能自己生长。一块死的物件，断断不能生长，因为它没有生命。含生之物内部有潜伏的、简单的生命包含着向外发展，就渐渐表现出来而又复杂起来了。

以上所讲的还是通俗的说法。现在要从哲理方面研究它的蕴义。生长的意义就是固有能力的继续的改造。把潜伏着的生命表现出来，使简单的生命渐渐复杂。工厂里的材料是死的，但也可以改造。拿一块钢铁，可以做成马蹬；再复杂些，可以做成钟表。从简单做到组织复杂的机械，这也是继续的改造。但这个究竟是死的，它的改造不是内部的，是外铄的；不是自身的，是他律的。有生物的改造是自我的发展。它能够吸收外界的物质当做己有。像饥饿的时候，它就要吃。吃下去的物质，把它消化又把它同化，变成自己身上的一部分。大凡有机体都能够征服环境，吸收外物做自己的营养，改造自己的生命。以上所讲的从生理方面立论。倘再从心理方面观察一下，那么更容易明白这个意思。譬如有的人很喜欢数学，这是他固有的能力。倘若给他几次的练习，把他这个本能发展起来，一步一步地改造他，他这固有的能力就渐渐扩大。又如慈爱也是固有的，但是这慈爱是冲动的、是盲目的。他不知使它的方法，也不知道用慈爱的程度怎样。所以必须使他练习，把这固有的天性渐渐改造。然后，这个散漫盲目的慈爱可变成有规则、有目的的慈爱。

要知道教育就是生长的真义，可以拿几个相反的说法来证明它。

第一，预备说。拿教育为预备将来生活的这个说法是很玄远的，与目前没有什么关系。远远地挂着一个目的，要学生去达到，学生却是莫名其妙。倘若拿教育当做成长，那么就要从目前做起，拿固有的能力做根据，加以指导、改造，没有什么玄远的目的。

第二，陶冶说。教育是陶冶性情的作用。陶冶这两个字的意义本是极好，但当做陶匠与泥土的关系看，那就糟了。陶匠拿泥土放入他的模型，要使泥土做的东西和模型一样。但这模型非泥土本有的，是外面加上去的。倘使当教育是成长，便要拿儿童本有的做起点，从内面发生出来。

第三，伸展说。教育是从内部发展儿童的能力，把儿童的能力完全引申出来。这话很有真理，但很容易误解。如吾人将固有的能力任其自由发展，不加以范围、不使他走入正路，那是近于放纵，恐怕没有改造的机会。譬如小儿发怒也是从内部出来的，倘使任其自然、不去指导他，那么必定是很坏的。且此仅注意在发展一方面，而把内发的反感和改造的观念忽略过了。

讲到改造的意义，就是继续改造固有的性能，使他日新月异，往前进行、往好的方面进行，不使他落后，不使他停滞。改造定有目的的，大概有两个趋向：

第一改造的趋向，要能够操纵和控驭一己的能力。

第二改造的趋向，要使经验内容更加丰满。

要明白上面第一层意思可举个例子来说明。婴儿和十四五岁时候比较起来差得很多。三四岁的小孩能力薄弱，做事要依赖别人，不能操纵自己的能力。等到长大就渐渐能够控驭他固有的能力，也觉得能独立自由。因为自己去达到，所以他不再听人的指挥了。上面所讲的独立自由操纵的能力，都是积极的意义，并非消极方面说的。譬如拿儿童放在自动车上，使他自己驾驭，这是消极的办法。积极的意义是要使他懂得自动车的意义，它的构造怎样、用法怎样都要使他明白，然后才有操纵它的能力。一个人从婴儿极无能力的时代到长成能独立、自由的时代，这两个极端当中，不是一下子就经过的，是由一点一点的继续改造、一天一天向着那目的进行才可以到成人的地步，在这个里面就可以看出教育的历程来了。

照上面说来，那么教育的价值和试验教育的价值的标准都可以知道，受过教育的儿童能不能自立？儿童的能力本来散漫得很，受了教育以后是不是有秩序？这些问题就是儿童能不能自己操纵他的能力的问题。倘使能够的，则此种教育必定是很有价值。

要明白第二层意思，须要讨论经验的内容是什么。从习惯一方面看来，有习惯技能的人做事敏捷、非常神速，形式上真是不差。但限于常辙，翻来覆去跳不出这个窠臼。所以，他的内容非常狭小。经验也是这样，仅仅能够制驭经验，还是形式上的事情。必须使经验的内容十分丰满，使他经验内所含的意义多有社会的性质。……譬如有精通算学的人，倘使他限定在这里，好像机械一般，不能做别的事，那么对于社会便没有同情。他的经验范围便狭隘。所以，最重要的是要使经验的内容十分丰富，使他明白社会的关系，引起他的同情，使他与社会多有交点，这才是教育经验继续的改造。使一方面能操纵经验，一方面能使经验日益丰富，这便是教育的定义。

第二部分　学校教育

前几回所讨论，大部分根据于学校以外的教育而言，就是就日常往来人和环境接触或人和人接触所发生的影响而言。学校内狭义的教育和从校外环境乡里家属等偶然得来的教育，有许多地方不同。这是今天所要讨论的。校外偶然得来的教育，其缺点就因为发生太偶然。这种教育发生于人和环境、人和人接触的时候，所以有不同的家庭就有不同的教育，有不同的环境就有不同的教育，是一种散漫无系统的教育。原始社会的教育都是这样。从人和人往来、谈话、游戏里面得来，所以不能应付复杂环境的需要。这种没有系统、没有规则、零星琐碎的教育里面，比较的有些系统的是一种人群的仪式。儿童长大的时候，要加入成人团体里去，要经过一种仪式，这种仪式行在十五六岁的时候略带正式教育的性质。大约要费数星期的工夫，把一群里自古相传的通行习惯口授于他；而且很能动以感情，使之深深感受群内的规则。从原始社会一天一天进化起，社会组织越加复杂，这里面的要素第一要算文字了。后来，再根据文字创造文学，把一族历代相传的观念记载上去，这种文字、文学并不是偶然可以得来的，于是正式的教育就重要起来。我们从历史方面考察一下，就知道西洋的正式教育历来都是由特殊机关去管理的，或由家庭自己请教员去教育子弟，或由贵族几家合起来请一位教师去教育子弟，或由教会去经营教育的事业。不过教会所管理的学校，它的目的专在养成僧侣。它的科目、它所造就的人才，只适合于教会方面。照这样讲来，古来的教育，或限于家庭，或限于教会，是少数人管理教育事业的。教育权从私人手里移交给国家，由国家出来办教育，不过一百多年的工夫。这一件事体在近代史里要算很重要的一件事了。

近世纪以来，民族国家制勃然兴起，所以教育从私人手里移到国家里去。

因此，就发生两种趋势，第一是德谟克拉西①的趋势。凡是国民都可以受到教育。所受的教育不囿于一家或一教派，都是一律平等的。第二是用普及教育做工具去达到其他目的的趋势。像德国、日本这种国家，并不根据平民主义去办教育，不过借了教育的力去养成国民服从政府的个性。但在贵族则一方面与以压制平民利用平民的教育，一方面又有奉事皇家的教育。这种实在是奴隶教育，虽说是普及，但它的宗旨是很坏的。

上面所说的学校教育和普及教育都是教育史上很重要的事。但学校教育一和社会分离就与日用生活现代精神隔绝，便更迂远而不切事情了。大凡各种制度和机关成立以后，一定有一种习俗惯例发生。这种制度机关当初因为一时权宜去应付事情，日子久了便慢慢地变成习惯，以后做事便完全不能脱离它的成规了。学校是一种机关，也不能逃了这个例。所以，一个学校的教授法、科目编制法等，也因历来相传不容易变更。有时政治上经济上社会上的情形完全变了，但它一律不管，仍旧照它的老例去做。今且举一个例来证明这件事，譬如西洋的高等教育很注意古文的教授。有一个英国的学者说，英国的大学像牛津、剑桥等所以注重古文的缘故，因为从前各种文明都记载在希腊拉丁文里面，要研究高深的学问不能不研究古文。到后来相沿成习，大学里一定要研究拉丁文了。从学校和社会隔绝里生出来的坏结果一共有三种，现在大略把它说一说。

（1）没有生气。学校以外的教育很有生气，受教育的人能够了解所受教育的意义。因为他的知识、技能都从实际生活上得来，所以能够领略它们社会的意义和价值。譬如儿童在他父亲店里所学得的度量衡知识，都能了解它的应用。在学校里所学的反而分别不清。又如儿童在家里学习语言，因为他有学习语言的需要，这里面就有社会的价值了。儿童一到校里学习文字就很费力，因为他失了他的需要的缘故。两方面比较起来，一生一死、一难一易，这是学校

----

① 德谟克拉西，即英文"democracy"一词的音译，意为"民主"。

和社会分离的第一个坏结果。

（2）不切实用。校外教育很切实用，校内的教育每每是把积累的知识给学生。这种知识虽多不能应用到实际生活上去，因为他们是为读书而读书，有时可用为自炫工具，简直和玩物丧志一样了。我们平常称它是抽象的知识或书本的知识。抽象有两个意思：一是指学校里高深的知识，要有长久的预备才可以得到的，但也可以应用于实际。还有一个是指不能应用的抽象知识，要算是最坏的了。这是学校和社会分离的第二个坏结果。

（3）没有兴趣。受教育的人因为这种教育和社会少关系，就觉得没有动机。动机是从内部冲动出来的，内部冲动，不能不去学，不能不去求知。因为他晓得这种知识有用，所以就发生兴趣去学。学校教育一和社会分离，学生就觉所求未必可用，因而不能引起他的兴趣。平常的教师以为学校里的儿童总是不太好学的，所以要设法使学生有内力的冲动，或用奖励贿赂去引诱他，或用责罚去恐吓他。他们以为儿童无固有向学的本能，所以不能不用奖励、惩罚来引诱恐吓。这个说法的差处就是因为他们不晓得儿童的求学问和因饥渴而求饮食相同的缘故。所以学的人的兴趣就因而减少了。这是学校和社会分离的第三个结果。

以上所讲的并非是要批评现代学校的不好，不过要表明理想的学校罢了。理想的学校应该保存校外教育的好处——有生气、切于实用、有兴趣的；一方面又要改良它，把偶然的、琐碎的、种种不良的地方都除去，使它变为有系统、有规则的教育，那才是好教育了。

（一）学校中之三要素

今日继续讨论学校教育和校外教育的不同之处。

（1）学校是一种特定的机关，学校内一切组织行政沿革等和校外不同，儿童离家入校，耳目所接与以前在外所见的不同，好像入了新环境。

（2）学校内有种种科目，如数学、文学、理科、史地等分门别类，要学生去研究。

（3）学校内有方法，教员不但学有专长且有提示教材使学生领悟法。

所以，总起来学校教育有三要素：（1）学校本体组织为社会特殊生活之一种；（2）学校科目；（3）方法。

（二）课程与方法

儿童未入校前所得之教育为囫囵整个，不能叫它这一部是属于化学的，那个属于什么科学的，是混合的、偶然的、不能分类的。进校以后，各科分立，关于此一点就有两个问题出来了：（1）科目的缘起；（2）儿童的经验和教材如何才发生关系。

（1）种种科目的缘起。学校中之科目，其初并不是分门别类的，那是后人以前人所积累遗留下来的经验里面重加组织而成的。又种种科目虽是前人经验积累的遗留，但如污水流下的沉淀物，渣滓泥沙一切在内，必要取精去粕，选它有价值的一部分保存，如打谷去秕糠而留米粒。保存前人文化也是如此。如认为有价值的不仅对前人有价值，必对现时也有价值。选择起来作人类文化的一部分，使它一代代地传下去。学校内的教材、课本好像是前人经验的结晶物，它本来是散漫没有定准，但经过后人一番的选择组织，拿它要紧部分集合起来就有一定的形式、有一定的标准了。所以，学校内的教材不是漫无纪律，乃是有定形、是凝聚结合了前人许多的精华，是代表前代的文化的。

（2）科目和儿童的经验要怎样。学校教材是有定形、有组织、有系统的，但从成人方面看起来是这样，在儿童方面却不然了，所以我们要注意此事：

① 我们要明白的，就是学校内的科目是从前人的经验产生的，不是从儿童的经验产生的。教授最须得法，否则所教的便和儿童经验不合。他不解其意义，好像拿成人的经验从外面附上去的。那是不对的。所以，教材要与儿童经验融合起来，成为他自己经验的一部分才好。

② 我们要明白的，凡是学校内的科目是从前人的经验里面选出来的，又

加以组织才成了有条理有部署的教材。这对于儿童好像是现成的。他们不知其中曲折底细，哪里会了解呢？拿现成课本上的知识教儿童，好像一人到店中去购物，现成物件只需交给就是了。所以，教学方法非常重要，不能像拿现成的实物传递于人一样，叫他谨受藏之就罢了。

③ 我们要明白的，就是学校教材之缘起都有社会的背景，都是应社会需要而生的。后来学校和外界分隔太远，所有科目看做单独孤立，就不以社会的需要为重了。如教历史，把事实看做孤立，使人记人名、时日及事实，那真是吃苦，要知道历史所记是前人的生活状况，前人的生活和现时人的生活究竟有怎么关系，假使教授历史不问古今的关系，那便是死物。要晓得历史有社会的背景，是当时社会生活的一部。一切科学无不如此，数学的数字和度量衡等名也是随事实实际要求而起的，植物之起是为人要种五谷、求纤维、做菜、制染料种种要求而来的。所以，学校教儿童科目不能离开社会的背景，一定要和实际有关系。

上面三层意思看来，觉得现在学校的教材离开实际太远，和儿童在外所得的经验不合。他们学习时只觉空疏、无用、没味而茶苦了。又校内偏重文字，不知文字是代表实物的一种工具，天天读了死文字，失去实在价值，儿童自然也要觉得功课无价值了。须知要教人读识的缘故，是因文字符号有代表实事实物的性质，价值不在它的本身。不当文字做工具而当它做实物，那就错了。文字符号可比银元，实际生活好似货物。银元是价值的标准，可以交换货物。书中知识是得到事实生活的工具，代换不到货物，银元就无用。得不到实际事物知识，文字符号就无用，若把文字符号、空洞的知识当做人前炫耀的东西，就失了知识的本意了。

做教员提示教材时，第一要看教材和儿童经验有交点否。有交点就有自然的关系在内，就能了解其义；并且能改造自己未成熟粗浅的经验、选择组织前人的经验，成为结晶。经验的改造必要如矿苗经过一番提炼才好，要从内部履行经验改造的手续，不要从外面层层压去。

上边所讲的是学校的教材及方法。教材即前人经验之精华，教法就是提示教材使它适合儿童现有之经验。教师最大的责任，即须将前人积累的经验与儿童的经验互相融合联络起来。他不但当知前人的经验如何，并且也须了解儿童现有经验之性质及原始，然后才能教授得法。譬如教地理至江河一课，若教师仅提示材料告儿童以江河发源何地、经过何处、流入何海等等，使儿童博闻强记，那么儿童对于江河之概念终不能明了。真正的好教师的教授一定不是这样的。他第一件事即必先就儿童已有之经验来搜集材料，务使儿童的经验和教材相互联络、结成一气。这样，那儿童才能了解课程的意义。我们要讨论这个问题，先就英文 experience（译云"经验"）一字意义分析研究，然后再来讨论到学校中有系统、有组织的科目。

（三）经验之要素

经验之要素有三：第一是儿童固有之主动倾向——儿童之主动性及好动之倾向。第二是受动性——受纳之能力。第三是因主动、受动两方面的关系，因此所生之变化，即儿童受这个变化而将此变化保存。譬如儿童好伸手取物，设此物为球，则儿童之伸手是主动。摸球而知球之光滑、粗软、圆浑、弹力等属性，脑筋中因此感受一球之印象，是谓受动性。这样的一反一复——一个是主动性又一个是被动性——就是造成经验的两个重要的因素。一方面有了主动，又一方面就有了被动。一施一与而生变化。如摸球而知球之属性、球之意义，复次将此变化保存而球之概念遂留于脑。

吾人做事必求效果——行为之意义——有了效果，那么我后此见了某因，即可知有某果，见了某果，即可知其为某因。而行为之意义就因以后生。有人说："人的知识源于外界的影像。"这句话甚是不确，因为假使如是，则人的五官将为影像所驱使，人将为外来之印象所压迫。例如，置人于大工厂中，则其所见影像不好算不多，然而此时五官为复杂之影像所压迫，毫不与影像发生关系。所以，影像根于动作，才有知识上之意义与价值，否则全无用处。设有狮于此，小儿是从未见过的。成人若将狮子之头腿各部一一告诉儿童，则儿童对于这个狮子上面所受的印象也不为不多。然而，他对于狮子的头腿等等终仍是不能了解其意义的。要他知道狮之各部意义，必详细告诉他狮子的头腿等之用处。因为意义是从用得来，没有知道它的用就不能了解它的意义。这不但是儿童如此，就是成人也是这样。当成人学物理中之杠杆，数学中之式与文法中之名、代、动、静、状词的时候，也不过是印象。要成人了解意义必先告他以种种事物的用处，然后他才能将动作印象结合而得到它们的意义。所以，我们做事有动作行为，对于外物才有效果而生印象才有意义。这就是经验之资料——主动、被动两方面之效果。此种资料是儿童入学以前已有的。

（四）知识之性质

1. 直接与间接之知识

这种自动被动所发生之知识，英文中叫做认识（acquaintance）之知识。这就是说，直接得来的知识最是和暖、最是亲切有味，如人之认识朋友一样。反言之，耳食之知识，间接得来之知识终是寒冷的、淡漠的。但是，直接之知识范围很是狭小。因为人之经验往往限于一处的缘故。然而它的温暖亲切倒也可以补它的不足。故教者授课时或提示教材时所最关紧要者，即宜注意知识之系统组织与儿童故有经验之关系，及授课前之详加考虑儿童经验与书本经验相通相关之点。总之，教师授课必先以儿童经验为根据，然后才能因此而使儿童了解书中之意义。

但是儿童所带入学校者，不徒为直接之知识与经验，且也有间接之知识与经验——他人告诉传授之知识——我们知道人日常所接触的除了物质环境以外另有一个社会之环境。儿童和父母家人接触的时候常能得到许多的印象。如成人之言语、行动，在足以增加儿童间接之经验。这两种经验，儿童是一气把它带入学校里来的。人与人往来就互相发生了传授知识的关系，因此经验意义遂日益较前推广丰富。

才讲的两种知识——直接知识与间接知识——在没有学以前早已发现。积久遂如金属之融合而不能有显然之界限。儿童生而好奇、伸手取物，他施动作于物，同时物也还施动作于儿童，一往一复、一取一予，而经验以成。对物如此，对人亦然。如儿童问于成人，成人即有应答之动作，一问一答、一感一应，直接间接相融相合。故儿童无论对于人、对于物都是很有生气的。儿童对人、对物之做事，既有如此关系，故他的取予感应不限于人，也不限于物。积之既久，那直接间接的经验就此不能一一分开了。故教师授课时提示教材时，必与儿童经验联络一气。儿童之经验不徒为间接，也不徒为直接，乃由直接间接相合相混而成。拿儿童之经验组织总合以成有系统之知识，这是学校应做应为、莫可旁贷的事。教师授课当知儿童直接间接经验之不能分离。儿童与人物往来发生关系，这都是一取一予、互有动作的。两方面事情都是很活动、很有生气的。有人误以教授都为间接、都为受动，实则不然。一问一答、一取一予间之生气和直接得到的经验比较起来，相差本是不多，不过一味注入教授那是不在此例的。校外传授经验常觉得很有生气，儿童常觉很有兴味，很觉悟其需要。设有不知，必一再问其父母兄长。成人答之则儿童绝不厌倦，这并没有旁的缘故，就因为成人所答的和儿童之间问题有密切之关系。有的时候，教师、成人或竟有以儿童的多问而生厌恶的，可笑孰甚。依我的意见，学校教师和学者都应该活泼而有生气，其所以应当如此，是有理由的：

（1）因为传授知识不是一方面的事情，乃是教师与学生两方面的事情——教师能以知识授予儿童，则儿童之直接经验更为丰满。

（2）因为儿童的好奇心好像是吸铁之石。知识好像是铁，教师教授时仿佛如受了磁性和磁石吸铁一般。天天把儿童的好奇心触发，天天发达儿童之新知而使其吸收。

又前几次讨论学校里种种科目是代表种族积累的经验（种族所视为可以保存的经验）。一切文化就靠着这种经验和儿童的经验如何衔接起来。从人类进化史上看来，这种积累的经验不是一下子就成功的。先有直接的具体的经验，这些经验又是有社会的意义，有社会做它的背景的。这些经验渐渐地积起来，经过一番的选择才成现在学校里有系统、有组织的科目。但现在学校教师拿这种经验当做已成的、整块的知识拿来去教授学生，不问他能不能够了解、能不能够领会。所以，反与学生的经验不相符合了。今晚要把学校里提示的教材和儿童的经验相反的对方详细地说一说。

（1）儿童得到直接的经验有两个方法。第一从他自己的活动中可以得到经验。儿童和人及环境接触很活动的，但学校里对于儿童这种活动非常不注意。没有多少机会给他去活动，我们知道直接的经验是从全身的动作对于环境的关系中得来的。学校里把全身的活动减了，仅仅用着耳目和发音机关，以为全身的动作是不应该有的。寻常的儿童没有进学校以前全身的活动很多；等到一入了学校，那种活动就减少了。一天到晚静坐着，好像没有什么事做。教师费了大部分时间去压制这种活动，以为能够静就算是美德。其实活动是一种最上的工具，因此和环境接触可以得到最亲切的知识，这实在是很重要的。学校里因为压制天然的活动，所以他们耳目及发音器具的活动就变成了机械的。还有很大的影响就是产出被动的知识，不能有创造、有发明，把知识刻在脑中，好像蓄音械器一般，动了一动就会将蓄贮的知识滔滔地吐出来。讲到创造这一层，不是说一定要创造世界上没有的发明或前人所没有发明的东西，真正能发前人所未发的人，世界上能得几个，哪里能够人人这样呢？创造的意思是说自由发动，用自己的方法做自动的研究去获得新知识，新经验和那外面勉强输入的却是大不相同。平常幼稚园小学校里有种种表演手工等，一直到中等学校有试验室去做种种试验，还都是注意全身自由活动，使自己发现知识。这种自己发动、自己创作的精神，已经被旧日的方法弄坏了、摧残了，现在学校里种种改革是拿来恢复它的。

上次讲过，我们官觉所得的印象是我们动作的结果。常人以为所有的知识都从五官里来。五官好像门户一样，放开了，知识就会钻进来。这种说法都不对，官觉的印象要有意义，必定要和动作连接才行。官觉所以指导动作、刺激动作的，使动作得一步一步地进行。五官所得到的印象是用来指导我们的动作的或是从动作生出来的，这两下必定要相连接。幼稚园里小朋友的玩木块、工人的雕刻木板、学生玩网球的时候，都要官觉去指导动作。他的感觉不是单独的，应当和动作联络起来。学校里就不是这样了。专重书本，仅仅用眼睛去看文字，动作和官觉分离，所重的单是官觉得来的印象和动作完全脱离了。

（2）直接的经验获得的方法是把直接的经验组织一下，变成了我们的本身，做我们人格的一部分。譬如农人所知的、木匠所知的和物理学家化学家在试验里所经历的，都和他们的行为有直接的关系。这种知识已和他本身同化，不是二者分开的，不是像一个人坐在车子里一样，人和车子仍旧可以脱离的。平常强记的知识，人自人，知识自知识，二者不相合并的。倘若合作一起，自己也不知道他的知识在什么地方。动作起来，只当是我本身的事情，好像走路、谈话一样，举动的时候，我们自己不知道的。知识成了本身的一部分，那知识就不是身外之物，和衣服一个样子。是像饮食同化以后，变成身体的一部分一样。倘若不消化，那就要把知识堆积起来，另外放在一个包裹里加在肩上，负担未免太重了。而且实际上也没什么用处，不过拿来夸张自己就是咧。

学校里的教师，拿书本上或自己经验传给儿童实在是最重要的事情，但必定要能把传授的知识和儿童固有的经验相混合才有效用，不是这样就没什么用处。卢梭有句话说：学校里教地理不是教地理，是教地图。这句话的意思是说，地理是我们日日相接的、刻刻离不开的。学校教地理不从实际上去研究，单单读些书本，这岂不是很远么？有一次，纽约一个学校里的学生把纽约的一条黑得逊河①当做阿姆逊河②，我们都晓得阿姆逊河是在南美洲的，这学生读过地理晓得有条阿姆逊河，就以为是眼前所见的河，不晓得竟弄错了。这就是教

---

① 黑得逊河（Hudson River），今译"哈得孙河"，是美国纽约州境内的一条河流。

② 阿姆逊河（Amazon River），今译"亚马孙河"，南美洲第一大河，世界上流量最大、流域面积最广的河流。

材不能与实际脱开的一个事例。

学校里的学生喜欢发问，教师常觉得讨厌；而学生在校外有疑的时候去问人，人家必回答他。有问有答，很有生气。这是什么缘故呢？譬如关于俄国过激党的情形，我们从报纸上或书本上已经知道一点，但是很含混的。倘若有一个人从俄国或西伯利亚实地调查回来就很高兴同他谈话，因为他的经验很亲切有味的缘故。但是，他天天谈这个事情，你就要厌倦起来，等到后来见了他，就要退避。从上面所讲的看来，校外的知识是直接的、和固有经验有关系的。能够补充固有经验的不足，使它更加丰满，这不是拿知识当目的，学校里的知识就拿知识当做目的，强迫他上课，使他强记、要能够背诵，所以很单调孤独、没有趣味。好像要拿出这个来显出自己的本领。西洋主张自由研究的人说，不要拿知识直接传给儿童，这话虽然不是全对，但却有一部分的真理。学校里学生是为求知识来的，不给他知识教他做什么事呢？但是传给儿童知识倘若不与儿童的经验相合，那是大不对的。要晓得教授知识是有条件的，不是随意可以做的。还有一件事，是传授知识时所要注意的。传授知识倘使不管学生的需要，把全体的知识输入进去，就要养成知识的奴隶、为知识所支配，不能自己去研究、去探求。不过如有学者对于某种知识已经有了准备，已经研究过一番，只要再加讨论，那时教师就可以尽量地把知识去供他的要求，不必过虑的。恐怕教师有时还不能满足他们的要求呢。所以，教师对于学生最要紧的是设法激起学生求知识的欲望，肚子里饥饿了自然要吃，这是生理上的事情。心理上也是这样，有了这样要求，那么给他知识自然是很欢喜的。但供给的材料分量、性质上不能不由教师限定，好像吃菜，指定的菜是一定要吃了的，倘使规定了硬追他受，那又未免太专制咧。

前次讲过，我们的经验是从主动和被动两方面成功的。教师传授经验与儿童，儿童受了把它变化一下，就能保持起来。倘若给他的知识不能变化，他就把它拒绝出去。儿童有了需要，自然会把知识融合保持起来，但教师不可常常去考问他，看他记得多少，因为他已经把知识潜移默化，没有什么一块一块的知识留在脑筋里了。

2. 地方环境及其扩大

现在我们又要把前回所讲教育的定义温习一下。就是说，教育是经验继续的改造，它的历程是一方面要制驭经验，又一方面要使经验的内容日益丰富。我们也曾经说过，学校教育有三种要素：第一，学校是一种特设的机关，有组织又有系统；第二，学校内有种种科目；第三，学校内有教授上所用的特别方法。两相关联起来，可说学校里的科目是属于经验的内容方面。至于学校里有组织、有教师、有学校行政上一切行为，乃是求实现上面两种目的的。从前我们讨论的，还有一点我们不妨回想一下，就是说学校是一种环境，儿童入学校去受教育的时候，学校的组织行政就把这种环境供给儿童，予儿童以活动机会，从此就发生动作，把他从前的经验都改造了。把这种原理应用到实际上去，我们可以说小学校里的学科：第一，应该利用学校所处地方的环境，使儿童可以和这种环境天天接触。第二，应当把这种环境扩而充之，使它的内容更加丰富。这层意思，便是说学校应该给儿童以活动的机会，给他们以更有系统、更有组织的环境，使他们在这里活动，这是今天所要讨论的一点。从前也曾说过，学校里的教材学科和儿童固有的经验，其中每有界限分开，不能融合起来，这就是因为学校里的教材不能利用地方的环境的缘故。为什么不利用环境呢？因为一定要求教材的划一普遍，可以应用于无论什么地方，所以把所处地方的环境牺牲。学科和儿童自校外得来的经验中间就划成界线了。

我们晓得儿童在校外的经验，都是从耳目所触的环境得来的。学校里的教材有系统、有组织，根据科学的原理，和儿童固有的经验是不相符合的。所以，我们应该利用环境来做教材。然而，我们也不应该过于偏重地方环境方面，因为学校里学生将来不但是做地方上的公民，并且要做国家的国民。教他的时候，不应当太偏重地方方面，反而把养成国民资格的条件失去。我们一方面要顾全地方环境，一方面要抽出几种有代表全国各处情形的性质的材料来作为学课。儿童受了这种教育，既能适合地方，又能越出于地方狭隘范围之外，明白全国的情形，所以，材料不应当不适合于环境，也不应当囿于环境。要以地方环境为基，而加以含义较广的学科，方能养成一般有广漠同情与普通知识的人。方才所说的话都是抽象的，现在要用具体的例证来说明它。人类所共有的动作有若干种，至于动作的形式是随处不同的。如衣、食、住、交通转运等事，都是人类所同有的。人少不掉衣，于是有种种职业来应付衣的要求。人也不能不食，于是有农业来供给养生的资料。住也是不可免的，于是有各种工业来应付住的需要。其他还要有种种交通转运的事业，于是就有道路、火车、舟楫等制造。它们的形式固然因为习惯风俗及社会遗传的缘故有不同的地方，但都是各地方人类所同有的。既然不是一地方、一社会所独有而为各地方、各社会所公有，那么就可以以一地方为例，假作代表来说明其余了。故衣、食、住、交通转运等事，学校里正不妨利用一地方的事实，并推广这种事实的范围，使儿童不但晓得一地方的事，并且晓得他地方的事。那就环境推广、经验丰富了。方才所说的，在幼稚园的种种活动、游戏里都可以表示出来。从福禄培尔倡幼稚园①以来，凡家庭学校里面都晓得要有种种游戏去代表他的环境里所有的事情。譬如他所处的地方有木匠等职业，学校里应用代表此种职业的科目。如所处的地方有陶业，有其他各种职业的铺店，儿童在学校里也应该对于这种职业有所练习、有所表演，然后对于社会的动作和材料能有明确的观念，并能明了它的意义，就不至囿于家庭的小范围。经验日益丰富，变作社会化了。还有一层，学校的儿童很多，有从各处地方来的，这种儿童熟悉这种儿童的情形，那种儿童熟悉那种儿童的情形，共同往还、交换经验，既然有共同的生活，哪有不受社会化的道理呢？

　　上面所说幼稚园里的种种游戏，应当代表学校以外的种种职业、种种人事，固然不错。然而实行的时候，往往有流弊发生。这种流弊是由一味模仿生

---

　　① 德国教育家福禄培尔1837年在德国的勃兰根堡创办了一个新型的幼儿教育机构，1840年正式命名为"幼儿园"（kindergarten）并公布于世。在中国，"幼稚园"系"幼儿园"的旧称。

出来的，福禄培尔是德国人，他创幼稚园的时候，里面的一切设施都是模仿德国社会上种种事实的，都是切合于德国情形的。后来美国人模仿德国幼稚园的办法，办起幼稚园来，要一一模仿德国人的情形，这实在不适合于美国的。中国所办的幼稚园，我不晓得是模仿哪一国的，但倘使是模仿美国，也是和美国模仿德国一样，一定要发生同样的流弊。幼稚园里都是 4 岁到 6 岁的儿童，要培养他做一个好公民，一定当给他以适合本国情形的游戏和动作。人家的原理是可以用的，不过应用的时候必当变化一下，使它适合所在地的情形，不能完全把他们的办法拿来抄写一下就算了事的。

方才所说的都是幼稚园一方面。其实这种方法也可以应用于小学校里。普通情形，往往幼稚园里的办法很好，一到小学校里就不是这样。这是因为不把幼稚园的精神应用到小学校里去的缘故。现在西洋各国也有用办幼稚园的方法去办小学校的，不过两者的知识程度不同，办法也有变化的地方。幼稚园里用智力的事情少、游戏的动作多，并且有种种假设想象的事情。小学校里则用智力的事情多一些、游戏动作少一些，又有种种的试验渐渐趋于真事一方面了。就是小学所注意的手工，也有点和幼稚园不同。我且举一个例子来说明。我记得某城产煤很多，小学校里所模仿的就是开采煤矿以及贸易等事。他们所做的虽然粗浅，但可以代表校外极大的事。他们把开矿的事从头至尾一步一步地自己表演出来。他们用木头来做成一个阶梯，仿佛和煤矿里下煤穴的阶梯相同，然后往下开掘，然后运东西上来和运煤一样，然后运送出来。他们里面有工程师，也有工人。听工程师的指挥，去买、去卖、去开矿。又煤矿里常有一种毒气，逢着火就要炸裂伤人，于是他们也做安全灯。所有一切举动，都是模仿邻近矿区中的动作，而且诸事都叫他自己去演出，并非由教师教他。教师不过授以暗示，最多不过从旁指导。儿童有时不知道如何进行的时候，他们就自己会去考辞书、查字典。这种事体，倘使有意去教他们，恐怕未必能够领略。但有了一种计划，教他们一步一步去实现，他们就不得不去求知识、去读书了。这种费去儿童七八个月的工夫去做开矿的一件事，在普通的人看起来，未免把光阴空费，忽略普通学校里的科目了。其实不然，因为这一件事里面，普通学校的科目都是包括的。我们把它详细分析起来就明白了。譬如开矿的时候，要用种种工具，儿童必须自己去做，这就是手工科。又如把此地和其他产煤地相比，煤矿的区域怎么样？河流的转运怎么样？这就是地理科。又如煤矿由何生成？地面情状怎样？这就是地质学的知识。其他如煤的燃烧、煤和他物不同的地方，这种都是自然科学。至于讲到煤对于手工业的关系、煤和人事的关系，那岂不是经济学的基础吗？

无论哪一个学校，选择教材的时候，总可以拣学校所在地四周环境里有价值、有意义的事实，用动作或手工等把它表演出来，同时还要注意这地方自然界的情形，使儿童晓得社会的状况环境中的各种知识，并且可以推而广之。别处的知识也要他能明白，那么他的经验日益丰富了。所以，诸位要注意的地方就是用儿童现有的经验作基础，然后授以学校内的知识，这种知识仍旧是根据儿童的经验的。这是新式学校的办法，若旧式单用有系统、有组织的知识给儿童，哪里会和他们的经验符合呢？

（五）举数种教材之教授以为上列原则之例

1. 语文之教授

上次在这儿讨论时，曾提及文字的教授。文字的教授，在正式教育中最占重要的地位。文字、文学经人类作意经营，至为繁复。绝不是校外偶然交往之间所可自由得到。因为这个缘故，所以不免要和上边所说的地方情形、社会动作有妨碍隔膜之弊了。一切文字及数目皆为符号，皆是拿它来代表事物和思想的。把这种符号习熟以后，一就是得到了研究学问的工具，二就是得到了种族中历代所积聚下来之知识的钥匙，这真是一件重要的东西。有人以为文字符号精熟，则计算读作优良，计算纯熟，读作清楚，学生就得到了为学治事的工具，校中重要的目的也就达到。至于校外的关系状况意义，学生自能偶然得到，不必特别在校中教授。他不知道过于偏重文字符号，则学生实力皆为所夺，把一切社会的动作和材料捐弃勿取，这样一来危险立至。终日学着空空洞洞的符号，结果仍不能达到所求的读文、作文目的。因为接触环境，亲身动作这些事是与读书、作文有密切关系，这个理由，我们可以讨论如下。

（1）学习语言

大概语言的作用可分为两种：第一是作为社会的工具的，第二是拿来发表心中的思想的。儿童学习语言初非为发表思想，他有社会的交际和动作。他要游戏做事，所以不能不用语言，使他的动作与别人的动作有关系。当他游戏的时候，他有喜欢讲话的动机，更有许多事物供他的谈讲。故长于社交的，必善于言；落落寡交的，必拙于辞。往来交际，实在是学习语言最重要的事件。现在学校中，不但失了这种机会，并且把儿童社交的动机都摧残掉了，怎么能够把语言学好呢？

语言的第一个作用，是从社交上道出来的。第二作用，是要讲话的人经验丰富自己说出来的。学校中交际的机会少，是第一个作用没有了。学生没有经验，硬要他讲话，是第二个作用错误了。这样得来的语言，其数量、性质都不免有拘泥狭小的弊病。现在把语言发展的三件事体，讨论于下，就可见学校中教授语言的缺点了。

① 必使语数增多。语数就是事物动作的种种名称，吾人所日用的语言有主动、被动的两种。主动的就是我所说给人听的语言。被动的就是人说时我能知道的语言。无论主动、被动，见了事物愈多，能说、能听的语言也愈多。所以，要语数增多，先要把经验增多。要学语言，必须与社会接触、与环境周旋。见了新事物，就发生了新名词的需要。听了别人讲的，就也要学着别人说。如此才能把语言的数量增加。校中所用的无非是些规定少变化的语言，空空洞洞、只是传说，没有社会的应用，也没有实际动作的需要，怎样能够把语言的数量增多呢？

② 必使所学的语言文字其义日益确切。单是把语言的数量增加，还不相干。第二步就要把所得到的语言意义明确地了解、正确地应用，把同义字分辨

清楚，把广遍的名词日渐明了。初学语言的人对于代表事物的字义往往含混不清。说一件事不能用一二个字明白表示，必要把似是而非略相接近的字一连串说上七八个字。好像旧式手枪，一开枪就有许多子弹四散迸出，其中能正确中鹄的却只有一个。字义不清的人说出七八个字，只有一二字用得着；清楚的只需一字便能中肯。

③ 必使语言有组织系统。儿童叙事断断续续、不成贯串。叙一件事，只说到零零落落的几句。一句里只说到残缺不完的几个字，其中留着许多拼接凑合之处，要听的人自去补充。教育缺乏的成年人，说起话来也是重复纷乱、简略不全，前后找不着线索。所以，言语发展的第三步，是要从详瞻、精密、连贯的功夫上做去的。不过要做这步功夫，先要亲身经验继续一贯的动作和内容丰富的事物。在学校里科分目别，断不能得到这种一贯的经验。课堂里师生之间只有寥寥数语的对话，有时虽也有继续的讨论，而其材料又只限于从故事中硬记来的死次序，并非亲身经验而来。它的连贯绝不自然。譬如学历史时，背诵如流，好像连贯。其实顺口冲出，同磨中的纷屑一般纷纷落下，仍不成串。这样的学习语言是断不能养成出言有序的习惯的。我们参观授课时，试拿一个时钟，把小学校中师生讲话时间比较的分量记下来，就知道教师讲话太多，学生发表思想的机会太少；学生只是听人讲，他哪里会有工夫、有需要去整理他自己的语言呢？

在学校中教授语言有这样的困难，这样脱不得实事实境。至于学习代表语言的文字，那更不用说了。

（2）学习文字

一切符号都是人为而成。要认识它，必须有特别的练习。语言是文字的基础和背景。语言有了明确的意义，文字才得有确切代表的性质。如果学语言时把上边所说的三件要事——增多语数、确切命义、整理次序——忽略过，则文字的教授必将难于收效。因为文字的形式，都代表着行动作为，同图书的描写事物极其相似。中国文字更合此种情形。我们看看字形，肌肉上就有在它里发生动作的倾向。这些形式符号既不是机械的死物，乃是意义明显的活物，所以，我们教授时候更使机械的性质愈少愈妙，要从容易的地方做起。认字时先要有动作，必使字形、动作意义连合成一气，必使学生于不知不觉中，成了字形和物名事义的连念。此刻我更可举几个实例来讲。如签记物名，学校中所陈列的物都有记载名称功用的标签，去粘在物上，使他们一方面见字形，一方面直接认识实物和它们的功用，则意义自然明晰。

记载学校中的动作，教师写出字来，学生照着字的意义去做事。如开书掩书、起立就坐等等，只行动作，不必念字。又如校中一切散学退学、交卷上班等事，亦可由教师口头发令，由学生按次记载，必使所写的字一一与事物动作相连。

记载一切事物，儿童学业渐进，就可教他随时记录校内外一切所行所见、动作经历，以及阅读所得、邻村交往之事，一一写出。总要使他见物抒写，不要使他臆写事物。此种儿童作品，如能妥为整理，简直可做校中最好的教科书，因为能与儿童经验、思想吻合的缘故。

照这样学文，才能同校外经验不相背驰，文字成为环境的一部分，不是独立的符号。这样，才能使儿童有利用文字作为工具的兴味，才能运用他本国的语言，不当它为奇异的文字。费时虽多，却能保存勿失而得其精义。

（3）应用参考书

小儿必须使他有自向阅书室取书去参考的兴味。或遇到了新事物，或发生了新问题，都可使他们向参考书中求出答案和理由。或以文字戏剧的读本增其经验，这都于学习文字很有益的。现在学校里的学生，高等学校尚能利用图书馆去参考书籍。至于中小学，那真是实在罕见。这是应该极早提倡、极早养成，使小学生也有参考图书的习惯。

2. 历史

历史教授的困难虽不及言语等科，然欲拿它来扩充儿童的经验与改组儿童的经验也是很不容易的。因为历史中的材料和儿童之经验与活动常常不相连属、没有关系。因历史事实之存在，远在儿童经验活动之先。普通学校的教授历史，每重事实的讲解和人名地名、年代日期的记忆，这种事实、人名、地名、年代与日期，往往和儿童的经验毫无关系。在事实上论起来，历史的材料和儿童的经验虽则很是隔绝，但是在理论方面讲，却也可以拿想象来做它们的桥梁，使它们互相衔接沟通。

（1）想象在儿童经验中所占的位置和观察知觉一样重要。虽然它不能将知觉观察一一代替，但是有的时候，在某种事物上，想象也是不可少的。想象与经验的关系非常密切重要。人的耳目观察天天和环境中不变的无生气的事物相接触，久而久之习以为常，遂生厌恶的心理。故必用想象来开生面，附加事实以种种变化生气和意义，使各种事实都活泼泼的生活灵动、繁复多变。所以，我们的思想与注意的对象不当徒囿于现实的小物，当更扩充到虚构的想象。从严格上讲，吾人平时欲将注意集中于一事一物是做不到的。好像听了单调的声音，就足使人催眠睡觉。然设于此单调声音上有想象来附丽，那么这种声调就发生了新的意义，就能使人虚构出许多事物、许多幻象，而延长注意、忘却厌恶。凡是虚构的事物，最能引人入胜、诱起我们的想象。儿童逐渐长大，每觉得环境中习以为常的事物之可厌，遂好读小说及神仙传等，来使他的固有之想象活动。

我们平常讲想象二字时，总联想到荒诞不经、神仙鬼怪的事实上去。其实想象的活动，不固限于离奇怪诞，就是正当的事实——历史的事实，也很有想象活动的余地。普通历史教材所以枯燥无味，所以不能引人入胜，使人的想象活动都为着强记全没实用的事实、人名、地名及年代日期的缘故。我们假使能够正当利用我们的想象之活动，把历史的教材搞成活泼的、有生气的小说体裁，使种种过去历史上之陈迹都变成了现在虚构想象中之一部分，那么我敢说，儿童的历史一定是有趣味了。所以照我们的意思，教授历史应该如教小说一样。小学校的历史教材，大概从名人传记中采摘出来。教者苟能教授得法，致意于名人的生活如何、事业如何，那儿童自然兴味盎然，不肯在枯燥无用的人名、地名、年表上去用记忆工夫。等到儿童对于名人之生活与事业大致都能了解了，然后再旁及名人的处境及当时社会环境之状况与名人所以产生之理由。此由即可利用儿童之想象力来臆造过去社会之情境，使他们将古时的社会与目前的社会一一联络、比较同异。照这样的教授历史带一种浪漫小说的性质，必能把历史中烂漫的事实和儿童之天真互相结合起来，引起儿童研究历史无限的兴味。

上边所述的是第一个桥，就是想象能够把现在的经验和古代的事实互相联合、成功一气。此刻又要讨论第二个桥。

（2）第二个桥就是我们要研究今日的风俗习惯与制度之意义，必先考求他们产生的来源和历史上之沿革，然后才能一一了解它们的意义。

过去有两种：一个是死的，一个是活的。死的过去，就是纯粹的过去、与今全不相关的过去。活的过去，就是和今相关的过去。从古到今，可筑一桥，看它古今之间是否相关、是否一线相连、是否有沿革的痕迹可寻。看了古今问题的相通相关之点，那么今生的经验就能向古的经验方面无穷扩大发展起来了。通常小学校里、中学校里所以教授历史没有兴味的缘故，第一个大原因就是教师把教授的起点弄错了。故教授历史当以"今"为起点，不当以"古"为起点。因为过去的事实和儿童的经验很不相关。拿它来教儿童，自然觉得没有兴味。倘若换一个方法，我们利用当今社会的现实问题——就是现在社会所以有这样复杂、何以有这样的不完美和它的起源究竟是怎样等问题，来激起儿童的追溯往昔穷原竟委的好奇心，那么儿童对于历史科的研究必定是很有兴味了。譬如今欲教授中国历史或编辑中华历史教科书，就应该从现实社会里的有意义、有关系的事实——如现在社会有何困难、有何阻止进化的事业，或是与我们有利害相关的待决问题收集起来，然后再把这个事实的范围扩大，推广发展到过去，就能将十年、百年、千年前的事情一概包含容纳。那古今之间也可从此联络结合了。教授历史所最要注意的，即史学的材料须合乎人情，不迂远疏阔、与目前人事一无关系。和人生日用无关的事实，是死的、形式的、枯燥无味的。

若要历史科之教授生动灵活，合乎人情而有兴味，那么我们一定要利用上述的两种教法。第一就是想象的桥，第二就是事物因果关系的桥了。现在一般学校里的历史科所以没有兴味、没有效果的原因，就是把历史的作用看错了，以为教授历史是要培养忠君的心肠。所以，中国、日本从前史材的选择都偏于贵族一姓的兴亡、朝代的更迭或是赞扬天皇明圣，以唤起儿童忠君观念，这是政治史。或是记述帝皇之丰功伟绩、忠臣之士之以身殉君，拿来铺张扬厉、激启儿童报君之心，这是军事史。这两种历史都与儿童经验绝不相关。故儿童读之，毫不见有兴味发生，不能激发想象。至于教授成年人的历史，那就应该用第二个因果关系的桥来做了。例如，城市之建筑发展及碑坊古迹等，都是他们的研究史材。然后再拿这种历史材料——和目前状况古今事实联络结合，使他们得到历史的观念。此外，更宜注意到现代的农、工、商、实业经济政治问题、国际问题，社会中之种种现象问题与在同一境遇施同一政策而所收效果的差异问题。凡此种种都能够使成年人煞费苦心、追溯既往，发生研究历史之无穷之兴趣。

教授历史也和旁的科学一样，有个大弊病。就是教者教授儿童历史时，不拿儿童的眼光看儿童，却拿成人及历史家的眼光看儿童。历史上之事实在成人或历史家眼光中看起来，或者是很有系统、很有秩序、很能一线连贯，但是，在儿童眼里看出来，或者竟是一无意义、全属相反。并且教师教授历史，并非要希望个个儿童都成历史大家。最重要的条件，是要使儿童了解目前环境当中各种问题之情况。故教授历史不必全为过去，宜选择过去历史中有关儿童现实问题之事实来做教材。照这个样子，那么历史教授才有意义，才有教育上之价值了。或有人反对这种教法。他们说，这种教法全没系统、漫无秩序，断不能养成历史学学者。这句话我以为荒谬实甚，因为我们假设仔细一想，若欲使事事连贯全成系统，那么就是20年间的事也是弄不清楚的。即使如他所说，试问现在学校里的历史教授，亦何尝真有系统、真有进化之顺序呢？也不过东鳞西爪、朝代变迁的凑合而已。所以，他们所讲的纯是假话。他们所称的学者，也只不过是一幅滑稽图画罢了。至于学者真真要做继续的、有系统的历史研究，那是图书馆室里参考百科全书的事情，不是儿童所能做到的。教授历史所最宜注意的，就是教师应选择历史上古今相通相互发明之点，以引起儿童的好奇心、研究心、兴味心，否则恐怕终是难于见效的。

3. 科学

除了语言、文字、历史以外，科学在课程中亦是很重要的。平常讲到科学，我们就想它是高深的知识、专门的材料，是用奇字奥名表示出来用归纳方法将事实归纳到原理原则的，好像数学的公式一般。前几次讲历史教材时说过，平常都用成人的眼光专门家立脚地去选择教材、提示教材，它的目的是要造成历史专家。历史这样，科学也是如此。平常都自专门家的立脚地去看科学。自深奥的事实和律令当中，选择较浅的去教学生、要他熟记，并没有顾到儿童本来的经验。拿科学的立脚地和历史等科目比较起来，那么更加迂远不切于日常生活和环境，因为科学已经古来科学家的提炼洗刷，把精华揭去，归纳到原理原则，是专门的材料，有数理论理的法式。所以，科学虽是自然界的现象，因为经过专门家一番的提炼选择，和普通的经验很不相同。用这个去教儿童，自然和他的经验不相符合。在西洋，最初有人主张把科学加入课程里，反对的很多，而且很有权势，所以一时不能实现。这个因为自古传下来的文学、数学等在教科上很有威权，人都信仰它、不肯把它摇动。等到后来科学加入课程，他们的希望很大，以为学生一受了科学的训练，心理上必大受影响、发生大势力。但是这个希望太大，不能实现。其结果除掉专门科学家受了好的训练和应用科学家得了实利之外，大多数学科学的人仍旧不受什么好的影响，教育上的价值也没有实现，因此人家未免失望。所以提到这一层的缘故，就是要证明无论何种科目，它的教材若与日常生活的活动和社会的环境不相连接，从专门家的立脚地去选迂远不切实用的教材，结果必定是不行的。

（1）注重方法

研究科学有两方面：其一，内容。即科学的事实——已证实之事——依此造出许多原理、原则来。其二，方法。关于科学事实——内容——一方面很浅近的、人人都知道的。如植物、动物、矿物、热电、化学变化等知识，这些都比常识更加精确、范围更加广大。但最要紧的就是方法，就是如何控制事实、如何发明原则原理、如何研究观察的方法，没有方法，事实就无从发生。方法是最要紧的。普通以为研究科学在得其中知识，知道它的内容就算了事，就成为科学家。其实最重要的是收集事实、证实事实的方法。有方法然后有事实、有原则，所以教授科学必重实验。学校内试验，其最大目的就在使学生知研究的方法。科学的方法简单说起来有三步：

① 观察。用观察的方法去搜集事实。

② 分类。将所搜得的材料分类编制，使各部分互相衔接，便于推理而有所凭借。

③ 法式。编成法式，为继续探求新思想、新原理的工具。

真正研究科学受过科学训练的人，不独要得知识，晓得它的内容，还要得到它的方法。知道了方法，不但能应用于某一专门的科学范围内，就是旁的事情和专门科学相差很远的，也能够应用上去。因为心理的习惯受了科学训练，态度就会大变。这种科学的态度能够了解其他事情的。平常科学地获得种种知识是一事。知道方法，又是一事。这两件常常分开。知道了方法，同时固应该知道事实，但在教育上看来获得知识不过是一部分的价值，最重要的是它反射的影响。使研究以后把心习改变。不是这样不能算全懂得科学，科学的学习不算圆满。学校内教授科学作用的方法常囿于专门的或实验室之内，不能引申到旁的地方。所以，最要注意的是对普通心理的影响。使其所得的能在旁的问题上发生效力，使实验室里试验的精神能应用到日常生活的事情上。

（2）科学方法对于我们心理上反射的影响

① 观察之兴趣及能力。科学的第一目的，在养成观察的方法。学校内有

种种设备如动植物标本和仪器等，一齐陈列起来，在一定的时间内使学生观察，此为一事。但在校外对于自然界的现象和人事的现象，能廓然大公、无偏无私地去考察研究，又是一事。学校内应将所用的狭隘方法扩大为普通心理的习惯，使能应用到一般普通的事物上去，譬如学校内所习的修辞学、文法、语言等，仅限于教师学生在教室里的问答和书本上的材料，而对于校外人与人往来的谈话、词句的配合毫不注意。那么，这褊狭的范围还没有扩大。物理、化学等在校内已经学习，而对于校外的自然现象，他大可引人注意、刺激人心的，反漠不关心、视而不见。那么，这个范围仍是褊狭，没有把他扩大为心理的习惯。又譬如读心理学，在教室或实验室内和教本上所得的知识范围是很狭小的，倘使到社会上去，不能注意人的心理、不能了解心理现象，那么他是囿于教本，不能脱离他所学的拿来自由应用。学经济学的，已读过了一切原理法式，而到社会上去不能注意于经济的现象，就是能注意也是限于书本所讲的，不能将他的目光放大，去发现没有见过的事情。这是因为他褊狭的习惯不能扩充、囿于一块、不能脱出的缘故。从前讲习惯的时候说习惯能约束人心，使他不能继续发展，翻来覆去总在这一个地方，好像车辙一样，做起事来和机械木头差不多，陈陈相因，不能别开生面，应付问题只用老法子，没有新计划。虽然专攻一科的人，总有习惯养成；但要求进步、想发展，无论哪一科，一定要能够超脱旧习、吸收新事实以为考证。那么眼光可以扩大，进步才有希望呢。阻碍进步，不但是不注意新事实的缘故，还有专事依从、不能独立的性质，也是一个大原因。有的人自己没有主见，拿别人的知识为知识，拿风俗习惯做标准。好像开一旧货店，只有旧货往来，不肯自己研究以发现新事实。这样下去，永远不会有进步的。但是所以欢喜依从别人也有原因在里头。第一就是一种最坏的惰性，以为要去自己研究是很痛苦的。还有一种是社交性，人在社会中不喜欢被人攻击，要和人安然相处、不生龃龉。因此就人云亦云，没有和别人反对的地方。这个样子也不能进步而停在一处了。倘使不是这个样，那么对于事物，必定要观察观察；对于旧的事物，要用新的方法研究批评，把旧的习惯打破。有新的观察点去激起疑难、发生问题，虽常和人冲突也不算要紧的。平常教师都喜欢考查学生的成绩，但他应该先自己考查他的方法是否阻止学生的进步，使他没有精神、好像木头一般，还是能够自由观察自然现象使他能自己进步的。这种观察习惯的养成，不必等到中学、大学读正式的科学时才去养成的，在小学校的科目里面就应该注意了。

② 效率之习惯与理想。第二种是精确的习惯，这就是今天所要讨论的。我们平常对于事物的种种谈话都是很粗浅、很约略的，是很散漫的态度。并不由于精确的计算，并不是真正的情形。科学的研究就不是这样了。计算很精确，毫厘之微也要计较。科学里第一个原理就是承认世上存在的各种事情都有分量上的关系。如占多少地位、经多少时间、效率是怎样，都须一一计算出来、推量出来，不能忽略过去的。从日常经验说来，科学上这种精确的度量，实验室中的精细计算似乎太精细了，可以不必照这样做。然从事实说来，倘使没有这种精细的计算，那一定不会有科学上的一切发明。近代各种机器都是从精确计算发明出来，稍微有一点误谬结果就不会对。小而至于表，它的各部分勾连衔接，都是很精巧细微的。大而至于汽机、自动车、电车、电报、电话等等，都根于极精细的计算。大凡宇宙间的事物不发生就罢，一发生出来一定有分量上的关系，一定应该考核它，否则失之毫厘便谬于千里了。

这种精密计算，不但在工业上机器的发明有极大的好处，就是关于社会政治上的问题也是很重要的。譬如说中国的健康程度不高，然假使我们对于生儿率死亡率有精密的核计，那就可使国民健康程度增高。平常我们所说生存死亡的数目都是一种估计，不十分精确。我们能够知道中国每年究竟生多少人、死多少人，四岁死的多少人，五岁死的多少人。有了精密的统计，我们就可想出法子来达到我们的目的，设法操纵使健康程度增高了。以上所说，是精确的习惯对于社会问题的贡献。政治方面也是一样的，政界里面常发生贪婪中饱等事，原因固然很多，其中没有精密的计算也是一个很大的原因。倘使有统计、有笔记、有预算、有决算，精密周详，那就不易作弊了。譬如有一所大公司，一年的进出倘使没有精确的笔记、调查账目，示人以进出情形，那便和奖励作伪相仿佛。因为公司中办事人干没了若干元或浪费了若干元都无从追查。所以，政治上一定要有每年出入的精密计算方能禁人作伪，方可以奖励诚实。这是精确的习惯对于政治上的贡献。

研究科学所养成的精确的习惯对于不论什么事体都有很大的贡献。做事必须求效率，所谓效率就是用力与成功的比例，就是所用的劳力时间和所得的效果的比例。做事的劳力时间少、效果多，那即是效率大，否则效率小。一定要有精确的计算，才可知效率的大小。办事的人倘使散漫乱作，效率的大小就无从推测。社会里保守和过激的人都是不精确计算的缘故。缘对保守的人事事遵循故例去做，不肯改变毫厘。他不去计算费力的多少，只晓得照例行事，精力就耗费了。过激的人凭他的幻想去做事，不去计算要达到目的应费多少时间、多少劳力，一意孤行，以为立刻可以成功，弄到后来事情仍旧做不好。前一派的人得来的效果都是不能精确计算的缘故。譬如有甲乙两种人在这里，甲种人有判断力，徘徊审慎、计算代价（这不是金钱的代价，是用多少劳力、多少时间得到多少效果的代价）。中心如衡之平，权衡事物的轻重大小利害，一一研究之后方能动手。乙种人没有判断力、任情行事，不顾前因后果也不计算代价、权衡一切，就去动手做事。这两种的成败，不待智者而知了。

③ 分析之心习。这种心习与上面所说的有些相似。没有受过科学训练的人观察物件都是整个的，不去一部分一部分地分析。他们以为这样就足够了，没有分析的必要。不晓得科学所以发达，全靠一部分一部分的分析及研究。在专门科学里很重视分析的方法，和普通人的视事物为整个的大小相同。譬如物理、化学中的分子、原子、电子等，科学家皆分析它研究它的构造动作，然后能够应用它、制驭它。无论做什么事，总非分析不成功。在医学上如热肠肺痨以及其他传染的疫症危害是很大的，普通人看这种病是整个的，就永远不能移到防备的法子。医生把它来分析，晓得病根在于一种微生物作祟，就去研究这种微生物的历史、来源、形状、性质及防御的方法，就可以设法扑灭这种微生

物，减少疾病了。在工业上也是这样，自有人类以来就不能不制驭自然界。自然界中电热等各种势力，不去分析是不可以制驭的。这是分析的方法应用于自然界的一方面。

讲到教育，我们还不能够分析。譬如教材仍旧是囫囵一般、一律看待。儿童不能从儿童个别的性质去研究他的优点、劣点，施特殊的教育。我们倘能因个人的性质施教那才是分析，那才合教育原理呢。我们常觉得中国社会不大好，有许多地方有缺点，想用法子来救济。有些人出来攻击社会，固然很好，但是不宜用囫囵的攻击，应当一一分析它出来去应付它，考查它出来去补救它。一部分一部分地做的，不能全体囫囵去做，所凭借的是我们的理智，不是我们的感情，也不是命运。分了部分去做事，头绪可不致纷繁，做事不成功，可不致灰心。若囫囵整个地去做，每每不易成功，失败又很容易使人灰心。以成败而转移心理，他的自信心就不能坚了。

④ 综合之心习。综合和分析在表面上似乎相反，实在是和分析有关系的。倘综合和分析没有关系，即堆积的综合没有用处。科学的综合是就一部分一部分的事实，考究它互相关系的地方，找出勾连贯通之点来，然后规划明晰、条理贯串。这就是因果关系。有这因必有那果。要去亲自分析才明了。所以，科学的综合没有分析是不行的。

（3）陶冶效果之移用

一切科学的规则、公理、公律都是根据分量上的关系的。这种关系都是有因有果、前后衔接。有这一部分的变动，就有那一部分的影响。这种互动共变分量程度根据于二者变动的关系。一切科学都是这样。入手的方法，仍要归到分析上去。学校里所教的公例，虽千余人中也未能有一人发明独倡。然如果教他们的时候能用综合的法子把学校教材推广范围及于一般事物的研究，那么他们对于自然界无论何事，都晓得去推究因果。无论哪一个事变都可以分析。这不是教育上的大贡献吗？倘使不能分析囫囵地解释一切也不知综合去研究共变的关系，这是视自然界为孤立、为整个，断不会有原理发明出来。

（4）初步科学之教材

今天所要讲的是科学的内容，就是学校中所用的教材。这个题目广博繁复，一时不好细讲。现在只好拿普通的来讲一下子。

教材的提示有两方面可以根据的。一种是以专门研究、学有素养的眼光为根据的，一种是以初学问津、茫无头绪的眼光为根据的。此两者方面不同，故效果组织当然大异。

① 如果教授儿童以专门一方面为出发点，我就要问，全靠着原子、分子等观念来解说的科学，我们如何可以教给儿童？儿童如何能领会这些抽象的方式和那些借符号来说明的化学物理上的事实。而且，这种科学的组织排列都与日常经验殊异，都是以逻辑的关系为根据的。从科学得来的结果都成了定义和分类，流弊所届，往往只得到字面的解说，记些奇奇怪怪的生字，实际上简直莫名其妙。这种弊病，初学植物学者往往不能免去。

② 如果以地方环境为出发点，则教材就有社会的地位和价值了。一切科学都是应生活需要而起。植物学一科条分缕析、类例谨严，然当此学之初，无非从人事需要逼迫而出。种植器用都须取之植物，不得不辨其形性，同现在日常应用的植物知识初不相异。算学中长、短、面、体，起初是从界划农田上发明的。解剖生理，是拿它来说明生物构造、究治病源的。物理是借它来应用器具改造物体的。化学是从染色等事发明出来的。前言科学方法有四要点——观察的兴趣，精确的度量、分析、综合。所谓科学教材，也无非是把日常经验之事物用这个方法把它组织一下子罢了。所以，教授科学不应当从已经组织好的次序，应当从儿童经验上的次序。现在以教授植物学为例，讨论如下。

儿童学植物时有两种自然的倾向：其一，是实际上的兴趣、地方农业生活所需，都可以引起人的研究心。其二，是天然好把玩生物的兴趣，植物生长、开花结果，好像戏剧故事一般，一幕有一幕的情形，也可以引起人的研究心。所以教授植物切须依此二点。唯依从第二个倾向时，每每流于散乱琐碎、不易连贯，其间不能不略有系统。然此系统确又与书中分门别类有异。儿童既有实际生活的兴趣，而生活关系、社会组织都有活泼的勾连条贯，却又不是严格的科学系统，故第一种倾向是很可利用的。

产棉的地方教植物学就以棉做枢纽，并且可旁及于社会原理、实业情形、生活状况。种棉的时候，就要研究种子、土宜、肥料、日光等事。制布的时候就要研究采实弹棉、纺纱、织布等事。一层层一段段都与各科均有联络，而且条理自然，不致流于琐碎。科学上最重要的是关系连贯，我们如把学问琐碎分开去研究，那便只有观察和知觉的作用，不好算是科学的研究。上边所说第二倾向的缺点就在此处。

有森林的地方就以植林为枢纽。林木的下种、发芽、插枝、壅土就是很有趣味的植物研究，为寻常所无。森林所以保持雨量、调节旱涝，气候干燥时它能分配湿度，多雨时，它能把水分留住不使泛滥。山洪陡发的时候，往往把岩石上的泥层剥去，致不能耕耘种植、衣食为难。有了森林，就可免去此难。林中多啄木鸟，能杀害虫。近林之处农田可免虫害，收成自然较多。森林发达，则燃料充盈。木材价贱，建屋制器就便宜多了。凡此种种，都是与社会、经济等事有关，绝非寻常教授植物所能有的。

此种教法需时甚长，从头至尾实际试验恐非几星期间所能完了。然趣味浓厚，教法亦异。五六种科学合在一块儿研究，一方面却又非零碎不全，里边也讲到地理、文学，也讲到商业、地理，也讲到社会学、经济学，一切种种都包括在森林研究的里边。用此种种方法则可不至于学些现成的科学，乃是在自然环境中研究科学对于社会人生的结果。这样学得的事实历程，才可为学生对于社会世事所明白领悟的一部分，才可用此以谋改良地方。从这种由经验获得的知识，然后渐渐进到逻辑的科学知识才是顺当的次序。

由经验获得的知识是很有价值的。中国农业、工业上的知识可说都是这样得来的。不过此种知识承受旧法，有所限制。要应付新境遇还须以科学作指导，俾可不流于顽梗的保守。然要进入科学却须注意上边所说的理由，总须以经验的知识为本而以科学辅助光大之，切不可把新奇的学说硬从外边灌入。

教科学的人于科学必有素养，研究试验、搜集标本、整理排置等等都须有学说经验兼备的人才能措施得好。一方面教政治、社会、实业、经济的内容，一方面又研究组织的科学方法。中国中小学校现在应用一种伸缩活动的课程，其规划时不当以专门的系统为根据，当由专门之科学家与富有经验的教师共同计议，根据儿童之环境编制课程，不把学科分划独立，唯拿几个关切生活的大题目做枢纽。如棉桑、稻麦、林木等，各就专门知识指定题目。然后以生活社会的关系再编成条理，使各种混合教授而不紊乱。同时具使学生得运用工具仪器、熟悉方法手续，以为他日入大学或从事实业之预备。

有人以为此种教法不足以养成科学家。其实，此法反足以引起专门研习、专门科学的兴趣。学生有具体的背景做根据，更容易促其向前研究。这样学习时，手艺上的技巧于实验室中的科学研究很有帮助。而且因为各科关联密切的缘故，一事明白以后，不能不再习他事。此种好奇心，断非各科分立时所能有的。执业时有了知识就可以应用。所工作的，既有事物本体的意义又有社会人生关系的意义。做事时都含着研究科学的兴味，不致流于机械的弊病。这也不是寻常教法所能收的效果。

（六）职业教育

今日先讨论科学和职业教育之关系或从职业教育方面来研究科学的教授。在高等专门学校里，学生的程度自然较高，它的教授目的在造就高等专门人才或医学农学等专家。这种教育对于高等专门学家虽然很是有益，但是对于儿童或竟毫无同样的利益和价值，因为中等或高等程度的学生和初等程度的学生有两个异点。

（1）高等专门学校的学生已经受过初等教育，已经有了普通学识的根基和求专门学问的准备。他将来欲有何等职业，可以凭着已有的粗浅学识来自由选择心里所喜欢研究的专科。

（2）高等专门学校的学生已经有了经验，能够自己知道他们的性之所近和特长，在那里自己凭着自己的知识来选择一种职业。至于初等小学的学生，那尚在求知时代、尚在求知识的历程当中，正在那里观察发现何者是性之所近的、何者是有利于他们的、何者是有利于社会的。总之，他们去成人的境界还是很远很远的呢。

若欲在小学当中添设职业教育——纯粹的职业科——希望造就一种职业专门人才，那么它的结果一定是非常狭小的。因为成人代儿童选择职业必采取能达成人目的之教材，使他们反复练习用此达鹄之知识和筋肉动作，使儿童进行。这种教育，到了后来至少要使儿童有两种莫大之牺牲。就是一方面牺牲了儿童圆满的发展，狭缩儿童知识之范围。又一方面即是他们所造成的人才，不能任重大之事，充其所极亦不过做做社会上低层次的职业罢了。这样的办理职业教育，倒反不如使儿童入了店铺做了学徒，来得直截了当，来得更有实用。

从广义方面讲，一切教育都带有职业的性质。因为小学校里无论什么科目，都和将来成人后的职业有直接或间接的关系。凡是科目都要实用，都能够使人的性格完满发展、得到很大的幸福。但是，一方面说学校教育不应该都是职业教育；另一方面说，一切教育都带有职业的性质。这两方面好像是自相矛盾的，我们应该怎样想法去调和它呢？

讲到小学校的科学教育，是要使儿童了解科学与社会之关系。例如，机械的应用也可在小学校里表演表演。这虽与目前的事实或职业未必直接有关，然却也可做将来了解所任职业意义的基础来超脱习惯的拘束。简言之，小学校的各科目都是儿童了解未来职业的准备。现在举一个例子来说明。譬如小学校的女生，将来都要去任治家、烹调、刺绣等事情的，学校中欲培植这种人才有两种方法：

（1）直接造就厨子或缝纫的专家，即拿造就专家做目的的——用与这有密切关系的教材来教授而牺牲其他一切科目。

（2）教学生所做的事和目前没有直接的关系。如预使生徒知卫生之道及货之价值等种种原理方面的事情，实际方面有时虽也有一点儿，不过它的目的不在造就厨子和刺绣的专家，而在实验他们所得到的普遍性之原理。这种原理，他们可应用之于治家或教授简单的美术原理，使它们能应用之于刺绣上花样描法。这虽与目前直接情形没有关系，然于将来的生活实在有莫大用处的。

所以，我们学校中所施的科学教育应该从各人之利害方面看，也应该从社会实业前途方面看。在小学或中学里，教者应使学者得到种种重要的基本原理，做后来各种事物上应用的准备。这种广义的职业教育要算是教育当中最有效力的（但是中学校有时候或不在此列）。

以上所讲是科学教育和职业教育的关系。现在我再要将我对于职业教育的意见来同诸位讨论。

（1）欲促进或改良中国的工业，小学校里最须注意工人的子女做学生，因为这种儿童长大起来多半是赓续父亲的。学校里倘若能够赶早给他们些普通知识或技能，那么他们将来学成回家，一定可以把旧有的父业改良一点。常人谈到职业教育，终联想到铁路、轮船、工厂等大事业上去。其实一国工业的发达，却不在大工厂的勃兴而在小工艺的改良，不在大资本家的聪敏豪富而在小工人的知识和经验程度的提高。

（2）学校与工厂或店铺都应该有通力协助的关系。这就是店铺中的学徒成工厂里的工人和学校发生关系。也即是给已受过教育的学徒或工人一个补习知识学问的机会和为未受教育的儿童另辟一个夜班，或使他们轮流入学来补足他们知识上的缺陷。倘若学校能和工商营业联合一气、发生关系，那么小工艺的发达一定很可以希望圆满做到。

（3）国内应有一种传布工业的紧要知识的机关。譬如某种知识一经专家发明就宜广为传布。这种知识要想完全传达出去，那当然是做不到的。但是，局部的知识也可以把旧有的事业有局部的改进。美国有一种扩充教育局，这个里头专请农业专家研究改良农业。设有心得，如改良稻种、扑杀害虫方法等，即写成文字、印成小册，广布之于农民。农民对于这种知识虽或有欢迎或有固守旧之心未灭，不肯即刻承受，但是等到成效一见，大家就争先恐后地采纳了。由此更可用同法以推行改良至各种职业。总之，知识之广布实能使一国工业的改良产生莫大之影响。

最后的一句话，就是我才讲的教育与实业要联络一气。虽然这种目的甚是迂远，不知什么时候才能达到，但是我们终须有个趋向才可以进行。使社会里的农人、工人、商人都受相当的教育，断不可望洋兴叹、先行自馁的。现在最坏的状况就是生活，即农工商人之职业与学校分离。此后应该竭力设法把他们联络起来，使得农人、工人、商人各受教育，使他们的才能经验和生活也能够一天一天地发展丰满，一天一天地开张扩大。照这个样儿，那么教育与职业就合二为一、没有界限可分了。这种问题就是今日劳动问题的中心，要解决它非使劳动家受教育不成。劳动家受了教育才能发生兴味，了解他们之作的意义，知道他们所做的事不是专门为着狭隘的糊口主义。所以，现在解决劳动问题的人都主张增加工资、减少工人工作时间，使劳动家也有适当的闲暇，也能够得到精神上的慰藉。这都是因为工厂里的机械工作很能摧残人的灵性缘故。但是我以为，要达到这目的，必使学校与工界互相联络才可。

（七）教育目的之讨论

今天讨论关于教育目的的各种理想和学说。从来研究这种理想学说的很多，而讨论它们比较的价值的也不少。因此，不独理论上有不同的地方，在实地上也大生差异。教育学说的冲突，第一就是文雅和实用；第二就是自由和训练；第三就是保守与进取。现在讨论这种学说不从抽象的理论上研究，而从它的历史背景说起。因为就历史的沿革讲来，无论何种学说都从社会特殊的状况产生出来，所以可以研究它发生的原因。

（1）文雅和实用的冲突，无论何种社会总有闲暇和劳动两阶级，闲暇阶级的人大概都是门第高的、收入很丰富、经济能够独立。他们能够有精神上的活动去研究文雅的事情，而没有什么衣食住的拖累。英文school（学校）这个字源于希腊文，就是"闲暇"，就是说学校是个闲暇的地方，能够在这个地方受教育的人都是贵族和上等社会人的子弟。从历史沿革上看来，无论在哪国里，少数闲暇阶级的人所受的教育都是精神上和文字上的科目，像修辞学、雄辩学、文字学。研究这种学问的人不是劳力的，对于生利的事业、可以谋生的职业一概不屑做，以为这些事情是劳动阶级下贱之人做的，把它看得一钱不值、压在下面、毫不关心。他们所重的就是文雅，一天到晚地研究诗词歌赋；除此以外还有一方面很注意的，就是用礼教仪式去表示客气的态度，以为这就是士君子的特色。做士君子要举止娴雅、与人周旋要十分有礼貌，有了这样好的态度就成个士君子而不属于下流社会了。总结起来，有礼貌、举止娴雅、有细腻的情感、能欣赏文艺、有高尚的快乐就是受教育之人的特色。所谓士君子就是这样。讲到文雅教化、有礼貌、有细腻的情感等，就它的性质上看来却是好的，应该极力培养的。但这是积极方面的说法；就消极方面一看，那就不行了。主张文雅的很看不起生利的人。劳动的他们以为是没有价值的、不屑去干。他们自己专门偏重文学和礼教，简直要把做工的人废掉，因此就生出阶级来了。能受教育的只有几个少数上等社会的人，一般劳动的都没有念书的机会，因为他们专门研究文学，像西洋所偏重的拉丁希腊文等。这种科目只有少数文雅的人能够学习，一般人民因为衣、食、住的需要必定要去劳动，所以不能学的。因此，就有人出来提倡实用，以为教育是教人能够谋生的。这种实用教育在西洋从前是在学校以外的，店铺里的徒弟用模仿的学习练习做事的能力。等到习惯以后，那就会做事。到后来小学校里教人学读书、写字、算术等科，就是预备他们将来谋生活，并没有什么教化文雅的目的在里面。上面所讲的就是实用教育的意思，这种实利的主张很有价值、不可磨灭。但从历史上研究起来，知道这种主张的产生也是从特殊的社会状况中出来。他们的教育目的范围太狭，限于机械的动作。所做的事专是为了物质上需要，所以偏而不全，与文雅教育比较起来也有消极方面的弊病。它排斥文雅的精神、高尚的旨趣，弄得毫无性灵，仅限于机械的生活，和文雅教育仿佛有鸿沟为界，全相脱离了。其实这两种目的应该调和，能够谋生的须有文雅，受文雅教育的也须得谋生。这个本来是相合的，现在把它分开来岂不是大大的不对吗？此种文雅和劳动的冲突都是非德谟克拉西的社会里产出的。这种社会里，须有闲暇的阶级专做文雅的事情，还有劳动的阶级专做生利的工作。在德谟克拉西的社会里，人人都有闲暇，人人都有工作，工作的人于劳心、劳力之中选择其对于社会有贡献的事业去干；而一方面在精神上有适当的发展，培养其欣赏艺术的能力和高尚的情操，把劳心、劳力合在一气。这个样子就是真正的德谟克拉西社会了。

从前讲教育目的的时候曾经下过一个定义，说教育是经验的继续改造。所说改造，也就是把小的经验范围渐渐扩大，放大想象去容纳自然界各方面的事物，好像对于宇宙有了复杂的关系。这就是真正的教育。德谟克拉西的社会里，人人受教育，能够使他经验扩大，容纳更多的教材，而和自然界发生繁多的关系。所以，不但文雅的教育思想应加改革，就是实用的主张也要变化，把经验的范围推广。劳动者所做的事不但是有利于个人，也应该有利于社会，使社会能进步。照这样说来，实用教育和文雅教育并不冲突，实是相催并进了。因为把经验扩大了，不是囿于一方的事。

平常多拿教育当实际或社会生活的预备，但是所谓生活究竟是什么呢？是实体的形骸的生活拿来维持个人的生命吗？这种在生活是肉体的，不能发展性灵。生活意义的范围应看得大。真正生活是自由的、是扩大的，不仅囿于物质的。照此看来，可以知道教化不是表面上的装饰品，而是对于社会有实用的。倘使把文化当做士君子的徽章拿来自己表示他的神气，那么有什么用处呢？明白了生活的意义，文雅教育的学说须得改变是不用说的。

（2）自由和服从威权或训练的冲突。这种说法的来源，也有社会的背景。就是尊卑的阶级，尊的人在上制驭，卑的人在下受制。所以有的主张自由，而有的主张训练。从前曾经批评过，学校中被动的教育有种种方法造成机械的学生。从历史上看来，社会上尊卑的分别与教育有密切的关系。从来治人者对于被治者，以为应该要服从长上、不能自治。凡百事情都应该模仿他人，不得有独创的行为和见解。因此，就养成被动的习惯。平常讲到"可教的"的意思，就联想到被动而不能自立的上面去。以为"可教"，就是容纳别人的意见、吸收他人的知识。在有贵族阶级的社会里产生出来的人都是这样。恐怕一般平民有了教育，能够自己思想就要推翻他们所占的地位。从前美国南部奴隶，也不准他们受教育，恐怕有了教育就要生出二心。所以，他们的教育都是被动的。专门吸收他人的知识不能自己去思考。这种教育是贵族阶级拿来培养奴隶心的人民的，与学校中自古相传的教育有密切的关系。学校因此使学生服从师长的命令，专去模仿他人，弄得他一味依从，没有自主、自治的精神和独创的见解。这种训练主义岂不是和贵族的教育相关很切心？

治人的人能自由思想、发命令、出条款以支配平民；而受制于人的人唯命是听、不得自主。这种情形在贵族社会里当然要发生的。倘在德谟克拉西的社会里就没有这种阶级存在的余地，必定要打破的。它的教育一方面有自由，而它方面仍有训练，两方面调和并行不悖。

今试从自由和训练两说本身的意义批评之。平常所说的训练，单是消极、不是积极的。其实，训练这个名词是要人进行改造、去制驭操纵材料，免去过于散漫的动作，用精力于正轨以达我们的目的的意思。所以，训练是积极的，并不是消极的。但古来对于训练一说，率皆偏于消极方面，就是要压制天然活动、天然兴趣的意思。差不多事事要和天然嗜好背驰，要用强力压迫学生去为所不欲为的事一样，那实在是不对的。主张训练的人也有偏于积极方面的，但他们又误解了训练的意义。他们以为人的头脑分为若干部，某种才能归入某部，某种性能是某部管的。譬如注意、记忆等，都分为几部分的脑神经专去管它，只要把这种才能性能反复练习就可发达起来、应用各处去。譬如常常令学生注意专心集中于一事，可以发达他一般的注意力。常令学生记忆一事，也不必问所记忆的事有无意义，就可以把他一般的记忆才能发达起来。因此，就说各种才能可用特别的教材来训练，并不去研究这种教材是否切实有用。所以学校里有些科目于教化、实利两方面都无好处，但仍旧保存着不忍割爱，他们以为这是训练人的才能的工具呢。照他们的意思，仿佛是说科目犹如磨刀石，可用来磨炼人的脑子。究竟有用没有用他们是不管的。这种说法初看起似有几分道理，譬如欧美学校里的读希伯来文，把学生从来没有看过的奇奇怪怪的文字，叫他去看去注意去学写。年复一年也可学到能看、能写、能辨别的地步。观察能力和写字能力固然似发达了，但于他恐怕毫无用处，徒然耗费精力罢了。因为他出校以后，或者不会有要用希伯来文的一天的。从这种除磨炼外没有其他目的的训练里就生出以下的弊病来。第一，学生要讨厌。学生对于这种科目毫无兴趣，就不愿去学了。第二，学生既不愿去学，所以必要受压力受强迫，然后暂时忍受苦痛、暂时注意一下，从此就没有责任心了。一心想逃学、想规避读书求学的责任，从学生移交教员岂不是极不好的一件事吗？

真正的训练不是这样，它是有目的的。所以，与学生的天然兴趣相合。有目的就有动机及欲望的催促，所以求学出于自愿，不必待他人的压迫。譬如练习乐器、练习绘画以及游戏等事，自然高兴去做，一点不要勉强的，一点不要逼迫的。

和训练相反的是自由。自由的意思有两点。一点从方法一方面讲，一点从目的一方面讲。方法是工具，目的是最后所希望得到的东西。用自由作为方法，那么应脱离机械的束缚、无理的限制，所以自由是有范围的、是合理的动作。儿童有时要想脱离外界的束缚，只好算是消极的自由，却也不可少。因为儿童自由去做事任自己的好恶行动，我们从此就可以看出他的天性来。倘使要儿童在规定的条件内去照样动作，那所看见的都是表面上的动作，他的真面目一定不可得而知了。这是自由的第一层好处。学生可以自由动作，他所做的事一定是天真的表现，不比得强迫他遵守规则的时候，要修饰、要假装、做出伪君子的样子来。诚实的美德从此可以养成。这是自由的第二层好处。做事若件件要别人来指导，自己就没有试验尝试、冒险探讨的机会。这样下去，一生离不了依赖他人的生活。只有令学生自由去学习，才可以免去这种弊端，才可以养成独立的人格。这是自由的第三层好处。我们每每看见社会中温良君子，言动循谨、可爱可亲、待人很礼貌、不肯开罪于人、动容周旋都合于中庸之道。他的消极的道德才算好了。但积极方面，他一点事不会干，反是社会中所目为败坏分子倒刚毅有力去做些事。这是什么缘故呢？为什么所谓良善分子倒不如败坏分子呢？它是因为一般良善分子所受的教育大概是受压迫的、受拘束的、不自由的缘故。他们受教育的时候，好像在两墙的中间一点不能自由行动。所以成就了温良循谨的人了。倘使教人去自动、自己筹划，自己选择事业、找寻机会，那就会有积极为善的人出来做事，能达到他的目的，不致和婆婆妈妈的道德一样呢。

以上所说多是关于人一方面的说法，如人的束缚、人的规定、人的命令、教人去做，都是用人来治人。脱离了这种束缚可说是消极的自由，只能用多来达我们目的的一种方法。我们的目的是什么呢？目的在于建设自己，按自己的能力思想去做事。如失败了，从失败的地方就可以学习许多知识；如成功了，就可以知道自己的优点。这不是人治，是用事来治。人就处世时的环境状况及事的结果，能积极地发展能力、养成强有力的品性，还要待外界的压迫然后消极地做事吗？在学校里社会里做事不总是自由，也有限制的。人和人往来时互相裁制，各有界限，不能彼此侵犯。这种环境的牵制实是最好的方法。

此外做事的时候能够发现真理，也是极好的自由。这种自由带知识的性质，是真正的自由。它能了解事体的意义，明白一切情势，不为幻想所支配，自由去做。譬如有甲乙二人到南京来，甲晓得南京的街道怎样、市肆怎样、方向怎样，乙是不晓得的，你看他们哪一个自由。又如有两人在自动车里，一位晓得自动车的引擎怎样、用油怎样、驾驶的方法怎样，一位是不晓得，你看他们又是谁自由。自由和知识有密切的关系，知识越高越能了解，那就越能自由了。

（3）保守与进取，大凡社会上每有保守和进取两派。前一派主张遵循故例；后一派主张进步改造，不肯率循途径。不过这两派都不该走极端。教育是设法保存文化使社会生命延长的，所以旧文化的如何保存、新文化的如何启发、新旧两方面怎样调和，是教育上的一个大问题。何以旧文化一定要保存呢？因为学校是社会中的一种制度，社会的生活都借学校维持下去，历久不废。社会中老幼长少新陈代谢，老的过去当然要有少的起来继续他，但少年人的道德思想要和古代传下来的文化制度相调和，非有学校不可。有了学校，成人的知识自成思想信念才能继续下去、不至灭绝。幼年人在社会里面不受人家的重视，成人每以为幼年人是原料、是生货、缺乏知识、程度不高，不比成人有积极的能力。他们以为成人占教育中的最高位置，应把一切古来的知识思想等传给幼年人，这就算是教育的最大势力。但在幼年人方面不是这样。

比较起来，幼年人喜欢新奇、喜欢变迁。长者前辈因在社会中所受习惯的影响甚深，已经造成心习，以为趋新是大有损失、做不到的。但从幼年人看来毫无损失，他们对于古来习惯反以为是退步不长进，简直不能忍耐片刻。所以，要趋新拣时髦的去做，于是生出新旧冲突问题。其实新旧两边虽互相抵触，而从生物学看起来是不能免的，但也未尝没有调和的余地。今且详细把它讨论如下。

① 改造心理为改造一切之基础。社会普通的状况不外乎把过去的制度理想持续下去，同时又跟着时代的进程发展新思想、新组织。在这新旧过渡的时代，两方攻击必甚激烈。学校本身是一种连接过去和现在的社会功用，应该时时变通它的方法理想，肩负调和的责任。思想人人之深真是根深蒂固、不易动摇。社会上表面的改易、它的势力不能影响到一般人的思想心习，所以虽小有变动而大体无关。一切进行仍可安然如故，倘使根本思想已经变动，则社会上虽安然平静，而其内面实已奏了革命的功效了。我自到中国以来，常有人同我说，中国十年前革命虽把表面上形式上的制度改变了，至于精神心理实是因仍故我、不见动摇。正如演戏一样，舞台上的布景器具都已一色翻新，然而角色、曲本却依旧不变。要中国有深远得力的革新，必先变更心理才能持久，然后政治措施才有价值。欧洲250年前，某学者说如果能够让他管理全欧学校十年，必能担保发生一种新文化。就是说，他能支配儿童心理，使他们成长以

后做事别具见解。因之社会基础随之变动，用平和自然的方法，生出新的现象，生出新的世界观、人生观。这样的进行既可靠而无危险，又深合于共和的精神。譬如有两个人同是替社会做事的，甲的计划以为先要从少数人构思设计想出改造社会人生的法子来，然后从少数感化多数，由多数人采用少数人的思想去实行。乙的计划以为，先宜从根本改革儿童的心理、习惯、思想、态度着手，然后再改变制度组织，根据着新精神而设施，自然容易生效。因为前者含有强迫的性质，是从少数人加到多数人去的；后者是从内心觉悟而出，当发为改造之时，一切自由、无待外力的。

人患重病之时往往铤而走险，有药即饮，以希望治疗较速。中国此时也正在急不择医的时候，有新主张新方法发生立刻就去试办，甚至不加考虑，贸然施行。不过当此紧急之时更需平心静气，用吾人的智慧劳力，析其病原，考其医案。采用适当的方法就是先从教育青年上着手。事虽迂缓，而成效可靠。以此变更心理思想，则表面的改制便算不得什么事了。

② 对于过去文化的态度。守旧者要把过去的思想事实不分差别一律保守，革新者要把旧日所有推翻净尽，这两方面都须加以斟酌。旧事物要它有关现在才可把它选择出来，递传下去。新事物之引入，必须把它接连在习惯信仰和理想上去才能稳固。新旧的取舍选择先须批评研究有法。中国历史有五千余年的长久，其间变动必定很多，一切运行和学说范围很大。在此繁杂广大的环境中，首宜精密选择，决不能把过去的事物一一复现。宜将历史做一个试验室看，看它经验结果的好坏来定变改保守的方针。

前几天有人问我学中国哲学史应取若何径路，是先研究中国哲学史好呢，还是先研究西洋哲学史，然后再从事中国哲学。这个问题依我看来，应把材料和方法两边分开来讲。先把中国教育上、哲学上、社会上的种种沿革看个明白，这是材料一方面的。把这些材料用批评的眼光看出适应现在和与现在远离的地方来，这是方法一方面的。大概以材料言，当先研究中国的哲学文化。以方法言，同时不能不研究西洋批评论证的科学方法，决定哪是古人的原著、哪是后人的改纂之作，决定哪是古人所抱的理想、哪是古人实有的事实。各种活动的结果如何、现在所需要的要素何在，凡此种种，都以采取西洋科学方法为是。

思想必须经过两个时期，这是各国皆然的。一是创造期，二是组织系统期。这两个时期，我们应当分得明白。我们要知道过去历史的造成是有它的特别原因和特别利害关系的。我们不能拿现在的眼光去观察，要从此中看出背景（perspective）来，得它更深广的意义，免为历史所迷陷。所以，批评是很要紧的。

③ 不相关切之新旧并存的危险。如果对于过去的思想学说能取上边所述的态度，庶几可以不泥古、不废今。过去和现在打成一片，拣好的做去，不可新旧并立、各画界线，弄得滴水不通。在变迁过渡的时候，最大的危险就是二重发展。例如，德国封建制度比较为长。一百年前拿破仑胜普鲁士后，始一竟图新，近三十年间吸取美国科学用于工业、商业，青出于蓝，反比美国精妙。不过它一方面却又把政治思想牢牢保守，并行而不相调和。欧战以后，它的坏处全然显露，因为一个人仅可有一个思想的方向，一群之内同时不能根据着两种不同的原则、不同的目的进行。

④ 学校对于调和的问题，学校的大责任在衔接新旧。用什么方法可以达这个目的，使儿童生存于现在而又不失为旧时代的继承者，就是要新旧的中间造出适合现在社会需要的来使与现实生活衔接，这就是学校教授的一个重大的责任。

（八）四种德性：德谟克拉西的基柱

我今晚要讲学校应该设法培养共和国社会所必需的四种心理习惯或心理态度。

1. 公开心

所谓公开心，即廓然大公、能继续发达生长的心。倘若我们的心为习俗成见所束缚，那就不能生长，那就禁锢而不能公开。儿童的心无拘无束、廓然大公，情愿受纳外来的种种事物来改组他的经验。所以，儿童心是公开的、是有继续生长的能力的。这种公开心可从两方面表白出来。

（1）第一是消极的，就是一切成人都应该把自古相传不好的习俗和成见打破——排除不好的旧观念，尽力把新观念吸收。

（2）第二是积极的，就是人对于别人的思想和需要，该当至公无私、表示同情、发生同情。若使人没有同情，那就心境闭塞，不能继续发展生长，不能引收外来之新知识来改组他的经验。学校里所用的种种方法能使儿童心境闭塞、囿于成见，不能使儿童的心公开、吸收外来的知识与思想。有的时候，教师的一言一动都和儿童的思想有莫大的关系、莫大的影响。这种地方，在教师或者是不知不觉的，在儿童方面却好像都能够了解有效的。寻常学校里有几个方法和儿童思想继续的发展有大大的不利，现在我把他们分述如下。

① 机械习惯的养成。即教育施教时常使学生反复练习、一再做做过的事情，久而久之，儿童的心思才力渐囿于机械的习惯而不能设法超脱以吸收外界的新知识与新思想。

② 偏重客观的标准。譬如教室中教师的教授重结果，而不重正确之历程。又如教儿童读数学的时候，只教他们答案的求得，而不教他们注意于如何求得答案。教儿童学习语言的时候，只教他们模仿成人、合乎文法，不教他们所以言语正确的缘故。这种教法都能够禁锢人的思想，都能使人的思想灭杀自由发展活动的余地。有一个英国学者曾经说，学校中知识生活之所以不能大大发展，第一件事就因为学校的目的不在造就研究的学者，而在造就师云亦云、俯首听命、没有创造能力的学生。

③ 学校中太重威权。例如，教师所说的话和课本中所载的文字都须强使儿童俯首顺从，一点不给他们有质疑问难、自由发问之余地。有许多人在学校里读书，以为已经完全知道了世上的学识，殊不知一切的知识现在尚在创造化的生产历程当中。又有一种人，以为凡是有价值的知识已经都给古人发明，人

生斯世无须有再造创作，只需模仿学习就算能事已尽了。

这种思想都是公开心最大的仇敌。而况好奇心与发明心是儿童天赋的能力，我们应该怎样设法诱导培养，使他们心境公开、从事探察考求，使他们知道当世的知识还在勇猛精进的历程当中呢？

若学校中空气处处为威权所迷漫，凡有问题只需借教师之一言与书本中之文字来解决；或者虽有思想发生，以为已超极顶、不必再加研究，只要从事吸收就算满足，那么一定能予吾人以思想上继续发展的莫大阻力。

这种心理习惯都足以阻止我们的心境之发明与创造。所云发明与创造，不是专从结果方面说，但是也从方法方面说。发明不必定是发前人所未发，创造不必定是创前人所未创，只要我的方法与历程不苟同前人，那仍旧不失为发明与创见。真正有创见、有发明、有达到目的的方法才算是近于真实。若仅仅仿法他人，毫无方法以达到目的，那就是虚伪，就是真实之敌了。拿权威来强人同我，这即属缺乏同情、即是近于武断，结果必至我的心境不能继续发展。

2. 有目的

这一点我从前已经约略地说过了，今晚所要补充的，即是所谓目的含有精神集中的意思。假设我们做事没有目的，那么精神就要散漫，心境就要犹豫不定，事业就要失败了。有的人说，集中注意是意识的集中，这句话也有意思。但是，往往误解集中为死的、为意识之固定。真正的集中不是这样的。真正的集中好像是御兵的将帅，有一定的目标、有一定的趋向与活动。总之，"集中"二字含有继续进行的意义。学校要养成这种注意，必先看他能否把精神集中，做事能否不加强迫而自集中注意，然而寻常一般学校中的做事往往不能使生徒的心境与注意合而为一，常使二者分离而不能集中一点。这种的二心在学校中就发生无穷的流弊。有时学生方面有教师的严行监督，虽心不在焉也不得不勉强做他的功课；有时候表面上看看好像学生在那里喃喃默诵，实则他的白昼梦想竟不知到了什么地方。这种的表里不一致、前后不一致，同时脑筋中常常发生两个思想做两件自相矛盾的事，都足以耗去我们有用的精神与养成二心之恶习。还有一件事足以使我们做事分心的——我们不能用全副精神去做事——就是假设我们读书的时候，一方面心里要读这本书，又一方面唯恐失败而受别人的讥笑，这也不能使我们集中精神去做事的。美国有个心理学家曾经想出种种难题令人解发。他并且在旁观察他们的反应结果，他们有的人因监视心中就犹疑不决、唯恐失败受人讥笑，费了许多时候的精力，在准备期当中。若使他们能够不问毁誉、一意孤行，那么他们的做事效率自然高人一等，立于最高的平面上了。

更有一种原因使我们不能集中注意的，就是做事的时候我还能够知道我自己在这儿做事。人真在精神贯注、出神做事的时候，往往自己不晓得在哪里用力注意或记忆，这就是无知的前进，就是人的心境已经到了无知无觉的地位了。所以，注意是内出的，非外入的。寻常教授时教生徒注意，生徒每注意他所注意的事而不注意教师所命他注意的功课，也就是为了这个缘故。

现在学校内的功课与校外的生活之分离，即是使儿童不得集中注意的一个大原因。儿童觉得校内一切功课的枯燥没有目的，所以一听见校外的事情就兴奋精神、激起注意。这个时候，他一方面要管校内的功课，又一方面又贯注到校外的事物，精神注意既然分而为二，那么他的求学自然不能有强大的效率了。所以，欲使儿童的精神贯注于一事，第一件要紧的事就是要将校内的科目和校外的情况互相联络起来，这才能培养儿童的兴趣，才能集中儿童注意的能力。

3. 责任心

平常把责任心专当做是实行方面的事情，不注意知识方面。其实责任心的关系知识非常紧要。每做一事，总须考察它的结果怎样，不论事体的好坏，应该把事情的全部分仔细深思熟虑，用知识去指导它的方向，而对于它的结果作者须完全负责任。凡此种种，都是知识的事体。学校里的生徒一切所做的事情，或是听，或是看，倘若一一地经教师预定怎样做法，教师先把它定好步骤，那么学生没有机会预先考虑、自由规划，对于效果没有选择的余地，因此，他们对于做事的结果不能负何种责任。所以学校里的一切状况，必定要使学生有自由选择、规划结果的机会，然后能够发展他们的责任心，而对于结果能负责任了。

青年人开始做事情的时候，觉得非常有趣。但中间遇着更加有趣的事体，或是碰到了危险发生，他就把事情抛去了。无论何人，总不大会贯彻他做的事体的。每做他所高兴的，而把不高兴的去掉。这就是养成规避的习惯，没有责任心，不能自始至终去干一件事了。我们平常做事都很喜欢自由、不受别人的束缚，但一方面有自由，他方面就须有自由相称相对的东西就是责任心。这种责任心是不可少的。德谟克拉西之所以不能立即实现，就因为要自由须有代价。这个代价就是责任心。要使个个人能够自己负责任，能担当事体。有了这样能负责任的缘故。一切举动跟随别人的指挥，对于事情结果不负责任，一味想规避摆脱、不肯自始至终的打算，要拿一切的责任放在别人身上，这种人虽然不肯负责任，但他的自由却是仍旧不可少的。在学校里应该使学生自由规划、自由思想。倘使不是这样，学生责任心一定不能发达，以后做事不能前后一贯，自始至终任情做去、随意取舍，并不加以思考选择，结果或者生出调和的事情来，不肯坚持到底，就是投降困难、不能胜过它。这样的不负责任都是因为学校里不使学生自由考虑、自由规划、自由执行的缘故。学校里的教师常常拿"做事要精细要透彻"来勉励学生。平常拿"透彻"的意思当是注意节目的意思，所以养成了机械的动作，做起事情来不惮其烦地去顾到其中琐碎的节目。其实"透彻"是通盘计划、看透事业全部的意思。在学校里或旁的时候，所做的事零碎无系统。做的时候，也不用心思、不去通盘筹划，这实在是不行的。应该有自由思考的机会，使学生自己去筹划、去考虑，知道结果在什么地方，能够负责任，不在乎使他明白节目怎样。这样一来，以上所说的弊病都可以免脱，做起事来自然能看得明透、前后一贯了。

4. 普遍的欣赏习惯

欣赏是一个总括的名词，里面包含的意思是说人生要能够欣赏高尚的生活。我们可以说，人的生活要求他美满丰富，不单是活着就算。人所以要受教育的道理，就是要使他的内容更加扩大，经验更加丰富，凡是能够欣赏高尚生活的都可叫做欣赏。儿童在学校里读书本是很欢喜的，但平常往往把念书当苦工看，见了书本就生厌恶的情感，以为是可怕的。这个原因，从正面讲起来就是他不能欣赏他读的书，所以必须利用儿童的欲望、使他十分满足，以此促进儿童精神的发展和经验的伸张。有了这个觉悟，儿童对于读书就不当它是仇敌，而当它是良友了。有了这种促进他发展的利器，他对于所读的书就能欣赏了。年纪长大的人已经读了许多年的书，倘使他回想起初读书时的经验，就觉得受印象顶深的教师是能引起兴趣的人。他能够使人见新奇的事物，把心量放大、容纳多量的观念，能使欣赏从前不能欣赏的事物。这种教师是觉得印象最深的。德谟克拉西所根据的原理就是每个人都是目的，无论老少男女都不是把别人利用的。这个意义是说，每个人的生活都有意义、都有价值。受教育就是要解放他的心理，不使埋没在卑鄙龌龊的生活当中，而教他欣赏世界上最高尚的事物。这样的生活，就有意义、有价值。所以每个人都是个目的。

（九）道德教育

以上所讲的没有直接提到道德教育，但上面讲的和道德教育都间接有关系，所以上面说的原理是可以应用到道德教育上去的。譬如上两次所讲的四种态度——公开心、有目的、负责任、欣赏——虽然是知识上的讨论，但推其原和道德很有关系。欣赏这件事情，可以使人领略真、美、善三方面。有这样能力的人，他的理想高妙，世界上种种污浊的事体不足以感动他。因此，他的心理已受过了培养，能有高尚的欣赏力。他的想象敏锐，能入于深远而不囿于目前的事物。有公开心的人能有同情、顾到别人的需要和思想，能容纳别人的思想以扩大自己的经验。一个人有目的，做事就有系统。一个人能负责任，那做事就能白头到尾、不稍微怠惰；能自己规划，对于结果能自己负责任。所以，这四种都和道德有关系的。

平常我们看道德的事情是孤立的，和智育分离没有大关系。譬如有的人有了专门学术或技能，而道德上品性上并不发展。世上虽有这种人，但品性发展而智育不发展——思想闭塞——那种品性，也绝不会十分发展的。知识能够规划，所以是不可少的。寻常都不注意到知识的发动去创作新事业，而以道德为消极的，以为不做事、各安其分就算是道德。但真实的道德要有积极的发展，必定要极丰满的思想去指导行为。不是这样，道德就单是消极的意思，或者是坐在安乐窝里不能自脱的意思。

还有一个原则，我们常常说的，就是社会的原则。一切道德都含有社会性，是人与人往来的关系。无论在学校里或在校外，一切的生活就可说是社会的。所以，学校里应当培养学生有社会性的道德。平常对于道德观察的错误，就是以为道德这件事是孤立的，于是不得不特辟一部用修身教授来培养品性。其实品行之造成是全体的事情，与全校的一切生活和精神有密切关系，不能从特殊的方面加工夫的。倘使专拿一科当培养品格的利器，那好像一个人因为身体不健康免去了一切的饮食和睡眠，只去操练几分钟身体就以为可以健康了。我在这 20 多次的演讲里，没有专论道德教育的地方，不是轻视它，正是因为看得很重，不能够有独立的一门可说。因为学校里的一切设施都和道德教育有间接和直接的关系，不过分量稍有不同就是了。所以，训练教授各方面应该使它贯通，不要划分区域、彼此不相关系。道德教育是不独立分离的。

今晚是最后一次，我很感谢诸位热心听我讲演，并且很感谢刘博士替我翻译。

（1920年4月7日至5月5日，刘伯明口译。

《杜威教育哲学》，上海商务印书馆1921年10月版）

二、社会教育

在杜威的教育思想体系中，教育与社会的关系是一个十分重要的方面。杜威在中国的讲演中多次以"社会教育"为题，强调教育与社会、教育与国家的关系之重要性。"社会教育"这一部分收录了杜威有关社会教育的十篇讲演。

在这些讲演中，杜威主要论述了以下四个方面。

第一，教育是为社会的。在《教育与社会的关系》（在上海松江的讲演）、《教育与社会进化之关系》（在扬州的讲演）、《学校与社会的关系》（在济南的讲演）中，杜威指出，教育的基本观念、目的和方法都须为社会的，合于社会一切生活状态的。以前的教育是没有社会观念的教育，但现在的教育是为社会谋幸福的教育。因此，设立学校的目的不是谋个人的幸福，而是谋社会的幸福，并使每个人有机会增进社会的幸福。同时，学校教育就是为了使社会进化，具体表现在社会的健康、社会的经济、社会的交往、社会的民主等方面。因此，要预料他日社会的情形，且看今日所施行的教育。

第二，国家要重视教育。在《社会进化》（在上海青年会的讲演）、《学校与社会》（在苏州的讲演）、《教育与社会之进步》（在武昌高等师范学校的讲演）中，杜威指出，一个国家要能发展，就要发展教育。具体措施是开设学校、造就师资、改良教法等。教育是救国之本，教育可以解决一切的问题；同时，教育也能使全体人民的天然本能完全发展出来。为此，在教育上应注意三个要点：（1）谋教育的普及；（2）学校成为一个社会的缩影；（3）教材内容和现今时代有密切的关系。因为对于社会的发展和国家的幸福来说，人的教育和发展是最要紧的，所以，不能忽视小学教育和平民教育，以及女孩教育和贫偏僻壤的教育。若要国家好，必要普及教育。

第三，社会变化会影响教育。在《教育之社会要素》（在济南的讲演）中，杜威指出，要改革因袭的教育，就必须研究社会问题。具体来讲，考究世界上的潮流：一是工业革命，二是民主主义。因此，学校教育应该适应世界潮流去改良，适合社会发展的需要。若是学校教育不去适应这种新的潮流，仍要保持它原有的状态，其结果必然使学生没有知识，也使国家难免不幸的祸乱。正因为如此，教育必须考虑社会的背景以及社会方面的关系。

第四，教育行政应合于社会的需要。在《教育行政之目的》（在苏州吴县教育会的讲演）、《美国教育会之组织及其影响于社会》（在福建省教育会的讲演）中，杜威指出，各地教育管理者应该注意使他们的学校适应本地方的情况，不然那将是无济于事的。对于教育行政来说，应当研究世界上的情形，也应当研究社会上的情形以及怎样可以使社会进步。中国既要有中国自己的教育，同时也要审察和学习各国的教育。总之，教育行政者需研究社会上的需要，例如增进人民的健康、提高国民经济的能力、善于利用闲暇等，谋学校的进步，以便使社会进步。

教育与社会进化之关系

（在扬州的讲演）

编者按： 本文是杜威1920年5月20日在扬州的讲演。讲演一开始，杜威明确指出："社会怎样才能进化？这是学校所负的责任。"整个讲演涉及社会的健康、经济的状况、自治的程度三个方面。为了社会进化，杜威强调指出：社会的健康必须以一般人民的健康做标准，因此，校内校外都要注重体育，更要体育和智育、德育结合，社会的经济状况也要以一般人民的经济状况做标准，共和国人民要有自治的人格，但自治必先知识丰富和有判断力。所以，预见未来的社会，就要看今日所实施的教育。

社会好比我们的挚友。我们对于最密切的朋友，必常常留心他的健康如何、品性如何、学术如何，并时时尽一种补助的责任，使朋友完满无过。我们对于社会，也当如是；而最当留心的，就是社会的进化了。社会是否进化以及社会要怎样才能进化，必从各方面详加考察，方才能够明白。我们考察社会的进化，必有一定的标准去审度它。社会怎样才能进化？这是学校所负的责任。教育家必先晓得这一层，然后管理训练都有准则。现在分述如下。

（一）社会的健康如何？

一个人必有好身体，方才能发展好事业；身体不健康，则疾病丛生，天天请医生还来不及，又怎能管别事呢？至于社会的健康如何，不单是指少数的体育家而言，必拿一般人民的健康做标准。而且体育也不仅卫生，因为卫生只是消极的方面，人能卫生，不过可以免除疾病、防止疫疠；倘欲求社会全体的健康、全社会体育的发达，则必从人人习运动始。拿个人体育讲，必使身体全部平均发达，才得唤做真正体育家，不背体育的原理及真义；倘成一种偏发达，则为不健全的体育，不但无益，而且有害。拿社会讲，必使人人身心健康、个个精神活泼，然后社会才有进化的希望；若社会无充分的精神，各事因循苟且，那么维持现状还来不及，再没有余力去图新发展了。即使社会全体的精神能力，还能维持现状，无事时也不觉恐慌；但一朝发生问题，事出意外，就无余力应付，要生出绝大的恐慌了。现在的中国正是如此。假使社会全体健康，精神能力都非常活泼发达，好比泉水涌出、时刻不停，即刻刻求事业的发展，日进不已，即使有绝大的恐慌，也可有余力应付，不致为难。所以，社会的健康如何，必当时时注意。

但我们要怎样才可以使社会健康呢？现在学校皆有体育一科，但仍不能普遍于一般社会。本来学校的教育，不应该单讲体育的原理以及体育的大意，要完全注重课外运动。万不可上体育时，才注意体育，上别的课时，就不注意体育；万不可在学校时，注重体育，离学校时，就不注重体育。所以，体育一科一定要使学者能自动，不等到教者的督促。并且中国现在的情形，就使学生能够自动，也还怕不够，因为社会教育，还未发达；遇有良机，必须设法促进一般人民体育的进步。然后社会全体的健康，可有希望。果能体育健全，智德两育，自然可以圆满；因为运动的时候，如尊重他人人格、互助精神及勇毅、坚决、果敢、不懈许多美德无不具备。所以，体育和德育有密切的关系。至于专心研究学术，也必须身体强壮；否则心有余而力不足，必至中道而返。所以，体育和智育更有相维相系的情形。这样讲来，促进社会全体的健康，实在是中国今日最大的问题。

（二）经济的状况如何？

社会的经济状况，也要拿全体做标准；不单是有了少数富商豪贾，就可以算充裕的。必使一般人民的经济状况加高，方才合于社会经济上原理；倘仅有少数资本家，则对于社会，也是不但无益，而且有害。发展经济的要素有三种：（1）劳力；（2）知识；（3）机器。大凡经济不发达的国家，全恃劳力；知识不发展，机器不能利用；若能利用机器去发展各种实业，知识丰富，才可以改良一切。所以，各国图经济的发展，无不注重第二及第三种要素。经济充裕，百事都可以做；所以社会经济，是一定要注意的。

但我们要怎样才可使经济发达呢？依中国现在的情形，苟能利用机器，生产即可增加。据美人来华调查丝产报告，如中国现在情形，倘采用新法缫，产额可以增加六倍。所以，中国今日欲谋求社会经济的发展，不仅创办大公司大工厂，必使一般的小工艺小事业，皆能改良前进，然后社会经济有充裕的希望。但各种事业的改良，又全在今日学校怎样培植学生。倘仅能读死书，用课本做性命，拿讲义做生活，中国将来事业必无改良的希望，社会经济也必无发展的日子。必须学生用自己的脑力，去考察环球最新的进步状况，对于生产、管理、消费的方法，都有所改良、有所发明，将来百业才有更新的一天。所以，今日各学校，如果能将社会与亟待解决的问题一一提出研究，即不用课本也可以的。

（三）自治的程度如何？

儿童不解自治，成人才能自治；而人能否自治，又全看他的知识怎样。但是，共和国的人民一定要有自治的人格。共和的政体，就是自治的政体。一国中能自治的很少，受少数贵族或官僚的专制，则其国不能自立。一个人不能自治，则个人的人格不完全；合大多数人格不完全的人民，则不能以为国。所以，人民的自治程度如何，是留心社会进化的人所必当注意的。

我们要怎么才能使人民自治呢？现在中国各学校，学生自治的声浪很高，这是很好的现象。但自治必先知识丰富，有判断力，方才可以做到。自治不是个人的私意、一时的感情；要有互助的精神、稳健的方法。不是今天说自治，就能够自治；要有自治的真正精神，自治的完全人格。一个学校里面，等级不同，学龄不同，学术的优劣各不同，所以，教师对于学生补助的分量，也应当斟酌多寡，总之以达到完全自治为目的。今日学校中的学生，就是他日社会上重要的人才；要使他日社会上得完满的人才，又全在今日学校的培养。

总而言之，必须社会一般的人民身体健康，一般的人民经济充裕，一般的人民确能自治，然后社会自然进化、自然日新。所以，要预料他日社会的情形，且看今日所施的教育。

（1920年5月20日，刘伯明口译。

《民国日报》1920年5月23日）

社会进化

（在上海青年会的讲演）

编者按：本文是杜威 1920 年 6 月 2 日在上海青年会的讲演。在讲演开始，杜威就明确指出，判断社会进化的标准，就是用判断个人进化的标准，包括体育、经济、交际、品性四个标准。具体来讲，在体育上，应该提倡运动，但健康既指不生病也指有精力；在经济上，其进步应该看平民的生产力，使他们享受经济上的种种幸福；在交际上，应该发展公共精神、互助精神、爱国精神；在品性上，应该使国民有自治精神和自制能力。最后，杜威强调指出，只有促进教育事业，才能促进这四个标准。

我们判断社会进化的标准，就是用判断个人进化的标准。对于个人进化方面，我们常用几个大问题来判断，这就是所谓标准。譬如我们关心一个朋友，必须先问他体育的进步如何、生理上的教育如何、经济如何、经济的能力及地位如何、交际方面如何、与朋友往来情形如何、道德或品性如何、是否有自治自制的精神。以上体育、经济、交际、品性的四个标准，非唯可用于个人，也可以用于个人的集合体，如国家、社会等。今把四个标准，详细解释一下。

（1）体育。先问国家或社会里面生理的进步如何，生病的人有多少。病人一多，生理上就没有进步，国家或社会也不能进化。因为一个人在社会或国家里面害了病，社会上就少了一个人服务；非但如此，并且社会上的人，还须多几个人去服侍他。然而，单是不发生疾病的，也不能称它为健康。譬如机器，需有了动力，然后发生工作。在社会表面上看来，或是很健康的，但它的精力，或者不够，社会就很难工作，就不能称它健康了。社会上大概为那习惯所束缚，敷衍做去，本身不能发动，这就是不健康的确证。个人也是如此，被习惯束缚住了，就不能动作，勇气就渐渐地消灭了，然后变为被动；因为没有富裕的精力，去驱使他的轮机，所以到这个地步。一国之中，国民如不注意体育，精力就有限了，萎靡不振，无坚持的毅力，无贯彻的思想，灰心失望，然后达到被动的地位。促进国家进化最妥的方法，是提倡运动，使全国的人民发生兴趣，具乐观的观念，有了精力，然后新事业自然发生了。今天在青年会演讲，知道诸君都晓得运动的价值，且明白这种有益的运动，可防止各种不正当的游戏。简直是一个消遣的地方，集了许多的会员，成了团体，尤可以见社会互助的精神。

（2）经济。不必详细解释经济的能力如何，今先把其性质讲一下。度量经济的进步，不在探听其财力的多少，而在知道其得钱财的方法和其用处。如其人有了许多的财产，而有来源极不正当的；得了钱财，又抱自私自利的主义，不做公益的事；对于自己，固然增加了许多，而对于社会，则仍毫无补助；所以这种钱财，就是不正当的。国家也是如此，钱财逐渐增多，而为少数人把持了，一般平民多不能享受其增多的利益，这是不正当的。平民的生产力增多，而其生活程度增高、需要增多，能享受经济上的种种幸福，这就是经济进化了。中国现在，在经济上是没有进步。十年以后，去度量它经济的进步，不是去计算工厂有多少、大组织有几何，而必须审察其小店铺的发达与否和工艺上的进步与否。必要各人都可享受其应有的财产，不为少数人垄断。经济的进步实在看平民的生产力的，不是看少数人的生产力的。

（3）交际。体力、经济有了进步，而仍自私自利、不与社会往来的人是很多的。欲使社会进步，必须极力地打破从前的自私自利的旧习惯，使各个人都表同情，普及人人公共的目的，实行公共的利益。欧美各国社会的进步，都在扩大其实力、发达其公共的精神；小团体、小党派里面，都能牺牲其私有的权利，而使公利实现出来。从前有个为父亲的人，对他儿子解释团结的价值，用各个小木棍，令其儿一一折之，折断极易；乃捆为一束，使其折之，则不能。一国之中，无论教育、实业以及各种的事业，若恃个人独立，无互助的精神、团结的能力，则必和各个木棍之易折相同。所以，无团结的精神和互助的实力，决不能得社会的进步。方才说的互助的精神，必须培养的，不是感情的；有了这种精神，就可以抵抗压迫。至于爱国的精神，也是渐渐而来的，与时相往来的人产生感情，扩张其小团体，而达到全国。若越过了小团体，而说这个国家的国民有爱国思想，那么完全是假的，是虚伪的，因为表面上虽则有了爱国的好名字，实则无数小团体里面仍在排挤倾轧。

（4）品性。测量个人的进步，必须在品性上着手，国家亦是如此。讲到品性，能有自治的精神和自制的能力，就是它的进步。德谟克拉西，不是深奥的，是很浅近的，但是很难达到的。能力进步，品性进步，自然达到自治的地步，国家亦然。德谟克拉西的地步，也是自然可以达到的。小孩子能力薄弱、经验浅近、身心各方面不能发展，所以，必须靠旁人帮助；然而有了能力的人，必须自治的。能力薄弱的国家，也同孩子一样，国民必须靠着贵族，服从君主，俯首帖耳地任他们指挥。因为他们的人民，多是能力薄弱的，不能自治的；贵族把持的国家，到了人民能力强大的地步，一定不能存在的。德国表面上海陆军何等厉害，到现在终于失败，这不是贵族压制人民是靠不住的么？真正德谟克拉西的国家，必须实现共和的精神，口头的言语及纸上所书的宪法，都是假的；国民无品性，而国家为共和，这个共和一定是假的，久而久之，终必为贵族所管理。

以上的四项标准，大略说完了，但是还有一层没有提起，就是国内的教育与社会的进化是否有密切的关系。我方才不把这层说在里面，不是因为它不要紧，实在因为太要紧了。因为没有教育，这四个标准，都无从产出的。我说的教育，非学校范围内的教育，凡促进知识和道德的教育机关多是的。教育事业，乃是以上四种的心，世界的进化不是偶然的，必须由教育提倡的。促进教育事业，那么，以上四种标准也可以促进了。

（1920年6月2日，刘伯明口译。

《民国日报》1920年6月8日）

教育与社会的关系

（在上海松江的讲演）

编者按：本文是杜威 1920 年 6 月 4 日在上海松江的讲演。在讲演中，杜威结合英国和中国的例子以及美国的实践经验阐述了教育与社会的关系，指出以前的教育是没有社会观念的教育，而现在的教育是教人发展自己能力的教育。因此，现在学校的设立就是谋社会的幸福，使每个人都能有机会发展社会的幸福。与此同时，杜威明确指出：共和国精神，就是要教育普及；人人能受教育，即共和国的国民，也就是共和国精神；普及教育是共和国最紧要的事体。总之，社会的幸福全靠学校和教育。

我今天到这里来，所讲的是社会教育。以前的教育，是独善其身的教育，是没有社会观念的教育。譬如商人，只为私利。从前的科学，也是这个样儿，没有别的目的。照这样看起来，上等社会的人有机会发展他的能力，去受教育和取得科第，其余的人（下等社会人）就不能了。所以，有了经济，可以达到目的，得到名誉。

现在思想变迁，各个人全有发展能力的教育，可从社会谋幸福，这是现在的教育。讲到现在的教育，是普及的，若使不能通行，一定要实行强迫了。这个不是在私塾里可以做得到的，使人人都入学校，接受着普通知识，就可替社会谋幸福了。

学校开办到现在，一百余年，是教人民全具社会的幸福。所以，学校与社会是和合的，不是分离的，不使人人离开学校去谋他自己的幸福的。现在学校设立，那是谋社会的幸福，并且各个人有机会能发展社会的幸福，这是共和的精神。共和的精神，是人民谋幸福，像地方自治、学校自治等。若学校地方不能自治，就不能谋幸福，使这功用不能发现，社会上那么就失掉它共和的精神；虽有地方学校机关，也不能为幸福的机关了。

英国在 50 年前，下等社会那些劳动苦工没有权利干预政治。他们的幸福当然不能发达，所以，地方自治也不能发达了。民间疾苦，不是下等社会的人，不能够知道。后来，地方上自治会成立了，学校也开办了，那些下等人也晓得谋他们自己的幸福，谋社会上必要的道德和品行。所以，使他们的子弟，也到学校里求道德、品行、知识，那么，学校里的学生渐渐多起来，自然学校也发达了，所以学校和地方自治是很有关系的。

中国也是这样。现在政府已经变了，所谓幸福，不是单依上等社会去谋的，要靠自己做的。现在"劳工神圣"，所以劳动界也占一个位置，这是共和国应有的现象。倘然中国不是共和政府，如何可以担保人民的幸福、地方的权利呢？所以，共和政体是人民幸福唯一的大制造场。现在中国共和政府，要点在哪里呢？（1）选举权。但要有正当的、良心上说得过去的。（2）法律。立法是根本上的解决，无法无天，那就不成为人了。就是今天会场上可以没有法律吗？那保守秩序、维持治安，全是靠着这个东西。（3）知识。更是要紧，因它是辨别是非的一件利器，所以，一定要到学校里去读书。照中国看起来，不是十分发达。清华学校校长周诒春先生，调查德国人民，1000 份中只有 5 份不读书的；中国人民，1000 份中不满 10 份读书的。所以，学校、法律、选举种种方面有进步，那政治经济上……也有进步了，国民的势力可以发达，学校的结果就是这样。

我今天到此地来很快活，因内地也有许多女学生。共和精神，就是要教育普及。这教育呢，是男女都要注重的，因家庭教育全靠女子，男子有男子的责任，女子有女子的责任，然后他们各人做各人的事情，这是共和国的好现象。照这样看起来，女子的教育很重要，女子将来结婚以后，有了小孩子，那么，全靠女子去教育。父母对于子女很密切，有好的父母，然后有好的子女。因青年脑筋没有坚固，容易感化，能受他父母的教训，可以得完全人格和知识。一天一天进步，全靠着贤母，所以女子最重的是教育。还有，女子教育好的地方，在培养子女。子女就是将来的父母，他自己受过教育，就知道教育的好处，使他们子女也受教育。子子孙孙传下去，知识一步一步地进步，将来的教育岂不是很好了吗？这普及教育，是共和国最紧要的事体。

从女子教育普及之后，那么，人人可以受着教育了。以前所说上等人有机会去受教育，下等人不能够去受教育的论调就可以打消了。人人能受教育，即是共和国的国民，也就是共和国的精神了。共和国精神，在多数人受教育，不是少数的。共和国以前，受教育的很少，现在要谋多数人幸福，可以推想到社会上的幸福，这个就是共和国的缘故。我们要知道：教育是实在的，不是空谈的。若使空谈，那就没有意思了。什么是实在呢？那谋生的能力、个人的快活，可以算实在吗？这不过是个人的实在，与大众没有意思，为社会谋普通的幸福，方是实在的意思。

现在学校是地方或国家设的，系谋社会幸福，不是个人的。所以，学校是器具，使德育、体育、智育上发达，均得享受幸福，然后可以成功健康的中国。总之，人民不要专为自己的幸福，因学校机关不是谋个人的幸福，是谋社会的幸福啊！替青年谋幸福，不能说单靠着学校，就是图书馆等，都是为人谋幸福的机关，因为一般没有机会入学校的人，是他增进知识的好场所。

我到中国后，游历的地方很多，看见学校附设的义务学校，这也是一个好现象。一般年老没有经济条件的人都可以进去读书，这也可以得着些知识了。另有一般被他父母所限制的也可以进去。平均一个学生可以教 30 个义务学生，废了神圣光阴，使贫民受着无穷的学识道德，将来中国人民一心同受教育，是我所希望的。

还有一件好现象，是各处的公共体育场、公园等，很可以培养精神。公共体育场是使得体育发达，公园是使人能够休息，各机关的开会也很多，这全是公共的利益。于交际上，可以联络；学问上，可以交换。鼓励琢磨，培养知识，岂不是很好的现象吗？现在中国社会很坏，不道德的事也多，为什么呢？公共机关少的缘故。若多设公共体育场、公园等，培养地方上的国民，个个享有幸福，那是很好的事。现在时间匆促，要结束了，所讲的这些，不能完全。不过以前所说的种种，在中国已经很发达，若是加大扩充，使人人得有幸福，变成强固的国家，是我很希望的。反正上边所说社会的幸福，全靠学校和教育，这不是空谈，是从美国实践的经验得来的啊！

（1920年6月4日，徐守五口译。

《时事新报》1920年6月9日）

教育行政之目的

（在苏州吴县教育会的讲演）

编者按：本文是杜威 1920 年 6 月 27 日在苏州吴县教育会的讲演。在讲演一开始，杜威就明确指出，教育家应当用学者的态度研究教育问题，无论教育行政人员，还是教师。谈到当时中国的普及教育时，他又强调指出，因为不是各种经验都是有用的，所以，在研究先进国家的教育制度时，一个很大的问题就是要研究本国的教育情况，以免望洋兴叹或抄袭成法。作为教育行政家，在谋学校进步时必须研究社会的需要：一是人民的健康问题；二是提高国民经济的能力；三是利用闲暇时间施以适当之教育。讲演结束时，杜威还指出，教育行政家应当以身作则保持教育的兴趣，以感动人家。

教育行政之目的，可分两方面看：（1）学校中平日组织的问题——琐碎的问题。（2）教育是有目的的，怎样可以达到这个目的——远大的问题。今天所讲的即第二个问题；琐碎的方面，暂且不论。为什么呢？因为我乃研究教育哲学的，对于教育行政一方面，并非专家；并且我到中国未久，各处的情形没有熟悉，亦无从讲起。

教育行政乃是一种工具。今天所讨论的是教育行政之目的，凡关于教育行政方面的人都应该研究。

对于组织学校教育行政的人，都应该有学者的态度。如照着机械的行政做去，乃是机械的、呆板的，对于大的目的不看见了。所以，教育家应当用学者的态度研究问题。不但教育行政人员应该如此，教师也当如此。最明显的是，学问及他所教的科目教授法以及儿童心理。行政界中所当研究的，是世界上的情形以及社会上的情形、怎样可以使社会进步。

世界的经验更为重要。因为世界现在正在改造，教育一方面都有新的组织。中国现在正谋普及教育，对于建设普及教育，则他国已普及的，尽可以采取。不过要用批评的态度。须知各种经验并不是都有用的，所以先要审察；审察之下，就可以知道哪一种是好的、哪一种是不好的。如其抄袭成法、不知审择，则与完全放弃不研究，其损失是一样的。像英国、德国、法国的教育，都有昌明的态度。所以，有此进步，都是根据于各国的历史。美国、日本亦然，所以必要试验，必要拿各国来比较审察一下子，再行研究。这里很值得中国教育行政界所取法的。虽然，中国有中国自己的情形，要解决教育，不得不有中国的教育。所以，任何一国的教育若要完全施诸中国，那是不对的。故必拿各国的教育来审察一番，制度怎样？研究怎样？组织怎样？不必迁就外国的成法，只要翻译它的知识传布起来。行政界如能设法把这种知识传布起来，教育的进步必然不少，那是很重要的事！

中国普及教育很幼稚、困难也很多，许多教育家遂致望洋兴叹，志气不免沮丧。不过我想，此种现象反与中国很为有益。须知西洋的普及教育乃是很新近的事业，论它的时期，还不到100年——100年看来虽很长久，然在人类史上是极短的。所以，奋斗的教育在西洋施行，亦仅不过百年，在中国则不过15年或20年，此亦不必灰心。因为100年和20年，在人类史上的比例差得很小哩！美国现在普及教育，从6岁到14岁，此在美国是可以自傲的，在各国亦很羡慕以为兴盛的。然施行以来亦不过80年。且并不是政府发动的，中央政府其力更少。所以，普及教育，只要有地方上关心公益的人及教育行政界的人有了觉悟，以为要建设一个巩固的共和国，必须普及教育；有了此种觉悟，再觉悟他人，于是普及教育慢慢地兴盛起来了。所以，现在有二事，使中国教育家不至沮丧。（1）普及教育在西洋也不过 100 年，100 年在人类史上是很短的。（2）普及教育乃由个人的力量兴趣，鼓励人家、使人家注意，于是造成了舆论；有了舆论，政府不由得不俯首听命了。

还有一事，能使中国教育家不但志气不沮丧，并且可以自相庆幸的。因为西洋教育兴盛的时候，是没有经验的，所以，无所凭借、无所依据；有［些］差错，设置在教育制度里，一时难以改革。中国则不然，有无数先进国摆着样子，听凭你可以拣一个最好的取法起来，所以，有凭借、有依据。

研究西洋或日本等先进国的制度，固然有用；还有一个很大的问题，就是要研究本国的情［形］。我们把眼光放大看来，教育无非要促进社会。在教师方面，它的目光是注意于儿童个人的需要。若教育行政家，则需研究社会上的需［要］，谋学校的进步，以使社会进步。

哪几种是社会上的需要呢？

（1）人民的健康问题。健康乃各种事业的基本，因此种需要乃基本的需要。人民的体力精神，乃事业的根本。学校应当设法，怎样可以使公共卫生的知识传布？怎样可以使公共卫生的事业发达？并且关于卫生方面的各种事业，都应该设法，怎样从学校里传布出来？从前无所谓公共卫生，以为要不要是个人的、能不能也是个人的。现在则不然，人民的公共卫生，乃国家的储金，乃是公共的事业，并非个人的事业。

一个人有病，或死或亡，其责任即加至他人身上，即他人的责任重大了。因为一个人死了，社会上即少一个干一种事业的人，社会既少了一种人才，必再要支配，岂不是个人和社会都大受损失么？譬如疫疠流行，死亡甚多，社会上必起大恐慌，以致许多事业不能进行。或一个人的精力不振、体力不充，不但社会和个人的经济上觉得不好，并且人家看来此种现象也很可怜。体力不充、精力不振的人，对于他所做的事业上也许可以勉强胜任，但是没有余力可以辅助社会，社会上也很觉大不利。所以，学校里应当设法补救，不但要将病免去，还要使人的体力、精力充裕起来。

从历史上看来，国家兴盛的时候，人民的身体也很健壮发达。反之，国家衰弱的时候，人民的身体也一定萎靡不振。所以，要使他有余力，把国家发展。有了精力，乃有冒险勇敢的精神。所以，学校要养成这种精神，而教育行政不但要使卫生教授加意改良，使个人知道怎样优生；并且还要设法增加人民健康的兴趣，使许多儿童觉得运动是快乐的、是公共的。所以，教育行政要设法把娱乐、运动提倡建设，使人们身体的活动加多，使积极的发动的人格发展。

还有一种责任，要联络医院及娱乐机关，研究怎样可以使人民有防御疾病的能力及消灭疠疫的方法。中国这种情形很多，我以为提倡联络也是教育家的责任。

（2）提高国民经济的能力。教育行政的责任不但为有力的人想法，并且还要研究地方上经济问题，怎样可以把人民经济的力量加增起来。

现在对于实业职业教育的兴趣很大，各处专门学校也很多。但仅靠此少数专门学校，要增加人们经济的力量，还不是根本的办法！如照从前的成法，学校为少数人设的，则学问只不过文学或古代遗传下来的知识罢了。如学校为普通人设的，则根本上不得不改良。因为人民最大的目的是衣食住三项。所以，学校应当使之在学校里养成经济发展的能力，使将来入社会后可以增加其经济的能力。现在，中等学校须要设法造就有知识的农人、有技巧的工人、灵敏的商人。但是还嫌不够，小学校中的学生也是将来的农人、工人、商人，也要设法养成一种判断的能力、进步的眼光。教育行政家也要研究农业、工业、商业的状况，譬如金工怎样做，木工怎样做……各种职业的情形都要研究。不但研究城市里的职业状况，乡村中也要研究，因为职业是各处不同的，甚至一学区中也是不同的，所以，课程万不能划一，是要因地制宜的。

（3）利用闲暇的时候施以适当之教育。人不能整天地办事，必有闲暇之时，以休养其身心。所以，学校里要设法，怎样可以利用闲暇的时候把学生发展起来。

无论何人，都希望有伴侣、有娱乐。怎样的伴侣？怎样的娱乐？乃是一个重大的问题，道德与不道德的事，都从此发生。

社会上有赌博冶游的事情发生，其原因有二：① 由于适当的娱乐缺乏。② 缺少一种教育，利用闲暇的时候养成生产的、有益的娱乐。所以，教育行政家要把人民高尚的、有益的嗜好养成，如音乐、戏剧、讨论会、俱乐部、图书馆等。不但可以传布知识，即道德一方面也很有益的。

社会的需要，总括说来有三种：

（1）怎样可以提高人民健康的精力，使人民身体的活动加多，成积极的发动的人格？

（2）怎样可以增加人民经济的能力，造就生利的、有用的人才？

（3）怎样可以使人民有高尚的娱乐，利用闲暇的时候养成有益高尚的嗜好？

上面所讲的三种，虽不能全数包含社会的需要，至少是社会进步的基础。

今再略述教育行政家与教师的关系，作为是篇之结论。

教育行政家与教师应有感动的能力——并不是专制的、独裁的。学校中的课程管理上，虽要有一种普通的规定，使大家不致分歧，但是教育行政上，很有一种趋势，就是划一，反把教师的才力湮没了！教师中很有灵敏活泼的，行政家应当怎样可以使老师的能力增加、鼓励他的兴趣？

一个人对于一种事业，不出两种思想。在教师一方面说来，以为在上的人定了一种规约，所以如此做去。还有一种，以为这是他自己的事，行政家应当把教育的兴趣以身作则，来感动人家。否则，划出这种情形、定一章程、想一办法，硬教教师去做。于是，教师以为此不过一种机械的动作，服从人家的命令去干罢了！这是最可叹的。

（1920年6月27日，郑晓沧口译。

《民国日报》1920年7月9日）

学校与社会

（在苏州的讲演）

编者按：本文是杜威1920年6月29日在苏州的讲演。在讲演中，杜威对照从前的教育，指出在新的教育下，教育的基本观念、教育的目的和方法都须为全社会的，合于社会生活的。但是，要达到社会改造的目的和社会理想的实现，要使全体人民的本能发展，就必须从教育着手。由此，在教育上应该注意三个要点：第一，谋教育的普及；第二，学校是为求社会进步而设；第三，各科教材的内容须代表时代的生活状态。

教育的基本观念，教育的目的、方法，都须为全社会的，合于社会一切生活状态的。这是近今新教育的趋势。

从前的教育，不过为局部的、少数的人而设，不是为普遍的、多数的；不过是造就少数人的多才多艺、温文尔雅；不是要希望一般人同时站在一个水平线上的。把教育看做少数人所独享的、特具的权利，如物质方面的财产等，可以有些人有，有些人没有的。能受着教育的和不能受着教育的，显然分出一个阶级。所以，学校和社会觉得没有什么关系。

中国去年学生初次到社会上服务，社会上的一般人大都极其惊奇、怀疑，妄推他们有自私自利的思想，不仅是为着公众的利益。这就是一般农、工、商，素来和学校没有关系，不能了解真相的缘故。世界上专制的政府一天一天少了；德谟克拉西的势力，一天一天地膨胀了。教育的趋势上，也受着了极大的影响。从前的满足少数人的知识——也是一种消遣品——欲望的宗旨，也渐渐废去；变做以全社会之利益为利益，全社会之目的为目的，是普遍的、人人应享的权利。

从历史上看来，服从民意的政治观念渐兴，教育普遍的观念也渐深，平民教育的设施也渐盛。此中蛛丝马迹，均可按次寻绎。

共和政府的发达，不过二百年。但平民教育的发达，也已有一百多年。可见人民有了觉悟，自能对于教育肯尽义务、肯尽责任，希望它发达。用英国来做个例证。在约[一]百年以前，英国人民为争取选举权而发生政治运动，国会就因此提出普及教育的议案。提出这个议案的议员，发表他的意见说："现在是很恰当很要紧的时候了，应该养成全体人民有公民的知识、资格，使他们做将来英国的主人翁。"根据以上的理由，所以我等须第一留意的，是一国的教育和一国的情形、趋势有很大的关系的。趋势改变，教育亦必随之改变，去适应环境。且振兴教育，不是少数的兴味冲动所能奏效，实在是社会上的需要使它成功的。无论社会上政治、经济等关于人民生活方面的各种问题，有不满足的时候，都应该去改造；欲达到改造的目的，理想的希望可以实现，那非从教育着手不可了。

现在倘使有一个眼光远大的大政治家，而他的地位，有能力实现他自己的计划，那么，他要发达一个国家，必从添设学校、造就师资、改良教法等方面着手进行。

但是，这一种眼光远大的大政治家，一时实在难得；就是有了，也不一定能在有权力的地位，所以，要谋全部的根本改造的责任，须加在全部人的身上一起去做。中国近来的学生，在各地创办义务学校，对于教育的兴味、爱国的热忱，油然可见。但这一种举动，不过在初步引起人民教育的注意；有系统的良好教育，还要希望将来强迫去实施。

中国有许多铁矿、金矿、煤矿，都不会开采，大家以为可惜。需知中国可惜的地方，不在这一种物质方面，而在有天资很好的人民，不曾把他们的本能完全发挥出来。要使全体人民的本能发挥，须从教育着手。

不曾受过教育的人民，好像一片不毛之地，完全未经人工的开垦，雨水不调，一些没有生产。其实，并不是本质的不良，乃是环境的恶劣。倘能在这不毛之地，开涌沟洫，灌溉得法，那么，将来的收成，真是未可限量。

以上所讲的，都是很浅近的，大家早已知道，不必我再来喋喋不休。但是，中国现在的政治是这样的纷扰，社会的秩序是这样的紊乱，往往使人趋到失望、灰心悲观的地位。故特别重言申明，务使大家知道教育是救国的根本，教育可以解决一切的问题。

以下分讲教育上应行注意的三个要点。

第一，谋教育的普及，不应偏重男子，女子也应该一样地注意。为什么要注重女子教育？从浅显方面讲起来，女子占全体人民的半数；半数好了，全体自然也能强固。英国俗语说得好："一条铁链所能负的重量，不会胜过这铁链中最小的一环所能负的重量。"全社会在危急存亡之秋，中间有一部软弱而不能加入共同负责，那么，全社会必受着无限的影响——损失。

从特殊方面讲，现在的女子是未来的母亲；对于后一辈的子女，在家庭中有教养的责任。倘使家庭的教育不能合法，则责任必加重在学校教育身上；倘母亲的眼光狭小，只能理家庭里的琐事，则子女涉世，怎能有爱国、爱群心？所以，从中国社会上看来，最要紧的是女子教育的普及，且愈快愈好。

第二，学校是为求社会进步而设的，不是仅为传授知识给少数学生的，应当做成一个社会的缩影。倘使不从这一点着手，那么，怎能把这学校办得完善？怎能把学生养成未来的公民？

有一件趣事，可以把此理说明。美国曾有一个函授学校登出广告说："有人要学习游泳术的，本校也可以函授。"它的方法是发出种种游泳术的讲义，教各人在空气中练习。有一个函授学生，依了方法很用功地练习，经过了长久的时期，才跳到水当中去实地试验。他的结果怎样？据一个在旁边看见的人说："他沉到了水底下去以后，不能再起来了。"

我们都知道要学游泳，除去在水中直接练习，没有更好的方法。所以，以上的这一件事，觉得可笑。但是，倘使学校里不能直接养成学生参与社会的生活、状态，等到毕业了，要教他们去服务社会，那么，真和在空气中练习游泳一样的可笑咧。

要证明现在有许多学校的弊病和这个函授学校一样，可以举出如下：上课时教授的学科是完全一样的，差不多和背书相同，甲生所知道的是这一件，乙生所知道是这一件，丙生、丁生……所知道的，也不过是这一件。纯是呆板的、死的，知识上一点没有交换、讨论、研究的机会。在这种方法之下，所奖励的不过是学生自私自利之心，同一的事物，哪一个能够出人头地，勉强记忆得最多。

倘使除了教科书以外，还有别种参考书，给学生自己去修习；那么，因各人所读、所见的不同，彼此可以交换知识、讨论问题，增加无限学问。

在教授的方法上，也应加以研究，不当专一注意学生能记忆多少，回答多少，须使学生能在所学的各种书中，自己去寻出问题，自己发表对于问题的感想，互相讨论。这才能教学生读书有蓬蓬勃勃的气象，不至于死气沉沉的呆板机械了。

我在此地——苏州参观过一处小学校，学生有集体的组织，使他们随意去做；且都有共同的计划，各人负一部分的责任；学生在学校生活，和社会里生活一样。能够把这一种精神传播到别的学校去，那么，学生都能尝试着共同生活的真滋味，他的受益不独在得到些具体的知识。

第三，各科教材的内容，须选取能够代表时代的生活状态的，不当专门选取代表古代的现象的。因为古代的一切现象和现时代没有密切的关系。

（1920年6月29日，郑晓沧口译。

《民国日报》1920年7月11日）

教育与社会之进步

（在湖北高等师范学校的讲演）

编者按：本文是杜威 1920 年 11 月 4 日在湖北高等师范学校的讲演。在讲演中，通过对欧美诸国教育以及当时中国教育的讨论，杜威强调指出：教育对于国家的社会的幸福，是事实的，非理想的；一国之强，必定是要教育；若要国家好，必要普及教育。因此，对于一个国家来讲，最要紧的是关于人生的发达。人是最要紧的，现在的青年男女都是将来国家的人才。最后，杜威明确提出，重视今天的教育有三大要义：一是注意小学教育和平民教育；二是男女必须受同等的教育；三是须注重穷乡僻壤的教育。

今日我到这里来，感激教育界诸君的欢迎，所谈的题目，就是教育界与社会之进步。现在，中国都注意实业发达。常说中国有数千年的矿产，都没有开采。我想，种种矿产和农林都是不要紧的，最要紧的是关于人生的发达。人是最要紧的，现在青年男女都是将来国家的人才。制造各种实业，固然应该发达，而人的精神，亦必借教育而发达。矿产农林，现在不动它，将来还是有用处的。人的精神能力，是要趁早发达，时候过了，就没有用。人的精神，是必要发展的，而实业的发达，还是依赖人的精神；若是没有精神，实业就一定不能发达；纵然要发达实业，还是要从实用方面着手。现在大家能将精神之于实用，是近来发明的。有两种事情，我想大家是知道的，是很注意的。其一，政府的各种制造，是为人民谋生活的幸福；其二，平民教育，是为人民谋知识的幸福。中国数千年来研究的教育，专为贵族谋幸福，近年来才觉得教育是为大多数谋幸福的。对于实业的宝石，多数人认为珍贵，洋铁认为不珍贵。要晓得平民教育与社会是同进的。有人谓西国的平民教育，如是发达，定是从前有的。我想的正与此相反。这种教育，在欧洲也不过百年的光景。追究从前的历史，教育专为贵族而设。有人谓男人比女人高尚，教育必先于男人；如官对于平民，故教育先于官僚；富人对于穷人，故教育先于富人；平民因此失学者甚多。现在论到平民教育，不过百年来光景。欲国之强，非注重教育不可。学校是发达的本能机关，应该研究的。发达普及贵族，不普及平民；普及男子，不普及女子；如人一足行路然。各国之强弱，必以教育为转移。平民教育，是一种抽象的，其实与实情不同。一国之强，必定是要教育。调查弱国，多不注重教育；或注重高等教育，不注重平民教育。俄国土地广大，实业丰富，人民众多，90%都不能读书。因没有读书的时候，故人民知识薄弱，不注重平民教育，只注重陆军。此次欧战，俄国首先脱离，非兵丁内容不好，因为没有受教育，此次不独对外失败，就是自治亦失败了。白军兴以后，他们的内容极坏，虽欲图振作，却是很棘手的。有人谓俄国此次内部之乱，由于过激派，其实是教育未发达，人民无知识。如英美法之间，始终未受挫折的，因为在欧战时代，而三国的教育仍然进行。

我所以要把这种观念印入各学员各教员的脑中，教育对于国家的社会的幸福，是事实的、非理想的，中国不能出此范围。中国精神财产，或用于精神教育，或用于武备，不偏于此，则偏于彼。人乃国家最重要的，无论男女，必借教育发展其本能。我们美国，不独注重教育，实业交通矿业种种，都是平均发达的，所以人民教育程度较高。美国富强之原，是渐渐以教育造就的。它的发达，是两方面：（1）对于政治社会各个人都能负责；（2）对于教育能尽力使其发达。我从美国到中国来，与各学员教员讨论的，就是教育为救国的独一问题：其一，教育对于国家之秩序；其二，教育对于本能的发展。无论男女，都应该将自己的本能贡献于社会。德国此次战争之能耐久者，即其教育发达之效；其失败者，以注意于国家的强盛，不注意发展个人的本能。我又说到美国来了。并不是美国好，因为他们大家都知道平民教育要紧，对于军队就不要多，如菲律宾之常备兵仅万人。所以，德国蔑视美国的武力，殊不知我们的教育力大、集合力强，随时可以召集成军。美国教育也有缺点，不过是能使人自治，有自立自断的力量。中国有几千年的历史，知道教育是很早的，但是那时的教育是贵族的、少数的，不是平民的、大多数的。有十年前的中国革命才有共和政体，这是世界兴国的好现象，不需我赘述。恐怕大家所希望的平民主义、社会主义也要进行，不是有选举的形式就算是共和国。我常同蔡子民①君谈，教育如架屋，政府如梁顶，国民如基础，必须基础坚固，屋才能巩固云云，也就是这个道理。近年来，中国的学生都牺牲自己的光阴和银钱，在各处办平民学校。他们的意思，也是要平民都受教育的陶冶。但是，有人说它有别的作用，这是很误会的。学生们办这件事，原是要打破阶级制度的，这样问题完全是学生所应该做的。教育的问题很广大，凡属立国的种种要素，都同它相联系的，关系重大自不必说了。我们重视今天的教育，有三大要义：（1）注意小学教育和平民教育；（2）男女必须受同等的教育；（3）须注重穷乡僻壤的教育。因为中国人民多数是在田间，数千年来都是如此。诸君都是将来担任职务的，恐怕多数人喜欢在城市，这也是人的惯性。但是，我要普及教育，需要牺牲这种惯性才好。全国人都是一体的，即是城市与乡间，人民应该受同等的教育。我此次到中国考察，觉得家与社会能相离甚远，想求真正共和，必须社会坚固。若要国家好，必要普及教育，平均进化。我这次南来，蒙诸君格外欢迎，很是感激，但是我贡献的话，是极平淡的，惭愧！惭愧！

（1920年11月4日，王卓然译。

《民国日报》1920年11月8日）

---

① 蔡子民（1868—1940），即蔡元培，中国民主革命家、教育家。

美国教育会之组织及其影响于社会

（在福建省教育会的讲演）

编者按：本文是杜威 1921 年 4 月 21 日在福建省教育会的讲演。在讲演中，杜威对美国教育行政制度及教育会之性质进行了说明性介绍。其中，对教育行政制度说明两点：一是中央教育行政组织在教育上之职务，只是负责教育调查统计；二是各州教育行政组织虽有独立机构，但其内容不统一，权限亦甚小。同时也说明，各州教育会之组织出于人民及热心教育者，总是以改良促进教育为目的。其特别关注两个问题：一是教育上问题，即协谋教学改进等；二是物质上问题，即校长、教师的自身利益及保障。在讲演结束时，杜威还对中国教育会与美国教育会进行了简要的比较。

本晚承诸君欢迎优待，铭感已极，并承拟演题为"美国教育会之组织及其影响于社会"，敢不从命？唯美国之教育系统，无论与何国人言之，均难明了；而中美教育行政，又截然不同。故欲知美国教育会之性质及其组织，亦非数言所能竟。请说明如下。

（1）中央之组织，教育不设专部，特附属于内务部内。①其理由系美国

---

① 南北战争后，美国联邦政府于1867年设立教育部。1869年，教育部被降格改为隶属于内政部的教育总署。1870年又改名为教育局，仍隶属于内政部。一战后，它又于1929年恢复为教育总署。1980年，美国联邦政府设立教育部，单独成为联邦政府部一级的机构。

无一国立学校，亦不能派一教育行政官到何处办理教育，因而对于教育上之职务，只负调查统计报告而已。全国之学校，无得中央之补助，遂亦不受中央之干涉。（2）各州之组织教育行政，虽有独立机关，其内容不统一，权限亦甚小。盖美国中央之下，分州四十有八，州之大稍逊于中国之省。其教育行政，无二州以上相同者；而相异之点则甚多，俨如欧洲之两国。然至其教育行政长官，虽如中国各省之教育厅长，然非由中央任命，乃由普通人民或议会选出，除供顾问调查或借以提倡鼓吹外，只能提出议案于议会而请行之于本州，且以考试教员及选定师范学校校长为限。表面上似甚无系统，实则其权限悉归于当地之与教育有密切关系者，即除现充校长教员外，如律师、医生，及未有职务之教育者等皆是。凡聘请教员、筹措经费，皆由其负责，此不独于州为然，而乡亦如是。其所以有此办法者，以教育既谓之国民教育，其责任自在国民也。更以城言，其大者，主持教育行政之人，由长官举定。例如，人口五万或十万以上之地方，人民均有规定税则之权限，即由税则中抽出若干或另行捐募后，与有教育权限者商议设立及办理之方法。其小者，则此主持教育行政者由全城之人民公举之。若欲新设学校，则城之稍小者，主持教育行政之人及其与有权限者，均不知经费所出时，即开本城之国民大会。凡曾纳税或富有者，均须到会，由注意教育者出而演说，表示重教育则必增学校，增学校则必增租税之趣旨。富有者倘有反对，即付之表决，表决后即依此实行，纽约即有此法。城大者，则不能召集此会，由主持教育行政者规定其额。

总之，美国人以教育为人人共有之责任而极厚系焉耳。顾所以有此办法者，又与历史上有关也。当美国未有白种人居住时，所见者只有土人。白种人迁入之初，即知教育一项，终无人代为计划者，故必急起自谋之。即知教育制度，乃可与言教育会。各州教育会之组织，系出于人民及热心教育者。州之长官，虽可加入为会员，然须人介绍、须纳会金等，与众人无异；换言之，即此机关非政府所规定，但由校长教员等集合而成。互选职员、订定会则及办事细则，自亦由彼等商定之。若夫一种之教育集会，则因州之长官欲提出关于教育上之重要问题临时召集，其问题但限于为某校之办法，或某校员之教授管理方法，应如何改良促进而已，非全国教育会比。至全国教育会会员，其数常有二三万人，每人年纳会金两元，每年于暑假期内开会一次，无一定之地点，临时择其最足唤人兴味者行之。到会人数，以五六千人为率；开会期间，约一星期。其讨论问题，或分多组，或开大会，二者不同，唯常注意于分组。例如，分中学专门大学各等级而讨论者有之，分算术外国语等各科学而讨论者有之，总以改良促进教育为目的。各州教育会之开会，与全国教育会无异，唯会期则在冬间，下而至于城于乡，大率类是。此外，校长视学等等，亦莫不有会，总计人口达四五万之地方，此会即在四五十个之多。对于此会，间固难免其无趣味者，然精神活泼者正自不少。盖第一会员必到会，不到会则不特被人轻视，即自己亦引以为耻。既与会而无新方法以贡献于众，亦视为可耻之事。其尤为活泼者，为各州各城之讨论物质上问题，即薪俸及养老费问题。美国虽为殷富，但就教员薪俸而论，职务上之代价常为不足。西部女教员较多，而薪俸亦较男教员为薄。当时会有一女校长，以负担同权利不同，颇不平，即开会公举代表，赴州议会请愿。同时，女教员亦开会协争，各书一明信片投于该会，议员等以开会以来并无此现象，当属公意，遂予通过。唯于此有宜注意者，不特女教员，即男教员亦然。不特对于薪俸，即对于养老费亦然，甚则有男女校员联合开会者。美国无论何种问题，悉由国民提出，而教育者居国民之大部分，故其影响亦甚大。要而言之，教育者所不能放却者，有两问题：（1）教育上问题，即协谋教授上之改良进步等。（2）物质上问题，即校长校员之自身利益及保障，如争薪水及养老费等。

以上所述，未知有益于中国否。唯自信中国之有益于美国者有三。美国教育会乃自由结合，中国教育会为教育者组织，一面又能联结政府教育机关，甚为有益。此其一。美国之教育会无特设之机关，开会时每借于礼拜堂或学校，中国则有之，亦甚有补。此其二。中国教育会会员笃于礼文，对于外国人之以游历至者，欢迎而优待之，又为美国所宜取法。此其三。

（1921年4月21日，朱立德口译。

《晨报》1921年5月7日）

教授青年的教育原理

（在北京女子高师的讲演）

编者按： 本文是杜威1921年5月在北京女子高师的讲演。在讲演中，杜威结合玩玩具、藏鸡蛋、燃火、老鸦和小鸦等一些例子，浅显地论述了对学校教授来说重要的是使儿童知道需要而去学习，以及使他们学习后能进行应用。同时指出，教师须对社会状况（尤其是学校附近的情况）先加一番研究和考察。杜威还强调指出，教授的原理就是使学校的教育和学校外的教育成为一致。其应该包括：学校附近状况、儿童家庭状况、儿童身心状态、其他一切普通知识与儿童需要相合、使儿童环境与儿童发生关系等。

教育原理适用在教育青年，有一个最简便的方法，可以供我们研究。这就是，研究一般没有入学的儿童是否有得教育的机会。普通人以为儿童一定要入了学校，才能得着知识，以为知识只有书本中的，这种观念实是大错。或有人说："儿童入了学校，比较容易受教育。"儿童初入学校的四五年，表面看来，所得知识很多；仔细考察，也不能得多少知识。就语言文字论，吾人年幼时如何学来的，现在不容易记得，却是年长时学外国语，是很难的。因儿童脑筋，没有十分发达，虽是热心教授，他们得益仍是很少，除非有一种方法来使他领悟。这种方法是什么？这是很重大的问题。儿童在学校里，能否多得知识，全在方法的好坏。如教授有正当的方法，儿童就能得益；教授的方法不良，儿童不但不能得益，或竟有害。所以，教授儿童时，须知他们必定有一种需要，才发生求知识的欲望。例如，儿童看见玩具，就有要得的欲望，教授也应当引起儿童的欲望。他们如要满足欲望，自然要用口说或指画。所以，儿童学话是纯由需要来的，丝毫没有勉强。若成人学外国语，总觉得不十分需要，勉强练习的。所以格格不入，反不如儿童学语的自然。因为成人学外国语，都是用课本教的。课本中的知识，是不需要的，学的时候当然觉得又困难又无用。儿童学语没有一种求知识的存见，只有需要的欲望。就是农夫、商人、工匠，他们并没有入学校读书，却能知道耕种、建筑、贩卖的方法。这种方法，完全从经验得来，和书本得来的知识是不同的。往往看见有许多小孩子，当他们没有入学校时，很活泼，很自然；一入学校，倒是渐渐地呆板起来了。因为学校中所学的书本知识，他们没有什么需要，所以把聪明活泼的精神消灭于无形。可知学校教授材料不切于人生，和教授者不知儿童的心理，儿童都是不能得益。然则，我们应当注意的有两点：

（1）在家庭的儿童，所得的知识，都是日常生活所需要的。

（2）在学校所学的，往往不合需要。

就这两点看来，可以知道在家所学的，是应用的；在学校所学的，是不能应用的。譬如学校教授儿童认字，只见默写字形，结果不过能记忆不忘罢了，犹之栈房存货一般，得多少存多少，如斯而已。再有一个譬喻，就是藏鸡蛋的人藏鸡蛋，他们拣一个凉爽地方，放了多少鸡蛋，天天放着，天天瞧着，只望鸡蛋不坏就是了，怎样应用，他是全不知道。现在学校教授儿童，都是用藏鸡蛋的方法。只是把些字一个一个放在儿童的脑子里面，天天装着，天天瞧着，只要一个不缺，就算完事。至于有用与否，是不计的。诸君听了这话一定好笑，其实这种教授，真是多着哩！良好的教授法不是这样。无论哪一种事，必有种种原因，方能成就一个原理。例如，燃火，必有空气、木柴和火柴种种原因。其重要的有两种：

（1）使儿童知道需要而去学习。

（2）使学习后能应用。

这种原因既已明白，然后来讨论教授的方法。在小学校的儿童，可以利用他们的活泼聪明的精神，使他们主动，不应当单管求呆板的知识，却应常常给予机会，可以应用他的五官，勿使全为被动。教授儿童，应注意的是，在儿童初入学时，以幼稚教育的原理，利用儿童平日的经验做教授材料。蒙养园的儿童任意拿笔乱画，好像没有道理，其实很有价值。认字时，单教儿童读写，虽能记熟，也是无益。最好的方法，是拿泥土或纸竹，使儿童自由制作种种形体物件，可以活动他们的五官四肢，得益比书本中自然不同。学校中，对于儿童的教授材料，应求完备；这种材料——如泥木竹——并不费钱，就是小剪铁丝等，也须齐备。如学校经费宽裕，还可预备一个学校园，种植各种树木花草，可以使儿童知道植物的生长次序。再有经费，可以养些小动物——如鸡鸭等——使儿童知道动物的生活状态。所以，小学教员自己须有博物知识，于学校附近的植物，先加一番研究。就是山川河流，也应当知道，不一定详细考察，总要有些普通知识。有时可以率领儿童，做校外教授，比较校内教授有益得多。不但这样，小学教员对于学校附近的古迹名胜、在历史上的关系——什么时代成立，什么人创造等——都应知道，就是名人坟墓，也要考察一番。有时可以使儿童因此得到历史知识，比较用教科书来教历史强得多啦。除此以外，自当使儿童知算术等，但是最要紧的，教授算术须与儿童本来的知识经验有关。我们常见树上有一群老鸦和多少小鸦。老鸦出去衔了东西，来给小鸦吃，小鸦只是张开口等着老鸦来喂它。学校教授儿童，不是像老鸦喂小鸦，只管装进去就是了，应当使他们知道怎样去应用。就认字来说，也有一种方法，引起儿童的兴味，使他不知不觉记忆这字，就可应用，不是呆板地教他认识罢了。教授数字，使知一二三四等，不必画出记号，教儿童勉强记忆，却宜教他们做买卖计算数量来练习，比较容易记得。以上所举的例子，固是很普通的，大家都知道的。但是因为普通，才可以知道教授的原理。教授的原理，就是使学校的教育和学校外的教育成为一致。普通人的心理有一种毛病，以为请大教育家来讲演教育，一定有一段深奥的原理，因而他们往往对于普通的例子，觉得没有趣味。不知道越是普通，才越是原理。普通人的谬误，就是看做教育为深奥的，所以现在可以说明，浅显的才是教育。最要紧的一句话，奉告诸君，就是诸君将来实施教育，应当从最普通的、最浅近的方面留意。

总而言之，教授青年的原理不外下列数点：

（1）学校附近状况。

（2）儿童家庭状况。

（3）儿童身心状态。

（4）其他一切普通知识，与儿童需要相合的。

（5）怎样使儿童的环境与儿童发生关系。

以上几条，是举的很普通的例，诸君将来毕业后能切实试行，就会觉得校中功课很有趣，可以使儿童得真正的知识。

（1921年5月，福音笔录。

《晨报》1921年5月10—11日）

教育之社会要素

（在济南的讲演）

编者按： 本文是杜威 1921 年 7 月 19 日在济南作的讲演。在讲演中，杜威通过工业革命后社会日常生活的变化、欧美国家的变化以及意大利旅行家马可·波罗来中国的例子等，清晰地阐述了社会的要素及其对教育变化的影响。杜威认为，研究社会问题和教育问题必须考究世界上的三种潮流：第一种潮流是工业革命，其影响教育上的学科选择、教学方法和组织各种问题；第二种潮流是普通人民要参与国家的政权，其促进人民的公共意志、公共理想、公共观念；第三种潮流是注重小学教育，其使人民都能读、都能写、都能知国家各方面的情况。从根本上讲，教育上的变化就是对它们的适应。

昨天讲的是教育的三要素。教育者须熟练、明了，然后才算有教育者的资格。今天特别地讲社会的要素、社会的状况、社会的问题，须要明白，明白以后，才能去改造现在这因袭的教育。研究社会问题，应该考究现在世界上的三种潮流。这三种潮流影响于教育的组织和其他的事项是很大的。有人说，这三种潮流是西欧的；其实，这是全世界的、最普遍的，不过发现于西欧罢了。

第一种潮流就是工业的革命。这工业革命的意义，就是使工商业大大转变。这种变化的由来，就是由于蒸汽机和电力的发明。在 150 年前，各种工业，都是用人工或牲畜力去做。后来，有了蒸汽机和电力，才有许多的发明，就是由蒸汽电力和其他种种的力量去制造货物，这就叫做工业革命。何故呢？因为使工商业的各部分，如制造、分配、运转等，都到了完全与前不同的地步，所以叫它是革命。你看那铁路的建筑，大工场的倡办，汽船、电报、邮政等事，传达消息的传达消息，转运货物的转运货物，活动得很，便利得很。偌大的一个世界，却就渐渐地缩小了。那么，这铁路、工厂、汽力、电力种种的范围，要用一个名词总括它，除了"革命"二字，别的字都不能表明。从这些变化生出来的，在教育上似乎没有什么大影响，也没有什么大关系，但是若要从表面向根本上看去，这些变化，对于教育实在有莫大的影响。近来教育的改变，全是从这种原因发生出来的。

要看这种变化和它的影响，最简单的方法，就是看中国的困难问题。中国的困难问题全是社会潮流所给的。大家要想想，中国自己的一切问题和对于世界的各种问题，是从哪里来的，不是从机械的发明来的么？若是没有这些发明，转运、交通、制造，一切都不灵便，中国现在的状况恐怕仍旧像百年前似的，出现一种孤立的状态，和世界各国不相往来。反过来说，若是没有蒸汽机和汽船汽车的发明，中国仍然是自由的，是不受他国的影响和扰乱的。这种潮流的势力，或好或不好，我们也不必考虑，因为难考虑，也与这种势力无甚影响。但这变化确系一种事实，就是一种新势力，这种新势力，可以支配中国。所以，中国必须求着适应这种新势力，然后国家始能存在，才能兴盛。有人说，这种势力可以促进社会的进步。但无论它是好是坏，不必计较，不过，这种势力总是应当研究的。

再说，若是没有汽船、汽车种种的发明，外人也不能到中国来，即使是有，也不过少数的旅行家。例如，意大利的马哥博罗（Marco Polo）①在元朝时代也曾到过中国，但那是很少有的事了。并且，若是没有电力汽力的发明，中

———————

① 马哥博罗（Marco Polo，约1254—1324），今译"马可·波罗"，意大利杰出的旅行家。

国的煤铁和别的富源，不至为外人垂涎，招外人的侵掠。外人也不至到中国来寻觅市场，销售他们的货物。为什么呢？因为若是没有生产、制造、转运的新方法，外国自己制造的货物，仅仅可以自给，必没有多余的东西运输到中国来。我所以说这些话的缘故，为的是说明工业革命。我的注意点，是蒸汽电力发明后，世界就可缩小，世界各国间的一切障碍都可以消除；世界人的关系更为密切；人类才有联络接近的机会。若是离群索居，便不能生存了。

所以，这新势力，可以将以前的分离变成结合，可以将人类活动的范围扩大；并且，不仅能使各国的关系密切，就是一国的各省间，关系也因而密切。前几天，我见一个人在旅馆晚餐，不过3点钟的工夫，他可就到了北京了。我又听见一个人说：从前由济南到北京，步行须费12天的时间，现在只用3点钟的时间，虽然不能人人都坐飞艇，然而比较这3点钟和12天的差数，就可以证明机械的发明影响于社会很大了。这汽机电力的发明，还可以使一国的人因着交通便利的缘故，使思想的交换、知识的传播，一天迅速似一天，因而发生一种新势力。人生的一切事项，无论直接或间接，都要受它的影响。所以，学校不得不注意社会的转变。若是学校不适应这种新势力，都要保持它旧有的状态，它的结果必要使这学校里的人没有知识，他的国家也必要有不幸的祸乱。以后的讲演，就是要说社会的变迁，影响于教育的——例如学科的选择、方法和组织各种问题——今天只要举出几个要点来略说一说。

第一是科学的重要。教授自然科学不是纯为增加知识，也不是因为好奇的缘故。它的唯一原因，就是不教授自然科学，就不知天然势力，就不能利用此天然的势力以利人生。

第二是历史地理和各国现状须要明了它的重要。在交通不便、社会接触未密切以前，学问不过是一部分人的事情，不过是一部分人的装饰品，没有什么价值。现在的学问可就不一样了。历史啦，地理啦，和各国的现状，都是要知道的。然在现在的社会，外国文字虽不必人人精通，然为新潮流所迫，也是应该特别注意的。

还有，因社会变迁的影响，工业教育也应该特别注意。现在的工业教育应当是分类教授，不可和从前的混合教授。从前虽然也有工业教育，然而都是学徒制度的教育，不过跟着旁人学习，做一种模仿的服务，自己并没有知识上的锻炼，现在的工业教育和商业教育，必要使他们明白工商的原理和工商的情形，以适应社会的要求。我所以要说工商业的变迁与新方法的缘故，也不过是要表明学校应该适应潮流去改良罢了。以上所说的就是工业革命的潮流。

第二种潮流就是普通人民要参与国家的政权。在二百年前，各国的政权，都操在少数贵族手里。近百年来，这旧式政治，渐渐地破除了，渐渐地趋向于民主主义。到了最近几十年来，这种趋势一天快似一天，一直到欧战①以后，世界上的专制政府都推翻了。但是人民在千百年以前，在旧政府之下都是很情愿的、很知足的，近来为什么又有新运动，去向这德谟克拉西的路上走呢？其中必有很深的原因。由此原因，然后才发生这种影响。这种势力，我们不能抵抗，如同从山上流下来的急流一般，我们是不能阻止的。它既然这样普遍，这样伟大，若是有一个政府倒行逆施，要在最短时间去阻止这种潮流，结果必至灭亡。

这第二种潮流和第一种潮流有密切的关系。它的原因就是从蒸汽电力发明以后，人民的思想因为传播、交换关系越加密切。所以，人民须努力求着知道自己全国的情形，若是有一个大国没有铁路、电话、电报、邮政、汽船，它的人民必不能知道本国的情形，必定和一盘散沙似的，不能团结。这是当然的结果。例如数十年前中日战争，有人说，中国人不知道这次战争是中国和外国的战争，不过是一部分人的战争；又有人说，中日战争不是中国人民全体与日本人的战争，不过是北几省之官吏与日人战争。这等情形，和欧洲从前的情形一样，欧洲在蒸汽电力发明之前，各国战争也不过为统治者与统治者的战争，或是军人与军人的战争罢了，并不认为是人民全体的战争。除非对于个人的财

---

① 欧战，指第一次世界大战（1914—1918）。

产有直接损害的时候，然后才知道这战争和个人有关系，不然是绝对不知道的。这种情形现在是绝对不可能的了。

因为汽力电力的发明，交通便利，消息灵通，现在的国民对于国事也就注意了。在汽力电力未发明以前，要有合于民意的政府是不可能的事。如罗马雅典，不过是很小的一部分，不过是一种城市的组织。从大国之中求一真正的民意政府，是不可得的。若使美国没有许多铁路以联络各州，恐怕不能做一个像现在这样的完全国家，也不过是一个四分五裂的样子。因为有了铁路、电报、邮政、电话等，国家人民的思想有很速的进步。新闻纸的传播力是很广的，新闻纸的价值又很便宜，更可以促进人民的公共意志、公共理想、公共观念，以完成国家的要素。

社会的变迁对于教育的影响又有一种，就是现在的强盛国家都注重小学教育。他们教育的程度，最低也要使全国人民都能读能写，为什么呢？因为能读能写是社会上必要的事情，社会上的各个分子既然都能读能写，即使是程度最低，也要知道国事怎样进行、事业怎样发展，然后才能造成一种公共的趋向。

在古时，写与读不过是一小部分人的事，这是狭义的教育，阶级的教育。所教授的，只有文学。这文学只是少数人的装饰品，除了商业上用文字以外，便没有读书的了。现在这个时代，若不是国家全体的人民都能读、能写、能知国家各方面的情形，是必不能团结的，必不能强盛的。

（1921年7月19日，王卓然口译。

《晨报》1921年7月24—27日）

学校与社会的关系

（在济南的讲演）

编者按： 本文是杜威1921年7月23日在济南作的讲演。在讲演中，杜威结合当时中国及美国学校的一些例子，阐述了学校要和社会相结合。他强调指出：学校就是社会的一个单位，学校里的事和社会上的事是一样的，学校里的师生同学的关系就是社会上人们的关系；学校也就是社会的一个试验室，去试验儿童的创造力、组织力、互助力、自动力，养成这些能力就能使儿童为社会服务。最后，杜威对在济南所作的系列讲演作了总结性归纳：学校教育要完全和社会生活相联系，学校的基本功用就是造就多数人才将来去组织更好的社会。

以前所讲的，是学校的科目、管理、行政和一切的训练，都应当和社会的需要相适应，并且和儿童的天性发展、活泼兴趣也要相适应。由此看来，学校的设置，第一要和社会相结合，第二要和儿童天性相结合。这两种目的，要一时达到这两个目的，必须把学校看做一个小社会，学生便是社会的分子，学生在学校里活动，就像在社会活动一样。学校的设备和组织，就是社会的模型；儿童在校内的生活，就是在社会生活的一个缩影。使学校和社会成为一体，就是使学校适应儿童的需要，叫他们得到充足的机会，以责任心去做事，打好以后在社会负责任做事的基础。

以前我注意讲过一点，就是学校应该适合本地方的环境。要知道使功课适应于遥远的社会是很难的，必须适应于接近的社会才行的。因为必使学校的科目和儿童的环境相联络，然后再和儿童的日常应用及日常生活相联络，这样才能收得效果。就教授历史说罢，应当先由本地历史着手。本地方若有什么纪念物或是古人的遗迹等等，就可以用它做基础而教授。中国是世界上最古的国家，历史的事迹自然是多的，各处都有历史的材料，可以拿来做基础的教授。就拿山东地方说，几乎人人在幼小和长大的时候，对于本地名胜地方和圣贤产生地没有一个不知道的。既然历史的材料如此之多，教育者应当用有系统的教授法，使儿童知道以往的事迹和现在一切情形的因果。学校的旅行是最有益的，使学生实地考察历史上的事迹，他们就可以得到活泼的知识。

如果去日本学校参观，最令人得一个印象的，在放假的时候，有许多男女学生，到各处去旅行，对于历史上有名的地方，实地去考察，并且还有教师领着他们，随时可以指导。这样方法，范围或者不能很广，容易使儿童生狭义的爱国心，但是也能得重大的利益，就是使儿童产生对历史上的兴趣，增多历史上的知识，对于本国文明，养成儿童合理的信仰力和自尊力。学校里用的历史教科书所包括，如果都是重要的记载，或是记月编年的纪事，或是儿童重要的事情，或是某某大战争等等，使儿童读它，是枯燥无味没有兴趣的。假使历史教科书不注重以上所说那样记载，只教授本地要紧的记载，使儿童自己去考虑研究，造成一种历史上的思想和兴趣，他们自然就知道历史对于人生有什么关系了。这样活泼有益的、历史的教授法，学生一定很感兴趣的。他们去考察的时候，可以摄影、笔记、绘图等等，养成一种自动力，可以做出历史上许多的材料来，贡献给社会，不仅仅使他们记忆些无用的记载了。

这统一的原理要应用到地理上，使儿童知本地的地理、风俗、人情、习惯，自然能知道和人生的关系，也就有兴味去研究了。我在美国的时候，见有一个故事，就是地理教授的事项，是对社会很遥远的，不是接近的：一个学校在密西西比河的岸上，有一天有两个学生去找教师，一个说："这个河就是地图所画的那个密西西比河。"那一个说："不是的。"从这事上看来，他们记忆的能力，或者是相等，但是一个所学的和人生相联属，一个是不相联属的。这就是教授地理不管事实的毛病。

本着这个理由，教授基本科学也应当和事实相联络。关于用机器、用工具，在工业中有一个说明。就着中国现在的工艺说，现在正是过渡时代，虽然大部分仍然用手去做工，但是在学校一部分，使用机器已经开始进行了。在工业中一个主要事情，就是纺纱织布，使棉丝麻草等原料在学校里都与工业相联络。这种工业是用手运用机器，去做纺纱、抽丝、织布等事。学生应该就着这样工业上去研究考察，并不是使他们知道使用机器的法子，是要他们知道机械的原理。将纺纱机和蒸汽机或电机来比较，自然看出哪样复杂、哪样简单来。顺着这样复杂机械，去考察它的沿革，追求它是什么时候发明的、什么时候进步的、什么时候改良的，使他们得到实际的兴味。学生要研究机械或工具的历史，知道现在的机械，将要求怎样地设法使它发展改良，就可以出产增多；甚至于可以画出图来，去设想怎样改良工具。这样的研究法，就可以得到机械上的独立知识，就可以自己去创造，不必仿效旁人了。

我以上说的这几项，不过是举例说明。主要三点，就是要使儿童养成创造力、发明力，谋社会上的幸福，都是从儿童天然的才力发展出来的。以上所说的是第一要点。第二要点，就是学校作为社会的一个单位，学校的事和社会上的事是一样的。学校里师生同学的关系，就是社会上人们的关系。

我说学校是社会的单位，在中国更可以看得出来。因为中国学生是住校的，不像外国的学生，多半不能住校，所以更像一个小社会。这些小社会和大社会情形都是一样，都有社会的要素，也有建筑物，也有公共卫生等项，所以说学校和社会是一样。既然一样，学生出校的时候，要在大社会上做一个有力的分子，必须先在小社会里，去养成他的负责任的心。单就卫生说罢——在小社会内，既然有维持负责的力量，那么到大社会上，也就有这样负责任的心。我在中国两年的游历，见许多学校的建筑、设备和清洁等事，全都责成学生委员会负责。学校使学生这样负责的做法，并不是使他们做了工，就可以代替夫役好省经费，是要养成他们的创造组织力，更要养成他们的互助力，以后出去在社会上做事，可以和衷共济负责做事，这是最要紧的。

从前已经说过，中国所以贫弱到这样，不是人民没有知识，或是物产不丰富的缘故。主要的原因，是人人没有团结力、组织力、互助力的习惯和能力，不知道国家一切的事项和自己有什么关系。学校和社会一样，也就是社会的一个试验室，去试验儿童的创造力、组织力、互助力，养成了这种能力，好去给社会服务。学校和政治团体也是一样的，它有规则，都要去遵守，就像社会上有法律一样。在旧时因袭教育制度，它的权柄都在教职员手里，强迫着学生去遵守实行。这种管理的方法，就是学生心目中，以为这规则并不是维持学校的，以为纯是教职员按自己的意思造出来，好自己利用的。这种毛病，能使学生觉着维持学校和清静等都是教职员的责任，不关自己的事；但是能规避过去，他们就尽力地规避。这样管理法，即使学生遵守，也是被动的；即便不去破坏，也必然不去注意了。

在共和国家，如果用这样教育法去教人才，必不能造就出真正的共和国民。假使学校生活做一个试验室或是制造场，去教养儿童，使他们有负责任的思想和能力，知道规则与全体或自己有什么关系。到年长的时候，经验也就多了，可以给他们一个机会，去讨论学校的规则，并且可以去起草规定。我以上所说的，是学生自治的问题。这种训练，就是使儿童知道学校的规则和学校的生活，对于全体有什么关系那么就不可以不实行，养成他们的责任心和组织力，然后到大社会上才能适应。但是，现在的学校自治就是一个来源，并不是从正当的方法生出来的。因为因袭教育的制度，教职员以他的地位和权力，强迫学生去遵守规则。一旦发生反应，遂就把这权力转到学生身上，就算是自治，直接把"自治"看做争权的活动。这种"学生自治"，不是"民主主义的自治"，可以说是"强权即公理的自治"。还有一层，要是以为教职员年纪大、经验多，学生年纪小、经验少，若把教权给学生是一定不行的，似这想法是权的问题，不是真正的自治了。真正自治的基础，就是本着积极的、创造的态度去维持公共利益、管理和秩序，可以养成他们的自动力、创造力。必须有了这样的经验以后，才可以定规则去管理学校。

我说到这里，大家可以明白我这六次讲演，有一个共同的根本原理。这基本的观念，就是学校的教育要完全和社会上生活相联络。学校的教育，就是产生将来良好社会分子的方法。将来良好的社会，就全赖着教育去产生。学校和政府是不同的，政府的政策全是采取现在一定的状况实施，只就成年人设想。学校是培植少年的人，因为未成年的人没有固定的观念，正是陶冶性很大的时期。学校更容易造成他们更好的理想和更好的习惯。学校的势力，是由内而外的，就是由内部一点一点地向外发展。儿童的信仰、观念、习惯，并不受外力的牵制。所以，学校基本的功用，就是要完全明白教师主要的职务是个造化者，造就多数人才，使其将来去组织更好的社会。

今天是结束的时候，我是很感谢诸位，都能冒雨而来，像这样尊敬我，我是很感激的。教育厅请我到这里来，招待得十分周到，我是尤其感激的。这些情形，都使我脑筋里所生一种印象，永远不能忘掉的。诸位都是我的朋友，我就是回国，也一定把诸位好友的高谊存在我的脑子里带回去。我还要谢谢王先生，给我翻译一星期之久，是很辛苦的。

（1921年7月23日，王卓然口译。

《晨报》1921年9月24日）

三、学校教育

作为一位教育家，杜威一直关注学校教育问题。在中国的讲演中，杜威好多次侧重对学校教育的各个方面进行了探讨。在"学校教育"这一部分，收录了杜威有关学校教育的十一篇讲演。

在这些讲演中，杜威主要探讨了以下五个方面。

第一，经验与教育的关系。在《经验与教育之关系》（在南京高等师范学校的讲演）中，杜威指出，教育就是利用经验而获得圆满的结果。如果教育根据学生的经验，那就是自动教育、直接教育，而不是机械教育、被动教育。只有这样，学生对于自己会有真正利益之价值，并有兴趣获得适当的知识，同时学校与社会也可以联系起来。

第二，提倡自动的教育，反对被动的教育。在《"自动"之真义》（在扬州的讲演）、《造就发动的性质的教育》（在杭州第一师范学校的讲演）、《自动的研究》（在福州青年会的讲演）中，杜威指出，真正的自动是有目的地动作、有意义地动作，也是和社会的进化互相联系的，以社会做标准，而不是任性地去做。但是，学生进入学校后，自动的方面渐渐减少，而被动的方面反而渐渐增多。由于人的本性皆喜自动，因此，一旦自动渐渐减少，就会产生厌弃教育的心理。他还指出，自动的教育有三个要素：一是发展精神；二是临机应变；三是集中力量。但是，被动的教育既视学生的心理如空白之纸，又视学生的头脑如海绵，因而教师以各种教材装入学生的脑中，极力灌注而使学生被动地吸收。

第三，注意科目的选择。在《学校科目与社会之关系》（在济南的讲演）、《学校的行政和组织与社会之关系》（在济南的讲演）中，杜威指出，学校必须教授的科目，应该知道它们对于社会的需要是否适用，教授对于人生有关系的实用学科，适合于本地的情形。实际的教育就是要使学生明白社会的情形。无论社会怎样变化，所教授的科目也应该随着改变去顺应社会的需要。同时，学校应该注重自然科学的教授，并把它作为锻炼学生的判断、发明和观察能力的最好的方法。

第四，改革教材和教法。在《教材的组织》（在徐州的讲演）、《试验主义》（在无锡第三师范学校的讲演）、《天然环境、社会环境与人生之关系》（在福州青年会的讲演）中，杜威指出，在教材上，学校教材应该详尽而具体，注重学生有活动的精神、创造的本领、发明的能力。其具体内容包括游戏、手工、科学等方面。由于教材看起来很容易，但做起来很费事，因此，教师不仅自己须有博物知识，而且自己先要练习，然后才可以教学生。在教法上应该得当，使学生得益；同时，还应该促进儿童的自动。如果不从学生经验上着手，而从书本上的记载和教师的闻见强加注入，那实际上就是以符号授人，对学生的发展毫无所益。这实在是违背教育原理的。为此，应该极力提倡"试验主义"，即把"科学精神"应用到社会上去和事情上去。只有这样，才能使学生掌握科学的方法并实行之。具体来讲，就是知行合一。

第五，重视教育的心理要素。在《教育之要素》（在南京江苏省教育厅的讲演）、《教育之心理要素》（在济南的讲演）中，杜威指出，学校教育应该适合个人的天性和心理，使其个性得到发展。所谓心理要素，就是个人的要素。但是，旧式的学校以课程为本位，往往是使学生顺应学科课程，而不是使学科课程顺应学生。其弊病具体是：学生时间和精力的消耗；使学生养成一种被动的和完全依赖他人的习惯；学生所学的功课是无用的。因此，为了克服这些弊病，学校教师必须研究心理学，懂得儿童本能以及儿童天然的活动的重要性。

经验与教育之关系

（在南京高等师范学校的讲演）

编者按：本文是杜威1919年5月在南京高等师范学校的讲演。在讲演中，通过对经验与教育之关系的讨论，杜威强调指出：经验的性质是人们对于一切环境的关系；学习即经验，经验即学习，从经验中得教育须校内教育和校外教育结合；教育的最大问题就是新的材料和旧的经验的联系。因此，依据学生的经验，对学生有实用的、与社会联系的和使学生有兴趣的教育，乃是自动教育、直接教育，而不是机械教育、被动教育。

今日欲与诸君研究者，厥唯经验与教育之关系。教育之定义颇多，简言之，则利用经验而得圆满之结果是也。经验有二义：一为经验之性质，一为利用经验之方法。兹欲论者为经验之性质；至于利用经验之方法，则资下次之研究焉。

所谓经验性质者，即吾辈对于一切环境之关系，总人事、山川、溪谷、草木、牝牡已往之类。申言之即与环境一往一复，合原动反动而言者也。譬之婴儿见火，以指触之，是原动也；火燃指痛，是反动也，此一往一复而经验生焉。又如婴儿弄石，石堕足伤，亦一往一复而成经验也。至于人与人之关系，如婴儿泣啼人往慰之，或童子倨傲而被罚，亦若是也。故经验者绝非一面之事，一因一果，一施一受，一为原动，一为反动，如上之所谓一往一复而相合之谓也。夫经验意义，既如上言，今更究其与教育之关系焉。

教育有二：一曰学校之教育，一曰校外之教育，即日用生活之事，由经验而成者也。盖学习即经验，经验即学习，学习、经验固不可分而观也。婴儿未入校时，其天然活动与外界相接，所受因果往复之经验，即天然之教育也。故小儿一岁至三岁所受之教育至多，盖其与外界所接触至多故也。非唯小儿为然也，经商者筹划盈亏，即于经验中得教育也；至于学校教育，亦必因校外之教育而利导之，始克奏效。公立学校往往有不良之虞者，皆教授一以课本为准绳，而学者所得止于耳食故也。夫读书之事高尚优美之事也，书中所载古人之垂诏或今人之言论，皆经验之所萃、心得之精微，读之者不以己之经验合之，而育从附会，难免口耳四寸之消矣。故无论教者学者，苟不根据此理，必致大误。诸君教育中人，幸留意焉。盖不若是则将侵犯人之自然经验而注入之，如老鸦哺子，曾不问其饥饱，唯尽力哺之而已。教者不察学者之需要而纳之，何异于是？卒之使学者所受，尽成装饰，虽博闻强记，亦人云亦云，不能判其是非、正其谬误，所谓大之不能用天下国家，小之不能为天下国家所用。读历史仅能熟记已往之事，犹机械也；必以往古之事合之于今而应用之，则历史精神始能显着。读地理者亦然。米西细比河[①]，美国之最大川也，学校生徒闻之于书本中者熟矣，及见此河，乃漠然不知。故书本自书本，经验自经验，凭书本注入而能致用者，无此事也。至于算学一科，人多难立，学者甚多，而能用者甚少，则虽学犹未学也。其他如伦理修身苟徒空言，而不见之于行事，亦无用之学也。

要之教育最大问题，即新材料与旧经验相融洽也。学科学者尤以实验为主，而学校之中尚未能施立于实际，是可虑也。例如，家庭炊爨，即含科学之理焉，学校曾不知使学生利用此天然试验，虽学生尝试于实验室中，而究其能应用其学理于日用生活之中者，则无几人焉。道旁坊圃，人常见之，而土壤肥

---

① 米西细比河，今译"密西西比河"，美国最大的河流，北美洲最长的河流，全长达6020千米，流域包括美国31个州以及加拿大两个省的全部或一部分。

质之高下，菜蔬繁殖之所宜，又学生所常习者也，求其能合书本于坊圃者，又不数见也。故教育要义，端在以书本合经验，始不死于句下而有所裨益于世也。照通常之所接遇，如腌肉烹饭之类，皆常人所易为，情仅知其然而不知所以然耳；若就其中而考其原理，则寻常之事亦书也。教育若能根据学者经验而推广之，则其结果有三：

（1）学生对于己身有真正利益之价值，否则仅为博名之具装饰品而已；

（2）学校社会可相联系，否则学校社会漠不相关，学生对于社会俨如禁隔；

（3）能使学生饶有兴味而得适当之知识，否则学者将以学习为苦禁，不乐为学矣。

盖根据学生经验，乃谓之自动教育、直接教育，而非机械教育、被动教育也。更有一言，诸君其将异之，即联合教授与经验之事，在中国行之，较美国为尤易。盖中国实业状况，异于西洋；中国耳目之所触，皆西洋所难得者。譬之农工等事，皆在人人普通经验范围之中，而西洋不能也。美国都市多无坊圃，故有学生尚不知菜蔬为何物者。曾忆某幼稚园教师，令学童带菜蔬至校，而学童不察，乃取罐头食品携至校中，此皆平常未曾经验故也。复次不佞来宁数日，略观各种工艺，如缫丝、织布及其他诸事业，靡不易见，而在美国则非易事也。美国工艺皆在工场制造之，法皆用机器，参观既非易事，而机器震动之声足以令之耳聋，幼儿见之，尤易生惧。中国工艺则大半皆用人力，而参观亦易，此诚中国学生采取经验之天然利便，美国所不能及者。唯其他美国之利便，而中国所无者，亦复不少，诸君幸留意焉。中国教育尚在萌芽，而美国既历经试验，几费经营，成规俱在，正可采取大道，省精神财力，作建设之事焉。

（1919年5月，刘伯明口译。

《杜威在华演讲集》，新学社1919年10月版）

教育之要素

（在南京江苏省教育厅的讲演）

编者按：本文是杜威 1920 年 5 月 8 日在南京江苏省教育厅的讲演。在讲演中，杜威指出，各种教育有三种共同要素：一是受教育者，这是教育过程的起点；二是学校、教师、学科、管理、训练等，这是教育过程的中间者；三是社会目的，这是教育过程的终点。从受教育者方面考察，学校教育必须心理学化；从社会目的方面考察，学校教育必须适合社会的需要。他还强调指出，学校教育改进的原因，实际上就是社会的变迁。社会生活发生了变化，而学校不改变是绝对不行的。教育出现了两个重要趋势：一是普及，二是实用。因此，学校确实是改造社会的独一无二的方法。

教育的要素，说各种教育所共有的要素。

教育的要素，有下列三种：

（1）幼童青年之受教育者；

（2）学校、教师、学科、管理、训练等方法；

（3）社会目的。

此三种要素，各有特殊的用途，教育哲学就由此而生。

教育历程的起点，为受教育者；从受教育者的本能动作，加之以指导裁判。

教育历程的终点，为社会目的；使受教育者受教育后得参与社会生活。

在教育历程的中间者，即学校教师……拿受教育者的本能动作加以指导裁判，使能参与社会生活。学校教育虽不能代表一切教育，而是正式的教育，有一定的法式及训练管理等种种方法。这种法式、方法、意义皆自古传来，不能明了。一方面要和儿童本能动作连接，一方面要和社会生活联络，不如此便没有存在的理由，便没有明了的意义。

学校教育的设备、学科、方法等种种，常用这两方面来考察价值。一方面就受教育者性能禀赋研究，是否能适应他们的需要；另一方面把科目当做促进受教育者发展的工具，不当它做目的看待，那么就可以和受教育者联络了。

换句话说，学校教育设备、学科、方法种种必受心理学化，就是总用根据于心理学原理。受教育者为儿童，就要研究儿童心理现象，然后适合儿童的心理；受教育者为成人，就要研究成人心理现象，然后适合成人的心理。

这是从受教育一方考察的；他方还要从社会目的方面考察，看学校教育是否能培养人才，能适合社会的需要，将来能参与社会的事业。

上面所说两方面的联络，在教育方面是当然如此的。但是，现在的教育偏偏不能如此。一方面不能适应儿童的天性，一方面又不能适应社会的需要。儿童和社会判然隔绝，所以教育是不能不改进啦！

从社会方面讨论改进，学校是社会的机关，不能不受社会的影响。社会的遗传、思想、习惯借学校科目来传布。这种思想习惯，在从前社会是适合需要的，到了现代社会，就不适合需要了。学校方面，假如还不改进，就要和社会隔绝。这种现象，在现时的学校常见呢！

学校自然有保守的倾向，并不是不好的事。社会变迁不大，保守还没有妨害；假如变迁很快，不想方法来适应，一味地保守，就要发生很大的危险。到了这个时候，就要把从前的好思想习惯加以改进，发挥光大；另外加些从前没有现在必需的思想习惯，使之适应社会。所谓改进，并非把旧的绝对推翻，不可误会。

平常人说："学校改进，乃少数好新奇者为个人而倡议的。"这话大错，学校改进的原因，实为一般社会变迁，不得不变迁以为适应。

社会的生活、经济、政治、农工商业，没有新的理想希望发生，学校不妨还循旧的途径。假如有到新的理想希望发生，学校不改变，乃绝对不能的事。50 年来，世界工业经济等种种发生大变化。电报、电话、铁路、火车发明，交通便利，生产力增，打破旧思想习惯，发生新的能力，世界各方均受很大的影响。

这种变迁，并不囿于一隅，乃普遍于世界各国，不过感受有迟早的不同，或 10 年，或 20 年，或 50 年。总之，旧时代的规矩途径断不容存在，教育是不得不变迁的。

晚近教育经社会的种种变迁，生两种重要趋势：（1）普及；（2）实用。

（1）旧时教育范围甚狭，为阶级制度，不过少数贵族及上等社会的权利。在当时社会，也没甚大害；至于现在的教育，范围推广，要人人有受教育的机会，受教育并非权利乃是义务。这种趋势，为适应社会需要而发生，无此教育，社会便立脚不住。

（2）所谓实用，意义甚广，并非指极狭的谋生活言。实用的趋势，即从普及的趋势产出。在旧时阶级教育的时候，受教育不过少数经济充裕、不必谋生活的人，自然可以研究文字抽象的学术；到了现在普及教育时代，受教育者多是要谋生活的人，自然不能去专研究文字抽象的学术了。这也是用以适应社会需要的。

上述种种，都是很普通的。不能不承认教育的性质与分量之普及性质之实用的关系，不是因个人的利好私恶而产生，是因要适应社会的需要而产生的。世界上生出一般很深很广的变迁，教育若不改进，就要有很大的牺牲损失了。

社会有很大变迁，要加改造，最好从学校方面做去，因学校有改造社会的很好机会。年长人的心理受了旧思想的束缚，久成习惯、难以改造；青年和儿童，习惯尚未养成，正可指导他们的思想，使成新习惯，所以说学校有改造社会的很好机会。

儿童心理既流动易变化，教育者当负指导责任。利用流动变化的心理，加以思想的指导，如是社会自可改造，所以，学校确是改造社会独一无二的方法。

近代青年，有很深的希望。对于现实情形不大满意，理由很为正当。有了此种心理，很容易吸收新思想、新方法。不过希望过快，不用正当方法，从捷径上做去，虽说简单容易，恐怕要失败的。

拿教育来改造社会，虽说缓慢，实在是唯一方法。如何改造呢？要紧的是改造思想、习惯，使得正确的知识、精敏的技能，教思想能实现改造社会。要改造社会，只从客观的方面，如宗教、政治、制度上着想，不自思想，转瞬便要消灭，新旧相改，原动反动，生生不息，社会有大危险发生。

总之，学校为改造社会的唯一方法，从改造心理思想入手，加之以正确的知识、精敏的技能，使能实现思想。假如不用这方法而用武力魔术做去，终是无用的。

（1920年5月8日，刘伯明口译。

《时事新报》1920年5月12日）

"自动"之真义

（在扬州的讲演）

编者按：本文是杜威 1920 年 5 月 20 日在扬州的讲演。在讲演中，杜威指出，真正的自动，是有目的地动作、有意义地动作。从与社会的关系来看，真正的自动是和社会的进化互相连带的，是和社会的利益互相牵制的。从与生理的关系来看，自动是印象、思考、展示三者的完全进行，由五官的接触，一一亲自试验，然后得到一种结果。从与教育的关系来看，学校要养成一种有生气的儿童，就要从自动开始；但是，自动不是随便做事，其有三个要素：一是发展精神，二是临机应变，三是集中力。

现在讲自动，真是很不容易；别人说自动，我也说自动，其实早站在被动的地位，哪里还能算什么自动呢？真正的自动，是有目的地动作、有意义地动作。动了，就可以增进社会的文明，有关社会的进化。倘若不然，单有自动的虚名，不过耗精神、费财力，于家国社会是毫无益处的。

（一）自动与社会

自动，不是任性去做。有许多人，不知自动真义；以为我自由行动，别人不能干涉我；这是大错的。真正的自动，是和社会的进化互相连带的，是和社会的利益互相牵制的。必人人向同一轨道动去，社会才有进步。倘使各不相顾，就彼此不能一致，力量不能增加；或者两力相消，或者互相抵触，生出扰乱的事情，所以自动必须拿社会做标准。

（二）自动与生理

人的神经，本分两种，一主感觉，一主运动。先由脑神经收入印象，然后发为动作。所以，自动乃印象、思考、展示三部的完全进行，由五官的接触，一一亲自试验，然后得一种结果。所以，自动是实验主义必需的手续。儿童从 1 岁到 5 岁是真正自动的时期，一切外象都由自己亲自探险得来，所以他的所得亦最多，如言语、行路等都在这个时期学会的。等到一入学校，自动的方面渐渐减少，被动的方面反渐增多；耳目不用、手足不劳、心思不想，终日终年皆是得的一种死印象，不是自动的新生活，个性无由发展，性灵反多戕贼，这是最不好的事。

（三）自动与教育

现在的学校，讲义编得好好，书籍注得完完全全，句子圈得密密整整，真是代学生用心思、代学生用耳目、代学生用脑力，使学生如泥塑木雕。但人的本性皆喜自动，一朝斩丧如此，厌弃教育的心就从这里发生。因此，最快乐的读书事业或顿生一种惨淡的情形。此种现象，自我来中国参观学校以后，常常看见。就是美国现在也还不少。课堂以内，完全是教师的讲演，学生没有思考的时间，又怎能希望社会改良进化呢？学校以儿童为中心，社会以青年为中心。所以，最希望学校养成一种有生气的儿童，社会养成一种有生气的青年。要怎样能养成呢？就是从自动开始。

但自动不是随便从事。它的要素有三：（1）发展精神。我们遇着一件事情，必先审度能动与否；再想动了怎样，怎样变化，怎样应变，它最后的胜利怎样，最后的胜利在哪一方面；然后从善的一方面去动。必如此动作，才能算是改良、算是创造。（2）临机应变。我们对于一事的规划经营，必须经过无量数的痛苦；而事理的变化不测、不能预料，全在我们通权达变，或者直达，或者旁达，终希望它成功。（3）集中力。果然认定这事不错，是应当动的，必须不折不挠、一步一步做去，不用小巧取胜，不以速达为功；果能坚持，终能有济。本着这三个要素，做自动的标准，再同向社会方面做去；那么，在个人一定成功，在社会就有进步。自动的真意义，即是如此。

（1920年5月20日，刘伯明口译。

《民国日报》1920年5月25日）

造就发动的性质的教育

（在浙江省立第一师范学校的讲演）

编者按： 本文是杜威 1920 年 6 月 14 日在杭州第一师范学校的讲演。在讲演一开始，杜威就明确指出，相对被动的性行，主动的性行就是见解精明、具有独创力、步骤清晰（理智方面）以及协力合作（道德方面）。接着讨论本次讲演的主题：教育上如何做才能得到发动的性质。杜威强调，造就发动的性质的教育须有三种方法：一是注重游戏运动。因为身的动作是心思的工具，是性行或思想实现的器械。二是注重手的活动。因为手工的最大功用是造就发动能力。三是注重天然物象的观察和实验。因为实验方法是人类进步的仪器。杜威最后甚至说："中国社会改造的根本方法，就在于此呢！"

我曾听得中国有个很著名的教育家说："被动的性行，可以算是占据中国教育上最高的地位的东西。"讲到被动的性行，最显著的有两件事可说：一件是属于道德方面的，一件是属于理智方面的。属于道德方面的例子，像：（1）中国人俭朴的习惯和自奉刻苦的习惯；（2）中国人做事的忍耐功夫；（3）中国人对礼貌的讲究。属于理智方面的，像中国人善于思想的这种习惯，便是个例子。以上是说明被动的性行。至于主动的性行，究竟是什么呢？见解精明、独创力的具足、步骤清晰，这都是主动的性行之属于理智方面的；协力合作，那便是主动的性行之属于道德方面的了。

我们睁开眼睛看看，现在是什么世界，忍耐刻苦这类的性行，差不多已成为无足深取的了；因为这类性行都像守株待兔似的，再也不会使人类进步的。我们现在所应当注意的，就在主动的性行；它不但有予社会以进步的机会，而且有可以支配天然界和改造社会的本能呢。

我们要把世界一切现象比较一下，去下一个总括的断语，这是很难的一件事。但有几句话说来，有几分真实，而且可供大家研究的，就是以科学征服自然是西洋文明的特长；视天然界现象为神秘，而且将之拿来当做娱心悦目的事物看，这是东方人最显著的态度。西洋哲学家培根是近代科学思想的一个大功臣。他说，知识即能力，能力所以克服自然。他主张我们要求生活，无须直接去求，只须设法去支配物质，使它能够有利于人生，就是了。我的意思，以为完全生活，须取东西洋文明兼而有之方可。所以，在西方人应当把东方人的怡淡安详的态度收取些去；在东方人却应当把西方人的创造精神、科学精神吸收些来，这才能达到兼而有之的目的。上述是本题的导言，现在要讲入本题了。本题就是教育上应该怎样做去，才能够得到发动有精力的、有生气的精神出现。本题所特别注重的，为小学儿童用怎样方法去发动它，才能够具足上述种种精神。

理论和实际、思想和实行两相分离，这是从前的人所深信的。即近世纪以前的大学问家，也往往作如此想；他那以为"身心是分离的，我们只须从心所欲的玄想开去就是了，再用不着顾到什么身的方面的动作的"。结果，身的方面往往不能为他所用，思想上也就生出无限的障碍了。现在我们所注重的，是发动的、有精力的、有生气的性行。身体上的动作，分外应当注意。所以我以为，造就发动的性质的方法，是下列三种。

第一，注重游戏运动。身的动作，是用心思的工具，是性行或思想实现的器械。我们平常见游戏运动这件事，往往当它仅仅有益于身体上的健康，不晓得它的最大作用是在练习思想和思想的习惯。我且把游戏运动有益于吾人的最显明的例，胪举如下：（1）感觉敏捷；（2）养成果敢决断的精神；（3）造就发动能力；（4）思想流利，不虞缺乏。概括的一句话，就是"游戏运动，能够使一个被动的、静穆的、无生气的人，一变而为活动的、有生气的、有用于社会的人"。这岂不是很有价值的吗？诸位曾听见过英语中"Greek Spirit"一句话吗？（此语可译作"希腊精神"）古希腊人最重游戏，不但取以为保持健康所必需，而且还当做锻炼心思的工具。所以，当时古希腊人的兴奋力很充足，而且很有活动气象。英国不是以殖民地和商业这两件事业称雄于世界的吗？原因甚多，而注重游戏运动都是它的最大原因。日本现在不是可算一个强国的吗？我们只需看它半世纪以来，注重身体发育的一般情状，便可晓得它强国的一般了。从以上种种实例观察起来，可以明白游戏运动这件事，当中实在是含着一种至理。我们不要以为它只能助身体发育，我们须看得它很有价值；虽然能够使中国一般国民把身体上的习惯改革一下，于中国改造前途必有很大利益，而且也许能够增高中国在世界上的位置。这事的具体进行方法，莫如在全国各都会城镇乡村遍设公共运动场，有相当的设备，使全国的小孩子都得到游戏运动的机会；一面学校和家庭竭力地去提倡它。这事表面上看起来似乎很小，实则勇取心、发动心、自信心等的养成方法，都在于此。吾人对此事，万不可专作壁上观才好。

第二，注重手的活动。这是造就发动的性质的第二种方法。平常人以为手工只是肌肉训练的一种功课，或者还以为是裨助将来的职业的一种功课。这话似乎很对，实则手工的最大功用是造就发动能力，使人有了一种意识，就会想到求展现的一条路上去；这难道是毫无边际的空想所能及得来的吗？此外，手的活动的种类还很多：像图画、音乐、书法，都是给我们以表现思想的机会；又像金工、木工、厚纸、石膏等手的作业，形式虽然不一，功用却是相同的。简括一句话，就是使吾人以吸收为唯一要务的态度，一变而为积极的表出的态度。

第三，注重天然物象的观察和实验。这是造就发动的性质的第三种方法。就是使儿童观察天然物象，用实验的方法去仔细研究它。一方竭力打破被动性质的书本教授，一方就可得到儿童个人观察能力的养成和独创力的具足等种种效果。我们从历史上可以得到一种不可磨灭的证据，就是："人类生存，不知经过几千万年，但在试验科学没有发明以前，吾人对于天然界的知识十分缺乏，所以，不能够支配天然界的一切物质。到了试验科学发明之后，人类控制自然一件事差不多已经成为常事了。"总之，试验方法是人类进步的仪器；学校方面千万不可视为忽略的。

上述三种方法，是造就发动的性质所必须奉行的。我们往往把近在目前的事情看做很平常，奉行也很不力；这是我们为远的、大的、空洞的理论的不切事物的事物所诱引惯了的缘故。现在我们既然说明白了，就应当不再蹈故辙，以至弄到得着没有进步或竟至退步的结果。

我们如果能够把理论实际两相分离和身心两不相关的学说完全打破，那就当对于无论何事总得想个法子，使它得有具体的表现的机会。如此一来，于理智方面的训练必定大有利益；创造精神还有不蓬蓬勃勃地开发的吗？

诸君！中国社会改造的根本方法，就在于此呢！诸君如果能够切实地奉行这几种方法，变化社会、改造社会都易如反掌的！

（1920年6月14日，郑宗海口译。

《民国日报》1920年6月18日）

教材的组织

（在徐州的讲演）

编者按： 本文是杜威 1920 年 6 月 19 日在徐州的讲演。在讲演中，杜威阐述了教材的组织问题，即利用何种方法改组教材使其详尽具体，以促进儿童的自动。联系体育、美术、图画、手工、历史、地理、算术、物理、电学等科目的教授，杜威强调指出，为了培养既手足敏捷又头脑灵活的学生，要注重在学校所教授的游戏、手工、科学三种科目上，培养活动的精神、创造的本领、发明的能力。他还特别提及，提倡改造中国教育和培养新国民新精神宜在体育入手。最后杜威指出，活动、创造、发明诸精神，教师要自己练习，然后才可教学生。本次讲演在主题内容上虽与在杭州第一师范学校的讲演有所相同，但其与学校所教的科目联系更紧密。

适才同诸君讲过教育的新趋势①，现在再进而讨论这"教材的组织"，就是用何种方法改组教材，使其详尽，成为具体的，以促进儿童的自动。从前有个中国最著名的教育家，他说："中国人偏重被动的道德，将来须趋重主动的道德才好。"这话是很不错的。被动的道德是什么呢？就是守分、安命、知足、安贫、朴实、节俭、坚忍等。主动的道德是什么呢？就是创造、发明、活动等。这种主动的道德，要在学校里培养出来，从前学校偏重被动的道德，重

---

① 关于"教育的新趋势"的讲演，详见本书第七部分。

在服从；现在却大相反了，要注重有活动的精神、创造的本领、发明的能力。对此二点，我们有三种精神，在学校教授科目上培养，然后社会上才能有"新的人物"。请分项说明如下：

（1）游戏。游戏就是运动，运动能发展精神、活动身体。

（2）手工。能使学生独出心裁，发表意匠，养成创造的能力。

（3）科学。能使儿童用耳、口、脑筋，去自己观察、发明、实验。

我说的这三种，诸君不要误会，以为学校教材不限于活动、发明、创造三项，要知用这三种精神活动起来便为具体的，然后才便于应用。我请再把前三种精神，申说一下子。

运动、手工两种，与人身体最有关系。从前旧教育多轻视身体，注重记忆的头脑，不注重手脚；教师对于学生，只要他安静，能用眼看、用耳听、用口说就妥了；至于全体，是不动的；惯用压迫的手段，不教他活动。这不是大错了么？我们对于学生的活动，不要摧残它，要指导它，以达到良好的结果。这才对啦！要晓得我的主张不是仅仅养成个手足敏捷的学生，因为全体活动了，与头脑活动有关的。诸君思想，这身体的活动能不注意指导么？我们外国人到中国游历，时间太少，对于中国的事不能下一个确当的批评。只是照着讲中国的儿童看起来，总嫌不活动。大概游戏的机会少，缺欠指导、培养，实在是一个大缺点。据我们外国人的目光看起来，中国的小孩子都是一种静观默察的态度；站在一旁，观看人家做，自己是不做的。所以，现在中国人觉悟起来了，知道游戏紧要，设立公共体育场，虽说设备不甚完全，尚能足用。这宗款项，甚或由人民自己捐募出来，现象真是很好的！近来有人问我，中国军事体操当废么？我一时不愿答，只是我以为中国要提倡的，不是兵式体操，是公共运动。倘若公共运动能做起来，不出 20 年，中国国民都是新的国民；若是仅重兵操，与事无济，如何能抵住外人的侵略呢？现在提倡改造中国教育、培养新国民新精神，宜在体育入手。教一般人，无论曾否受过教育，都在一块儿运动、比赛；久而久之，自可养成一致互助的精神。近来中国学生很能注重社会服务，牺牲金钱、时间，教育一般无知识的人民，越是很有价值的事。将来还要扩而充之，使校外的人与自己共同运动；对于社会知道要负责任的，不能旁观的；那么，改造中国，前途就有希望了。至于手工材料、刺绣、纺织，也要提倡的；美术、发展美感、工作图画、出自匠意，亦宜注意。平常教授图画、手工沿用旧法，养成被动的人。如教图案，模仿教师的范画，丝毫不差。这种被动的方法，是没错误的。所以，图画、手工的教法，须培养儿童活动的精神。譬如，教历史，宜将事实表演出来；教图画手工，便须令儿童用自己的思想，表出自己的意匠，方是活泼创造的精神。又譬如，教地理，也可证明，因为地理不是教纸上的地理，必定有具体的材料。用沙堆成山、凹成河，使之具体而微；不是文字的、死的、片面的教授，须是主体的、活动的。又如，教历史，平常只令学生记诵事实，没有生气，便是死的教育；要用新法教历史，使学生表演出来，便成了活的；遇有画图，令学生想象为之，便可培养创造的能力；用木料造出古时的器具、武装来，也就能够使过去变成现在的，死的变成活的。又如，教算术，是抽象的，不容易变为具体的，但用实物教儿童数的知识、教度量衡、教儿童自知实验，便成具体的了（所用实物，儿童能自己造，那更好了）。再说到教科学的方法，在利用学生的活动、能力，养成活动的精神。若是用别人的科学去教学生，便非科学的精神。因为科学的生命，要自己发明实验的。平常学校里教授科学，以为非设备完全不能实验。这种见解就谬误了。但是，这谬见从哪里发生的呢？他以为试验室只该学校里有，这就是根本的错误。要知世界上的事物，可以观察试验的很多，出校门便可看见，何必定在学校一部分呢？譬如，产丝的地方有桑，学校里便可教儿童研究桑。就他耳目所见，一一地指示，用科学的原理证明出来。只是就儿童习见的取为教材，没有不事半功倍的。又譬如，教物理，也不要许多的设备，只是就家常日用的东西表出来，比在学校多方设备的，得效果还快呢！又譬如，讲电学，只要买几个电池，便可实验。率领学生跑到电话局，也可以研究。可见只要明白科学原理，设备简单也比那设备复杂的还好呢！

　　以上所讲的创造、发明、活动诸精神，教师先要自己练习，然后才可以教学生。为什么呢？（这种理论说出来，就在美国行的都很少，中国更不用说了。）因为这种教材，看起来很容易，做起来很费事。所以，现成的很容易；要自己去拿实际来证明，费事就多了。如何肯采用呢？现在做教师的人，假若认为紧要、决意去做，用自己思想、能力去创造、发明、活动，使抽象的变为具体的，也不难办到。

（1920年6月19日，刘伯明口译。

《民国日报》1920年7月1日）

试验主义

（在无锡第三师范学校的讲演）

编者按：本文是杜威 1920 年 6 月 22 日在无锡第三师范学校的讲演。讲演一开始，杜威就明确指出，所谓"试验主义"就是把"科学精神"应用到社会上去和事情上去。然后又通过一些例子说明，科学的精神和方法是个原因，科学的理论和实际是个结果，但两者相比，前者更为重要。杜威强调，当时的中国应该极力提倡"试验主义"，因为用脑的不以思想试验行为、用力的不以行为指导思想，所以社会进步很迟。特别富有启迪的是，杜威还深刻指出："自然界未经开辟的利源，中国甚多；最紧要的富源，就在中国国民的脑海中，脑海中所贮藏的智慧，大多数没有发掘出来……倘能把有秩序的'试验主义'去发启人民脑中所贮藏的智慧，那中国的收成才大呢。"

今天所讨论的题目，是"试验主义"。所谓"试验主义"，就是把"科学精神"应用到社会上去和事情上去。关于专门的事情，固然需要科学精神；而一般人的普通行为，也须有科学精神。

科学的精神在乎方法，精神和方法与结果不同；科学的结果，有理论的和实际的两种。理论的结果，演成种种学说、种种定理；实际的结果，对于人生日用上增加种种补助人力的利器。例如，电灯、电报、电话之类，都是人类的知识应用于实际上的确证。科学的精神和方法是个原因。科学的理论和实际是个结果。结果固属重要，但是比结果还要重要的，就是科学的精神和方法。

科学的方法是如何呢？就是对于任何一件事情，要取什么态度，须先从观察入手。从观察而得实际之状况，于是决定计划、实行试验，以观和事实是否合符，而定取舍。

这种依了步骤进行之科学的方法来自西洋，而中国人吸收西洋的文明，往往舍此不求，徒模仿科学的结果，所以，不能得西洋的真正文明。

科学的应用，常表现于物质方面，而增高人类的生产力，对于人生固然很为重要。然又必注意精神方面的道德，方圆满无缺。欲达此目的，须要知行合一，以思想指导行为而以行为试验思想才好。

譬如有一人行路于车马往来、行人络绎之交叉道路，如何就可以免去危险，得安然经过？大抵须有三种手续：一须用目力观察环境之情况，二须参酌自己的能力，决定如何经过所定之计划，三实行此计划，是否得有正确之结果；是吾人心理上已具试验的精神。至于科学的方法，也是如此。不过比较地要精细缜密，由目力的观察进而为器械的观察耳。吾人以此种科学的方法应用于社会，固然影响颇大。但是常得闻两种反响。一为缥缈的理想，即前人以为此种理想，是属于科学的，与社会方面不生关系；所谓科学是科学、社会是社会，科学断无应用到社会的道理，而社会也无应用科学的必要，即使科学与社会有接触的机缘，而社会既受科学的接触，乃随处足以失败。一为无主张的盲从，即无论何种，绝对不加考虑，唯古人的制度是从，此种人做事，大概是偾事的多。以上两种人，以为科学是一种装饰品、现在的勋章一样，断不能在社会方面有所裨益。但现在情形就不相同，已将科学纳入行为方面，经过精确的试验，知社会进化实在是由于科学发达，且社会上的劳力足以把科学的方法去控制的了。如此说法，高尚的理想、高尚的感情当然要表示行为。设有一人生病，在有关系的人，必定有一种救人的理想和救人的感情；但徒有理想和感情，断不能有益于病人，必定要从科学中研究身体的构造和病情，还有那药料的性质和支配，然后对症发药，就可药到病除，这就是科学的方法有益于社会的证据了。

专制时代，人民阶级是很严的：士君子为一阶级，用脑而不用力；农工商为一阶级，用力而不用脑。用脑的不以思想试验行为，用力的不以行为指导思想，所以，社会上的进步是很迟的。现在中国尚在过渡时代，应该极力提倡"试验主义"。过渡时代的现状，任何事情均属流动不静的，既然感受了西洋的新思潮，须打破盲从制；一面用脑，一面用力，为有秩序的研究。大概守旧派极端赞成古代文化、反对新文化，以为新文化的极端，就是恢复太古、未开的野蛮制度。趋新派以为西洋的物质文明足以增进社会生产力和人生种种幸福，所以，事事请求解放求达其精神上欲念上的满足。但守旧派和趋新派各走极端——守旧派只晓得盲从古人，趋新派往往喜为不负责任的言论——所以，社会上不但没有进步，反而呈现紊乱的现象！如今要调和新旧的意见，非取折中的方法不可。所谓折中方法，就是"试验主义"了。不过"试验主义"，必以科学精神上的方法行之，倘使不合科学精神上的方法，非特没有益处，那害处也就同时发生了。譬如，儿童入理化试验室，不问药品的性质如何，贸然把两瓶药品混合之，必定发生爆裂的危险：一方面既然牺牲药品，一方面还要损伤房屋和身体，那害不是大极了吗？所以，折中的方法必如上述的步骤的三端行之，先观察国内种种环境的实况，更加以彻底的考虑，然后实施于行为，那危险自然可免了。倘若仅仅采取西洋时髦的学说和不正确的言论，不问国情上合不合，贸然以其主张输入中国，那就等于盲从了。譬如，中国人以为家族制不好，而不求所以改良的方法，专想从根本上的推翻，所以往往酿成巨变；不知中国家族制，却有团结的精神和孝友的德性，岂可涉于过激主义，专门从事推翻么？……所以，改良社会，必定要有富于智慧的人出为领袖，使社会上一般的人个个皆受教育、个个多能尽其五官四肢之用，然后更求进步，使此被动的人变为自动的人，那共和的精神自然发展，社会的幸福也就发生了。

自然界未经开辟的利源，中国甚多；最紧要的富源，就在中国国民的脑海中，脑海中所贮藏的智慧，大多数没有发掘出来；好像中国北方的土壤虽肥，因为雨水太少，所以地力不能充分地发现。倘若能把运河内的水引入北方，以资灌溉，那地力自然能够尽量地实现；中国领导人倘能把有秩序的"试验主义"去发启人民脑中所贮藏的智慧，那中国的收成才大呢。

据以上种种的关系，得到"试验主义"结论的三要点，如下：

（1）教育行政方面，组织学校应该考察英、美、日本等国的教育制度，参酌国内的惯例，然后规定教育方针，不可盲从欧美学制。

（2）中国地方辽阔，各处风俗人情，迥不相同；地方办教育的人，不可照了中央规定的教育制，依样［画］葫芦，应该参酌各处风俗人情，变通办理。

（3）科学的精神，非个人的，乃普遍的，必定要使及于全社会；教育为解决各方面种种问题的中心点，注意教育，其他种种问题也因此而解决了。

（1920年6月22日，沈同文、沈宗璜、方腾农笔录。

《民国日报》1920年7月16日）

自动的研究

（在福州青年会的讲演）

编者按：本文是杜威1921年4月14日在福州青年会的讲演。在讲演中，杜威针对被动的旧教育之弊端，明确提出须研究自动的教育。自动非出自人的身体和感情，实际上出自人的心理；自动之内容主要在于定目的和求实践两者。杜威最后指出，游戏可以作为发挥儿童自动之方法，故应该在各地建设公共游戏场。

中国某大教育家有言：中国人最富被动的道德。以中国人所要求于社会者至简，故虽处极不适应之环境，均能忍受；此种道德，实较他国人为优；然苟能以此忍苦耐劳之被动的道德，进而求创造发挥之自动的道德，则更善矣。鄙人聆兹言，心中颇有所感，盖兹言实为解决本日讲演题之绝大助力也。中国唯其富于被动的道德，故前此教育者所施之方针，均从被动的心理上用工。此不独中国为然，考世界教育史，无论何国，无不经此阶段者。以故旧教育之本色，均采注入主义，大抵视学生心理如空白之纸，教员唯以各种教材为之设色。又视学生头脑如海绵、各种教材如水分，极力灌注，强使吸收。再譬之冰室，当夏令之时，常贮藏种种易腐之物。教员之以各项教材装入学生脑中，亦死教育耳，宜其随世界潮流而淘汰也。

被动的教育之弊既如上述，则自动的教育实有研究之必要。"自动"二字，人有以限于身体的及感情的为解者，实则大误。身体动作与自动绝不相同，至为明显，毋庸详论。今只就感情的言之，感情之动，其动也无常，且易动易静，试观各种会集，必有多数人为之提倡激励，始能奋发。此种奋发，非出本心，纯为感情所牵，故提倡激励一有间断，则奋发心理亦随之而消。若系纯正之自动，其心中确有主张。虽在广场之内、群众之中，排众议，违众意，均所弗恤。故自动非由身体的感情的而出，实由心理的而出也。此种心理，不必就学校观察，即于混混穆穆社会中亦能见及。试执途人而叩其所事之事，无论其人已受教育与否，均能确言其把握。且未受教育之人，有时对于社会上之判断，或较已受教育者为切。此种现象，若在主张被动的教育者观察之，实不知作何解。盖主张被动的教育者，以未受教育之人，其思想动作必不逮于已受教育之人也。

上述未受教育之人，何以有此把握，有此判断力？于此有二要点：

（1）此未受教育之人必有其一定之目的。唯其有目的，故有需要；有需要，故感缺乏，乃力谋所以充之，于是真正自动力出焉。鄙人前至上海某县，见有国民高等学校数个、中等学校一个，闻均系一人捐资创办；其人初为木匠，继从事于承揽业，微有蓄积，即具此宏大之愿力，实难能可贵之事也。然此人初未受有教育，何以有此愿力？意当其为木匠时，心抱有一种兴学目的，其后实行其目的，亦并非有人为之怂恿，实自动力之发现也。

（2）此未受教育之人，因其有目的，故施其实验手段。被动的教育，只求博学，不思致用，故社会上以学问家自命者，居恒轻视农工商人。不知农工商人尚有实践功夫，彼学问家反未能本其所学以致用，实如着炫服招摇过市，人且目笑存之，于社会何补？美国大学出身者，往往与劳动共操作，受赁金，了无愧色。彼将于此时间内试其所学，能否适应社会，盖重实验也。故视人类有无自动力，须以有实践之决心与否为断。今聚10人于此，5诚悫，5狡黠，课以同种修身教材。诚悫者或无所表示，狡黠者转能发挥引譬，若不迹其平日之行为详为考察，鲜不为其所愚。是可见凡事贵在实践，不尚空言。

故解剖自动之内容，实不出于定目的、求实践之二作用也。

　　自动之真义既如上述，今进而言须以如何方法发挥儿童自动。窃以为儿童游戏虽属细事，亦可以自动法试验之。鄙人至福州，沿途见儿童游戏，类多模仿幼稚园，游戏事项颇类多数之天然，幼稚园模仿固非恶性，然过事模仿，即易没却其创造力量。故中国今日急务，应于各地方建设公共游戏场。盖游戏场之于社会，犹之寒暑表之于天气，欲知天气之寒暖，唯视寒暑表之度数而定之。欲与社会自动力之强弱，唯视游戏场自动游戏之程度而定之。至于学校中手工一门，尤宜多制自动的玩具，是亦养成儿童自动之一道也。

　　　　　　　　　　　　（1921年4月14日，王淦和口译。

　　　　　　　　　　　　《晨报》1921年6月22日）

天然环境、社会环境与人生之关系

（在福州青年会的讲演）

编者按： 本文是杜威1921年4月19日在福州青年会的讲演。在讲演中，杜威从自动方面来论述天然环境、社会环境与人生之关系，指出在学校教育中之所以会减少儿童的兴趣、会压制儿童的自动，是因为儿童不适应其环境。由此他强调指出，普及教育应该考虑教材能否适应儿童的头脑，学校教育应该考虑能否适应社会的情况。杜威还举例说明以地方的环境为教育之资料：教授地理宜就本地方着手；教授历史宜以切近之人物事实，输入儿童脑中；教授博物理化宜以本地生活需要为主。最后，他指出理想之教育须具备四个条件：一是自信力，二是大胆精神，三是把握各地之天然环境、社会环境，四是能本其所知教人。

日来讲演，标题虽异，而其归宿之点，不外"自动"二字。本日所论"天然环境、社会环境与人生之关系"，亦于自动方面着想。儿童得天然环境、社会环境陶冶之力居多。盖儿童时代，所与接触者均为切近之人与物；而此切近之人与物，即其将来成长发育之营养料。故学校教育，宜于其所需要之营养料力为输入，使能自然受用；不宜以淹博虚远之学问临之，临之则一方减少儿童之兴味，一方阻遏儿童之自动，其害较不学为尤甚。盖与儿童环境不适应故也。

今日讲演，所以必烦一人译述者，以鄙人不谙华语故。鄙人所以不谙华语者，以鄙人与中国环境相离太远故。相离太远之环境不能与人生相适应，如此则教育者当可恍然悟矣。若不从推广学生经验上用工，从以书籍之所记载、教师之所闻见强为注入，不啻以符号授人。以符号授人，虽使学生尽能记忆，已属下乘，况有并符号而不能记忆者乎？美国有大河密瑟瑟比[①]，河畔有塾师，一日为余述一趣事，谓塾徒二人，因平日所读地理见解不同，一谓我所读之密瑟瑟比河与所见者同，一谓我所读之密瑟瑟比河与所见者不同，相争不下，持以质塾师，塾师无以应。余闻而益有感焉。盖二人中必有一人刻意舆图而轻实验，致使读中所述之密瑟瑟比河与平日钓游之密瑟瑟比河成为两样。普通任地理讲授者，以为悬列儿童所不经见之舆图，指东划西即可以完吾责；不知其及门桃李，作密瑟瑟比河畔塾徒之误解者，盖恒河沙也。不独课地理者为然，即课历史、动植物、理化亦然。苟徒以年代久远之事实与诘屈难辨之名词强纳儿童脑中，结果教者自教、学者自学，毫无所益。鄙人参观中国内地，虽为时未久，知学生之没头于背诵经学，而不知其作何解者，实所在多有。诸君必以为经学陈腐艰深，若易以新学必不至是；实不知科学虽新，若教法不新，无论授以何料，均难免上述之弊病。

虽然，中国教育所以不能达实验之目的者，厥有二故：一重视文字；二行教育统一制度。学校使学生注意文字，此不独中国为然，即欧西各国亦曾经此阶段。唯以重视文字之故，往往使学生无余时以研究实验的科目。诸君研究教育史，则知教育者每经若干年，必有一大教育家出而改革。其所改革之理由，大抵主旧教育不切实用。中国今日之教育，其应改革耶？其不应改革耶？鄙人初至中国，实验甚浅，窃以为中国文字实有改革之必要。盖他国文字尚音，中国文字尚义；尚音可以骤学而能，尚义则非专修不得。故中国国民学校费 4 年工夫，尚不能使学生阅报，甚可惜也！鄙人对中国文字问题，今日尚无实在把握，但无论如何，总以浅显为宜。中国人日言普及教育，普及与否并非

---

① 今译"密西西比河"。

以学校数之多少为断，实以教材能否适合儿童头脑为断。

中国人对于文字非常尊重，以为中国文字居世界第一，人尽知之。但欲实行共和国教育，非极力改革之不可。中国学校所以有预备科者，半为文字不通之学生而设，实则此种学生智力未必全逊于文字优长之学生，强使预备不啻阻人前进，大背教育原理。鄙人，外国人也。对于此点，曾再三言之。人或疑为批评，其实恐中国文字长此不改，永不能达普及教育之目的耳。中国某教育家曾以中国国文与中外教育者（外国教育者指在中国设立学校者而言）共谋改良，商之鄙人。鄙人以为此举甚当。然迄今竟未实行，惜哉！

再者，中国行教育统一制度亦有未合。此种制度，似仿日本。日本与中国土地气候物产绝不相类。教育统一制度可行于日本，不可行于中国。中国当以各个地方的环境为教育之资料，庶能使学生本其所学以致用。诸君对于地方自治则极力倡之，对于地方的教育则绝口不谈，殆养其一指而失其肩背欤！今举例说明以地方的环境为教育之资料之益处。

（1）课地理。课地理宜就本地方着手，日本教师多引导学生游览名山大川以及要隘名胜，此举不独振起儿童爱国心，且足以增其实验。以中国之大，试问何处为险要、何处为富源，中国人能尽悉之乎？窃恐有人越俎代庖，详志以去，尚不之觉也！

（2）课历史。课历史宜以切近之人物事实，输入儿童脑中，使之身体力行。中国各地有各地特长之历史，尽可纳为教材，以引起儿童兴味，较之开口汉祖、闭口唐宗，不亦更进一筹乎？诸君不必以此种教法范围较小为虑，儿童知识能以小及大、以近及远，本地史能领悟，则全国史、世界史亦自能领悟矣。

（3）课博物理化。课博物理化宜以本地生活上所必需为主，不必以多数标本紊乱儿童之头脑。鄙人至中国，见各地儿童好养蚕，教师每呵责之，恐其妨正课也。此诚不解儿童好养蚕，正其自动力发现之处，教师宜乘其所好，课以实验的教育，且于此时期内，合多数教员为共同研究，其效较寻常倍蓰。如研究蚕体构造，则可以知生理学；研究饲蚕之桑叶，则可知植物学；研究蚕丝作用，则可以知纺织学；研究蚕丝销售何地及世界何国产丝最多，则可以知世界地理；研究蚕丝织造之物、应如何能博人欢迎，则可以知美术；研究制丝机械之沿革，则可以知世界文化之进步。苟能就天然环境、社会环境十分注意，则无地无时而非教材，何必倚赖外国、没有自家本色耶？故称为完全无憾之教育者，须具备下之四条件：一须有自信力；二须有大胆量；三于各地方之天然环境、社会环境确有把握；四须能本其所知教人。诸君闻此，必谓言之非艰、行之维艰。然天下事非维艰不能见真本色，愿诸君勉之。

（1921年4月19日，王淦和口译。

《晨报》1921年6月28—29日）

学校科目与社会之关系

（在济南的讲演）

编者按：本文是杜威 1921 年 7 月 20 日在济南作的讲演。在讲演一开始，杜威就明确指出学校科目的选择与社会的转变有很大的关系。通过对当时中国社会情况的论述分析，杜威强调在学校中应该注重自然科学教材的教授，因为自然科学教材与人生有密切的关系，同时能陶冶人的精神习惯。但是，学校必须教授的科目应该知道对于社会的需要是否适用；而且，自然科学在学校中的进步需要教育、科学、工业三界领袖代表互相帮助。最后，杜威又指出，无论社会将来会怎样变化，所用的科学也应该随着变化，去顺应社会的需要。

昨天说的是国家要强，非人民有团结力不可；欲有团结力，非普及小学教育不可，并须注意学科的选择。为什么呢？就是学科与社会的转变很有关系的缘故。

第一，自然科学的教授和它的需要。

在学校内为什么要注重自然科学的教授呢？有两个理由可以说明它：（1）因为自然科学的教材与人生有密切的关系；（2）自然科学能陶冶人精神上的习惯。就是自然科学能以陶冶人的思想，锻炼人的理解，使人的生活和社会的趋势两相顺应。从前社会的风俗习惯都是多数的人民会随着少数有势力的人去动作，所以，他们所信仰的只是政府的命令、宗教的信条，或是他祖先所信仰的，总不外都从他人所传授来的。有两件事情是互相关联的，就是贵族专制的社会和个人没有思想没有理解，互为因果。在民主主义的社会，人人是自由的，思想是进步的，所以使人民自由、思想进步、对于信仰真理能去判断试验的缘故，就是科学的方法。这科学的方法从精神上说起来，就是对于真理信仰加以实验，加以判断。

民治主义的社会，应该注意给人民以科学的经验。假如学校内不注重科学，这一种经验怎么能够有呢？要想做一个民治国家，若是不训练人民使他自己思想、自己判断、自己观察，他们的思想信仰专靠着别人传授，那么，这样人民去求共和国家，如同水和油掺在一处一般，永远是不能相和的。

普通学校的通病，就是教师同学生都认科学为一种专门的学问，不拿它当做最好的方法，去锻炼他们的判断、发明、观察的力量。

以上所说的不过略举大概，毋庸细述。以下再说科学的教授，对于人生是很有关系的。

在旧社会中的生活，所有工艺商业都是本着老法子工作，他的知识、技艺，都是模仿得来的。就工艺上说，经过千百年的长期，均系用手做工，并且是模仿旁人，不能自己发明。中国现在的工艺制度大概是千百儿童，或在家庭或入工厂，所用的器具和方法，都是仿效老人的样子。若在工商业不甚发达的时候，只用模仿的方法，还可以将就。但是，自从采用机械以后，用老法子就不行了。若是一个国家仍然照模仿的法子做去，一定不能和旁国并驾齐驱。又若是一个国家不采用制造、转运、分配的新方法去求进步，不但是落在他国的后面，并且大部分人民的生活水平必然是很低很苦的，这都是诸位知道的。

就现在中国社会看来，大部分人的生活程度是很苦的，费人力很多，然而所得的工资甚少，很难够得到水平线上。假使有一个人能利用自然界的势力去生产比着用体力去工作，所费的力甚少，所得的效果，却是十倍百倍不止，所得的工资也就甚厚了。因生产方法巧妙，做出的货物必多，可以把他生产的余剩分配给他人，全体生活的幸福自然也就增进了，生产方法既然巧妙，出品既然增多，就不用终日劳苦了。现在各国的劳动运动，均采用八小时的工作制度，恐怕再过十年二十年以后，这八小时还要再减少了，工作时间短了，就有工夫愉快他自己，并且有工夫去从事公共事业，对于国家社会有工夫想法子去改良进步。假如一个人从早至晚不住地劳动，试想想这人还能要求他有爱国心么？还能希望他给社会服务么？还能希望他做一个良善的公民么？现在在进步的国家里边，资本家同劳动者常起冲突，工业界常生出许多的扰乱。有人对于这种冲突是很有误会的。他们误会的要点，就是以为有机械的工作比着没有机械的工作还要痛苦，其实是大不然。现在的状况，和这种误会正相反对。因为生产过多，余剩的也多，所以，工人要想自己的生产，也要自己去享受，又因劳动者愉快的法子增多了，要满足他们的欲望，所以要求多的报酬。还有一个原因就是现在社会上与从前不同，往前用手去工作，尽日劳动，无暇思索，现在用机械去工作，才有工夫想到那社会问题，或是公平，或是不公平，或是用什么法子改良。

　　自然的科学，可以用适当的方法教给儿童。但是，在小学中不应当用抽象的方法去教授，因为专门的物理、化学等科目非成人不能明白的缘故。必须把这样科学与日常的生活、知识相联系，然后儿童才能了解。就像我学植物学的时候，很感到困难，并且觉着没什么兴味，想来诸位也一定有同样的感想。但中国是以农立国，大多数人对于植物必然很有研究。儿童当着读植物原则时，没有一个喜欢它的，但是去实地考察植物的生长，土壤啦，水分啦，光线的关系啦，也很觉着有兴趣。所以，对于植物学的教科，可以分作两种：一是当专门科学教授；二是把植物的原理原则和实地的植物结合起来教授。这两种方法结果自然就不同了。至于电学的教法，也是一样的：（1）用抽象的方法教授；（2）和日常事项——类如电灯电话电铃等——相联合，所以也发生不同的结果。至于动物学的教法，用抽象的教育法教授，儿童也是无味的。不但在小学校该如此，即使在中学，若不与日常事项相联系，仍旧是不成的。譬如养蚕一事，在儿童觉着很有兴味的。我在中国某县看见养蚕很盛，而本县小学的学生，都要养几个蚕做玩物，儿童既这样注意，很容易把蚕的生长时期和成茧、抽丝等一切过程的知识教给他们，他们所得的知识比着单去学动物学所得多得很。若是中国各产蚕区域，都能把蚕丝的知识慢慢教给儿童，工艺一定可以发达。为什么呢？因为这样可以锻炼他们的智慧，智慧增高以后去做旁的事，也就容易取得效果了。单说养蚕这件事，若用科学的方法去教授，儿童对于蚕业发生危险，就能知道它的病源，随时改良，一定可以免受损失。两年前有外国的实业参观团到中国来参观，对于中国的蚕业有深切的研究。所研究的结果，有一个结论："中国不用增加桑株，所产的丝，就可以增加八倍。"这个结论，诸君不免奇怪，并且是不相信的，其实也并不算奇异。只就科学上的方法去处理考察蚕卵是否适用，蚕卵好，出的茧必然厚而且白。这也不过表明用自然科学去教授人民，足以增进他国里的福利就是了。这话也不过是一种提议贡献给大家。各国物产不同，不必尽能一致，只要就各国的原料去教导他的中小学生，才是教授的根本知识。可惜有许多教师，没有这一种经验和这一种机会去研究，这也是实际上的一个问题。即使有机会，教育者可以去研究，然而教育行政者和教育监督者，没有这种知识，就必须借科学家、工业家去帮忙，这就是互助的意思。假使教育、科学、工业三界的领袖代表互相帮助着去办，自然科学必可在学校得适当的进步。我所希望的，在济南地方，能够实现出这样互助的事实来，我的话也算没白说了，我也觉着很荣幸的。

今天因为时间很短促，所以我只对于学科的选择上说一说。学校必须教授的科目，应该知道对于社会的需要是否适用。学生离开学校，不应当不知道社会一切的情形。普通学校教授修身伦理，都用因袭的方法，我想，稍有思想的教育者决不信修身这种功课是有用的。虽然学生知道得很多，但对于自己的实行上是毫无影响的。因为所学的修身与日常生活是不相连属的，是形式的，我深信，如果不注重道德的教授，而去注重社会的生活问题，总比教育那种形式的修身好得多！大半学生离开学校的时候，不知道卫生的方法，不知利用闲暇时间去做些文雅的事情，只去做那些恶劣的事情，是很不对的。我深信，教导儿童，应该用适当的游戏去利用他的闲暇的光阴，回家去也做正当的游戏，比学那些形式的道德好得多——若想教导学生诚实的时候，不必去念书，可叫他们去做个实地的调查者，每人给一本日记簿，叫他调查某官吏诚实，这种法子的结果，自然能使他们知道诚实是件好事情，不必用形式的方法去教授他们。我在中国越久，越知道中国所以闹得这个样子的缘故，都是由于官吏无知识，不知道社会的情形。若想叫政治优良，不必仅仅去学政治，必要实地去考察政治的情形，叫学生知道种种公益事业和实际问题，比抽象地教他诚实，结果一定还好。

如果学校中少数教师，不必用很多的教授，把修身放在一边，使他调查社会的状况，研究用何法去改良社会，得的结果是很有兴味的。学校中如果完全靠着因袭的方法，就算是叫儿童们把世界史、世界地理等等都知道了，要是对于社会情形，不使学生知道一点，这种法子，我以为是很愚鲁的。将来无论社会怎样变化，所用的科学也应该随着改变，去顺应社会的需要。这种情形本来是很多，不只教授自然科学和儿童研究社会问题这两种。这也不过是举个例子罢了。明天再说学校的管理和行政。

（1921年7月20日，王卓然口译。

《晨报》1921年8月3、4、7日）

学校的行政和组织与社会之关系

（在济南的讲演）

编者按：本文是杜威 1921 年 7 月 21 日在济南作的讲演。在讲演中，杜威结合对当时中国以及美国教育情况的论述指出，在学校行政和组织与社会的关系上应该注意几个要点：第一，特别要注意小学教育的发展，它是高等教育的基础；第二，小学所教的科目都要有用的对人生有关系的；第三，学校学科和学校种类应该合于本地情况去设置。最后，杜威强调指出，教育应该建设在实际的根基上。实际的教育要使学生明白社会的情形，学到对社会服务有用的学问，养成一种优良的习惯。换句话说，就是要培养实际有用的人才。

今天对于学校的行政和组织，是否合于社会的需要，举几个要点。

第一点，小学教育应比较高等教育特别注意。

（1）以前中国只知专门人才对于国家重要，我相信，中国在世界上是最注重高等教育的一个国家，官吏必须受过高等教育，还要经过一种考试。但是只重高等教育，便忽略了群众教育。所以，高等教育产生的高等人才，成了一种特别的阶级，和没受过教育的就有界限了。结果，不过造成社会上的贵族，和一般的平民就有隔阂了。高等教育越注重，这裂口就越大。现在仍旧还有享特权的贵族，反对普及教育，因为恐怕一般人受了教育就夺了他们的权利。要想成一个真正的共和国，必须拿这办高等教育的注意去办普及教育，为什么呢？我以前已经说过，人人不受教育就没有爱国心。现在我们去想一想，小城市的人和乡下的人，既不能写，又不能读，那种情形怎样呢？他们既不能写读，便不知道国事，哪里能爱国呢？这样，就自然生出一种结果来，就是不知注意国事，只知注意他自身、家庭和邻里的利益，若是使一般人都充分地受过普及教育，便能读新闻；便能知国事，便对国事和对他自己的事一样；对于国家对外的事情他仍能做后盾，对内的事情他们知道如何整顿，便可以得一种良好的结果。以上已将注重小学教育的第一种理由说明了。

（2）若是国家教育不普及——只限于少数人——是很危险的，就是少数人垄断多数人。因此，就有许多人争论，说教育对于国家未必是无害的。他们争论的理由，就是少数人往往利用他自己的知识去愚弄群众。其实并不是教育的害，因为只注重高等教育不注重普及教育，群众因而没有知识，所以容易被少数人愚弄，若是群众受过教育，就是有少数人想用他的知识去愚弄群众自私自利，但是群众既受过教育，一定有识力、有能力，明白一切的事理，便能阻止他们的自私自利。我不信各国人的天性是不同的，无论哪国都想借自己的权力用群众去达他自私自利的目的，那么，为何外国的政治比较地优良些呢？就是因为他们的群众都受过普及教育，就可以遏止少数人的愚弄。

（3）往远处看，扩充小学教育，就是扩充高等教育的基础。没受过普通教育的人，自然不想受高等教育；受过普通教育的人，才想去受高等教育。如果小学教育能普及，他的制度能完成，儿童的父兄便觉着有兴趣，便不愿意他的子弟半途废学，那么，高等教育自然就扩充了。就像造房子似的，小学教育比方房子的基础，高等教育比方房子的"重楼叠阁"。若是基础稳固，无论盖几层都没有危险，若是不稳固，就怕有倾覆的危险了。

第二点，关于教育制度，要使小学自己能完成，不只是做高级的预备。我所谓小学制度自己完成的理由，就是小学所教的科目都要有用的。使学生毕业以后，虽不再受高等教育，也能于他们的生活有补助。小学这样，中学也应这样，对于所教的学科，不要只为预备升学。须要教授对于人生有关系的实用的学科。如果只去采用预备升学的制度，就有两种弊病。

（1）专门和大学的数目不比中学多，所以，中学毕业者不能全数升学，赋闲的很多。按日本说，日本中学毕业生只有1/4至1/10能升学。其余的很感升学试验的困难，因为考试竞争剧烈的缘故，彼此便互生恶感。比较更大的毛病就是——

（2）学生专为预备生活，费了许多光阴，临升学的时候，大半不能考取，他们是很失望的，对于人生也就没有兴趣了。这种预备的制度，既然有这样弊病，教育当局应该极力研究学校制度，使学生即便不能升学，他所学的也能于实际生活上有利益。

第三点，教育制度应该因时制宜、因地制宜，不应该用机械制度，勉强使它一致，在中国越发不应该用机械制度。

这种说法，就是应用的学科和学校种类应该合于本地的情形去设置。例如，乡村重农，应该立农校；城市重商业，应该立商校。说到这里，我忽然想起一个笑话来，古希腊有个人，普鲁克拉提士，开了一个旅馆，所用的床都是一样的尺寸，如果旅客身体比床长，就将旅客的身体截去一段；如果比床短，就将旅客的身体扯得同床一般长。若是国家办教育不去因时、因地制宜，而去用机械统一的制度，就和这古希腊人的行为一样了。

用机械制度统一，这就是教育的中央集权制度，这种制度，若是用在一个小国——由封建制度进化而来的——还可以适用，但在像中国这样的大国就不能用了。

所以，中国现在的需要，应该鼓励各地方人注意改良学校。提起地方人的思想、感情、研究，因此可以造一种舆论，然后就可以造成更好的学校，适应地方的情形。但是，这适应地方情形的学校，初创是很难的，必须有这一种初步。如果都适用机械制度，自然的结果就是人人都不注意教育的改良。

我曾听见教育界人说："除非有好教育，中国不能成一个真正的共和国，但要有好教育须有好政府。"这样说法是不对的，依我看，如果依赖中央政府，好教育是没有的，好像一个圈子是跳不出来的，如果不依赖政府我们自然有法子跳出这圈子来。什么法子呢？就是各地方人去办各地方学校，使它都适应各地方的情形；都能这样，便能互相传染，得的结果一定比我们想象的好得多。

诸君若要问美国教育发达为何这样迅速呢？回答的一定要说："因为各地方的人都注意他本地方的教育。"美国有多数的州、多数的城镇，都有本地的教育税，对于教育的组织，有监督者，有管理者，有支配者，必要使他们的学校适应各地的情形。

中国教育在原理上采取中央集权制度，其实并没有何等的效果，要去整顿必须使各地方人办各地方的学校，须适应各地方的情形。不然，是无济于事的。

还有二三要点，简单说，就是知识进步不需科目过多，若求过多，便有只注重表面不注重实在的弊病。学生因模仿时髦，便贪多嚼不烂，他的学识都是肤浅的、表面的，并且养成一种最不好的习惯。他的注意力也就分裂，得不着精通的学识。

更有一点，中国现在的学校，钟点很多——即科目多——因此学生不得独立考察、独立研究，如专门研究文学，文学自然就精了。依我看，中国的教育行政者有一重要问题，就是要减少功课、减少钟点，使学生得着独立研究，并且有自修的工夫。

和刚才所说的有密切关系的就是教授问题，就是如何去灌注儿童的知识。在钟点多的学校里，学生只是被动的，只听讲演而无暇研究。

教习的职务并不像茶壶似的，只负灌注的责任，又不像书箱一样，只是给人储藏书籍的东西，是要做一个指导者去启发学生的推理力、判断力。现在的学生在学校的时候往往学问很好，但是出校以后，便一无所知。是什么缘故呢？因为在校只听教师的讲演，养成一种依赖的习惯，并没有自动的能力。及至和社会接近，所学的一切都不适用了。以上的提议，主要之点，就是教育应该建设在实际的根基上。实际的解释，并不是只求着个人发财，而是要造成有用的人才，要他们对于社会国家有所贡献。实际的教育，是要使学生明白社会的情形，对于社会服务、研究有用的学问，养成他们一种优良的习惯，自己思想，自己判断，对于高尚的理想并且用魄力去实行。换句话说，就是要培养实际有用的人才！

（1921年7月21日，王卓然口译。

《晨报》1921年8月8—10日）

教育之心理要素

（在济南的讲演）

编者按：本文是杜威 1921 年 7 月 22 日在济南作的讲演。在讲演一开始，杜威就明确指出，心理的要素就是个人的要素，学校中的教授法应该适应个人的天性和心理。旧教育之所以不注意个人的天性和心理，就因为旧教育有三个毛病：一是学校以课程为本；二是儿童对课程没有兴趣；三是儿童所学的课程内容不是致用的。由此，杜威强调了两个方面：依据学行合一的教育原理，实施完全学行合一的教育；教师必须研究心理学，研究儿童的天性以及学科和教学方法。当然，最后杜威也指出，这是一个很复杂的大题目，没有一位教师能够一下子就解决的。

以前所说的，社会的要素，学校的组织、设备和学科，都应该适应社会的情形和需要。今日讲心理的要素，就是个人的要素。学校里头的教授法应该适应个人的天性和心理，使个性发展。学校应当适应儿童的本性，在教育上是一个极大变迁。在古时候，那一种因袭教育的基础，与现在不同，是与人性正是反对的。它那时的学校，拿课程作唯一的要件。它不顾学生的个性，却使学生顺应学科，而不使学科顺应学生。近代民主社会的精义所在，就是使个人有平等的机会，去做兴奋的发展；又须使人人心理都适合人性的原理原则。所以，要人得充分的发展，必须适合他的本性才好。现在的教育对于因袭的教育，可以算是教育革命——旧教育以学科为唯一的要素，现在的教育以儿童的活动、天性、本能为唯一的元素，使学科去适应他的天性。这种教育上的变化是好是坏，须拿旧教育的毛病来比较。旧教育不注意他的天性，只使他处于被动的地位，教授什么，他就学什么，它的弊病第一是光阴和精力的消耗。

旧式的因袭教育使学生对于求学上不甚注意，心理上也不快活，他的注意也不过是暂时的、表面的、敷衍的，叫他上教室去他是竭力规避的。儿童所以这样，就是因为他所学的事情和他一生的需要没有什么关系。学生对于课程的知识，既然不知道于他将来一生的发展、需要有甚关系，所以也感不着什么兴趣，其自然的结果就须借外来的势力去强迫他、督催他。不然的时候，他们一定是不注意的。他们的脑筋里就没有去学那课程的动机，不能引出他一种能力和兴味来。因此，我们应当把学生在学校里所学的课程，拿来和学校以外的事情比较。它的结果，就可以叫我们得一种教训。有些儿童入学校，他就能很聪明，于他们有关系的事情，他都能自己做去。儿童上学，在学校学许多事情，出了学校以后，反倒不能适用，反不如不入学校的所学的多而适用，这为的什么缘故呢？研究这个问题，就可以使教授得着改良、学校得着成功。人在学校以外学的多而适用的唯一原因，就是因为学校的课程是不学不成的，所以未必适用。在学校以外的事情，都是需要的，学一事就得一事的好处。那么，我们可以再把儿童学言语的方法拿来讨论一下。

儿童在很幼稚的时候，一点经验也没有，但是他学得很快，并且是学来就能适用。再拿成人学外国语作一个例子。成人往往习外国语，不如儿童又容易又快，其中的原因，普通人多不加考虑。儿童所以又容易又快，就是因为言语于他有用，学了就可以与他的父母兄弟姊妹交相谈话，他只是本着天然的法则，并不像那学校的功课有一定的形式。再看商人、农人、工人，或是银行中人，或是医生等等，他们学他们的职业，也和儿童学言语一样。他们知道所学的知识技能与他们的职业和将来的发展很有关系，故有莫大的兴趣。再反过来看看，学校都以课程为单位，学生到里面去也不过读书而已，不顾他们的兴趣和需要，天然的结果他们对于功课不注意、不努力，教师就不得不用强迫的方法去强迫他。以上所说的就是学校以课程为本位的毛病。

第二个毛病，学生因着课程一点兴趣没有，养成一种被动的性质和完全依赖他人的习惯。学校以课程为本位，不注意儿童个性，仿佛和海绵放在水里一样。海绵有许多毛细孔，水到了里边，一见压力就挤出来了。教授用注入的形式，就和水入海绵中一样；到考试时或是听他们背诵时，就和从海绵中压水一样，他们所说的一会儿都压出来了。这类的教授法，又和留声机一样，留声机的盘子能收入声音或是言语，声音是怎样盘子也照样地发现出来。这样的教授法，又和保存食品一样——把那些鸡子、肉类和其他的食物藏在地窖子里或者是冷库里，因为他们把儿童的脑筋当做藏物的地方，把所有的知识灌输在脑子里边，就和把许多的食物藏在冷库里一样。学校里有时考试，就和有时去查看库里所藏的食物坏的多少、好的多少一样。学生把所学的东西存在脑子里，用的时候就原样拿出来，食而不化，只能记忆，不能思想，又不能融合起来，作他的知识的一部分。

试想学生学功课，为什么只依赖这记忆的法子呢？就是因为不注意儿童的兴趣和活泼，自然他们唯一的方法就只靠着记忆了。学生在校中，如此被动地学功课，再拿儿童学话来比较，何以不用强迫就去学呢？因为可以适合他们的需要、增加他们的能力就是了。以上所说的话，是学校以课程为本位的第二个毛病。

第三个毛病，就是儿童所学的功课，既然不合他的个性，所学的依然是无用。在旧式因袭的教育所学的大部分，原不是因为致用的，不过是因为做一个装饰品，使他们装饰成一种特别高贵的人，把学问作为虚张声势的一种东西，原没有计划它有用没用的。在世界各国都有这样情形，旧式的教育不过教授一部分人，造成少数人的知识阶级，使他们比普通人不一样。这样的结果，就演变成一种阶级制度。学生所学的都是无用的。

这样教育的结果，就是拿学问做功牌、勋章、装饰品，永远去保持他的尊严。即使是有不知道的，也不好意思去访问别人。若是学问和人生日用有关系的时候，不知道的必然要去询问、去研究，且以不研究为羞耻了。假使把学问分在两项说：一方面是学的多并且高深，但是无用；一方面学的虽少、虽浅，但是有用。若是叫人去选择，他一定要选取后一项。旧式因袭的教育，入学的动机就是拿学问当做提高身份的一种方法。以为得有学问以后，就可以不用手足去劳动，以为劳动是下等事情。入学的见解就是这样。由此说来，是学校的设置应该和人生需要、社会情形相联络，他们就不致有这样的思想了。他们一定想着到一个地方，把人生的目的、思想、希望借着学校习以达到。

我现在看出来，有普通一般人都反对这样，以为学生为什么不在学校用功，而牺牲光阴给社会做事。殊不知这是国家情形纷乱的缘故。除非纷乱平静，这活动是不能制止的。再者，学生牺牲功课去参与政治运动、社会服务，因为他们看出来这样做，比着死靠课本诵读所得的利益多，如果不愿意学生牺牲学校光阴去做学校以外的事情，除非叫他们看出功课与人生有关系来。功课既非学不可，他们自然就在学校读书，不愿意在外边活动了。假如有人自己到美国去留学，自然专心去学习英文，努力用功才能达到求学的目的。学生入学校读书，有人问他为什么入学校读书呢？他必然答道：我是因为要预备为国家服务去做点事情。可惜他不知道注意他所学的和应用的有什么关系。假使一个学校教地理历史或外国语能利用好的教授法，使学生知道和人生有什么关系，自然就有了兴趣，就不牺牲他的精神去外面活动；设若没有好的教授法子使着他知道和人生的关系，他自然就没有兴趣，所以，必须使他知道于人生有何关系才成。

知道学生的天性、生活、希望在什么地方，然后使学校的科目去适应他的天性、生活、希望。由此看来，教师必须研究心理学。但是，心理学并不是一种抽象的学问，是要拿它当做一种实用的学问。使儿童怎样可以喜欢去学那有用的学问？关于这一项，我有个提议，就是教师如何得教授的好法去教授儿童，以收效果。从心理学所得最重的事情，就是儿童的本能怎样的重要，儿童天然的活动怎样的重要。去利用这本能和活动的法子，就是手工。这原理在小学里至关重要的。做教师的要知道游戏是利用儿童天性的最好的方法。举一个例说，就是幼稚园所用的方法，可以使小孩们自然活动和天性渐渐发生出来，以后再去学高深的学识，是有无限的价值。游戏的方法，是把社会与一切的现象、一切的情形用法子去表现出来。在游戏中，便学着天然的原料怎样利用、实用的器具怎样施用、人人做事应当怎样互助，好作一切道德的根基，关于人生一切事项得许多的知识，并能造成儿童的创造力与思想力。中国的教育为将来打算，可以多设幼稚园，利用这些游戏对实用上去教练他，自然就可以希望他做良好公民，不至完全为被动的，自己也有好法子去做事了。儿童在幼稚时代，对于将来种种问题原没有什么觉悟，不过他的习惯常常在不知不觉之间，对于人生的问题就养成了见解。所以，最重要的就是养成儿童的良好习惯。

假使有一个时代，用适当的游戏法去培养儿童，将来成人之后，一定成一个有知识有能力的人。他必定把他的思想力、判断力等都实行出来。我深信，幼稚园中若有200万儿童，用适当的法子去教他们，将来的效果总比400万大兵还要好些。

学校由手工的教育和游戏有同等的价值，手工的教授应当和游戏的教授一样的注意，也可以养成儿童的思想力、创造力、发明力。利用这三种力量，可以用手去做社会上许多工作。与其学校里边去买一些贵重的仪器，倒不如买些刀子、剪子、尺子、竹子、木头、纸张等等，使学生去做手工。我想所得的结果，一定是比着在先教那种形式的学科还要好得多。使儿童用工具和材料制作东西、养成一种巧妙的技艺，并不是手工这一科的重要目的。手工的重要目的，原是要使他们能够养成自动力、思想力、创造力等等，好做一生事业的基础，假使教授他们的地理只用机械的方法，使儿童只去记山河、城镇的地名，是一定没有用的。不如叫儿童用土作山、用木作桥、用沙石作山谷或是河流，倒是具体的、实用的学问。诸位要注意，教育的原理就是学行合一，依着行去学，再用所学的去行，使这两样合而为一，以成完全学行合一的教育。

以上所说的是关于小学的教育。我对于年长的学生，也要有个提议。他们所学的和爱国心要联系。比方，教授法和国家政治的问题是不是没有什么关系？即如教授地理的时候，就得对于交通、河流、港湾、商埠等特别注意。他们怎么建设、怎么改良、与国家有怎样的关系，我们把它都表示出来使它与人生上相联系，使他们知道交通怎么不便、应当怎样改良，这也是学行合一的一个原理。并且知道，什么样是天然的河流，什么样是人工的河流，什么是铁道的转运法，什么是交通的阻碍，并和国家的状况、商业的情形，使学生都知道和人生是有密切关系的，他们也就愿意专心去学了。教授历史也应当用同一的原理。以前许多人，只以为是许多过去事实的记载去教授儿童，不能使他知道对于人生有何关系，只使他去逐条记忆，过去的事情甚多，原不能样样去记忆，为什么不将关于人生的一部分挑出来讲呢？举一个例子说，在中国史和外国史上有多少相关的问题（类如山东问题），教历史的为何不把现在的事实作个起点，再去推源求本呢？由果寻因这是很容易的。这问题的范围包括甚多，所说的略举一例就是了。

当教师的和管政治的不同，教师应当都去研究儿童的天性和学科，研究好了，然后顺应他的兴趣，由此动机以研究他的功课，就不至于叫学生不愿去学了。这个大题目，所包括的是很复杂的，没有一个教师能一时解决的。无论男女教师，天天和儿童接近，一天发现一件事，自然能找出哪一种科目和儿童天性的哪一点相合。日子久了，自当全和儿童相合，教授上就算成功了。

（1921年7月22日，王卓然口译。

《晨报》1921年9月19—21日）

四、平民教育

针对近代中国教育的实际情形，杜威在在华讲演中也把"平民教育"作为他的讲演题目，不仅论述了平民主义教育的原理，而且论述了平民主义教育的方法，同时还希望中国去实行平民主义教育。在"平民教育"这一部分，收录了杜威有关平民教育的六篇讲演。

在这些讲演中，杜威主要论述了以下四个方面。

第一，平民主义。在《平民主义之精义》（在南京江苏省议会的讲演）、《平民主义的教育》（在江苏省教育会的讲演）中，杜威指出，在共和国家中，教育、经济等事业大多由人民振作其精神，同时由人民自愿组织。因此，自立和自助系共和国家之精神，其主要在于平民的竭力发展以及有识之士的大力提倡，使社会改革得以成功。平民主义的精神，即共和国家的要素，是发展个性和共同工作。

第二，平民主义教育的原理。在《平民主义的教育》（在江苏省教育会的讲演）、《平民教育之真谛》（在浙江省教育会的讲演）、《平民主义之教育》（在上海的讲演）中，杜威指出，平民主义和教育有着很密切的关系。平民主义教育必须有平民主义的精神。对于共和国家来说，要成为实行平民主义的国家，就必须以普及教育为要图，必须实行平民主义教育，即学校都须向平民主义进行、为全球人民着想。平民主义教育必须有两个很重要的条件：一是发展个性的知能。这种教育是注重个性发展的，培养自动的、独立的、思考的、有活力的、有创造力的、有判断力的人。二是养成共同工作的习惯。这种教育使一个团体中的每个人都同时做事，并使每个人都同时享受利益。如果教育能符合这两个条件，那么培养的国民就是真正共和国的国民、真正平民主义国家的国民。因此，平民主义教育必须切合共和国家的精神，其宗旨是使每个人都有受教育的机会。

第三，平民主义教育的方法。在《平民主义的教育》（在江苏省教育会的讲演）、《平民教育之真谛》（在浙江省教育会的讲演）、《平民主义之教育》（在上海的讲演）中，杜威指出，要把教育普及到大多数的平民中去，就是要使他们对这种生活感到有乐趣。具体来讲，实施平民主义教育的方法，就是要使学校的生活真正是社会的生活，把平民日常经验的事情都搬来作学校的课程。与此同时，教育是活动而应变、非划一而机械者也，应注意每个人的发展，而不能像工厂制造同一物品一样。人民只要努力去做，终有可能达到平民主义教育的目的。

第四，国民教育是国家之根本。在《平民主义之教育》(在上海的讲演)、《公民教育》(在上海浦东中学的讲演)、《国民教育与国家之关系》(在福州青年会的讲演) 中，杜威指出，对于中国来说，国民教育是必要的，普及教育为民国所急需。"譬之建筑，基础不固，则堂屋墙壁必易动摇。"其目的是培养良好的公民。具体方法就是在学校中受公民的训练、培养公共的精神和互助的精神、使学科与社会有密切的关系。发展国民教育的理由有三：一是多数人受国民教育有益于国家和社会；二是国民教育普及后方可得领袖人才；三是有国民教育方可成为法治国家。因此，对于国民教育决不可忽视而不努力。

平民主义的教育

（在江苏省教育会的讲演）

编者按：本文是杜威 1919 年 5 月 3—4 日在江苏省教育会的讲演。这是杜威来华后的第一次讲演。其中，第一天讲演主要论述平民主义教育的原理。杜威明确指出，平民主义教育就是把教育事业为全体人民着想，使它成为利便平民的教育。平民主义教育须有两个重要条件：一是发展个性的知能；二是养成共业的习惯。它们是平民主义的精髓、共和国家的要素。第二天讲演主要论述平民主义教育的方法。杜威认为，平民主义教育的本质首要的是使每个国民具有自动的力量和活动的精神。杜威通过一些例子强调指出，实施平民主义教育的方法，就是使学校的生活真正是社会的生活，因为人民求学的主旨就是求生活的道理。他最后指出，平民主义教育的目的通过几代的努力终会达到。

1

平民主义和教育很有密切的关系。因为教育事业须得和社会相联络，社会的趋向怎样，教育的趋向也要怎样。共和的国家，就是要实行平民主义的国家，必须有平民主义的教育。换一句话说，国中的学校都须向那平民主义进行才好。什么叫平民主义的教育呢？就是我们须把教育事业为全体人民着想，为组织社会各个分子着想，使得它成为利便平民的教育，不成为少数贵族阶级或者有特殊势力的人的教育。

西洋古时的学校，也不是为平民设的。因为那时的学校教育完全是一种文艺的教育。换一句话说，就是受教育不是为了别的，完全为了贵族上流、僧侣、绅士等要懂文艺，才去受教育。我们但看那希腊的"学校"一字是从"空闲"一字化出来，就可知道，那时候唯有空闲的一般贵族方有机会受教育；那终日勤劳没有空闲的平民，就没有享这种权利了。我们大家现在说起强迫教育、义务教育，以为这是好听的名词，其实这种强迫的义务的教育，在欧洲不过行了数十年，在美国也是如此。并且在美国的情形，当那义务教育初行的时候，竟有人反对说："拿了我们的钱，教邻舍家的子弟，那岂不是把我的牛替人家耕田吗？"可见得义务教育的起源，实在是因为 18 世纪法国大革命之后，民权大张，政治的权威渐渐落到平民手掌中去，所以，他们想平民也不可不有一些政治的知识，才扩充学校的范围，使得平民也能领受教育。这又可见虽则有了义务教育，仍旧是一种文艺的教育。欧美的情形既然如此，那么中国的教育事业现在方才发达起来，不必有什么忧愁，因为中国如果赶紧地追上去，终有一天追到欧美的地步。

诸君要知道平民主义的潮流，在现在的世界，差不多像雪球一样，越滚越大越远的了。但是我们细细地考察，就知道西洋的教育，物质方面固然已经发达极了，但精神方面却依然如旧，依然是贵族的教育，依然是少数人的教育，依然是特殊阶级的教育。我们试看德国，它的教育发达极了，但是现在大战失败，就因为它的教育仍旧不是平民主义的，这就是德国教育的大缺点。大凡后进的国家，模仿人家也来振兴教育，这是很好的；并且先进国走错的道路，他们实在不必再走了，免得耗了许多精神，费了许多金钱，花了许多时间，仍旧去得那不中用的结果。

还有一层，西洋的文明总算是发源于古希腊。古希腊人的脑筋这样灵敏，文化这样高尚，为什么科学的发达不在那古希腊文化发达的时候，却必要等到后来呢？这个问题很是奇怪，然而解释它的答案，也并没有什么稀奇，就是"希腊人看轻做工的"一句话。因为希腊人看轻做工的，所以，他们只知用脑不知用手，科学是从手试验出来的。文艺教育有种流弊，就是看重古人，因为文艺是在书本，书本都是古人的。既然看重古人的文艺，那么教育的方法，自然是重记忆力、不重思想力，那就是不合平民主义的教育了。

我们现在可以讨论平民教育的宗旨究竟是怎样。我以为，平民主义的教育须有两个很重要的条件。

（1）发展个性的知能。从前的教育重在记忆力，不重思想力，所以教授的方法全要用灌注的手段。好比老鸟哺雏一样，做雏鸟的，只要寄居巢中，张开了嘴将食咽下去就是。这种教育是埋没个性的。讲到个性主义（individuality），就是要把个人所有的特性各个发展出来。所以，注重个性的教育所养成的人才，是自动的，是独立的，是发思想的，是活泼的，是有创造力的，是有判断力的；不是被动的，不是依赖的，不是拘束的，不是因循的，不是有惰性的。书上的话、教员的话不必一定是对，须得使学生时时自动地去评判它。所以，我要请诸位教员先生们自己问问："我们学校里的功课是否发展个性？我们从前教授的方法，是否注重个性的？"若不然，我们是否要想法改革。诸君要知道，个性的发展是共和国家的基础，是平民主义的真髓。我们教育家能够注意这一点，那么就可以算得走上平民教育的正当道路了。

（2）养成共业的习惯。共和国的——就是平民主义的国家的——第二要素，就是人人须共同作业（working together）。上面我们说的发展个性，那是固然；但是我们所要发展的个性，不是互相冲突的个性，是要互相吸引的个性。譬如原子必须互相吸引，方可成就一种物体。我们做事也须如此。怎么样可以算做共同作业呢？譬如在上的人出了一个主意，叫那在下的人去做；那在下的人就不可不去照做，不管它是有利于我的或者有害于我的，因为在下的人唯一的职分是服从。那便是专制，不是共同作业。又譬如在上的人专门替那在下的人想出善良的法子，做出善良的事情，去救济帮助那一般在下的人，不管他是否有利于自己的。那一种人固然可以算做好的了，但是只能说他是行仁政，不是共同作业。何以呢？因为专制的事，只有在下的人做，仁政的事，只有在上的人做，专制的利益，只有在上的人享受，仁政的利益，只有在下的人享受，那都是不合于共同作业的原理。共同作业的原理，是一个团体里头的各个分子都要同时做事，做事的效果要使各个分子同时都享受着利益。我们把这个原理应用到学校一方面去，那么学校里的事情，不单是校长做的，也不单是教职员做的，连学生也要共同做的。做事情的结束，要不单是校长受益的，也不单是教职员受益的，也不单是学生受益的，要使得学校里全体的人都受着益处。既然如此，每有一件事情发生，我们就该分工努力去做，连学生在内，不可有互相排挤的手段，不可有互相猜忌的意思。大家互相吸引起来，把这件事情做好，然后大家平均去享受这事的利益。所以，我们不可遏抑学生做事的机会，须得引起他们做事的兴味；不用专制的手段去强迫他们做事，要用温和的手段养成他们共同作业的习惯。

上面说的发展个性和共同作业，的确是平民主义的精髓，的确是共和国家的要素。诸君须知道，政治家、法律家、外交家、实业家所做的事情固然是重要，我们也承认他们是重要，然而可知道他们决不能创造 10 年、20 年以后的世界。这创造 10 年、20 年以后的世界的责任，是我们教育界的人负的；这创造 10 年、20 年以后的世界的权柄，是我们教育家操的。并且要知道，照上面说的两大条件去做教育的宗旨，那么造就的国民是真正共和国的国民，是真正平民主义国家的国民。倘若不然，我们所造就的国民，思想是不自由的，身体是不活泼的，精神是不猛进的，所作所为都是做那有知识的人的奴隶的，那么无论国家的招牌是共和也罢，是专制也罢，总没有一些平民主义的精神，那种教育总不能说它是平民主义的教育。诸君要知道，要达平民教育的目的，必须和主动的精神灌注下去，否则当中国现在过渡的时代，必定要漫无标准不能动手改革了。

我今天只能略略说出平民主义的教育的大纲，至于怎样施行平民主义的教育的具体方法只好留在明天和诸君讨论。我此番从美国来，虽则没有客观存在美国教育界正式的委托，但是很愿意代表美国教育界全体向中国教育界诸君致敬。还希望诸君热心毅力去实行平民主义的教育。至于我个人，既承中国几个有名的教育界团体欢迎，又承江苏省教育会的宠招，到此来演讲，我是很觉荣耀而且要感谢的。

2

昨天我们讲的是平民主义的教育的原理，今天要大略讲到实行平民主义教育的办法了。平民主义的教育的真意义，既然是要每个人受教育，那么这种教育的本质，第一要使得个个国民有自动的力量、有活动的精神。

我们既然说平民主义教育，那就不可不顾大多数平民的生活。我们须把教育普及到大多数的平民身上去，使得他们觉得这种生活有乐趣。平民的生活总是职业，我们须得用教育的方法感化他们，使得他们对于所做的职业不看做机械的动作，好像是有很深的意思包括在内。还有一层，他们空闲的时候也要施以教育，像音乐、美术、跳舞、拍球……种种，总要使他们有优美的情感。

从前文艺的教育盛行时代，日常起居饮食的事情，人家不去注意，因为大家想这是不值得注意的。唯其这样，所以，那时的教育完全和平民没有关系，像交通事业、实业、饮食起居，这方才是平民日常的生活。若要注意平民的生活上去设施教育，除非把他们日常经验的事情都搬来做学校的课程，这方是平民的教育呢。

况且教育事业，若然不从大多数平民着想，换一句话说，若不提倡平民主义的教育呢，那么，一般平民觉得终日劳作都为衣食，人的生活是很没有趣味，久而久之，他们对于一切事业渐渐生出不快的逆反。诸君要知道，现在世界的社会问题还没有解决，那过激主义如风起云涌，这是什么缘故呢？寻根究底，就是平民没有受着切于生活的教育，所以，他们对于自己的职业不觉有乐趣，只觉有劳苦，一旦冲突起来，自然是不可收拾了。所以，我们为了切合平民生活起见，提倡职业教育固然不错，然而要明白职业教育不单是教学生一种职业比人家好些，使得他容易赚钱，因为赚了钱不必一定是快乐的；同时须教育学生知道这种职业内部的好处，引得他对于这种职业有精神上的快乐。既然如此，那么世界社会问题的最后解决，不在加增工资，也不在减短工作时间，实在普及平民教育，使得一般工人于用力之余有机会去用脑，方才发生一种精神上的乐趣。

我们说教育该当和社会上的生活有密切的关系，姑且举个例子出来。照我看起来，幼稚园的创造是很有这种意思，它们所做的事情，也很和社会日用的生活相像。譬如小孩玩耍"积木"仿佛就是做木匠，小孩玩耍"架屋"仿佛就是做泥司①，小孩玩耍"烧火"仿佛就是烹饪，小孩子玩耍"洋娃娃"仿佛就是做母亲，这都是和日常生活相近的。我们再看中学以上有试验室，那试验室里所做的木工、金工等，也和日常生活有些差不多。那么，我们既然有了这种萌芽，只要把幼稚园的法子推行到中小学以上去，只要把试验室的范围扩充到全学堂去就是了。为什么要这样呢？因为我们要使得学校里的生活就算得社会上所需的生活。再举个例子，美国某处有一学校近煤矿，校中的学生比幼稚园里小孩的年纪稍大些，假使叫他们把矿中事物的情形做模型出来，他们居然会一件一件地做出来，那做不出的稍稍帮助就够了。这种自做小模型的利益有三件：（1）因为他们愿意去做这种生活，所以他们毕竟能用自己的经验和理想去创造事物。（2）他们虽则各做各的，然而他们所做的又都是全体的一部分，所以，可以养成他们群性的动作，将来到社会上去自然会多数人合做一件事了。（3）可以因势利导，随了个性的不同，各自引导他们到特种科学路上去，那么学校的生活就可以接近社会生活。

我还要举一个例子。某处市内，货物本有假的，换一句话说，那构造的成分不和真的一样。后来这市里的学生，都要把一件新鲜的物品带到学校里用化学去试验，假使货物是假的，就发通告给大家知道，不去买它，所以，这市

---

① 泥司，上海方言，即泥瓦工。

里以后渐渐地没有假货了。又有一处，市内的公共卫生本来不很讲究，所以患病的人很多，后来这处的学生分头去调查公众卫生的缺点，再加以研究，然后设法改良，从前的弊病就没有了。那可以见得学校里教物理、化学的种种科学，不该当单单是抽象的教授，是要实实在在去研究，后来的结果竟能促进社会道德，这也是学校生活和社会生活调和的现象。

总而言之，我们实施平民主义教育的宗旨，是要每个人受切己的教育；实施平民主义教育的方法，是要使学校的生活真正是社会的生活。这样看来，人民求学的主旨就是求生活的道理，这是真正的目的。至于文字等原不过用做工具，我们把它当做机械看待罢了。既然是机械，那么学校里所教的不该当专门注重这个地方，反而把真正目的——求社会生活——忘记了。现在，一般学校天天是教文字等的工具，以致学生都受了书本的束缚，永远跳不出它的范围外面去。试问这种机械的知识——丢弃了目的——果然能够得到么？即使能够得到，果然能够用到社会上去么？倘然不能，那么岂不是误人子弟么？所以，平民主义教育的宗旨是要个个平民受着求社会生活的真实学问，不是受那一般机械的知识。

我演讲就要完了，但是有几句话要向诸君郑重声明，就是中国普及教育方在起始试办，可以说它太迟，也可以说它迟得有利，何以呢？因为欧美各国起错的地方，中国实在不必再绕道儿地去走，只要拣那最捷近的路向前猛进好了。

诸君，社会的寿命是长的，人的寿命是短的，但是我们只要努力去做，那么一代二代三代之后，终会达到平民主义教育的目的。诸君，中国将来的幸福，中国将来儿童的幸福，不是靠别人的，完全是靠你们一般教育家的，可以不努力吗？我临了还要谢谢蒋先生，因为他替我翻译得很好。

（1919年5月3—4日，蒋梦麟口译。

《申报》1919年5月4—5日）

平民教育之真谛

（在浙江省教育会的讲演）

编者按： 本文是杜威1919年5月7日在浙江省教育会的讲演。在讲演中，杜威首先对当时中国的教育与欧美国家的教育进行了比较，然后论述了何谓普及的教育、非共和的普及教育与共和的普及教育之区别，以及共和主义的教育宗旨。杜威强调指出：教育为社会组织所必要之事业，教育必注重精神，教育必发展个人之特长；平民教育的目的就在于使个人完全发达、完全教育；教师应该利用其学科陶冶学生之判断力、思想力、创造力；应用教材时不必死守成法。

今日得此良机，与诸君晤谈一堂，不胜荣幸。余所欲言者，非其他问题，乃今日至重要之教育问题。当余初抵上海时，披阅上海商会传单，皆极言普及教育、改良教育之重要，可知贵国人士对于教育皆甚注意，诚可喜也。

今余所论者，为普及"平民教育"之真谛。当讨论此问题之前，先有数言，敬告诸君。第一，贵国人士，对于教育前途不可失望。或见泰西各国富强如是，以为其教育制度必凤臻完美，教育事业必已甚永久，深恐一时不易追随，不知欧美普及教育之发达，距今亦不过百年内事。即以吾美而论，实施普及教育，亦不过 70 年前事耳。19 世纪中叶，吾美有霍勒斯孟[①]其人者，尽力

[①] 霍勒斯孟（Horace Mann，1796—1859），今译"贺拉斯·曼"，美国教育家，被称为"美国公共教育之父"。

以倡教育，遍游各都会村镇，晓以教育之重要；要讨论改良方法，协助地方建设学校，促进教育，功实不鲜。降至今日，吾美教育渐就完美。无论何种事业，如商业，如政治，均不能与教育分离，无教育则无各种事业。故吾美各种事业，均不能离教育而独立。然吾美之振兴教育，为时仅 70 年，非甚悠久也。故深愿诸君慎勿以教育为不易收速效，而有失望之心。况贵国师道尊严，社会对于教育界人士，颇有信仰，此实可助教育之发展也。第二，欧美之振兴教育，虽为时未久，然固已 70 年。此 70 年中，欧美各国所经之失败，贵国可不至重蹈覆辙；所奏之成效，贵国可取为准则。撷其精华，去其糟粕，收效更易。苟贵国教育界能利用他人经验，以为自己之经验，则事半功倍，与欧美并驾齐驱，固甚易易；即胜欧美而上之，亦非难事也。

（1）何谓普及的教育？

何谓普及的教育？此问题可从两方面释之。

第一，属于政府及机关者。如强迫教育之实施，抽地方税以建学校，学校之设备、图书仪器之制作是也。

第二，属于社会者。即社会全体皆当知教育之重要也。教育之重要，不仅政府及立法机关当知之，即商会、新闻社、剧场等社会机关，对于教育皆当注意。故从事教育，须有某种运动，使一般社会知教育之效用，知其效用之及于个人为如何，及其社会为如何。然不可仅言：教育之用，在授人以知识技能，使他日与人争胜，在社会中得其应用之位置而已。务使知教育为社会组织所必要之事业，此不可不注意也。

强迫教育法令之实行，其原因或由家族不愿送子女入校之故。如因普及教育之重要方法，然更有重要于是者，即教育者务导儿童以爱校，使之不忍离校，校中课程务求有用（此有用为广义的，非狭义的），使家族皆愿送子女入校。如是则收效更广，否则仅有形式而缺乏精神，虽实行强迫，亦未能奏教育之全功也。

教育制度为一事，教育精神别为一事。教育之制度、物质的机关、学校之设备等，因为教育所必要。然仅有制度、有机关、有设备，犹未足以言良教育。良教育必注重精神。教育之精神何在？曰在民主、在共和。吾美历史中最有荣誉之总统林肯①有言曰："平民的政治，由民而出，为民而设置也。"如是政治，庶可谓为完美，教育亦何独不然？故仅仅"为民"之教育，未必切合于共和精神；必使民视教育事业为己事，而予以对教育充分之责任，然后乃无愧于共和的、平民的教育之徽号。质言之，凡民族对教育事业必有自决之权力与能力方可。德国之教育虽普及，其机关虽完备，然其目的与此民主主义背驰。盖德国教育之目的，在求国家之强盛，故其教育在使国民有强健之体魄、丰富之知识，供一部分人之利用，以侵略他国，实违反民主之精神。试执德国而问之，彼亦不愿受此等教育。然德国政府强行之，致得今日之恶果，良可叹也。贵国之东邻日本，其教育亦效法德制。贵国初办教育时，直接取法于日本，即间接取法于德意志。贵国今已易君主专制为民主共和，欲造成完全的共和国家，必先审察贵国今日之教育，果否合于民主的共和的精神，此先决问题也。

（2）德之非共和的教育普及全国，美之共和的教育亦普及全国，此二者区别果如何？

第一，为方法之不同。德之教育，为贵族主义的教育，为发展少数人的教育，其主旨在养成多数人服从之习惯。因之教育方法，不尚自动而重注入，生徒之心视为器具，强以知识技能注入之。美之教育则不然，务养成生徒自动之能力，以为国民之根性。其教育方法，非注入以知识技能，而为引出发扬其天职能力。吾人诚欲求真共和，诚欲于教育求平等，必反对注入的教育，而主张自动的教育。

第二，为标准之不同。阶级的主义之教育，为发展少数人的教育。故其标准在择知能特殊之少数人，施以特殊之栽培熏陶，使之有专门之学识、专门之技能，以指挥其他多数人。共和主义的教育则不然。无论何人，其天赋之能

---

① 林肯（Abraham Lincoln，1809—1865），美国第16任总统。

力皆畀以善良之机会，使得成遂发展，而不以门阀阶级为教育之标准。要之共和主义之教育，其方法当反对注入、尊重自动，其标准当破除阶级门阀，而使无论何人皆得发展其天赋之能力也。

（3）共和主义的教育，其宗旨在使人人有被教育之机会，其方法则在尊重个性。

人各有其特长。其特长即其人毕生事业之所关。教育必发展各个人之特长，使得利用此特长，为人群与国家建树功业。阶级的主义之教育，陶铸一般国民于同一模型之内，个人之特长因以消灭。此种教育，适合于阶级的社会、君主的社会，而必不适合于民主的社会、共和的社会。何则？人非机械也，无生之机械以同一模型铸之，故其形式、其效用无丝毫差异，至有生之物，则无全同者焉。譬之植物，即同树之叶，其形式、其组织，虽似大同、必有小异。进而至于动物，则各个体不同之度更甚。至言乎人，则个性差异之度，尤远胜于其他动物。教育所以发展人之天赋，故必注意其个性，使各个人所具之自然特长各得发育遂长。划一齐平、毫无殊异之人，绝非共和主义的教育所当养成也。

今为时甚暂，个性问题，不能与诸君详密讨论，殊深歉仄。诸君身任教育，愿自今日始，对于生徒之个性必详密观察。某也有何长处，有何短处，有何异点，观察之后，须记录之，尤须根据其人之个性，以讨论其人之教育方法。其长处须如何发展之乎？其短处当如何淘汰之乎？其异点当如何利用之，使之为社会国家尽力乎？为教师者，能如是致力研究生徒之个性，结果必生特殊之兴味、特殊之感情。此兴味与感情，可以鼓励教育之研究，实为从事教育者所必要。师范学校之生徒，须肄习心理学、教育史、儿童研究等学科，以领受教育之知识。然此种知识，不仅能领受为己足，必思如何利用之，如何实行之，而后能收其效。盖若徒知学习，而不知研究其利用方法，则犹是无用之死知识耳，此亦以无兴味感情为之主动故也。贵国及日本，闻曾有按时计薪之成例，近颇有人非议之，而思有以汰之。汰之诚是也，盖教育为精神的事业，绝非上课数时间所能奏其全功也。故教师不仅于教授时当注意，尤须从事被教育者之研究，然后对于学生能兴起浓挚之兴味与佳良之感情。盖必如是而教育始能奏效也。

要之学校之教育生徒，绝非可如工厂之造成同一的物品。教育为个人的，必注意各个人之发展，否则仍属贵族的阶级的教育，必不能得良果也。

教育之目的，在使个人完全发达、完全教育者，非学科应有尽有之谓；而为使各个人之能力，借教育而得完全发达之谓。故教育之良否，不因其学科之多寡、授课时间之久暂、教材分量之重轻以判；而视其能借学科以养成生徒之判断力、自觉力、应用力，使于未来能适应社会状况，而善营其生活与否为断。故学校教授学科，必使被教育者人人能利用之。换言之，教育首当养成生徒应用知识之能力。故视生徒应用知识力之强弱，可决其教育之良否。

教育之结果，最不正确。问答亦非真考试法。真考试法，即考察生徒对于以后之生活，能否应用其知识以适应环境状况。今人每以教授法完善即为教育完善，亦非中肯之言。盖教师教授法，纵如何完善，苟生徒不能自动以变化之、组织之，以养成应用之能力，则领受之知识诚不正确，而教育之效用亦因以消失。故各学校之效果如何，不仅视教授之当否而定。为教师者，务利用其学科，以陶冶生徒之判断力、思想力、创作力，使对于以后之生活，能应用其知识能力以顺应环境，此即教育之真义也。

上所述者，近于理论，兹更举实例以证之。

例一，吾美某中等学校，有某理化教师。其初用之教授法，取论理的组织而非心理的组织。如授酸素，则示以酸素之原子量、分子量及其性质变化等，仅授以关于酸素之知识，而不明其应用之法。其结果，教者、学者皆索然无味。此教师乃变易其教法，令学生自提出家庭日用必需之化学材料，如关于水门汀①、肥皂、染料等化学之问题，由师生共同试验之、研究之。其结果

---

① 水门汀，上海方言，即水泥。

不特兴趣盎然，效用亦甚者。适此一都会之各种食物中，发现多量之真伪杂糅品，是级学生乃取而分解之，以别其纯伪。例如，检查食盐之内，有无杂质如小粉等；牛乳之中，是否羼以清水。其结果，不仅生徒皆得实用之益，且其都会市肆无敢售羼杂质之赝货者，盖以人人皆能辨识之也。此种教法，第一可以引起学生对于科学之兴味，并练习科学的方法；第二能使学生知科学对于人生之应用，对于共同生活之应用，故收效甚宏。要之吾人所需要之知识，非纸片的知识，而为能应用之知识。故诵读记忆之方法，必不能引起学生之兴味，必不能使学生应用，必无一毫成效。

例二，我美有一初等小学校，地近煤矿。掌此校者，不分国文、算术、图画、手工等种种之学科，仅令生徒自就煤矿及其附近，调查实况，收集材料，制一煤矿模型。矿中生活，以巧妙之方法描出之。其调查之要因，如"煤矿之深广如何？应用人工几何？阅若干日煤当采尽，矿中工人之生活如何？"等是。其结果，搜集之材料，有可供国文之材料者，有可供理科材料者，有关于图画者，有关于手工者。推而广之，研究其何故某地产煤、某地不产煤，则有关于地理学；煤当如何费用始为适度，则有关于经济学；其他如地质学、历史学等，无不可连类及之。故其学科，虽以地方之基本事业为代表，神而明之，则可推究及种种问题，变化无穷也。且此种办法，非由教师讲授，其问题由学生自提出之；其材料由学生自搜集之，判断者为学生，计划者亦为学生。故其结果，实能养成适于共同生活之人。此殆实施平民主义的教育之一善法欤！

且尤有言者，教科书为全国所采用，必不能照各区特殊情形而编著。故纵令如何完美，必不免失之划一。学科能按照地方社会之情形，则生徒所有材料，日与耳目相授，能养成其高尚之情操，使对于社会有同情。矧教科之分类原出于人为，而非自然生成不可更易者；故应用教材时，不必死守成法。谋教育之活用，即打破各种界限，而以一种教材或作业为中心，以统摄各科，亦无不可。要之授社会情形、学生程度，因材施教、临机应变，始可谓活教育，否则仍属死教育耳。

余更有一重要问题进告诸君，即为教师者，因当养成学生自动之能力，尤不可不养成自己自动之能力是也。即今后之教师，当时时熟思如何可解脱古人之成法、如何可发古人所未发、如何可革除教育制度之未善，而使之日就于完美，熟虑之后，必继之以试验。有自动的研究，有自动的查察，假能如是，则贵国教育必能日新月异。且有他国之经验以为凭借，虽超欧美而上之，固非难也。深愿诸君不仅能理解自己职务之重要，且须有自信之能力。诸君固具有知识才力，足以研究教育、改良教育，使之日就完美，以凌驾欧美之教育而上之，责任重矣；而机缘之宏美，亦至足羡也。

我今敢代表吾国 200 万之教师，敬致一掬之同情。教育事业，为人类造幸福，为建设的而非破坏的，即此已是为各邦教育界感情上之维系。诸君子任重道远，我与吾国教师敬爱之忱，匪言可达，但祝诸君教育事业日进无疆。

（1919年5月7日，郑宗海口译。
《杜威在华演讲集》，新学社1919年10月版）

平民主义之教育

（在上海的讲演）

编者按：本文是杜威1919年5月在上海的讲演。在讲演一开始，杜威就明确指出，共和国之教育不仅使教育普及，而且实行平民主义教育。接着论述了两个方面：一是平民主义教育之普及，也即学校之数量。教育首先须普及，无论男女贵贱，国民人人都须受同等之教育，并通过各种方法来进行。二是平民主义教育之性质，也即教育之精神、教育之宗旨和教育之方法。在论述德国和日本教育之后，杜威明确提出教育制度上决不仿效日本而行德国之贵族主义教育。实行平民主义教育，其目的就在于养成人民有知识、有能力及有自动自思独立之精神。教育是创造者，须以儿童为教学中心、以儿童为目的、以科目为方法，启发儿童发展其个人之才能，以将来应用于社会。

世界各国，无论其为专制、为共和，必以普及教育为要图。此考之百年来之世界史，殆无疑义。而因为共和国者，则必须实行平民之政治；欲实行平民之政治，非有平民主义之教育不可。故共和国之教育，不唯以普及为能事，而必须实行平民主义教育而后可。故今晚与诸君讨论者，即为平民主义之教育。

（一）关于分量者

分量者何？即学校之多少与教育之普及与否是也。夫教育要著，首须普及。凡全国国民，无论男女贵贱，必须受同等之教育。唯此事颇非易事，必须有远大之设计，努力之进取，为有系统、有规则之进行。此必经二三十年之时期，方可达其目的。目的既定，然后施行各种方法以谋进行，此乃共和国家普及教育最要之条件也。彼专制国家之贵族社会教育，只有少数贵族子弟所能享受，一般平民付之缺如。盖恐人人受教育，国民知识进步、思想新颖、不服专制政治之束缚而谋改造。秦始皇之焚书坑儒，此其特著，此乃愚民政策，绝非民国所宜采用者。予默察夫中国之社会教育，受教育者亦大多为有势力、有金钱之贵族子弟，平民教育未之有也；而又偏重男子，轻视女子。若是者谓之阶级教育。夫平民教育者，公共之教育也，国民人人所应享受者也。是以美国小学校名称谓公共学校。社会上劳力之人，有为生计所迫而不能为女子谋教育，则当设法使之享受。若此方可谓公共之教育，而学校亦得名之谓公共之学校。由是言之，普及教育是为民国所急需而不可缓者。爰将普及教育之方法言之。

（1）全国人民，无论男女，必须共同受小学教育，其时期自5岁或6岁至14岁。

（2）凡小学校毕业之儿童，有特长者，使之受中学教育，以发挥其特长。一般无特长或无能力之儿童，即可使之在社会谋生活。是中学教育含有选择之性质。

（3）民国初建，国民之未受教育者甚多。一般成人为生计问题不能享受教育，故必须有补习教育，使之得暇补习，以灌输普通之教育。

以上三者为普通之教育。以目前而论，补习教育亦极重要。方今各处多有学界联合会之设，其初志虽系督促政府、唤醒社会，然可利用之实行露天演讲，俾无数未受教育之成人得享受普通之知识。是亦补习教育之一，于平民教育方面大有裨益也。有特须提出为诸君告者。一般人民对于中学教育之宗旨，分为两项：（1）中学为介于小学、大学之间，中学教育为入大学之预备，并无独立目的者。此为一般贵族之思想。（2）以中学教育为目的。学生毕业后即直接谋生，并非为入大学之预备者。二者莫衷一是，不知中学教育是并两项宗旨所兼有者。因中学教育之设，为发展小学校毕业儿童之有特长能力者。故凡在中学毕业后，有力者可升入大学，无力者可直接谋生。考之美国人民之心理，对于中学教育亦有此两种见解，而大多以中学为入大学之预备。一若中学毕业后，不可入社会谋生而必须入大学者，是以另有高等学校之设。一般人民多有入此等学校，意谓毕业后即可谋生，而不必入大学也。此虽名称之别，然亦颇有关系者。若夫日本之学制，对于学校亦以为过渡之学校，而不以为目的，故一般中学毕业生而无力升入大学者，多成为无目的之求学。若中国之学制，则似仿之于日本，予深望中国之中学教育须认为目的，勿以为过渡之教育，务使养成一般学生有自动自活之能力。始一旦毕业，有力者可升入大学，无力者可直接谋生于社会，不致毫无能力，而成无数之中等游民也。

（二）关于性质者

何谓性质？即教育之精神、教育之宗旨与教育之方法是也。教育虽普及，假设无良好之精神，则平民主义教育之目的亦不能达。德之教育，可谓普及，然从彼教育精神上观之，与平民教育大相悖谬，何以知之？盖德国教育之宗旨及方法，其目的在使人民从服君主长官，并非发展国民有完满人格者。吾人试一考德国小学教育之宗旨，其目的在养成国民有驯良之性质、服从之习惯与奴隶之精神。例如，所用之教科书，必须经教育部审定；儿童在校，除教科书外，不准用参考书；校中所授功课，不许在家复习、自由研究。盖恐儿童与父兄研究讨论后，有自动能力、新颖思想，而起推翻皇室之念。故其教育为贵族教育，而非平民教育也。说者谓德之小学教育，对于爱国精神非常注意，此言果确。然德之爱国精神，其目的在爱皇室、不在爱社会。夫爱国之宗旨有二：其一为公共，即以一己之精神财力贡献于社会，为社会谋幸福者；其二为服从，即只知服从政府与皇室而已。德国爱国之精神，则属于后者。故其目的在抵制他国、仇视他国。其教育儿童，亦以此种材料，如法之欲施报复、英之侵夺商务等，使一般儿童只知抵制他国、仇视他国。此德国之所以有侵略主义也。

德人颇聪慧，知立国于世，绝非国民有爱国心即可久存，于是设各种专门学校，以养成无数之专门人才，助国家之发展。此种人才学识淹博、技术精能，然国家限之于小范围之内，便无自动之精神，以养成其服从政府与皇室之心。吾人若一考其社会状况，则一般普通平民阶级分明、隔不相通。如平民职业为之规定，不准迁业。若农之子恒为农，工之子恒为工，商之子恒为商，各业其业，不可变更。儿童少时受此专门之教育，即终身在此职业范围内作业，不许越出，亦不能再受高等教育。唯一般贵族子弟，方得享受。然其所学之范围甚狭，无养成其有自动自思之能力，以助其人格、学问得圆满之发展。故德国高等教育，所养者为各种专门学问家与科学家，而非养成有高尚圆满之人格与学问者也。

德之教育为适合于贵族政治之教育。其故有二：（1）一般平民终身在此小范围职业内生活，无政治思想；（2）专门人才只有服从心，无自动力，徒供政府与皇室之驱使。故彼国一般之专门人才，平时则发达国内各种实业，如水利也，财政也，均有专门人才，以长其事；一旦战事发生，则有无数之专门科学家发明利器、制造枪炮，以抵制他国。是以德之教育，其目的在使一般人民供政府与皇室之役用驱使，并非养成国民有完满之人格，而为社会谋幸福者。此乃专制之教育、贵族主义之教育；绝非民国之教育、平民主义之教育也。

综上所说，德之教育，于方今世界殆无足取，而不知其影响于世界之能力甚大。其原因在德之兵强国富、科学发达，是以世界各国多有采用彼之教育主义者。日本之教育制度是完全模仿德国，形式上、精神上几无一不仿诸德国，行之几十年，果能国富兵强、科学发达，一跃而为一等国。于是亚洲各国，见于日之仿行德国教育而能称强于世，遂相率而仿日本之教育。吾人试观夫中国之教育，实胚胎于日本，直接为模仿日本之教育，而间接即模仿德国之教育。不知欲定一国教育之宗旨与制度，必须审国家之情势、察国民之需要，而精心定之，决不可不审国情、不察需要而漫然效颦。他国是未有不败者也，此中国一般教育家所宜注意者。教育制度组织之完善与否，为一般教育家所重视。不知若不行平民教育，纵组织若何完善，必不能团结而久存。不观夫德教育乎！其组织可称完善，然一经战败，土崩瓦解，其害可知。英美教育则注重平民主义，其组织虽不如德之完善，而其所以能胜德者，因能使人自由思想、自由研究，以养成其有自动自立之精神。职是言之，德之教育主义，在日本尚可勉强而行之，在中国则断不能行。其故有二：（1）日本为岛国，土地狭小，人种纯粹；中国则为大陆，地域辽阔，政治泛漫，人种庞杂，各方面大不相同。（2）日本服从之精神仍在一般人之脑海中，故其习惯至今尚存。故吾人从中国历史上、国情上观察之，除政府习惯外，与日本大不相同。人民有随意结合之习惯、自动往来之精神，故采用教育制度，决不可仿效日本而行德国之贵族主义之教育也。

中国一般教育家，在此国家变迁过渡之时，大多谓无目的可定，其进行亦为无目的之进行。而不知教育一事，不可无目的。无目的则如无舵之舟、无羁之马，教育之精神自由发展，其结果必不堪设想。今吾人既欲实行平民教育矣，则平民教育之目的必先确定。平民主义教育之目的与贵族教育之目的不同。贵族教育之目的为一定，而平民教育之目的则重应变。其一就各人天赋之本能而应材以教之，其二依时势之要求以谋教育之适合。总之，教育是活动而应变、非划一而机械者也。故平民主义教育之目的，在发展社会上个人之才力与精神为最大之宗旨，非若贵族社会之限制人民。受良好教育者，盖因贵族社会其目的在保守，而民国社会则在进化。故民国国民必须人人能发展自动自思独立之精神，若此社会方能进步。是以民国教育当为将来设、为远大计，决不可似贵族社会教育之徒顾目前者。缘是言之，欲实行平民主义之教育，其目的在养成一般人民有知识、有能力及有自动自思独立之精神也。

教育上最大之缺点，在不能利用儿童个人之本能，而使之发展。盖一般教育家意谓人本无能，必借外界知识之灌输而始有能力。不知用此方法以施教育，是摧毁儿童固有之本能，非教育之正鹄也。故吾人在调查参观或考察教育之时，亟须注意儿童之作业能否有自动自思自行研究之能力，教师能否使之自动自思以发展其本能，是为至重要之问题。夫考察儿童之心理，则富有好奇心、研究心，但教师所用方法不合，反足以摧残其本能。不观夫一般之学校乎？夫儿童在校，一切作业多喜自为，即稍涉艰难，亦必勉强自为。而不知为教师者，对于稍难之作业，辄代儿童为之，凡儿童有须自行调查考察等事，教师亦每代为之。此虽教师对于儿童感情太密之故，而不知适足摧残其本能与责任心也。故教学儿童，当使之能自行研究、自行参考，或有问题发生之时，真可利其机会，使之研究发展能力，切不可惮烦为之讲演、为之口述，以灌输知识与儿童为能事。总上所言，似甚浅显，而无足述者，不知平民主义之教育为浅易而普通，并未深难而特殊者也。要之务使儿童有自动独立之精神、自行研究之能力，勿使成为毫无能力依赖他人之国民。

教学方法之最重要者，须以儿童为教学之中心，不可以科目为教学之中心。以科目为教学之中心者何？即使儿童受毕课程为目的，只知使儿童吸收各种科目之知识，儿童之能领受与否，应用与否，则不之顾及。故教授中最适合者，当以儿童为教学之中心、以儿童为目的、以科目为方法，启发儿童，使之好问难、好研究，有自动之精神、思考之能力，发展其个人之才能，庶将来置身社会，即可应用而谋生。

彼一般以科目为教学中心之学校，校中课程固定而划一，不啻成为习惯，而不可更易者。而其教学之目的，在使儿童获得知识、领受知识。不知此种教学，是百年前遗传之迷信。百年之前，科学无甚进步，此时以吸收知识为教学之目的，尚可施行。近今科学昌明、发明日增，且交通便利、文化畅流，以一人之能力而欲吸收全世界之知识，决非人力所能者。譬如饮食，其目的在充饥渴、强躯体而已。今有人焉，若欲举全世界之食品遍而食之，是非唯实际所难能，即得食亦大有害于健康者。吸收知识之害，亦犹是耳。故教学儿童，当发展其自己研究之能力、独立自思之精神，而谋促其进步。

教育界人对于平民主义教育之适用问题，颇多误解，是亦须研究者。夫适用有真假之别：假适用者，不正当之适用也，其目的只在实利，彼学问渊博、技能精通之人，徒谋一己之私利，而不顾社会之幸福者；真适用者，则其目的在为人人谋生活、谋利益，个人得良好之学问与技能，能为社会图利益，为人民谋生活，其目光在将来，非斤斤于目前，徒谋一己之自私自利者也。而其思想不为古旧思想所范围，亦不涉于空妄，使人人能独立自动、有责任心、有研究心，而达平民教育之精神。彼不适用于教育，徒养成有高尚思想之人，一切事业多为思想所压制，而不能行之于事实，偶行一事束手无策，其学问虽博通，然反不若一般之未受教育者而能为社会尽义务、为人民谋幸福。前者为所学非所用，后者虽未受教育，然于做事之经验上，亦可得确实之知识。予尝闻一般教师言，为研究学问无暇应用，一若应用有妨学问之研究者，不知有知识而不能应用，不若知识浅而能应用者。盖由应用而得之知识，亲切而明了，切实而可靠；均有知识而不能应用者，则所得之知识，是空泛而机械者也。夫人之知识有限，若不能应用，与无知者等。彼学问博通之人，而不能应用，是彼所有之学问，不啻装饰品耳，有何益哉？

以儿童为教学中心之法若何？兹举一例以明之。其目的即以知识应用于实际为要者，如授中国之交通，必先明交通之意义。交通若何？指人之交通与机关之交通而言也，如人之往来、货之交通等。是吾人教学之时，当先从附近交通研究起，进而研究全省之交通与全国之交通，更进而研究中国往昔交通之水道，于是推之研究人工之运河，更研究其历史与开凿时之困难情形，并研究其当时之功用与近之不适。于是始知运河之交通，在今日社交日繁、商业兴盛之时缺点甚多；进使之与他种交通机关比较研究，如先与人力车、马车、骆驼车等比较，进而与汽船、火车、汽车、电车等比较，详加研究，始知何者为便利、何者为新发明，并可将所得之知识应用于实际。如制造种种之模型，以发展其建造之本能，而其原理亦自能明了。此时儿童对于交通问题，既能明悉，然后复研究交通与社会经济各方面之关系。如交通便则社会上往来便利、声气易通；经济上则货运迅速、经济活动；而且思想易于交换、知识易于流通。若此研究，则知识愈求而愈广。

上例不过暗示耳，举一反三，是在教者。要之务使引起儿童之兴味，使之自行研究，以增益其许多新鲜切实之知识，决不可服从迷信之形式与习惯。故用此方法以教学，教材可变通，不必奴隶于规定之科目。须知行此方法，实际上与各科有联系。此研究交通则与历史、地理、国文、经济等科均可联系，并须使之自行参考而摘记，则所得者均亲切而有味。吾知一般教师，对于用此方法，难免惮烦而生灰心。不知教育是创造者，若依形式之习惯，则教育事业毫无兴味焉；能进取能行此法，则兴味生而思想启，教育始有进步之日也。勉之哉！

人生于世，如浮梦耳。不佞年满花甲，渐入衰境。将来社会之命运，全在此无数之儿童。而今日陶冶无数儿童之责任，全在一般之教师。是以为教师者，有养成儿童自动自立之责任。故教学儿童，当利用儿童个人之才能，使成完善之人格、得有用之知识。故教师之责任綦重，非其他人物之所可比者。试就政治家而言，其交授者皆系成人。品性习惯早已养成，不易改变。教育家之于儿童则不然，盖儿童之品性习惯尚无固定，导善则善，导恶则恶。启导之责全在教师，其责任岂不大哉？

方子莅场之时，见中美国旗交叉飞扬，是表示中美亲善之意。夫考世界之文化，起源于东亚，西行而至欧洲，更西而至美洲。迨至今日，又自美洲西移至东亚矣。足见文化之变迁，依地球而为循环。将来世界大通，文化渐近，或可创成世界之文化。夫中国之政治虽与美不同，然于教育上观之，将来定可渐渐接近。闻本年秋季，中国高等师范校长有赴美调查之举，予谨代表本国教育界表示欢迎。唯予意中美须组织一有系统之研究机关，互相研究，以谋进取。若此可谓中美教育之同盟，亦可谓中美思想之同盟。不佞此次来宁，蒙诸君优待，感铭莫似。深望诸君将不佞所讲之教育竭力施行，则中国教育前途庶有豸乎？此予之所馨香祷祝者也。诸君勉乎哉，君勉乎哉！

（1919年5月，朱公振笔录。

《杜威在华演讲集》，新学社1919年10月版）

平民主义之精义

（在南京江苏省议会的讲演）

编者按：本文是杜威 1920 年 5 月 16 日在南京江苏省议会作的讲演。在讲演中，杜威明确指出，共和精神有二：一是自立，一是自助。两者为共和国最重要的特征。就自立而言，政府应该对人民加以鼓励和辅助；就互助而言，人民应该养成互助之习惯和能力，其表现在有共同利害之观念、舍弃自己之小利而顾全多数之大利、互相信任三个方面。至于教育，杜威强调指出，固以普及为佳，然施行强迫教育，当从各地着手并逐渐推广。

今承贵省议会议长议员邀约到会，鄙人深为道谢。今见会场中悬挂中美两国国旗，作交叉状，且研究共和之精神，足见两国邦交之亲善。

美国人之来中国，常有一种感想：一若由最新之国而至最古之国。考中美两国中隔一太平洋；幅员辽阔，人口繁殖；且同为共和国。所异者美之共和较中国早一百余年耳。将来两国如能互相提携，其发展正未有艾也。

共和之精神有二：一曰自立，一曰自助。二者为共和国最要之特征。

在贵族政治之下，一般平民，唯政府之命是听，纯然处于被动之地位，毫无自动的精神。共和国则不然，平民有自动之能力，与贵族政治大相径庭。

共和国家之事业多从平民发生，政府不过从而鼓励之、辅助之而已。其创设之原动力，仍在平民之自动。至贵族国家，则凡百事业皆由政府发动，人民不过承政府之命而已。其最著者为德国，而日本则事事仿德。其种种事业，皆因政府压迫而成，虽可收效于一时，绝难持久于将来，一旦有变，因无稳固之基础，即不免失败。试观德国自大战后，各项事业全行瓦解，此其明证。共和国家，如教育经济等事业，大半由人民振作其精神，从事组织纯出于人民之自愿，且有乐于为之之兴趣。故其组织，既有统系，又甚巩固，与由政府压迫而成者不同。

识者谓中国进步甚缓，日本则进步甚速，因日本有贵族提倡于上，人民又能响应于下，故各种事业，颇能发达云云。然依鄙人意见观之，中国目前虽因无完全之政府，不能发展其事业，然国中无贵族牵制，且人民又有自动之能力，其基础实较日本为巩固也。

无贵族牵制，未必不能进展。因共和国之精神，不在贵族，而在平民竭力发展其自动之能力，使有道德与学识之士出而提倡之，各方面又从而附和之、赞助之，对于社会上应兴应革之事，未有不能成功者。

以上对于自主一方面而言，以下再就互助言之。凡为一事，往往有非少数人之力所能办成，而必须赖于多数人之互助者。于斯时也，若多数人袖手旁观、不加援助，或积极反对、竭力破坏，则虽有极大之计划，亦难得多数人之同情。若欲收圆满之效果，岂可得乎？

故一国人民，必先受互助教育，养成一种互助之习惯，然后无论平时战争均可收效。如此次美国加入战团，日本以为美国习尚和平，人民多从事之商，而不注重军备，即或加入，亦无足轻重。孰知自美国加入战局后，于欧战极有影响。且美国人民平时有互助之习惯，一旦有敌，可本其互助之精神而协力为之矣。

欲养成互助之能力，有三要件：第一须有共同利害之观念，即以人之利为己利，以人之害为己害；第二须舍弃自己之小利，而顾全多数之大利，简言之，即不可以利而害公是；第三须互相信任，即遇事当公共商酌，不可倾轧是。

无论何国，遇有关于共同利害之重大事件发生，人民即可团结一气、互相辅助，虽在平时，往往彼此排挤、各不相下成为习惯，然一旦有事，又能互相辅助以抵于成。

此种互助之精神，亦先由少数人之倡议，渐得多数人之赞成，与自主之情形相同，无大异也。余到中国一年，知中国当改革之处甚多。然此事绝非一时所可见效，亦非在上者所可压迫而成。因共和国之事业均由小团体做起，然后逐渐普及。即以教育而论，固以普及为佳，然施行强迫教育，非一时所能办到，当先从各地方上着手，然后逐渐推广。如南京学生创设义务学校，已有40所之多，他处亦有同样之设施，数年后庶有普及之希望。若人民不自活动，专得政府办理，则所谓普及教育，正不知何时矣。中国社会上，有道德、有学识之中坚分子，散处各方，所在多有，若能于各地方创办种种事业，使他人闻风而起、相率仿行，必有兴盛一日。

以上所述自主与互助之意义，本极浅显。今次之为讲题者，因此并非理论上之空谈，曾见诸实行，而收极大之效果。如美国之能富强，即其明证；而欧洲各国，亦复行之有效，故敢介绍于诸君。

（1920年5月16日，扶国泰、陈文笔录。

《民国日报》1920年5月29—30日）

公民教育

（在上海浦东中学的讲演）

编者按： 本文是杜威 1920 年 6 月 3 日在上海浦东中学的讲演。在讲演一开始，杜威就赞扬了该校创办人的精神。在明确指出公民教育是要培养学生的公民资格之后，杜威讨论了两个问题。一是公民须有四种必备的资格，即具有公民精神（政治方面），做好子女、好父亲（家庭方面），谋个人经济和公共经济，善用闲暇时间。二是培养具有必备资格的公民的三个方法：（1）从学校组织及管理方面做起，使学生受到良好的公民训练；（2）授课及学生在教室里的态度，培养学生的公共精神和互助精神；（3）学科与社会有密切的联系，使学生知晓其学习乃是为社会谋幸福。

今天承贵校招我来此演讲，非常有幸。中国办教育的责任，是在政府，而一个公民能够捐资兴学、扶助社会，真是一件可喜的事情。刚才听得贵校长说，贵校里边非但有中学校，并且还有几所小学校，尤为满意，因为小学校实在是一个国家的基础。我很希望因贵校创办人的精神，感动其他资本家，能够设立同样的学校。今天欲与诸君所讨论的问题，就是"公民教育"。

诸君现在贵校里边，直接所受的教育是要培养公民资格，要做一个良好的公民，须有几种必备的资格。

要做一个良好的公民，在政治方面，也要有一种精神来辅助中央政府，为国家谋公共利益。

但一个良好公民的义务，不但趋重于政治方面，对于家庭方面也是非常重要。少时在家，做个良子弟，后来做个良父亲，去教养子弟，成一好的公民，以补学校的不足。因为要做一个好公民，一定要有良父母去教训他，不但是靠着学校教育的。

要做一个良好的公民，一定还要注意经济方面，不但是谋个人的经济，也要顾到谋公共的经济才好。

要做一个好公民，总要善用余暇，到社会上去谋人与人的交际，勿使有害身心的事发生。

凡一公民，总要完全以上四种资格，但是欲培养成这种资格，那是非常重要。怎么样去培养成功呢？现在我举出三个方法来。

（1）从学校组织及管理方面做起。有一个学校，不但是学生专门求学的地方，它的范围比授课还要大。因为学校是一个社会，学生就是社会里的公民；学生在学校里边受公民的训练，那就是公民教育。学校内容是很复杂的，但是分析起来，亦有上列四种生活。学校中的规则，一如国家的宪法，遵守学校的规则，犹服从国家的宪法；学生与学生的交际，犹兄弟姊妹也，学生对师长犹对父兄也；学校中也有用途的，学校用途的经济，犹如国家经济也；同学间的交际，犹如社会上人与人的交际。现在有许多学生，在学校中非常关心国事，不晓得他们在学校里养成了上列的几种习惯，将来到社会上去，就可以扶助社会了。倘若在学校里边，不曾好好地受过公民训练，将来脱离了学校，也不能够做良好的公民，替社会服务的。店铺主人招收学徒，学习种种工艺；学生在学校，就是要学做很好的公民，在学校里好好地培养了公民资格，那么将来到社会上去一定是一个良好的公民。公民精神的培养，不是凭空做起的，要有几种具体的方法。社会上不论何种团体，须各分子有团结的精神，学校亦然。学校里的学生，须要互相结合，养成谋公共利益的习惯。公拟的规则，大家一定要遵守的。一般人要有公民的精神，一定要在学校里培养起来的。美国有一学校，函授泅水。学好了，领了毕业文凭的生徒，再也不能泅水；要晓得学泅水不是在陆地上和纸片上学的，一定要到水里边去学的。学校里没有共同精神和公共生活，要想养成良好的公民，实在与陆地上函授泅水同一悖谬。现在各学校提倡学生自治，须要看学生自治能力为标准。使学生没有自治能力，学校里一定要去干涉的，但是无论有没有自治的组织，学生总要结一个团体。学校里边的利益，不是职员或学生独做的事，一切要二方面共同去做。关于学校秩序、卫生运动等，学生亦可擅自维持之，勿使有扰乱分子发生。总之，有关公共利益的事都要去做，那就可得公共精神的培养和训练。教授用的材料标本等，学生亦可自己去收集，因为这也是公共利益的事，做了也可培养公共精神，将来到大社会上边去，一定可以为社会谋幸福了。中国现在的中小学校，使能都有这样的组织及结合，去谋公共利益，那将来中国的前途一定可以大进步了。

（2）第一种的方法，不过讲学校的普通组织管理等事第。第二种方法范围较小，只关于授课及学生在课室里的态度。普通一般学生上课时太注重个人，以为求知识只为了自己受用的，不管公共的进步。教师的教授方法也不好，教授时总培养此种个人的精神，不培养公共的精神和互助的精神。替人拖替和不正当的帮忙，不是正当的互助，只能养成低能生徒的依赖心。要晓得学校里要有正当的互助精神，去辅助低能生徒的进步。一般程度高的生徒，应当要有觉悟，要晓得他的知识不是特有的，去养成他超人一等，乃是一种扶助低能生徒的工具。学校大可利用他们去教低能生徒，学生间感他的功劳，较教师指导的功劳更大。这种并非秘密的互助，乃是正当的互助。一般程度高的学生，要晓得他们的知识不是个人的，他们要替全校进步负责任。教师在上课时，要培养这种互助的精神，可发同样的问题叫他们互相解答。教授时倘用同样课本，那么已经预习的人枯坐乏味；对于没有预习的人，亦爱莫能助。所以，最好的办法是不要用固定的课本。上课之前，叫各人取样各人的事——如调查、考察、研究等等，到了上课时互相贡献出来，那么各人既有独立的性质，且有互助的精神。一取一予，这是美国最新的教授法。照这样做法，学生的精神一定非常活泼。

（3）第三法，范围非常广漠，一时不能尽述。简单说一句，就是把现行的学科根本改组，改成与社会有密切关系的学科。中学校学生将来毕业后，多数人到社会上去办事，很少数做专门家的。所以，求知识不是目的，乃是方法。多数的人求知识，不是希望成一专门家，乃是要学得处世的手段和方法。所以一部分的学科总要适合社会，那么学的人可以晓得，他所学的和社会有什么关系了。譬如学校中地理一科，记好几个死的地方名词，是没有用场的。读外国地理，一定要晓得国际间和商业上的关系；读本国地理，一定要晓得商业状况和社会状况。不但教授地理如此，物理、化学、生理等亦然。如专教以抽象的不切人生的理论，亦是不中用的，应当从有关社会上实用的工具和工艺品或社会上的卫生注意起来，那就有用了。

现在中国正在提倡实用教育，非但中国一国提倡，全世界都在那里提倡。唯实用教育是有两种：一种为狭义的，只为个人谋生活、谋发财，那是不中用的；一种为广义的，是教人晓得他所学的同社会有关系、有价值。一般受教育的人，应该晓得他受的教育不是为个人的，乃是为社会谋幸福、谋利益的，这才是实用的教育。诸君在这富有公共精神的学校受教育，那是很好的。倘个个学校能如是，中国的前途就有望了。

（1920年6月3日，刘伯明口译。

《申报》1920年6月4日）

国民教育与国家之关系

（在福州青年会的讲演）

编者按：本文是杜威 1921 年 4 月 20 日在福州青年会的讲演。在讲演一开始，杜威就明确指出：中国之旧教育只注重上流社会，培养官吏人才；此后的新教育宜发展国民教育，培养多数人才。由此，杜威提出三个看法：一是少数人有教育，势必利用多数人无知识而图私利；二是只有在国民教育普及后，才能得多数之领袖人才；三是有国民教育，而后才能成为法治国。在谈到太平洋两岸的中美两国时，杜威还指出："中国若能整顿教育，非特可与美国比，且当驾美国而上之。"

中国在世界为第一大国，以教育论之，当有大精神大资力以鼓舞摩荡于其中。然中国之旧教育，只注重于上流社会，培养官吏人才。此后新教育，宜在培养多数人才，是为国民教育所必要。盖高等学问，亦必基之以国民教育。国民教育者非养成官僚资格，宜养成一般国民资格也。中国政府或教育家脱今觉悟，当以此种教育为基础。有良好之国民教育，斯有良好之中等以上教育。因人必先受国民教育，始有好学之心，由此引导而奖进之，中等以上教育之进步发达，自属易事。乃观中国之教育则异是。譬之建筑，基础不固，则堂屋墙壁必易动摇。同一建筑房屋，外人重在定基，故于定基时行其礼式；中国人重在上梁，故于上梁时行其礼式。此亦足见外人凡事之重基础，而中国人不然也。鄙人于此有欲言者三。

第一，多数无教育，则少数之有教育者，每至于专恣横暴。盖人性易于为恶，而难于为善。少数人有教育，势必利用多数人之无知识，而图自私自利。如果某某人物，皆曾受高等教育者，今乃任意捣乱，无恶不作；夫如是，又何必教育为哉？实则非教育不足以救国，病在有教育只限于少数人耳！假令多数人皆有相当教育，足以监督此少数人，则彼少数人者又焉能利用他人之无知识，而为种种之罪哉？故少数受高等教育，不若多数受国民教育之有益于国家社会也，明甚。

第二，中国地大人众，必国民教育普及后，方可得多数之领袖人才。今者，国民教育尚未发达，所谓领袖人才者亦乃仅见。而所推为领袖者，亦甚无标准。凡人皆有本能，教育则足增加其本能。将来受教育者，十百倍于今日，则可为领袖者，亦必十百倍于今日，若以是而恐吾之难为领袖，从而阻遏国民教育之发达，是大误也。盖领袖人才多，则事业亦随以多，如教育事业等之发达，其所需要于领袖人才者，不止此数。又况法治国之分途进行，尚不徒教育实业已哉？然则于吾不但无损，而且有益。不此之务，亦慎矣！

第三，有国民教育，而后方成为法治国。如竹竿然，一竹竿则分而易摧，数竹竿则合而难折。又如碎沙然，虽与岩石同其体积，然一则难破，一则易散。无国民教育，则人无团结力，与一竹竿及散沙无异。设有试书世界各国国名为两行，其一行列夫国力之强者，至弱者而止；他一行列夫教育统计之多者，至少者而止，即知强国之道，不在武力而在教育矣。

吾人至福州，闻中学校学生数较前减少，而军队即加多，移教育之经费而为军队之经费，试问今日强乎？抑昔日强乎？鄙人无精神能力，使诸君信吾言为不谬，是一憾事。究竟美国今日教育发达，国亦颇强，所以致此者，非有神力，乃有实力，即国家用巨大经费于教育是也。现地球有二大民国，即太平洋东西之中美是。中国若能整顿教育，非特可与美国比，且当驾美国而上之。此国民教育实为国家之根本，其他皆枝叶也。根本既固，谁敢侮我。彼志气短丧者，每谓何有许多经费以经营此事业，鄙人则谓特患无团结力耳。苟有团结力，而努进之，则亦不必有如何之大力量。即以在座诸君言之，但以国民教育为神圣，行之 10 年，必有大效可睹。美国当 75 年前，教育尚无系统的记载，然不待政府定其系统，但以国民之自动自觉，极力鼓吹，任意设立，后始经政府之承认。当其萌芽之初，亦如今日之中国。中国不欲教育发达则已，如欲教育发达，亦当仿此。凡事在人为，如肯实力从事，则有精神者出其于精神，有能力者出其能力，事无不济。设有问鄙人者曰：汝至中国两年，其于教育上有何乐观？鄙人必答之曰：各处义务学校之多，实最足乐观者。闻福州城厢义务学校已达至 20 所，推之他省，想无不然。唯以人口比例之，尚嫌不足以应社会之需要。此种事业所以可贵者，在担任义务者皆为学生，能以其精神时间服务于社会也。循此以行，则感化者众，继起而效仿之，定能渐推渐广，愈演愈进。与美国数十年前教育发达之情形相似。国家根本，于是乎定，诸君勿轻视此区区而不努力，则中国幸甚。

（1921年4月20日，孙世华口译。

《晨报》1921年6月20—21日）

五、职业教育

在杜威的教育思想体系中，职业教育也是一个重要的方面。与旧的职业教育观不同，杜威阐述了一种广义的职业教育观，主张把职业教育与普通教育结合起来。因此，杜威在华讲演中多次以"职业教育"为讲演题目。在"职业教育"这一部分，收录了杜威有关职业教育的八篇讲演。

在这些讲演中，杜威主要论述了以下四个方面。

第一，职业教育的含义。在《职业教育之精义》（在中华职业教育社的讲演）中，杜威指出，职业教育有狭义和广义之分。所谓狭义的职业教育，就是要使职业学校的学生学到一种知识和养成一种技能，以便与社会有一种更加密切的关系。所谓广义的职业教育，就是使普通学校成为职业化。从原理上讲，实施职业教育计划有两个重点：一是打破社会上知识界和劳动界的阶级，使以后的社会上没有劳心和劳力之分；二是既可以增加个人的生产力，又可以增加社会一般人的生产力。杜威强调，中国提倡职业教育应当有一个大计划，并从大计划着手。概括起来，这个大计划就是：一切的学校即是工场、商铺，一切的工场、商铺即是学校。

第二，职业教育与劳动问题的关系。在《职业教育与劳动问题》（在中华职业教育社的讲演）中，杜威指出，从历史上来看，有工厂制度就有劳动问题。之所以会发生劳动问题，其原因就在于：少数人能享受，多数人不能享受。实际上，就教育来说，不仅劳动者应该受教育，资本家也应该受教育。更重要的是，要发扬民主精神并应用到教育上和实业上。只有这样，才能阻止劳动问题的发生，并推动实业的发展。

第三，教育与实业的关系。在《教育与实业》（在苏州的讲演）、《读书与工作结合》（在福建省立蚕业学校的讲演）、《教育与实业》（在福州青年会的讲演）、《专门教育之社会观》（在上海同济学校的讲演）中，杜威指出，研究教育与实业的问题，必须基于两点：一是学校课程要把有益于社会作为唯一的目的；二是教育与实业两方面应当并进而不能偏重于某一方面。对于教育来讲，最大的敌人就是读书与工作分途，使脑的教育与手的教育分离。因此，教育与实业的关系犹如人之两足，能互助故能行走。对于一个国家来讲，教育发达而实业不发达，或实业发达而教育不发达，它必定不能进步。实际上，实业教育的根本就在于启发学生的创造力。他还指出，职业教育的要旨，在于用科学的方法提高国家的经济状况与国民生活。

第四，普通教育与职业教育的关系。在《普通教育与职业教育之关系》（在上海沪江大学的讲演）、《工艺与文化的关系》（在上海南洋公学的讲演）中，杜威指出，对于每个人的谋生机会和职业企求来说，职业教育是最切实要的。但是，一个人单有专门的技能而没有相当的教育，那是很不好的，因为一个人的完满发展需要普通教育。在这个意义上，最好是普通教育和职业教育同时并行。具体表现为：普通教育要有职业教育去帮助它，职业教育要有普通教育去救济它。对于学生来说，最好是精神物质两方面并进。只有这样，教育才可以适应社会、发展实业和振兴国家。

职业教育之精义

（在中华职业教育社的讲演）

编者按：本文是杜威 1920 年 5 月 29 日在中华职业教育社的讲演。在讲演中，杜威指出，随着"职业教育"一词的流行，职业教育的问题就是要改造普通教育，使其科目渐渐地与社会生活接近并形成密切的关系。中国提倡职业教育应当先有一个大计划，然后进行实施。其中，应该改良学徒制，使学徒谋补习教育；应该建立新式学校，使学校与工场和商铺衔接，做到学校工场化、工场学校化。最后，杜威提出职业教育在原理上有两个要点：一是打破劳心与劳力之分；二是职业教育应该顾及社会和国家。

　　无论什么人，总应该有一种职业。有了职业，一方面可以对社会有所贡献，一方面可以发展自己的才能；其结果则不但个人得享幸福，而且社会幸福也可因此而日长增高。不论男女，若没有职业，那么，他在社会中完全没有用处，自己仿佛是做了寄生虫，既不觉得体面，而又增加他人的负担，贻害社会实在无穷。这一种情形，求学的应该先彻底明白。若在学校中读书的时候，没有把这种事实确切承认，那么所学的东西，对于社会幸福和个人幸福也不能生出什么影响，充其极，必致学校和社会生活渺不相关。

　　普通学校的目的，固然不是要养成一种职业界的专门人才。然而从普通学校里毕业的学生，天然也要到社会去服务，那么，对于社会上的职业也不能不先在学校中加以研究。古代教育的缺点，最大的一点，就是专门培养一种高级的人才，所以，这班人出来，似乎只会做主人，不配讲服务。现在所谓"职业教育"一个名词，已经流行很广。但职业教育的问题，就是要把普通教育来改造一番，使一切普通学校中科目渐渐和社会的实际生活接近，两方面生出密切的关系。所以真正受教育的人，无论操何职业，对于他的职业总有明白的了解，凡这种职业的目的、价值、意义、科学基础和社会关系等等，都应该加以研究，到了能够彻底明白，才可从事。

上面所说，使普通学校成为职业化，乃是广义的职业教育。至于今天开会的中华职业教育社创办一个职业学校，却是偏于狭义的职业教育，就是要使这职业学校的学生，学到一种知识，练成一种技能，可和社会生出一种更密切的关系。

今天我所要贡献于职业教育社诸君的，就是在现在中国提倡职业教育，当先有一个大计划，从大计划着手方好。要实施大计划，自然要抱实验的态度，经过的时间也许要长久一些；然而，比那零零碎碎的计划，东做一点西做一块的，却更容易引起国人的注意、得到国人的赞助。我所谓大计划者，本来包含三层意思，今天先提出一层来讲一讲。这一层是什么呢？就是补习教育。凡年长失学的人或学力未充即从事职业的人，往往因为没有受过充分的教育，对于他的职业不能有所发展。所以，对于这一般人的补习教育，实在不容或缓。

现在一般提倡或讨论职业教育的人，每每忽略那很重要的一点，就是：中国实业教育的范围应该把它扩大一些。这一句就是说，中国的学徒制应该改良。所以，我以为职业教育的广大计划的目的，就在乎改良中国现在的学徒制，使一般学徒得到更有用的知识，养成更熟练的技能。西洋的普通商店里也有艺徒教育，较之中国的学徒制度，也许有不及的地方。不过中国的学徒制，自然也有缺点：（1）太偏重于从古传下来的习惯和经验，所以，艺徒所学的都是一种机械式的动作，依样画葫芦，没有一种自动的技能，故谈不到改良。

（2）范围太狭，除了教导一种关于那职业的专门技能而外，所有普通的知识，都是未尝顾及。但是，这种艺徒教育虽然有缺点，而在实用一方面却很合宜。所以中国提倡职业教育，在这几年中，也应该把学徒教育看重一些。换一句话说，必须为一般学徒谋补习教育的方法，要谋学徒的补习教育，自然应该由注重职业教育的人发起，和工商界的人联络进行，那是不必说了。

还有一层，在中国讲职业教育，固然应该注意到基本实业。凡基本实业的专门人才——领袖——是不可缺少的，故应赶紧培养；况且基本实业为一切小工业的基础，如农业、矿业、铁路、航业等，都是不可缺少人才。但是，此种专门人才的培养，本来属于专门学校的范围，出乎狭义的职业教育的意义之外，今可置之不论。并且，中国现在所办的专门学校，得力者已不少，派人到国外去留学研究专门学问的也很多，所以，培养专门人才一层更可不必讨论。照我的意思，现在谈职业教育，应该提倡一种新式的学校。新式的学校，要使一方面是学校，一方面是工场、商铺，两者衔接。我且举一个例子。我在中国北方游历时候，到某处见电器工厂外附设一个学校。这个学校收高小毕业或中学肄业的学生，在读书之余，送到厂里去实习。实习的时候，不仅教授一种技能，若机器的性质、科学的基础、学理的应用，没有不详详细细地指导研究的。所以这般，学生毕业以后，对于电器工厂的内容洞悉无遗，就可以本其所学所习，自己创办新厂了。我所谓的新式学校，就是把这一种学校的办法推广范围，务使一切学校都在上课时间内划出一部分使学生到工厂或商铺实习。实习的时候，除技能的训练以外，凡科学方面、学理方面，都要指示出来。如果各地都是这样，各校都是这样，则中国不久在实业界可成为一个先进之国。因为西洋实业发达已久，工厂已经很多，天然的富源差不多都已发现，所以再要改弦易辙，采用这种方法，实在是一件难事；中国则不然，实业方在萌芽，工厂的规模还未大备，基础也未巩固，天然的富源未辟的很多，那么照这个半学校半工场的方法去经营，总是容易得多，而收效也比较的更大哩。中国不必步步仿照西洋，尽管可以自辟新路。如果实行这个新方法，不但学校的学生就可在工场中制造物品，而且工场也就可成为实施教育的地方。这是西洋从来所没有的。不但如此，学校果真成为工场化，工场果真成为学校化，则物质的幸福可以享受，学生的手力脑力可以训练，不必说了。并且，可借此以解决由经济实业而发生的种种问题，如资本劳动等问题也许不致发生。所以，中国在实业之始，不必处处把西洋做模范亦步亦趋地跟上去；能够独辟蹊径，未尝不可，这是提倡职业教育的人所当注意的。总之，我这个大计划，可用极简单的话来概括一下，就是：一切的学校即是工场、商铺，一切的工场、商铺即是学校。

以上所讲的，是指点一般大规模的工场，使它们成为学校化，那是固然要紧。但还有一点，也应该加以注意，就是要使店铺的或家庭的小工艺也要和学校发生关系。家庭的或店铺的小工艺，它们都是祖传的，所以经验很丰富、技术很熟练，这又是西洋所没有的。这种经过几千百年的小工艺，技能固然是熟练了，经验固然是丰富的，然而一定也要受过科学的洗礼，方才可以立足于今后的世界。用科学的方法去研究这种工艺所根据的原理，看它有没有不好的地方，然后再可用新的方法、新的工具，去改良这一工业，而所费的时间劳力也都可以节省了。从前有一位化学教授，到一个小乡村去调查工业，调查的结果，他竟说有种种未决的问题，可供世界上20年的研究去谋解决。这可见得中国实业界里待人解决的问题，实是不可胜数。所以，在中国提倡职业教育的宗旨，不应当专门从个人方面着想，使得个人学这一种机械的知识，在职业界里可以谋生，就算了事。应该把店铺中或家庭中已有的工业用科学的方法加以分析研究，洞悉其利弊所在，然后去谋改良的方法。

西洋从前也有家庭的或店铺的工业，但从产业革命以来，大工场勃兴，小工艺都是渐归淘汰，工人都投身工场，只能做一部分的工作，自然而然地做了机器的附属品。故中国现在提倡职业教育，实在应该注意，务须保存从前圆满的工人，使工人能够自始至终独立造成一件物品，不要专门教导人家做工作的一部分，因而变成机器的奴隶。

我今天所讲关于职业教育的计划，在原理上讲，有两个要点：（1）打破社会上知识界和劳动界的阶级，就是要使以后的社会上没有劳心劳力之分。本来有了这种阶级区别的存在，是很不好的。知识阶级的人专门探讨抽象的知识，自以为文雅，诗词歌赋视为娱乐，而对于手工、机器、材料等则一概藐视。劳动阶级的人终年劳动，自朝至暮，刻无暇晷，所以不能有获得知识的机会，而对于一切事情不能有明白的了解、彻底的辨别。这两种阶级，自经学校和工场合化以后，自然可以破除。（2）提倡职业教育，不当专从个人方面着想，应该顾及社会和国家。增加个人的生产力，使得他谋生容易、工资增加，固然是好；但如果职业教育只限于这一种狭义的，则不免太偏于物质方面，也无怪人家批评职业教育，以为是根据于金钱主义、饭碗主义，充其量不过弄几块面包、一些牛油而已。反之，若从社会国家方面着想，去提倡职业教育，增加社会一般人的生产力，增进一般人的生活程度，使全社会的人大家享受着幸福，大家能利用余暇享受快乐的生活，则职业教育岂不是当务之急呢？

（1920年5月29日，刘伯明口译。

《民国日报》1920年5月31日）

职业教育与劳动问题

（在中华职业教育社的讲演）

编者按：本文是杜威 1920 年 5 月 30 日在中华职业教育社的讲演。在讲演中，杜威讨论了劳动问题同职业教育的关系，指出劳动问题之所以发生，就是因为少数人能享受而多数人不能享受。因此，劳动教育是关系两方面的：一方面，劳动者应该受教育，工人应在知识和道德上有充分的发展，会利用闲暇时间，提高对机器研究的志趣；一方面，资本家管理者应该受教育，要有远大的见解，为社会为世界谋利益和幸福，不可再有自私自利之偏见。

今天所讨论的，就是劳动问题同职业教育的关系。我们必先要问，从古迄今，几千年中，工人无日不在劳苦生活中，何以毫无问题发生？直到今日，此问题日见紧迫呢？我可以说，凡有大工厂的地方工厂制度极发达，聚集几千百工人在一处工作。我们利用煤电种种机器代替人工，在这种地方，劳动问题没有不要发生的。从历史上看起来，一方面有工厂制度，一方面就有劳动问题。日本在欧战以前，劳工很平静；欧战以后，工厂日见增多，工人日见发达，就有劳动问题发生了。西洋工厂制度的发达，就在这一百年内，现在是劳工问题难解决的时期。中国的情形，虽然比西洋尚远，工厂的发达也仅上海一部分，但是将来这个问题总要发生的。所以，我们现在要研究的，就是如何可以预先防阻它。

工厂的组织同劳动问题的因果关系在什么地方呢？因为有工厂的组织，世界的物产自然增多，物产丰则财多，财多则欲望随着增进。我们用蒸汽电力以及种种机器代替人工，生产的增加，至少要比从前强过一百倍。从前没有机器的时候，全靠人工操作，朝夕劳动，生产率有限，所有物质上心理上的需要，不能充分供给，所以，人类习于简单的生活，没有什么奢侈的欲望。有了机器代替人工，比较人工更觉省力，所以工有余暇，制造种种生活必要以外的奢侈品，供给人的欲望。物产增，欲望生，既有种种物品的供给，人的欲望，似乎都可满足。但是，享受过这种利益的人，只是少数有金钱有势力的人，大多数劳工并不能享这种利益。他们很劳苦，所得的工资又不能维持他们的生活，所以有劳动问题发生。世界各地都有阢陧不安之象。这劳动问题，从消极方面看来，是不好的；但是从积极方面看来，是极好的。因为可以证实昔日的人类对于现在的环境不能满足，在现在的生活上要求更良好、更高的生活，这是人类向上的表示。平常人有一种错误的地方，以为工厂组织生产率的增加，满足人的欲望，不过是物质的进步，不知人能利用天然的能力、科学的发明，制造普通物品供给应用，那么人的能力、思想、精神都可以解放，可以去研究物质以外更高的目的了。所以，劳动实业的中心是要物质有进步，使人类享受物质的幸福，改良人类生活的状况同程度。但是，少数人能享受，多数人不能享受，这就是劳动问题发生的由来。西洋物质进步以后，没有想到有什么困难，因为他们没有经验。无论什么事，都应该根凭已往的经验，才有好效果。现在我要郑重申明，中国在一二十年内，工厂铁路以及种种大规模的事业都要振兴，这劳工问题的准备，是不可少的。劳动问题发生，社会上有动摇不安之象，都是因为人民生活程度日高一日，资本家同劳工冲突，所以不安。西洋既有不好的结果，所以中国应该利用西洋的经验，推广社会制度同教育，却防止它的流弊。

劳动教育是关系两方面的，一方面是劳动者应该受教育，一方面是资本家也应该受教育。普通人以为，劳动教育是只属于劳动一方面，那是错了。

那些雇人掌权以及操纵一切的人对于这个问题，都有密属关系：（1）资本家管理者应受的教育，就是要使他们觉悟。有金钱不是应该仅谋个人的利益、个人的幸福，是要为社会为世界谋利益谋幸福，要有这种远大的见解，不可再存自私自利之偏见。教育又应该造成一种舆论，发挥人类的良知同德谟克拉西的精神，鼓励社会，使社会的眼光都从大处着想。有人批评中国现在采用新工厂制度，未免太慢。但是，我晓得中国的采用新方法，是一种试验的态度，不嫌甚慢，因为可以免除资本家操纵工人的弊病。如从历史上面看起来，中国采用工厂制度有好的效果，足见中国人有特别的本能、正确的趋向，不但不批评，并且要赞美了。（2）劳动者的教育，也要从大处着想。增加工资，减少时间，都不是彻底的办法；根本的解决，是要教育，使工人道德上、知识上有充分的发展。如果工人的品格知识个性上有特别的增加，那么增资减时自然不容说的。我们利用机器，增进生产率、时间的减少已经成为事实，余下的时间，我们应该如何利用，讵不致有害劳动者的身心，缘赌博饮酒游玩等？我们应该设法利用这些时间，去发展他们的知识同正当的娱乐，如音乐、文艺等，那就有利益了。又劳动者的教育，应该注意利用他们的余暇，发展他们的个性同思想，使他们对于机器有研究的志趣，那么不但他们生活程度可以加高，并且他们的精神方面也可增加了。增资减时不足解决劳动问题，可用美国情形证明。美国现在工作时间已经减少，但社会仍有不安之象，所以，必须从道德知识上才可以解决这个问题。所以，学校、商店、工厂必须联络，工厂应附设工人娱乐及教育的机关，注意工人身心上的幸福，不但使工人生产率增进，并使工人知识道德都有进步，那真是阻止劳动问题的好方法了。

中国的社会虽然不发达，但是西洋人到中国地方，处处见中国有德谟克拉西精神的表示……中国人深知无论何人都可以到极高的地位，深知人类平等，并有同等的机会。中国如能扩充德谟克拉西的精神，应用到教育上同实业上，无论男女都有同等的机会，发展个人的本能，那不但能阻止劳动问题的发生，并且实业的前途也不可限量了。

（1920年5月30日，刘伯明口译。

《申报》1920年5月31日）

专门教育之社会观

（在上海同济学校的讲演）

编者按：本文是杜威 1920 年 5 月 31 日在上海同济学校的讲演。在讲演中，杜威结合中国的旧式教育、欧美各国的教育以及上海同济学校的情况，论述了专门教育（一种职业教育）与社会的关系，并指出这种关系是最不能忽视的。专门教育就是培养个人的知识与技能，使其在社会上做有用的人。这种职业教育的要旨，在于用科学方法改善国家的经济状况和国民生活。这种职业教育使人能够从事为人类谋幸福和对社会有贡献的事情，可改变旧式教育造就出来的人多半是寄生虫的状况。

今天研究的问题，是"专门教育的社会观"，即专门教育对于社会方面的若何关系。从教育时代看起来，专门教育与文雅教育是不能并立的；专门教育讲的专门学术，文雅教育讲的只是理论与空谈，从前二者不能并立的见解，今试举一理由以证实其不确。这类谬解，其理由以为专门教育是一种狭义的、只应用于求生活技能的学术；但是，我们要从大处放眼光，就觉得专门教育就是一种职业教育，培养个人的知识与技能，在社会上做有用的分子。此种教育，比较是高深的，其与普通教育不同的地方，也就在此。现在我们要问，职业教育的性质是什么？因为专门教育本是职业教育的一部分，由此我们对于专门教育的性质，也可以由推想而得着明了的观念。我现在试说职业教育的性质。

职业教育的要旨，在于用科学方法提高一国的经济状况与国民生活。无论受此种教育与办此种教育的人，其宗旨既为改良一般人的生活与经济状况，有了这一个心理，便近乎为一种公益有利的事业。

人在世上，俱当有职业，俾可从事为人类谋幸福，及对于社会有所贡献，总求所做的事，必能适于社会的需要才好。人若无相当的职业，便可说，是世界上的一个寄生虫，在社会中吸收社会的精髓；因为他不能贡献些利益给社会，并且还要社会来供养他。从前教育的缺点，这就是个大部分。因为由从前的教育的方法，造就出来的人，多半是世界的寄生虫，增加社会的重担。这都是专注重文雅教育与轻视鄙弃专门教育的结果啊！

中国的旧式教育，也是专偏重文学一方面，以毕生心力单研究些过去的文学，以成就一士君子的资格；不但不耐劳动，并且成了种普通的心理，就是鄙弃职业。这种情形，不但中国如此，欧美各国也均如此。我想试拿 school 这一个英文单词来推讲，就可得着上面所讲的证据。school 是学校的意思，从希腊文中出来的，原意作为闲雅无事讲，由此看来，当时的 school，都是只考求闲雅的学识，又遑论职业与从事社会活动呢？社会分子中，有了这一班人，就是专研求文学一事不做的人，别的方面又恰是一班专事劳动的人。于是教育方法，因为社会有了这两种阶级便也分了两种：所谓上级社会，士君子劳心者之流属之；与下级社会，小人劳力者属之。现在是什么时代啊！平民主义的潮流，鼓荡的一天宏大一天，这个平等的理想也就渐渐发生到教育上，世界上旧有的阶级教育，自然地渐渐将消失了。现在新教育方法与前不同的地方，就是劳心的人亦当兼具劳力的本领，将这两种昔相歧义的要素熔冶一炉，这不能不归功平民主义的影响。中国的教育前途，也当根据近今的趋势而定方法，最要紧的一层，无论什么，总须适合于社会的需要，更要放出巨大的眼光、广远的理想来，根据着平民主义的趋势、创造新社会，阶级制是不宜效法的；务使各个人能发展其固有技能，成为社会有用的分子，定好了这种目标，教育方法也就由此求得。据现在情形看来，为增高国内经济的状况与大社会的程度，专门教育实在算最需要不过了。

自从脑与手互相提携动作以来，科学的发达便证现了。从前科学还未发达的时候，什么化学物理及其他学问，都是冥思空想的，完全脑在那里主动；及至用实际来救济它，便是手也在那里起作用了；相互的功用，便得着如今所有的很大的效果。人类在世界上也已有几千年的历史了，几千年中，科学丝毫不发达，到了这三四百年中，科学才长足而进。人便要问，这是什么缘故呢？其理由并非近人较昔人有精强的脑筋、敏锐的耳目；最大的区别，要归纳在方法的异同上。现在用的是科学方法，一方面用思想，一方面用实验，以思想济实验，此所以三四百年科学特别发展的缘故。从前只注意理想，此所以几千年来停滞的原因；空有理想，不去实验，是无用的。

根据上面的观察，我不得不祝贺贵校诸君，诸君得攻高深的学问，并且又辅以实验，将来再实验到社会上，社会便可蒙很大的利益。其外更有最可庆贺的，就是照这样的专门教育，以实验济理想，可把中国旧昔阶级的谬解，从此宣告破产，这实是最可庆贺哩！

专门教育的后头，时时须有个社会的背景，社会方面的关系，是最不能忽视的。贵校有医科、工科；有医科，可以造就些医生，以科学的方法，恢复病人的健康状态，此种事业，很有赞扬褒美的价值；不过除了治疗病人而外，我以为较此还有更重要的事业，便是提倡公共卫生。提倡公共卫生，所以改革社会的生活，保持各个人的健康；因为由许多强健的个人，才造成强健的社会。譬如个机器，它的原动力若强，效率亦大；社会的事业，发达与否，也是同样要看这原动力。个人若精力不足，则除保持原状态以外，便无余力、无冒险的精神和企业的精神；社会便也同一无精神，无其他事业可做。

世界上于社会有益的职业，不仅医学，无一不是可尊贵的。譬如提高经济状况、改良生活，何一非对于社会有重大的贡献？由此，更可证明专门教育并非狭义的了。

无论哪国人，到中国来游历，都是觉得中国的工业太不发达。将来的前途何如，完全要看现在学习工业的人所抱趣旨如何；重要的趣旨，我更重复地讲，要适合社会。

去年我到中国来，恰值五四运动发生，受到很大的刺激；见数千万学生，为国事能有很大的牺牲。但我想，为国死，倒极容易；为国生，可就很难。何谓为国死呢？就譬如"五四"的牺牲，于国家为益不大。何谓为国生呢？我们知道救国事业，非一时所能做到，非一时激烈举动所能成功的。我们试验我们的能力，便得求专门学问创造社会上做功夫。

（1920年5月31日，刘伯明口译。

《民国日报》1920年6月8日）

工艺与文化之关系

（在上海南洋公学的讲演）

编者按：本文是杜威1920年6月1日在上海南洋公学的讲演。在讲演中，杜威指出，从人类历史中可以看到人类的进化无非是工业的进步，而且文化的进步与工业的进步是完全相符的。因此，当时中国之所以不如西洋，其原因是中国科学不讲究。对于中国来讲，不仅要输入西洋的科学，而且要有西洋人研究科学的精神，即思想解放。最好是精神、物质两方面并进，一方面从物质上发展，一方面把不合科学的遗习革除。最后，杜威希望该校学生将来毕业后成为改革社会的前驱者。

今晚演说的题目，是工艺与文化之关系。这两种的关系，从野蛮人和文明人的比较里，就可看出来。野蛮人不能想出种种方法，去利用自然界的物品，如他们所穿的衣都是兽皮或树皮做的，他们也不懂改良的方法，所以各种器具都是很简单的。我们从人类过去的经历中，可以看出，人类的进化无非是工业的进步。在最初的时期，就是用石器的时代，后来才进到农业的时代，在这时代，就懂得种植方法。以上所讲的物质的进步，还不过是文化的表面，然而没有这一步，真正的文化就失了根据。这有两个理由：第一个理由，就是因为人有生的希望，前人专心在生活方面，所以没有工夫去研究精神上的学问；第二个理由，假使前人没有遗下的工艺，那么后人要做前人应做的工艺，也不能注意在精神方面了。

文化的进步和工业的进步是完全符合的，所以，工业上有革命，文化上也受着影响。150年前，欧洲起了工业的革命，就是拿机械代替人工，于是文化就大大地进步。譬如英国三岛，在地球上不过如沧海一粟，它的国里，天然的富源也不丰饶，不过产铁而已，而现在属地布满全球，做世界上第一个强国，这不过因为它是第一个用煤去发生汽力，用汽力去赶动各种机器，做出各种物品，因此它的工商业这样发达。又如美国开国不过100多年，在起初的时候，人口不过300万，现在已增到30多倍，人口增加率这么快，就是因为能利用汽力电力，用到工艺上去，生产能力自然大了，所以，国外的人都要迁民进来。

诸位想，人力自然远不如野兽，但人能用汽力电力等等，工作力就加增许多；其他所余的人力，便可应用到别的上去。有人说，东西洋在地理上是天然有区别的。我以为，东西洋的分别，不过在工业发达的迟早。西洋有了科学，所以，社会上所受的影响一天一天地加大；中国科学不讲究，所以处处不如西人了。500多年以前，有一个意大利人，做一本书，记载中国的文化，和西洋差不多，有时还超过；此二三百年后，又有一个法国人，旅行到中国，也有同等的记载。但后来欧洲渐渐地发明机器，因此，西方的文化就渐渐不同了。然而，西洋的文化比中国不过早100年，在几千年的时间看来不过24点钟的5分钟，也不算什么。诸君不要疑惑，工业影响在人的精神上也很大的；有工业的发展，然后能解放人的精神，去研究精神上的学问。诸君也不要疑惑，工业的发达全靠科学的应用，所以，在工业学校里所有的物理、算学、化学等，更是重要；但是，不把它应用到工业上头去，也是没用的。

新理的发明不是因为要发财，不过因为研究科学。有坚忍的精神、有胆量、有勇气，不被古人的思想束缚，所以就能发明新理。鄙人从日本来中国，常闻人说，中国现在不但要输入西洋的科学，并且要有西洋人研究科学的精神，就是要把思想解放。但工业发达也有一种流弊，就是人要利用它发财，增设一己的地位，社会的贫富阶级因此发生。中国工业正在萌芽时代，将来就要发展，我们要想法防除这种流弊。日本现在工业发达，都是利用西洋的科学，但是他们的精神仍旧是原来的习惯，还没有改革；所以，在中国，一方面从物质上发展，一方面就要把不合科学的遗习革除。精神、物质两方面并进，那是最好的。

现在要结束了，诸君在工业学校里读书，将来毕业之后，一定是改革社会的前驱者。鄙人要敬劝诸君一句话，诸君一方面固然要替自己谋幸福，一方面还须要顾及全国的利益。所谓私利主义，所谓为公主义，这两个条件还请诸君自己去选择罢！

（1920年6月1日，刘伯明口译。

《申报》1920年6月2日）

普通教育与职业教育之关系

（在上海沪江大学的讲演）

编者按：本文是杜威 1920 年 6 月 2 日在上海沪江大学的讲演。在讲演中，杜威强调指出，职业教育是最切实要紧的，因为人人都要有谋生的机会，人人都要有职业的企求。但是，在职业教育之外，还要有普通教育，应使普通教育和职业教育同时并授。这两者要密切联系，普通教育要有职业教育的帮助，职业教育要有普通教育的救济。只有这样，才能适应社会、发展实业、振兴国家。最后，杜威提出两个主张：一是教育发展应该包括普通教育和职业教育；二是职业教育有社会目的，是为公共利益而生的。

我今天讲的题目，是"普通教育与职业教育之关系"。诸君知道现在职业教育的声浪一天高似一天，因为人人都要有谋生的机会，人人都要有职业的企求，所以，职业教育是最切实要紧的了。如果教育没有实效（efficiency），那教育是没有价值的。现在既然人人都要有职业，有相当的职业去满足他的人生需求和必要，当然要使他有充分的预备，足以应用于社会。如果有人未曾训练，就在社会活动或者滥竽充数，那社会就多出许多寄生物来了，非但于个人有害，而且有害社会呢！照上面讲来，相当的训练是很重要的。有些人以为单单训练一种专门人才就够了；殊知不然，专门人才果然要紧，工程师呢、工艺家呢、铁路管理员呢、制造家呢、农人呢、工人呢，都是要紧的。学校里头无论直接训练或间接训练，都可以的；但这种教育，现在不是十分注意。为什么缘故呢？设有人有了这种本事，不去谋公共的利益，专去谋他的私利，这岂不是对于社会没有益吗？所以，现在要造就专门人才的时候，就不能不灌输一种"新人生观"和"新社会观"入他们的脑筋里头，使他们晓得学习种种技能，并不是为了私利，也要为社会公共利益。个人能够明白这层道理，他的"人格"才有发展的机会；人格能完全发展，他的本能、他的智慧也一齐发展了。

各种专门人才有此种观念，受相当教育，人格发达，生命也有兴味、有效果，种种危险不能侵犯他，私心自利的恶习也可以除去；将来他出来服务社会、去寻职业，哪有害人害己的事呢？人格发展，智慧本能也发展，做起事来一定有兴味、有注意力，专心致志在他的职分上，尽他的技能，哪里还有什么工夫去自私，哪里还有外物去引诱他呢？否则没有相当的教育，好比一件不成器的东西，到社会上去谋事，真要发生危险，好像圆枘入方凿一样了。

所以，单有专门的技能，没有相当的教育，是很不好的。必定要有种种机会去发展个人，使人人都有机会受教育。施这教育的时候，要注意社会方面，要注重个人前途之增进，要注重个人自能认识其本能。如要使此种种发展完满，普通教育是很重要的了。但单有普通教育，没有职业教育，也是不好；顶好是两个同时并行，就是说普通教育和职业教育同时并授。

现在中国此种教育尚不发达，多因为种种阻碍尚未铲除的缘故；有时方针也觉弄错，我且讲那免除危险的种种方法。

中国宜有一种根本教育去训练人才。在这实业开始发达的时候，切不可看不成熟或太过分的举动，宜有相当的教育。职业教育也是很要紧的，总要放大眼光，不要专门在机械一方面从事；因为机械教育是局部的，譬如训练铁路人才，不过一个职业，若没有别的教育，岂不是局部的吗？美国工厂团，到中国来调查织棉纱的事业，看见中国每码棉纱比美国要贵得很多，中国工资比美国工资贱得很多，美国工人的工资约10倍于中国，但出产的东西何以反比美国贵呢？中国是不是因为工业的知识不及美国呢？机械不及美国呢？不是。中国缺少一种能力，就是注重公共利益。许多人以为机械完备之外，就要发展本能和创造利益，以开发天然产品；但这种训练还是不足，更须在社会方面着想，有害社会的东西应该除去，中国对于这层还没有注意，所以实业不甚发达，物价比美国昂贵。照经济学讲起来，做工时间不可过长，过长则使人厌倦，做出来的东西也不会好。10 点钟做出来的工夫，比 12 点钟做出来的好；8 点钟做出来的更好。价钱便宜的工作，并不便宜，童工更加不好，因为：（1）童子做工，则必占成人工人的地位，童子多则工作愈坏，童子的能力哪有成人的大；（2）童子也使用机器，他的实效固然不好，机器也要损坏；（3）童子和成人一块做工，一部分好，一部分坏，使全部工作都受损失，有时还有一部分发达、一部分不发达之虞。所以，现在中国宜在造就专门人才教育之外，训练普通人民工人等，使他们晓得"人生观念""社会观念"，有普通知识、科学知识、科学方法。总之，职业教育之外，还要有普通教育，二者相连训练，方才可以适应社会、发展实业、振兴国家。

我们所以应极力奋斗，反对专门讲机械的教育；因为机械的教育是捷法（shot cut）[①]，不必在学校里；在工店里工厂里也可以学，何必单在学校专学它呢？我们在学校里，要同时造就有远大眼光、科学知识、创造能力、冒险精神的人。我听说中国向来有学徒制度，这就是机械教育的例子。但是我们不必反对它，我们想法去改良它就好了；最好设立一种补习（supplementary）学校，提倡它，发展它。此种学校，宜有写字、读书、初等算术等科，更要授以公民（citizen）应有的知识、科学的律令、远大的眼光、人生的和社会的观念。

中国向来有一种实验所得之经验（imperical experience），无非是相传下来的经验方法，并没有系统的知识。如果拿这种经验改良、发展，再加上科学，中国将来的希望是很大的。所以，现在有二要素：（1）增进和改良已有经验的实效；（2）从国外介绍新实业之方法。

---

① shot cut，亦可译为"捷径"。

现在我有两个主张，贡献诸君，总使智能、本能、创造、冒险的精神发展。

（1）教育发展，包括普通教育和职业教育。总要学说与实验同时举行，不要专讲学说，不要专运用脑筋，也要用手；就是有了学说就要施行。从前相传下来的教育，不过注重文章方面，不去实验，那是没有用的。专门读书不去力行是贵族教育，他们以为用力是可耻的事，所以思而不行，更不从事研究种种职业和技能，所以变成抽象的贵族教育了。还有那相传下来保守技艺的人，不过有狭小的实验，并没有文章的思想。如果二者互相改良，岂不是范围扩充了吗？就是说，职业教育与普通教育要生关系，普通教育要有职业教育去帮助它，职业教育要有普通教育去救济它。

（2）职业教育不是为了个人设立的，不是为了私人利益兴办的。职业教育有社会目的，是为公共利益而生的，是要免除种种经济上不改良之点和社会上困难而起的。现在中国正在实业发展起头的时候，更宜注意有没有私人自私自利使社会受害。如果有这种私心的倾向，宜速除去之。当此物质发展的时候，万万不能有这害物。一方面除去私心，一方面增加社会观念，使社会有利，使国家有益。此种教育更宜注意，不得以为提倡职业教育就算了事；有此等教育，经济也自然发展了。

诸君！并不限于一方面的，无论政界、商界，哪一界都要以社会为主位，不可以个人为主位。凡做一事，无论普通专门，都要有道德拿我的本能、智慧去做事，更须有服务、合作、牺牲的精神。

（1920年6月2日，刘伯明口译。

《民国日报》1920年6月5日）

教育与实业

（在苏州的讲演）

编者按： 本文是杜威1920年6月29日在苏州的讲演。在讲演一开始，杜威就提出两个原则：一是学校课程要把有益于社会作为唯一的目的；二是教育与实业应该双方并进。同时，通过人的行路、学校园艺的例子，他进一步说明教育与实业两方面要和衷共济，而不要偏重一方面，以致因为发展实业而阻碍教育发展。杜威还指出，发展实业要有实际的理想和创造性，要理智和技能并重，和自然界奋斗，对人类有益，为人民谋幸福，用实验的方法获得美满的效果。

现在讲的，是教育与实业。要研究这个问题，先要知道里面有两个原质。（1）对于心声方面、理论方面，都要联络。学校里的课程，总要把有益于社会作为唯一的目的。（2）教育与实业应当双方并进，不能偏重一方面。譬如人的行路，两只脚左右上下，是平均发达的。倘坏了一只脚，走路就觉困难，弄到不能联络，我看还不如单有一只脚的好。国家注重实业，丢掉教育，也是这个样儿，所以，教育与实业两方面要和衷共济，不能互相抵触，那国家的进步自然就快了。要联络这两个问题，必定要有目的和方法。单就高小学校来讲，对于实业，对于教育，两方面究竟怎样？是否把实业当做发展教育的利器，是否已经做实业的工匠？譬如学校里的园艺，目的也有几种：（1）专重获利方面，作为谋生计的计划，那么，就失掉教育的目的，忘却教育的价值了。抱这种主义，分明以实业为主、教育为宾，实业为重、教育为轻。这种主义简直是阻碍教育的发展。（2）园艺对于人生的关系，种子的发生，植物的生长，光线的通透，到处从实际方面着想；还将植物学的纲要作为教材，那知识方面真有极大的利益，讲得学生欢欣歌舞、快乐异常，兼讲些益虫、害虫，什么风媒花咧、虫媒花咧，都可以研究它的原理。这样方才有教育的价值。不但动植物可以借来做园艺的教授，就把轮栽法、整地法、选种法来详细研究，真是良好的教法，使他明了科学知识。我们对于这个问题，积极去做啊！推而广之，其他陶工、木工、金工、纺织……都可从实际方面详细研究，养成职业的技能，使学生有正确的实地观察。这种事业最犯忌的是希望立刻成功，必定要坚持自己的心，发达自己的意思，使实业有改良的能力和精神。中国现在时候，对于发展实业，是很有希望的。但千万不要拿获利来做前提，方才可以有真正成效。

我常听得中国种米地方，几乎全不知道科学的知识，单讲那机械式的栽培。手技的方面，稍有经验。往往遭着虫害，一败涂地，可见不懂科学知识的害了。欧洲大战以后，美国丝业大受影响，特派专员到中国来，调查怎样拣种、怎样养育。单就拣种方面说，拣来得当，收获量可以增到6倍以上。中国要丝业发达，必须彻底懂得科学知识，把聪明的技能和实验的观察互相联络才好。

看那汽车轮船和一切机器，真足以使人奇怪的。当时创造的人，也不知费了许多脑力，不知受了许多挫折；到了今日，居然通行世界。但是未创造以前，必定有一个理想存在各人脑筋里，这也是科学知识的效力了。这样看去，有了汽车、轮船、机器之后，也可以增进自己的财产。但是，只拿增进财产来做一切的欲望，决计不会成伟大的事业。所以，总要用自己的理想，来创造轰轰烈烈的发明事业，和自然界奋斗，使于人类有益，用实验的方法得美满的效果，不怕艰难困苦，努力前进。

再从聪明理智方面来讲，一个人最好有创造性。原来高等学校里面，求学有两种要素：（1）利用西洋已有的原质。（2）自己去研究事实。第一个要素，不必讲了；第二个要素，是要用自己的聪明理智，去研究自然界的现象，养成科学方法、科学精神的理论，和实际各方面去联络。能力薄弱的人，或者倒也有理想，这种人，我们当帮助他成就，不要把他很好的理想作为泡影。若要发展实业，那理智和技能是要双方并重的；单重技能，不重理智，简直可说是无用的，因为没有实际的理想，哪里能够有进步？哪里能和自然界奋斗呢？

专门学校学习的人，应该如何将自己的心得，专供给社会上的人，这是重要的问题。因为自己改造社会的责任。为人民谋幸福起见，自己应该牺牲一些，不要专论自己的衣食问题。爱国本是在政治方面的，但除了政治方面的爱国，就是经济方面的爱国了。现在经济的爱国，研究的人很少，并且很难研究，诸君何不去研究一下！经济的爱国是什么？就是我讲的教育与实业要互相联络，切记不要偏重一方面；发展实业要注重为人民谋幸福，切记不要自私自利专谋个人的生计。

（1920年6月29日，郑晓沧口译。

《民国日报》1920年7月2日）

读书与工作结合

（在福建省立蚕业学校的讲演）

编者按：本文是杜威 1921 年 4 月 21 日在福建省立蚕业学校的讲演。在讲演中，杜威指出中国首创的蚕业这个工作是大有益于社会的，并赞扬蚕业学校尽管被视为一所实业学校，但它在知识教育、道德教育上实际并不让于别的学校，体现了读书与工作的结合。

今天没有预备什么话和诸位讲，上来不过和各位道谢罢了。因为这么多教员和学生，预备这么好的机会，使我来这里领教领教，很是难得。现刻看见各位所做成绩，我非常羡慕，所以要和大家说这个工作是大有益于社会的话。

蚕丝这样东西，也是中国首创的，在历史上算是有名的事业。并且又得各位对这个事业尽心研究、想法改良，自是大有价值的工夫。因为能使本地人民得养蚕学识，将来可以使中国实业进步。大凡世界上教育最大的仇敌，就是读书与工作分途。这样的人所主张的，是只用读书，可以使脑力进步，专偏于脑的教育，不注重手的教育。并且看做工的人很轻，于是有好多人，以为手的教育是不能帮助脑的发达，所以都不肯工作。我今天看见大家都是在实在方面用工夫，所得养蚕知识、原理、技能能够一天一天地发达。大家能够从此切实下手做去，自有绝大的希望。故此希望中国教育者，对实地练习方面要十分注意；不但实业学校要这样，就是别的学校也要这样。现在大家对蚕业学校，不过看是一种实业学校；据我眼光看过去，在知识上教育、道德上教育，实在也不让于别的学校。我今天到这里，觉得大家对实业工作的工夫都是实在的，又能各人守各人的职分，各人做各人的事情，秩序非常整齐，越见难得的很。而且养蚕事业，对于各位将来，可以增进那有计划的技能。像养一秤的蚕，并不是等这蚕发生事情的时候，我们才去注意；实在孵卵之先，已经一切都计划完全了。这样工夫，在教育上也很有价值。我今天在这学校最称羡的，就是各位教员、学生对这样的事业有热心、有精神，并且这学校的组织也很完善，可见平日对于管理进行大有用心。所以，我也没什么贡献，只有和各位致谢！

（1921年4月21日。

福建教育厅编：《杜威在闽讲演录》，1921年。标题系编者所加）

教育与实业

（在福州青年会的讲演）

编者按： 本文是杜威1921年4月15日在福州青年会的讲演。在讲演中，杜威首先指出，教育与实业如人之两足，须同时发达和互助进行。就物质方面而言，实业机构给学校提供研究问题及材料，学校培育有相当道德之实业人才。杜威还指出，实业学校有近于模仿的和启发创造能力的两种，前者的结果必失去创造能力。最后，杜威强调三个方面：一是教育不可徒重模仿而不思自创；二是教育者须结为团体以共同研究教育问题；三是须全力办新教育以发展自创能力。

国之有教育与实业，如人之有两足焉。人之两足能互助，故能行走。如一足前进时，它一足必支其后，方不虞颠仆，它一足前进时亦然，是即谓之互助。苟人只有一足，立且不能，况行走乎？教育与实业之关系亦类乎此。设有一国，教育发达实业不发达，或是实业发达教育不发达，则其国必不能进步。故欲国基巩固，国运永续进行，必须教育与实业同时发达；不但如此，其发达尚需互助进行。譬如人之两足，自相反对，一欲进，一欲退，一欲左，一欲右，则颠仆立至，反不如只有一足之为愈也。教育与实业之不能互助进行，弊亦犹是。

一国之实业发达，则经济充裕；经济充裕，则教育必因之而发达。唯欲实业发达，则需人才；培养人才，责在学校。故教育亦有以补助实业之处。

然此只就物质的方面说明教育与实业之关系而已，二者之间尚有精神的关系存焉。此关系可分两点言之。（1）实业机关供学校以研究问题及研究材料；（2）学校培育有相当道德之实业人才。兹先就第一点言之，实业机关供学校以研究问题研究材料，是实业机关直成学校之环境。故学校所授之科学，尤须切近于其地方之实业，否则流于空泛而无益。设有一地方未有电气设备，此地方学校纵教授电学，则其功效必微，盖学生只增纸上之电学，而未实睹电气之作用也。即在已有电气设备之地方，其电学之教授，若只从事敷衍而不加以实地观察，则有与无等。又教授科学，非徒使学生熟记科学名词及其原理，与以实验的观察尤为必要。凡学生平日所有之经验，或于家庭或路上所习见之物体及事实，皆教授上之良好资料。以此教授，则学生较易领悟，故应广为搜集。尝见多数学校，购置许多仪器以供教授之用，实则不如随取学生所习见习用之物为参考，较为简便。且购置特别仪器以为教授之参考时，则学生将因此仪器与通常习见习用之物体不同，疑其教授只言原理毫无实用。反之，如教授电学，先使学生就可见之电球、电扇等加以观察，则学生知其有实用，然后较易领悟。照此教法，则被教者不必为中等以上学校之学生，即国民学校之学生，亦无不可，唯须用前述之实验的教授法以教之耳。如教授化学，必对于高级之学生，方可以学理教之。至于国民学校之学生，则可以煮饭、榨油等事教之，余如制胰、打锡、染色、漂白等，皆有物理、化学之原理存焉。不此之教而以学理教之，或先教之以学理而后教之以实用，则本末颠倒而无效矣。地方所经营之实业，学理存焉，足为教育发达之助。若学校用实验的教授，则学生知科学原理，然后再依此学理改良地方之实业。故学校对于地方实业，可谓有改良创造之能力。

清华学校某外国讲师尝语鄙人云，该校附近有一乡村，其所发生问题及所出材料须经二化学家数年之研究方能竣事。又前数年发生一事，亦足以显明教育与实业之关系，即养蚕须用科学原理是也。前数年欧战发生，使世界丝业大受影响，法意二国向为欧洲产丝之地，因困于战争无暇顾及实业，丝之产额大减。美国所用之丝，概由欧洲运入，至是丝之入口几绝，遂特派调查员数人前往中日二国考察，以求得丝之法。据该调查员报告，中国丝业尚未改良。无须多栽桑，亦不要多饲蚕，照从前之桑数及蚕数，苟饲养得法，则产丝已可 5 倍于从前。其法即须一生理现象与显微镜，先用镜窥卵，择其良者而育之，则产丝必多。就此一小事，已足证明鄙人之言为不妄也。故中国如有科学知识及技能，则各地方之实业必发达，物产必丰富；至于学校之教授，不必讲高深之学理，只用本地方实业之事项为教材，行实验的教授可也。鄙人昨日已言教育须利用环境，集为教材，想诸君必虑及教员未能为此准，此亦非无理，因个个教员断不能均得搜集此等教材也。然不得谓兹事不能实行，因多数教员中必有数人天资过人，能取实用问题实用事项编为教材者，此数人再暗合为共同研究，将其所得公诸全体教员，则其收效实未可限量。兹事虽非一时所能成功，然已可着手进行，遇有地方实业，即由一教员研究之以为之倡，其他教员继之，渐次发达，必能达到目的。今人皆大呼实业教育之必要，不知实业教育有二意义，如黑白之相反焉。（1）为只推广技艺不及影响于学术之教育。此种实业教育，中国已多于外国，又何必大声疾呼。因中国学校虽不施此项教育，然家庭及商铺有施之者。试由街市，则知艺徒之数甚多，其所学类近于模仿，其所制造皆前此所曾有者。倘学校亦施此教育，直增一商铺耳，有何益哉？且技艺的实业有种种之缺点，空费许多之时间及精神而所得无几，此其一也；其所学类近于模仿，其结果必至没却其创造能力，此又其一也。故不可专以此种教育施于学校。（2）为启发创造能力之实业教育。诸君均知实业教育为当今急务，若只讲技艺教育而不及其他，则其结果只增多数之艺徒，仍不足与各国较。无论何国，倘其实业发达，必有新改良新发明，而其新改良新发明每得力于学校。中国实业教育只教人模仿，而不思所以启发其自创能力，致落人后，殊为可惜。

次就第二点言之，教人以实业知识而不陶冶其品性，则所培育者必为无道德之实业人才，徒思利己，对于社会无所贡献。故培育实业人才，应注意道德方面。或谓西人只就物质的方面着想，其为新改良新发明，其目的无非在金钱，此大误也。盖为新改良新发明者，顾费其心力时间以研究原理，其主目的实在于有以贡献社会，非在物质方面而在精神方面。设有无偏见之人于此，问中国实业不发达之原因，则必曰中国人有守旧性质。欲破除此性质，启发其本能，非科学不为功。但其科学须就切用者研究之，不可涉之迂远。尝览中国历史，知其中有大创造时代，如丝、茶、瓷器、指南针、火药、印书版等，皆中国先创之。现虽略加改良，然与从前所制者类皆大同小异，是皆科学不发达之结果也。

最终要讲述者三事：第一，无论施教育者与受教育者，不可徒重模仿教育。今所需者，主动教育，即创造教育也。外国所已发明者，因当从而学之，然若徒务模仿，而不思自创，则收效亦俭矣。必各人自信有自创能力，发其自创能力求新改良新发明。欲达此境域，责在教育机关办理教育。虽应受泰西所已行之制度，然不可盲从，须探致其原理；并参酌中国国情而后所定之教育制度方能适合。第二，教育者须彼此结为团体，共同研究教育问题，然后可得良好之效果。第三，教育不可敷衍，欲办新教育，须用全力以为之，而后自创能力发现，自有成功之一日矣。

（1921年4月15日，王淦和口译。

《晨报》1921年5月13—14日）

六、大学教育

尽管大学教育并不是美国教育家杜威所关注的重点，但他在在华讲演中仍论述了大学教育问题。在"大学教育"这一部分，收录了杜威有关大学教育的两篇讲演。

在这两次讲演中，杜威主要论述了以下四个方面。

第一，大学是一个养成专门人才的地方。在《大学与民治国舆论的重要》（在北京大学的讲演）、《大学的旨趣》（在厦门大学的讲演）中，杜威指出，大学为最高学府，大学之所以重要，不在它所教的东西，而在它怎样教和怎样学的精神。因为大学代表的是知识的重要，代表的是光明，代表的是真理的势力。尤其要注意的是，大学负有传播知识的责任，但它绝不是贮藏财产的铁箱，而是活水的源头。

第二，大学应该培养领袖的人才。在《大学的旨趣》（在厦门大学的讲演）中，杜威结合中国利用天然物产和人力的情形指出，大学要培养领袖的人才。具体来讲，大学应该培养两种重要的领袖人才：一是工商业的领袖人才。中国要在实际上和各国竞争，就一定要从这方面着手。二是政治和社会的领袖人才。他们应该具有相当的知识和良好的道德，以替代腐败的旧官僚。领袖人才是替社会服务的，就如开路先锋一样，他所走的路不错，人们自然就跟着他走。正因为如此，大学事事都要向前努力，而不能丝毫退后。

第三，大学在民治国家舆论中的重要地位。在《大学与民治国舆论的重要》（在北京大学的讲演）中，杜威指出，大学负有造成舆论和指导舆论的责任，大学造成舆论和指导舆论的根底是信仰智力和信仰真理。

第四，大学生的责任。在《大学的旨趣》（在厦门大学的讲演）中，杜威指出，大学生在校要用功学习，但又不要把自己与世界的潮流隔开。因为，"有知识而不知利用，好像把东西关在房子里头一样。虽是有这东西，但叫做没有也可以的"。大学生要强健身心，共同研究养成好的习惯，尤其要养成合作、团结和自治的精神，既在功课方面研究得清清楚楚，又在课外自治方面表现得格外努力。

大学与民治国舆论的重要

（在北京大学的讲演）

编者按： 本文是杜威 1919 年 12 月 17 日在北京大学的讲演。本次讲演是在北京大学 22 周年纪念日举行的。在讲演中，杜威明确指出，在造成舆论与指导舆论上，大学具有重要的作用和负有重要的责任。其原因在于：大学传播知识和信仰真理是造成舆论与指导舆论的根底，是为了公共的利益。在讲演的最后，杜威表达了他对北京大学的美好祝愿："将来为养成服务公共事业精神的中心，永远为社会的灯！"

今天是北京大学的 22 周年纪念日，校长请我来讲演，我觉得很荣幸。

校长请我来讲演的信到的时候，我正预备一篇"舆论在民治国的重要"的讲稿。当时我满心的想念都注在这个问题上，由不得我便联想到民治国的大学造成舆论和指导舆论的重要。

舆论是政府无上的"治力"，在民治国占最高的位置；议员不过代表舆论，官吏不过执行舆论，他们不是舆论的本身，他们占的是第二位。所以，一国的教育制度不得不有政治的作用，大学更不能不有造成舆论和指导舆论的责任。

大学的功课差不多都含着高深的学理，怎样才可以做到造成舆论和指导舆论？怎样才可使与造成舆论和指导舆论产生关系？

我的答案是：大学的重要不在它所教的东西，在它怎样教和怎样学的精神。它代表的是知识的重要；它代表的是光明，它反对的是黑暗；它代表真理的势力——不是遗传下来的真理势力，是由理性制成的、再由人生行为实验过的真理势力。它的责任是传播知识，不是要把学过的深深地藏起来；它是活水的源头，不是贮藏财产的铁箱。

从大学所代表的看来，我们得看着这种信仰：（1）智力；（2）有支配人生行为的真理。使人人都有得着知识的机会。大学传播知识如灯放光的一般：不论哪边都得着亮。不论怎样高深的学理，如果教的时候都这样教，便都可以养成这样的心理、这样的信仰。

信仰真理、信仰智力是造成舆论和指导舆论的根底。不信仰真理、不让知识去传播，便是舆论的仇敌。这些仇敌都是占特殊阶级的，他们都知道高等知识的增加与他们的利益有害，总想法子来"愚民"，好尽他们的兴去横行。知识的传播明明是反对他们的私利，他们反假借一种好听的名词，说是"扰乱治安"。大学要信仰真理和知识，去打倒舆论的仇敌。

只有少数专门人才，不过是开明官僚政治，很危险！专门人才的可贵在传播知识到各方面去。从前以为"爱国"是感情作用的，只"心乎爱之"就够了；到了这个时代，不但心要爱，还要有实行爱的技能和知识。如果专门技术和知识传播得不广，多数人便没有实力；便不配赞成一种政策、反对一种政策，少数的政客便可以拿一种主义来操纵了。

大学有特殊的校制来教育高等的知识和技术，不是为个人财力上、知识上着想，也不是为了养成官僚，而是为了公共的利益。近世国家很不容易。它有许多问题：交通的方法，征税的方法，森林保护的方法，教育制度的养成……这些问题全仗高等知识的解决。大学自然是一个养成专门人才的地方，它还要养成造成和指导舆论的"领袖"，使全国人对于政府各种事件的处理，有明白的反对，有明白的赞成，然后才有社会的力，才能有个真正的民治国家！

这是我在大学纪念日的贡献。我还祝此校将来为养成服务公共事业精神的中心，永远为社会的灯！

（1919年12月17日，胡适口译。

《晨报》1919年12月20日）

大学的旨趣

（在厦门大学的讲演）

编者按：本文是杜威1921年4月6日在厦门大学的讲演。在讲演中，杜威指出，当时中国不但不能利用天然物产，而且不能利用人才，要利用人才，最要紧的就是教育。同时又结合厦门和广东教育的情况，他强调指出，中国问题的根本解决，就是实行教育普及。杜威还指出，作为最高学府的大学是培养领袖人才的。当时中国刻不容缓地需要领袖人才，因此，中国的大学应培养两种重要的领袖：一是工商业的领袖；二是政治和社会的领袖。最后，杜威论述了中国各地各方面通力合作的问题，以及大学培养团结精神的问题。

我这回讲演的题目是"大学的旨趣"，换一句话说，就是对于学生共同的生活罢了。好多人说，中国天然的物产很算富足，但是没有利用，所以越形退步了。我以为，中国不但不能利用天然物产，而且不能利用人力。大家都知道，现在世界的趋势，已渐渐向利用人力那一边去。我们大学学生，可不努力想个法子利用它么？

中国佳矿很多，像什么煤矿啊、铁矿啊，都是僵死地埋在地下。若是把人力利用起来，变无用为有用，那就好得多了。教育上的利用，也是同煤矿铁矿一样，我不是已经说过中国矿产不发达的缘故，都是因为不知利用人力么？若要人力利用起来，那教育可算顶要紧的。譬如中国极边的沙漠，可不是叫做一毛不生的地方么？其实沙漠并不是一毛不生的，只因为没有水利灌溉，它所以变成一个荒野了。中国人天性很厚，所以不能发达的原因，就是无教育的缘故。但是，中国并不是绝对不会利用人力的，就是在厦门这个地方论之，厦门经商南洋的华侨，皆有很大的能力。即广东各处，也很不错。凡此种种，都呈中国人利用人力的好证据。中国根本的解决，除教育普及外，再没有办法了。教育能够普及，那工商业方面，自然一天进步一天了。就表面看来，中国政治的不良，国势的不振，可毋讳言的。但是，人民高尚的理想和奋斗的精神，却蕴蓄在内，未曾发表出来。若使中国人个个都利用起人力来，那教育的发达，可以预定的。大家都知道，大学为最高学府，中间培养领袖的人才。中国从前培养人才，多半是用奴隶教育，如八股策论等，无非养成国家的玩物。现在科学进步，教育方针已渐渐改变了。故以前的科举，可为一般旧人物的代表；现在的大学，可为一般新人物的代表，两个简直成个反比例。我已经说过，大学是陶铸领袖的洪炉，所以事事都要向前努力，不能丝毫退后。因为人群的领袖，总要做个模样给人家看看。

我常说，中国需要领袖的人才，是刻不容缓的。这领袖人才是替社会服务的，并不是服务社会的。所以做领袖的，先要把他的目的和宗旨看得透彻。领袖可比开路先锋一样，他所走的路不错，自然人家都跟着他走，一定也是不错。现在，中国的大学应培养两种重要的领袖。

一是工商业的领袖。发达实业的根本问题，第一要利用天然科学的方法。诸君都晓得西洋人到中国的，往往输灌他祖国的文明，如电报、铁路等，都是有力的证据。现在世界各国实业很是发达，大半都是他们知识奋斗的结果。还有一层，就是世界人类的心理，都想发财，不知道发财的果实却是科学的文明种的因。那么，不会研究天然的科学，发财不过是空想罢了。中国现在要和各国竞争实业，定要从这方面着手。中国是很老的国家，发明的东西也很不少，对于实业不是绝不研究的，不过现在已经不适用了。简直说一句，要把那旧式文明变做新式科学才行。当这20世纪，那研究工商业的方法，就是从大学里头做起。

二是政治和社会的领袖。中国自革命以后，大家都抱一种悲观，这是什么缘故呢？因为缺乏领袖的人才。一般旧官僚，不晓得利用新法，所以弄到这种地步。我有一个浅显的例子，好像真空筒子一样，它因为没有空气在里面，所以水可以随便跑进去。中国革命的时候，把专制政府一推翻，这不过过渡的程序，我们可以叫它做真空时代。因为真空的缘故，水才能够漏入，好像中国的恶官僚在政界上活动一样。这真空的现实，我们已经说过，都是没有领袖的缘故。将来中国大学逐渐发达，培成正当领袖的人才，当然要有相当的知识。所以，大学越多的国家，那产出的领袖也自不少。将来新进的领袖人才，果然能够把脚跟站稳，那腐败的旧官僚，自然也立不住了。大家都知道，道德比知识还要紧，道德方面能够发达，那物质文明自然也逐渐进步了。

还有一层，请大家想一想，就是通力合作的问题。中国的界限分得太清楚了，南有南的畛域，北有北的畛域，甚至各方面都有许多的小团体。现在要把国家办到富强的地步，头一着要把界限打破才行。"通力合作"的意义，于大学中可以看出两种。第一是用功。学生在校，当然要用功，但用功是为人，并不是为己，诸君不要认错了。第二是不用功。这种学生现在可不必讲，因为人人都知道他是坏的。第一种学生，自表面上看来，好像有利无弊，但若用功太甚，也是不对。为什么呢？因为他们对于功课这一边太过，不免把世界的潮流隔开了。从前世界各国的学生，却和中国今日的学生坐了同一的毛病，但是他们现在觉悟起来，所以，他们的人才不但知识很高，就是利用知识的能力也很不弱。

有知识而不知利用，好像把东西关在房子里头一样。虽是有这东西，但叫做没有也可以的。就我们的观察，大学生在校的生活，是非常紧要的。譬如运动和游艺会等，不但可以强健身心，并且有共同研究的好处。所以，大学领袖的人才，是利用知识方面的。像那些用功太过的学生，决不能将知识灌输国家和社会。今日中国的热心者，很想把旧人物推翻了，但是这种的事业，要从哪里做起呢？运动场的生活是万不可缺的。因为运动场中，含有道德的和社会的意义。运动场的生活，可算是团体美感的生活。如果大学能够养成这种好习惯，将来无论办什么，都可以本着互助的精神发挥开去。大学学生的生活，在我个人看起来，非自自治地方着手不可。如音乐文学艺术等，都要联合公共的团体，向前去做。从前有一个人，诸君想都知道的，当他快死的时候，把一根的棍子叫他的儿子折掉了，以后又把好几根的棍子合在一块，依样叫他的儿子做去，但是他的儿子不可能折掉。这就是代表团体的精神。大学学生对于这种观念，更要密切地留心。此种团结的精神，并不是由教师和职员的督责，却是自己共同自治的。若事事受人指挥，那就失了自治的精神，将来怎么能够把能力推到社会呢？我希望贵校诸君，不但对于功课方面要研究得清清楚楚，就是对课外自治方面，也要格外地努力啊！

（1921年4月6日。《晨报》1921年4月25—26日）

七、现代教育

作为一位现代教育家，美国教育家杜威在在华讲演中，在对旧教育进行批判的基础上，从个人、社会、知识等层面论述了现代教育及其趋势。在"现代教育"这一部分，收录了杜威有关现代教育的五篇讲演。

在这些讲演中，杜威主要论述了以下四个方面。

第一，旧教育的弊病。在《现代教育之趋势》（在北京美术学校的讲演）、《教育的新趋势》（在徐州的讲演）中，杜威指出，旧教育有许多弊病。例如，在教学内容上，旧教育以"科目"当作"目的"，以为教授一种科目只要学生能领会就算达到了目的；教材既与社会的生活没有联系，也不适于学生的生活。在教学方法上，旧教育重记忆、讲背诵，只要学生去依样画葫芦，而不要他们自己创造，"教育"二字变成了"记忆"的代名词。因此，旧教育就好比注水器，学生的头脑为空杯，教师的头脑为水池，教学就如将水池里的水用水管注入空杯里。杜威更是以美国的一种农家为例，指出农夫为了在卖鸡鸭时多卖一些钱，就特地造一种管子插进鸡鸭喉咙里，把食物硬灌下去。

第二，现代教育的原理。在《现代教育的趋势》（在厦门集美学校的讲演）、《教育的新趋势》（在徐州的讲演）、《现代教育之趋势》（在北京美术学校的讲演）中，杜威指出，现代教育有两种原理：一是关于个人的，二是关于社会的。从个人的原理来讲，新的现代教育要以学生的天然本能作根据，利用他自动的能力，发展他原有的天性。这是教育的天然的基础。在学生加入学校的活动后，教师主要是从旁边去利用他、指点他、引导他。从社会的原理来讲，新的现代教育要使学校的课程与社会发生密切的联系，养成良好的公民，将来学成服务于社会和国家。因此，概括地说，现代教育就是使个人本能发展与社会生活相合的一种工具。

第三，新旧知识观。在《现代教育之趋势》（在北京美术学校的讲演）、《学问的新问题》（在北京尚志学校的讲演）中，杜威指出，知识在教育上占有一个极重要的位置。旧的知识观都把知识自身看作一个完全独立的目的，认为知识的价值在它自身之内，从而把知识看作是一种供摆设或供玩赏的现成东西。这正如守财奴的积财观念一样。这种旧的知识观念在教材和教法上产生恶果，并养成知识的贵族和服从古人的根性，以及造成学科的分离。新的知识观把知识看作一种工具，认为知识是用来指挥我们的行为和动作的，知识的价值全在于实用，知识应适应新世界的需要。这种新的知识观在教育上的意义是：（1）以儿童为起点，了解他们的天然本能，利用他们的天然兴趣，然后指引他们去求各种对个人和社会有用的知识；（2）不仅发展个人的才能，而且鼓励创造，把个人的才能指引到有益于社会的方向。

第四，现代教育的发展。在《现代教育的趋势》（在厦门集美学校的讲演）、《小学教育之新趋势》（在杭州的讲演）、《现代教育之趋势》（在北京美术学校的讲演）中，杜威指出，在现代教育中，要使每个人都受教育，每个人都能发展自己的能力，才能成为真正民主的国家。而且，要用优良的方法，发现每个人精神上的长处，达到真正的共和精神之目的。具体来讲，要考虑教育的需要、教育的目的、教育的材料和教育的方法。其中，小学教育对于国家是十分重要的。杜威希望中国教育家既研究本国本地的社会需要，又参考西方的教育学说，以造成一种中国现代的新教育。

现代教育之趋势

（在北京美术学校的讲演）

编者按：本文是杜威 1919 年 6 月 17、19、21 日在北京美术学校的三次讲演。在讲演中，杜威论述了三个方面，即现代教育的三种新趋势。在"一、教育天然的基础"中，杜威指出，现代教育的第一种新趋势就是注重个人本能。本能是天然生来、不学而能的种种趋向和冲动，而把这些本能一一发现出来就是注重自动的新教育。现代教育可以说是沟通个人本能和社会生活的一种工具。杜威又以儿童学习语言为例，论述了守旧社会和维新社会在对待天性上的区别。在"二、对于知识的新态度"中，杜威指出，现代教育的第二种新趋势就是对于知识的新见解及其在教育方法上的影响。知识是一种工具，其价值全在它的应用。在批判旧式知识论的恶果之后，他通过一些例子说明现代知识论在知识的性质和求知的方法上不同于旧式知识论。最后强调指出，做教师是一件神圣的事业，做小学教师更是一件神圣的事业。在"三、教育的社会化"中，杜威指出，现代教育的第三种新趋势就是使教育变成社会的教育。这种教育要有三个条件：发现儿童本能；用有益的知识、活用的知识来引导本能；符合民治国家的需求。接着以栽种为例，指出新教育注重独立的思想力、判断力，所以能够养成适宜民治社会的人才。

（一）教育天然的基础

这回所要说的现代教育的新趋势，就是注重个人本能（instinct）的趋势。从前的教育家对于儿童的本能很不留意；现在才知道，儿童的本能是教育上很重要的东西。一切学问和训练，必然要拿人类天然的、生来的本能做根据，利用他自动的能力，发展他原有的天性，才是新教育的宗旨。从前的教育，把学生当做被动的，把许多教授的材料装进学生心里去，就算了事；现在的教育，是要学生自动，是以学生个人的本能做主，拿教育做发展他们本能的工具。

这种注重个人天然本能的教育倾向，是很新的、近来才有的。从前，西方的人对于人心有两种很怪的观念：（1）把人心当做一个袋子，中间是空的，可以拿些东西装将进去；（2）把人心看做白蜡白纸一样想做成什么就像什么，要染上什么颜色就变成什么颜色。这两个比喻，可以证明古人把人心看做被动的，推到结果，必定把儿童也看做被动的，不相信他们有自己的本能。现在的教育渐渐承认个人的本能，所以，现在教授的方法，让儿童加入学校的活动，拿他天然的本能做主，从旁边去利用他、指点他、引导他，叫他往一个方向上走，叫他向他能够做到的地方发展。这就是新教育和旧教育不同的地方。

本能到底是什么？现在也用不着精密的、科学的定义。简单说来，本能是天然生来、不学而能的种种趋向、种种冲动。譬如小孩子初生下来，遇见强光，就会闭眼；遇见大声音，就会害怕；饿了就会要吃。这都是自然的动作，没有人教导他的。这些不学而能、不教而知的天生的性质，就叫本能。教育不过观察哪些是他们可能的，哪些是应该利用的，把它一一挑选出来，加以相当的训练，引到实际应用上去。把他们的本能一一发现出来，这才是注重自动的新教育。

以上所说的本能，不过是关于个人里的一部分。教育的缘起，就因为除了里面的本能，还有外面的社会的种种环境。譬如风俗、习惯、历史、遗传、道德、文化，都是外面的分子。因为要想把内部的本能和外部的环境互相照应、互相帮助、互相融合起来，所以才有教育。我们且分三步说。

（1）教育的需要：就是因为什么缘故才要教育？因为个人的本能和社会的环境中间有一道大沟。本能的天然趋向、自然的冲动，是杂乱无章的，是未经过训练的，所以，不能适合社会生活之用。有这种缘由逼迫我们，所以我们才要教育。

（2）教育的目的：就是教育到底是为什么？因为个人的本能未必恰好和社会生活相结合，所以，教育的方针就在怎样训练、怎样引导个人的本能，叫它和社会的生活相结合。必定要把个人的本能和现在社会的生活沟通一气，叫它恰好适应社会的需要，才是教育的目的。

（3）教育的材料：就是拿什么东西来教育？因为教育是引导个人的本能叫它适合现在社会的生活，所以，必定要拿那些和现在有益的学问，文学、技术、制度等，来做教育的材料。

照这样看来，教育这个东西，乃是引导训练发展个人本能，让它恰好和社会生活相结合。所以，现代的教育可说是沟通个人本能和社会生活的一种工具。

大家都知道，教育的范围很大，不单限于学校教育。小儿生下来，自吃乳的时候，就受他母亲的种种教育。可见人生在世，天然的本能没有一天不和社会的环境相接触的，这都是广义的教育。我此刻且不讲这种广义的教育，先讲学校的教育。学校是什么呢？学校是一种社会的制度，社会把一切过去的现在的将来的计划工具，集聚在这个机关之中，拿这些东西训练学生，使他本能的活动，变向一条路上去，和当时社会生活的精神相合——这就是学校的定义。再简单说一句，学校就是缩小的集中的社会，把过去现在未来的所有计划工具，拿来教社会的幼小分子，叫他们为现在和将来社会之用。学校不但是雏形的社会，并且是模范的社会，后来社会改良都要完全靠着它。

我本不愿意劈头就正式说明个人的教育主张。不过为简单起见，所以开口就说了。注重个人本能本是教育的新趋势，我所以再三解说，第一要想大家明白教育一方面是拿不学而知、不教而能的本能做主体；一方面是以适应社会的需要做目的的。

这样抽象的讲法，恐怕有点不容易明白。现在且抽出小孩子学说话的一件事来做具体的说明。我们都知道学习语言是很不容易的事；然而，小孩子学讲话，居然能在很短的时间收得很大的效果，这都是本能作用。人类天然有和别人交际的天性，有能讲话的本能。小孩子乱叫乱喊都是天然的趋向。据心理学家的研究，自小孩子一岁半的时候，所发的音，连世界上所有的音都有了，这就是教育的基础。没有这种基础，就没有教育可言。然而一方面又有社会的需要：我们学说话是要使人懂得我的话，又要使我懂得人的话。小孩子学话，最初有家庭间的要求，其次有社会的需要，不能不通达彼此的意义。因为有这种需要，所以，小孩子不知不觉地就能说话了。但是，这种社会的需要同时又能限制学话的趋向。我要人懂得我说的话，就不能不依社会上通用的规矩。在北京的人，不能不依北京的发音；社会已经定了"茶"的名，我就不能叫它做"酒"；社会通用的文法是"人吃茶"，我就不能说"茶吃人"。小孩子天然的本能，受了这种限制，自然渐渐地归到一个方向去，学成一种适用的话。由此足证二者交相为用。无论何种教育能力，假使受教的没有天然的本能，那么就要教也无从教起；然无论他有多大的本能，假使没有社会的需要，那么就要学也无从学起。由此更足以证明前说的教育上的主义：社交和参与事情，就是小孩子要学话的需要；使他成一个能应答的人物，就是他的目的；在他那个社会里的单字、成语、语气、文字等，就是他的材料。

小孩子在很短的时间内能学很多很难的语言，这件事若要研究起来，可以得三种教训。

（1）小孩子天然有说话的趋向，家庭利用它教他说话，渐渐地就能说能懂。到了学校，用了许多工夫，反不能收这样的效果。这是什么缘故呢？可不是因为一是利用他的本能，一是压制他的本能，所以一方面收效很大，一方面收效很小吗？我们办教育是应该指导利用他的本能呢，还是摧残压制他的本能呢?

（2）在小孩子学话之先，并没有人告诉他："你们一定要学话，不然就不能做人。"也没有人夸奖他说："你学话将来一定有许多好处。"不过因为有要说话的本能，学到一句话，便欢喜了不得；要他学会了一句很难学的话，立刻就更快乐起来了。所以，他学一个字有一个字的快乐，学一句话有一句话的快乐，立刻学到就立刻开心，所以朝前学去，一点也不困难。学校里所教的东西，不是为五年后用的，就是为十年后用的，全不注意怎样使儿童发生当前的愉快满意。快乐不在现在却在将来，所以很难引起他们的兴趣。小孩子学话立刻可以满意，所以成效大；学校里边的教育不能立刻就使他们快意，所以收效小。这中间所以然的道理，我们应该不应该注意呢?

现在且讲一个故事。美国有一个大城的视学员，到学校里去视学。他问学生，读书有什么用处。有的说："读了书认得字不致走错了路。"有的说："认字可以看有趣的书报。"又问他们学算学干什么。大家都答不出来，后来有一个学生说："可以算买卖东西的账目。"又有个学生说："倘若有一天犯了法，警察罚我5块钱，或把我拘留3天，我可以拿算学来算算，看哪一件事便宜一点。"这个故事，很可以证明这学校里边的教育和眼前的生活相隔太远，不能叫学生即刻就能应用，即刻就可以快乐。一味拿那些用不着的东西和枯燥无味的东西来教他，怎能够立刻就可以见效呢?

（3）小孩子学话收效那么快，全靠一种天然社交的趣向。小孩子很欢喜同人家往来，同人家说话，同人家问答，这就是他社交的天性。学校教育不注重他这种社交的天性，专拿纯粹知识一方面的学问去教他，不问他欢喜不欢喜，都要逼迫他去学，又叫他做些无关社会生活的文章。这些机械的记忆的教育，和个人社会社交的天性，一点也没有关系，怎能收很大的效果呢? 照这样看来，可见得教小孩子说话，利用社交的天性，所以收效很大。学校教育偏于纯粹知识一方面，所以收效很小。这不是一种教训吗? 以上所说，总括一句话：若没有天然的本能做基础，什么东西都不能教；若能把社会的势力，利用这些基础的本能，几乎没有不可教的东西。

从旁的一方面说，各种社会有历史习惯种种的不同，因而其所选择注重的本能也有差异。大概一个社会总是选择注重那些与它的历史习惯相合的本能，忽略那些不相合的、由社会淘汰的结果，其中个人所有的本能也就不免偏向于一方了。大抵人的天性有偏向服从社会一面的，也有偏向于反抗社会一面的。偏于服从的，尚墨守、奉教训、循规矩、博闻强识；偏于反抗的，重发明、喜自创、轻冒险、善惊奇，事物当前，必问个所以然。守旧的社会多注重前一类的本能；进取的社会多注重后一类的本能。

假使有一个守旧的社会，目的不在创造新奇的东西，只顾保存陈旧的老古董。这种社会，必定提倡这几种的趋向。

（1）怕新奇：人类的天性本有好新奇和怕新奇两种。譬如小孩子最欢喜人家说鬼，却又怕鬼。唯有守旧的社会里边的人，不欢喜好新奇的天性，常注重怕新奇的天性。

（2）怕人说坏话：守旧的社会里边的人，最怕人家说他坏话，所以最怕出风头，最怕叫人注意他。自己一点儿意见也不发表，人家怎么说，他便怎样说。

（3）怕困难：最怕遇到困难，最怕多事：他们总想多一事不如少一事，总想变法不如古法，只要安居无事，便是神仙。

（4）怕负责任：最不欢喜挑担子，得躲懒便躲懒。

这些是守旧社会中最注重的天性。他们注重的天性不同，他们教育的方法也不同。教育的方法是什么呢？就是重记忆、讲背诵，不但记书中的意思，并记书中的字句，单叫他们去"依样画葫芦"，不要他们自动，不要他自己重新创造。但是，小孩子本有活泼泼的天性，拿什么去压制他呢？顶好的法子，就是叫他把所有的工夫都消磨完了，使他没有发展本能的工夫，专心去做那些模仿的记忆的背诵的事情。

刚才所说的是守旧的社会所注重的事件，至于维新的社会，自然是想求进步的、求新奇的，它所注重的天性必定处处和守旧的社会相反了。它所注重的天性，自然是好新奇、喜出头、肯负责任、不怕危险的几种天性了。至于教育的方法，怎样能利用这种天性，能发展这种天性，且待后来再讲。今天要想大家知道，心理学和教育学都不能给我们一个包医百病的教育神方。研究它们的目的，在懂得这中间的道理，在明白儿童心理上起的观念。学校里边，无论教员教什么，学生心理上总要发生一种反动。真正的好教员，就是在能观察学生的反动，要研究何以这个人这样反动，那个人那样反动。明白这中间的道理，利用各人特别的天性，引他朝正经路上走。可见得，研究心理、研究教育，并不是传他一个方法，叫他照样教人，好像包治百病的药单子一样。因为天地间没有传诸百世而不惑、放诸四海而皆准的东西。研究心理教育，不过是给我们材料，教我们有法子去观察学生心理怎样反动，然后再想用什么方法去引导他。

教授的事业就好像做买卖一样。有卖的，有买的，方才可成交易。若有人说："我今天生意很好。卖出了许多货物，但是没有人买去。"你必定说他说疯话了。教的人也不能不细细体察，究竟学的人需什么、缺少什么、能学什么、已经学到我教的什么。若不能细心体会儿童的本能和他的需要，闭了眼睛一味只顾我教我的书，那就和有卖没有买的商人一样了。教员的职业所以可贵，正为做教员的人可得两种大益处：（1）可以把自己所学的学问随时长进；（2）可以有机会研究所教儿童的本能，可以学懂得人性，可以懂得"人"。一方面增加自己的学业，一方面学懂得人，这才是真正的教员。

（二）对于知识的新态度

知识在教育上占一个极重要的位置。人类的许多时间、许多精力，都费在求知识上。所以，教育学说都很注意教育的性质和求识的方法。今天所要讲的现代教育的第二种新趋势，就是现代教育家对于知识的新见解，和这种新见解在教育方法上发生的影响。

古代对于知识的观念，大概都是把知识自身看做一个完全独立的目的。知识的价值就在它自身之内，为什么要求知识呢？他们说：求知识便是求知识。求知识的目的就是求知识。（胡先生[①]附加说道："最明显的例，如佛家之求妙悟，求圆觉之类。"）因为把知识自身看做独立的目的，所以，古代的观念把知识看做一件现成的东西，拿来拿去，你传给我，我又传给别人，或是摆设起来，供人玩赏。知识就像一些金钱，守钱奴积了许多钱，越积越多，越多越好，全不问金钱有什么用处，只觉得积钱是人生的唯一目的。旧式的知识论，正同守财奴的积财观念。又譬如一块宝石在无意之中发现了，装嵌起来，可以夸耀大众，可以传给后人。至于这块宝石究竟有何用场，那是不用计论的了。

现在对于知识的新观念，认明知识是良善行为所不可少的一种工具。人类的行为，如果没有正确有用的知识，必致陷入无意识的动作。知识是一种工具，不是一个独立的目的；是用来指挥我们的动作、帮助我们的计划的，不是无用的奢侈品。知识的价值，全在它的实用，所以不是现成的，必须由我们自己研究寻求出来，把它的结果来证实它的价值，证实之后，方才可算是知识。

初看起来，这种讨论，似乎纯粹是哲学上的问题，与教育无关。但是，真正的哲学问题，没有不发生实际上的效果的，更没有在教育上不发生影响的。我们且先看旧式的知识论在教育上发生的恶果。

（1）教材——因为把知识看做现成的传授品，所以，旧式的学校教育只顾把许多现成的历史、地理、文学、算学等等，尽有灌到儿童的脑袋里去；只要装得进去，就完事了，全不问这些东西在社会上有何需要，在儿童行为上有何影响。

（2）方法——再看教授的方法，全是注重记忆、注重背诵、注重考试。因为把知识看做可以灌来灌去的现成东西，所以用蛮记的法子灌进去；所以又

---

① 胡先生，即胡适。

用背诵和考试的法子，来看究竟灌进去了没有；来看那些被灌的儿童是否能照先生的样子把装进去的东西拿出来摆架子了。美国有一种农家，养鸡鸭出卖。卖的时候，常常把鸡鸭喂得饱饱的，可以多卖一点钱。但是鸡鸭喂饱了，便不肯再吃了，所以，他们特地造一种管子，插进鸡鸭喉咙里，把食物硬灌下去，使它们更胖更重。现在的教授方法，就是硬装食物到鸡鸭肚子里去的方法。考试的方法，就好像农夫用秤称鸡鸭的重量，看它们已经装够了没有。

（3）养成知识的贵族——知识既不是应用的需要品，即是摆样子的奢侈品，自然是少数人所独用的。旧式教育的结果，大概是养成一班博学而无用的贵族，越少越可贵，就同宝石一样。

（4）养成服从古人的根性——这班博学的贵族，装了许多现成的学问，自然希望人服从这些古代传下来的宝训，服从宝训就是服从他们自己的学问。封建的国家、专制的国家都极力提倡这种教育，因为这种服从的根性，是于它们很有益处的。这种教育的结果，必致养成守旧的风气，用古人的教训作议论的根据（诗云子曰之类），全不问古今时势的需要不同。

（5）科学的分离孤立——因为把知识看做独立存在的现成物品，可以各自传授，故旧式的学校教科，各自独立、不相关系、不相应。算术自算术，代数自代数，几何自几何；数学又和旁的学科没关系，历史和文学无关，文学同修身无关，只要一样样都学完了，就算了事，又何必问各科的交互关系呢？

以上所说，不过是略指出旧式知识论的效果。如今且看现代对于知识的新态度，认定知识是指使人生行为的工具，是现做起来的，不是现成的——在教育上有何意义。

我且先举几个例子来说明这种新态度。

第一个例子就是现在大战①后的世界大势。不消说得这种知识，不是古来传下的现成知识，是要我们自己去搜集研究的。请问我们去搜集材料、研究种

①大战，指第一次世界大战（1914—1918）。

种原因与结果，这种工夫为的是什么？难道我们求这种知识的目的，不过是求到这种知识就算完事了吗？求这种知识的实际动机，是要发现种种问题，寻出现在的大势究竟是什么样子；明白了这种大势，我们自己的行动应该定什么政策，采用什么方针，将来的情势可以怎样预料、怎样防备。这种知识所以有用，正因为它可以做我们实地行动的指南针。所以要求知识，正为要做实行的准备；所以知识，正为要行。

再举一个例子，譬如铁匠打铁。从前的铁匠只要依着一代一代相传下来的老法子就够了，这种知识是现成的，是死的，是相沿不变的。现代工业发达了，钢铁一业的用处更大，决不能依靠这种幼稚的旧知识。现在，钢铁工厂所需要的冶金学，范围极大，问题极复杂，那旧式的乡村铁匠做梦也想不到。现代铁厂，必须研究铁矿的区域、矿苗的性质、制铁方法的比较利弊、种种化学电学的实验、种种出品的用途，等等。拿这种知识来比较乡村铁匠世袭的知识，便可知道现代所需要的新知识，绝不是现成的遗传品，必须是时时留心研察的结果，必须随时求进步求改良，方才可以应付现代社会时时变迁的需要。

再举一个例子，就是做母亲应该有的知识。古人固然也有关于母教的知识，老太太传给太太，太太传给少奶奶，大概都是根据于经验的零碎知识，和乡村铁匠的打铁法一样。现代人讲母道的知识，就大不相同了。现在的母教，必须懂看护学、儿童心理学，又要知道儿童容易有的疾病，又要知道各种营养食物的性质，又要知道儿童应该做的运动游戏。这些还不够，因为无论家庭以内弄得怎样好，若是社会的公共卫生不讲究、道路污秽、饮水不洁，终难免儿童传染流行的疫病。所以，做母亲的，不但要研究儿童的种种问题，不但要研究家庭的种种问题，还要研究社会的、市政的种种问题。这种知识可是那种代代相传的旧法子所能得到的吗？

再举一个例子，就是女子的教育。从前的女子教育，不过是一种装饰品、奢侈品。所以，只要能做几首诗，能著一部小说，就完了。现在我们既然承认女子教育是和一国将来的国民极有密切关系的，那么，我们就该实地考察社会的需要、斟酌现代的时势，来定女子教育的范围和性质，要使女子所受的教育能适合社会的生活，使她成为有用的国民，使她能做适合时势的良妻贤母。这种教育岂是从前那种装饰品的教育所能养成的吗？

以上所说，不过举几个例子来说明现代所需要的知识的性质，和从前大不相同；求知识的方法，也大不相同。现代所需要的知识，都是要能应用的；都是要能做人生行为的指引的；绝不是现成的奢侈品，是必须自己现做起来的应用工具。至于教授实际上应该用什么方法，方才可以做到这步田地——那个问题且待下一次再说。现在，且说这种新的知识见解在教育上的意义。

第一，从前的教育是拿现成的教材做起点的，现在的新教育是拿这个那个儿童、这个那个人做起点的。从前的教育是先有了许多历史、地理、文学、算术等等现成材料，然后想怎样把这些材料统装进儿童的脑袋里去。现代的教育是先有一群活泼泼的儿童住在某种环境里面；教育家的问题是：这些儿童实际生活上有什么样的问题呢？他们游戏的时候、做活的时候、想象的时候，发生什么样的需要，可以给我们利用得来做教育他们的法门吗？我们应该怎样引导他们的天然活动的本能，来指引他们去求有用的知识呢？教育的重心从"教材"方面搬到"人"的方面，所以，教授的方法也不能不彻底改变。新教育所注重的是这些儿童所爱仿的是什么，所能做的是什么。懂得他们的天然本能，利用他们的天然兴趣，然后指引他们去求种种于个人于社会有用的知识。

第二，从前的教育只做到把现有的教材传授给儿童，就算完事。现代的教育，不但要发展个人的才能，还要注意把个人才能的发展指引到有益于社会的一个方向上去。因此，教育家的问题不单是观察儿童的本能，还要研究此时此地的社会需要，挑出几种主要的社会生活，用来安排在学校里：使学生的生活就是最精彩的社会生活；使儿童做这种活动时，就可以不知不觉地预备将来了解应付社会国家的种种需要、种种问题。

以上所说的教育趋势不是容易做到的。不但种种旧式的教育制度和组织都要经一番根本的改革，并且须使一般做教员的有充分的预备。教员必须有适当的学问，方才能随时应付变迁的社会需要；必须有精密的心思、细腻的耐性，方才可以随时观察儿童的性情兴趣；必须有浓厚的同情、慈祥的性情，方才可以替儿童设心处地，体会儿童的心思意义。做教员是一件神圣的事业，做小学教员更是一件神圣事业；绝不是个人的饭碗问题，应该认做一件最宝贵的终身大事。

我举出这种实行的困难，并不是说，这种新教育还在理论的时代不曾行过，并不是的。这种教育在西洋已有许多人实行了，已经成了一种实际的趋势。但是，西洋各国都早已有了一种根深蒂固的旧式教育制度，推行久了，不能一时彻底改革，所以只好东贴一块、西补一条，逐渐弥补，逐渐改良。中国现在教育制度还不曾完全成立，一切组织设备都还不曾完备。旧教育的根底不深，故受毒也不深，这可以有及早回头、彻底改革的绝好机会。这是中国教育不幸中之大幸。我很望诸位不要失望。

一国的教育，决不可胡乱模仿别国。为什么？因为一切模仿都只能学到别国的外面种种形式编制，决不能得到内部的特别精神。况且，现在各国都在逐渐改良教育的时候。等到你们完全摹做成功时，它们早已暗中把旧制度逐渐变换过了——你们还是落后赶不上——所以我希望中国的教育家，一方面实地研究本国本地的社会需要，一方面用西洋的教育学说作一种参考材料，如此做去，方才可以造成一种中国现代的新教育。

（三）教育的社会化

第一次讲演说，求学其实是自己教育自己，各人须用他自己的天然能力，方才可以求学；旁人不过能供给一种境地，引起这种能力的活动，使它朝社会需要的方面走去。第二次讲演说，单为求知识去求知识，绝不是教育的目的，知识须是指导人生行为成功的工具。怎样才能够把这些原理用到学校里边去，预备造成一个真正民治的社会？换一句话说，就是怎样才能使教育变成社会的？这是现代教育的趋向，就是我今天所要讲的。

简单说起来，这种教育必定当有几种条件：（1）要发展儿童原始的本能。（2）引导本能，一定要拿有益的知识、活用的知识来训练他，养成他有益于社会的行为、有益于社会的品行。（3）这种教育一定要是恰合民治国家的教育。民治国家的人民要有独立判断力，要有自由思想力，要有实地实验的工夫，拿自己的能力，找出思想和行为的方向。所以，民治的教育就是要造成配做民治国民的人才。

现在且举一个例子，说明这种教育的实际方法。不过举例很会拘束听的人，是最危险的一件事。我当举例之先，要大家知道这例子只可以类推，不是所有的方法尽以此为限。我现在且拿栽花种树做个例子。栽种是叫人活动的，可以利用学生的活动的本能，叫他朝社会的方面走，使他的行为于社会上有益处。这种小小的活动，大可以拿来作教育的方法。且把栽种的用法分别说出来。

（1）栽种虽然是小事体，却有大益处，可以引起儿童欢喜活动的天性，用官能去做事，不是纸上的工夫。活动的天性细细地分析起来，有许多种：① 试验。小孩子欢喜拿一桩事来试验，看它结果如何。② 冒险。小孩子总想到没有到过的地方去瞧瞧，看有什么新奇的东西没有。③ 尝试。小孩子得了一个东西，能吃的总想去尝尝，能玩的总想去试试。④ 欢喜好看。小孩子喜欢美，所以拿到一物，才想造成整齐的、好看的东西。⑤ 亲自动手。小孩子要是看见人家做事，就要动手，最不愿意旁观。这些天性，做教员的应该利用它做有益的事件，随机引导，让它发展起来才对。这些天性粗粗看来似乎不大重要，仔细研究起来实在有益得很。科学的发达多从这些天性得来的。譬如希腊那时文明程度到了那样高，何以不能发明科学呢？他们的错处就在单从学理上研究，不肯动手去做实地的实验，不能利用这种天然活动的本能，所以虽然懂得逻辑，却不能发明科学。后来的人肯亲自动手，亲自去实验，方才渐渐地有科学的发明。照这样看来，科学的发达全靠这种表面上不甚重要的天性，所以我们应该鼓励它、利用它。

（2）要知道栽种并不是专重物质上的活动，实在有教育的功能。栽种的活动可发生许多教育上的效果，并可以引起儿童求知识的兴趣。譬如栽种花木，把一些栽在沙里，把一些栽在泥沙土里，把一些栽到净泥里，把一些栽在小石子里边；再研究哪种土性宜哪种花草，哪种土性不宜哪种花草。又一方面研究花草的种子，怎样可以发芽，怎样可以长大，要怎样的热度，要多少光线，要多少水分——这都是知识的方法，教员应该随机利导，儿童活动时需要什么知识，就应该使知什么。小孩子做这种事，因为实际的需要，所以自然发生求知识的动机，所以这是顶有用的活动。所以，就是栽种一件小事，并不单是物质上的活动，实在是引导儿童求知识的一桩利器。这样的活动所得的知识，若用正式的名称，何尝不是植物学、矿物学、化学等等？不过现在用的教育方法和从前不同，现在是叫他去做事、叫他去活动。做教员的随时指导，懂得什么做什么。教授的方法，不是装将进去的，是要儿童自己做将出来的。这样亲自试验，其实就是各种科学发明的历史方法。植物学不是研究植物学的发明的，是实地练习好奇、好动手的人发明的。别的科学也多是这样。可见得，不是先有科学家的发明科学，是先有实地练习家才发明科学的。

以上说明的两件事：（1）说栽种的活动，可引起儿童活动的天性；（2）说这种活动有教育的性质，可引起儿童求有用的知识。现在再说第三件——这种栽培的活动带有民治的社会的性质。顺着儿童自动的天性去训练他，养成自己判断力，能够自己下判断，断定哪是好的、哪是坏的。没有知道的可以拿已经知道的来推测，没有做到的可以试验试验看。这些自动的思想判断都是民治的社会万不可少的性质。所以，这种顺着自动的天性而施的教育，大可以养成适宜民治社会的人才。自治的观念是人人都有的，人人都想自己管自己，不愿旁人来管我，何以民治发达这样迟呢？大概单想自治是不济事的，想怎样还要能做怎样，才可以发生效力。单去空想，是没有用处的。从前人都以为只有圣人贤人配管人，别人不配管人，所以教育也不注重叫人自管自。新教育注重独立的思想力、判断力，所以能够养成适宜民治社会的人才。

古希腊的柏拉图说："什么叫奴隶呢？奴隶自己没有主意，拿人家说的当做自己的话，把人家意思当做自己的意思，一味听人指挥，一味被动罢了。"自由和奴隶的区别就在：能创造意思，拿自己的意思支配自己的行为，实地做去，不尚空谈。这是真正自由、民治国的人万不可少的。古时说自由，以为去了管束就是自由，但这是消极的；真自由是能发起意思，使自己的意思指使自由的行为，使意思能实现，这都是积极的。能实用自己的能力才算是真自由。要想使人有这种能力，非实行我们所讲的教育不可。以上所说的教育方法，还有一种社会的性质，就是学的知识是社会上有用的知识，不是书本上的知识。譬如一个人在学校里边记得许多植物的名字、术语、分类，到了外边，全不能在农业种植上应用，比较那不读书本的农夫，也不知道相差多远。在学校里学的不能拿社会上来用，简直可说是没有用的东西。我这样说，并不是不赞成科学家。但是，普通教育并不是为养成少数的科学家的，是要使一般人在社会上能做一种有用的分子。旧式的教育，不管社会的实用，只知道从教科书上做功夫；叫他一章一章地记下去，叫他知道许多名词公式，却不知道这种法式的科学知识是不能实地应用的。书本上的知识，虽然弄得很熟，也能说出名词、做出公式，在讲台上也能做游戏的试验，但是如不能够实用到社会生活上去，可不是废物吗？

我们说栽种花木，不是叫他做农夫，是教他做社会的生活，这中间包含教育原理很多。教小孩子固然不能有广博的范围，但是儿童年龄长大就可以渐渐推广到社会的生计的各种问题上去。就是栽五谷一件小事，可以推广范围，教他知道从下种收获一直到贩卖的一切情形。教他知道怎样种，怎样培养，什么泥土合宜，怎样用水灌溉，怎样收割，怎样制造，怎样分配，哪个市场需要这个，哪个地方需要这个，粮食与交通机关的关系如何密切，水利与民生有何关系，从头至尾可以得到许多社会的生计的知识，可见得教导的范围可以随便推广。只有一种限制，就是儿童的年龄，年龄小范围可以缩小，年龄大范围可以放大，另外再没有限制的。

刚才说栽种的一个例子，请大家不要被它拘束了，因为随什么都可以做例子，不限定栽种一件事。譬如煮饭、养蚕、捞丝、织布，都可以拿来做例子。这些事都是因地制宜，不是板定的单要拿一个做例子的。我引这个例子是注重实行方法的。现在要紧的科学的方法，就在能实用，就在能合社会生活需要，不是书本上无用的、死的知识，是社会上有用的、活的知识。

前回讲"美国之民治的发展"曾讲过平常人观察西方文明，总说是偏重物质方面，说是崇拜金钱，究竟是观察错了。西方文化的精神在于活动的精神，敢同天然界开战，要征服天行。东方把天看做神圣不可思议的东西，所以都听天由命。西方人用人力去征服天行，把电拿来通信、拿来点灯、拿来行车，把天然界的东西一个个拿来供我们使用，这是西方文明的特别精神。但是，西方文明也有缺点：有人过于崇拜物质上的文明，把人事和科学分开，所以，也有人利用物质的文明造下种种罪恶。道德是道德，科学是科学，这是西方文明最大的危险。我们要补救这个缺点，一定要拿社会生活做科学教育的背景，使学理帮助实行，使科学帮助道德。如此做去，方才可使科学是活的，不是机械的；方才可使道德是实用的，不是空想的。

东方现在的情形，有两大危险，不可不注意。（1）有人想抵抗物质文明，要想保存旧社会的思想习惯，叫它一点也不受物质文明的影响。要知道物质文明没有可以抵抗，如电线、电话、火车、工厂等，已经到了国门口，没有拒绝的方法。一定要发生影响的，好像太平洋的潮水一涌而来，没有东西可以抵得住的！（2）有人妄想有了物质文明就全够了，把人生问题丢开，使物质的发达不能在社会生活上发生良好的影响。这也是大错的。你们的东邻就有这种错误。他们一方面想保存许多旧社会的思想习惯，不受新文明的影响；一方面极端趋向物质的发展，又不能利用物质的发展来增进人民的生活。这种错误的结果，使新旧分开、物质文明与人生行为分开，这是一种很危险的现象。我且提出个问题，做我的收场，请诸位带回去仔细想想："怎样能够在教育上寻出一种方法，使我们可以利用西方的科学教育和物质文明来增加人民的幸福，同时又能免去极端物质文明的流弊呢？"

（1919年6月17、19、21日，胡适口译。

《申报》1920年2月26日）

学问的新问题

（在北京尚志学校的讲演）

编者按： 本文是杜威1919年8月10日在北京尚志学校的讲演。在讲演中，杜威指出，随着世界的变迁，旧知识、旧学问以及习惯的方法失去了效用。其原因就是它们已不能适应新的时势。由此，我们应该采用意识的方法：一是有意识去思量、去假设、再去试验；二是接受历史的教训；三是研究事实的解决方法。总之，要用科学的方法和科学的态度去研究实际的问题，用新知识、新思想去适应新世界。最后，杜威希望中国不单去输入模仿，而要去创造，努力创造所有贡献于世界的文明。

现在的世界大势，使我们的学术同智慧加上了一个新担子。不知道人类的知识能不能够应世界的需要，譬如支票一样，我们的知识是否能够兑现。因为从前的应付都是用老法子，好像旧式医生的治病方法都是碰来的、从暗中摸索来的。在现在科学昌明的时代，如何可以故伎重施、一成不变呢？

方才说旧法子无用，我并不是一定看不起旧学问。须知旧学问也有好的。不过它是适应它的旧时势，在它当时是很有用处。但是时势改变，它就失去效用了。所以，我们不能责备旧学问的不能适用于现在，只能责备现在时势的改变。

不但旧学问到现在失了效用，就是遗传下来的习惯法也失了效用。因为它们也是碰来的、从暗中摸索来的。这更可以譬如旧式医生的治病，他们只是盲目地瞎试。如果是病的人身体好，或是因别个原因好了，他们就以为医法好。如果试得不好，把那个人送死了，他们也认为这是该死。他们只是抱"上一回当学一回乖"的宗旨。这样的方法在医个人的病还遗害小，若是遇着鼠疫、虎疫可以传遍全世界的病，而不能做探本穷因的研究，岂不遗害极大吗！现在世界大势的变更不是一处的事，所以，我们不变更方法去探本穷因是不行的了。

现在有一种时髦的方法，凡是社会上有一种新动机、新变更，都叫它做"过激派"。仿佛从前人一生病就说有鬼一样。不去研究，不去思索，只是漫骂，送它许多恶名。须知这样办法是不对的、没有用的。就是"过激派"也可以研究，将它发生的原因和效果考究出来，才可以应付。又如这次大战，诚然是件可怕的事，但是我们不能因此而不研究，也必须考察它的因果如何，影响民族的感情如何，影响人类的道德如何，影响一切的美术、历史、实业、宗教如何。必如此，方可以求到新知识、新学问。

今日社会上有一种历史的观念，以为文化是不会消灭的，一种文化过去了，一种文化又生出来了。经过种种的挫折，还能存在。所以，它的前途是很安全的，我们可以不必担心。哪知此刻这种历史的观念已经不适用了。

何以故呢？从前文化能保全的原因，大都因为一处的文化灭了，有另一处的文化起来，这都是当年文化区域狭小的缘故。所以，埃及衰了，古希腊代兴；古希腊衰了，罗马代兴。而且开化的民族少，不开化的民族多，所以得以递嬗。今则文化区域扩大，开化的民族已多，所以从前历史的乐观不能存在。

还有一个原因就是，因为从前世界各处不相联络。自电力、汽力盛行以后，各处互有交通，东崩西应不能幸免。何以这次牵动全球的大战会生于此时，就是这个道理。又如欧洲大战而致印度大荒，也是这个道理。

我说这番话，并不是请大家对于世界的文化抱悲观，乃是请大家知道现在大家对文化责任的重大。设如有一物跌落，没有一处不受影响的。所以，要请大家努力维持、极力创造。方才所说的，不过是从社会和政治两方面的观察。现在从心理学解说习惯性更可以证明这个道理。习惯是什么呢？习惯就是人走过的熟路。以常道而论，人断乎不愿避熟而求新。人之所以能在强国习惯中而走新的路，以求进步，是很可注意的事。

何以守旧的人类通性中，有人能走新的路以求进步呢？这就是旧法子不能适应新时势，不变不足以图存的缘故。譬如落水的人，断不能循在地上走的常轨。现在大战后的时势，何曾不是这样。照心理学上说，人类虽因外界需要不能不变更，但是他们变更的时候，往往不用意识的方法，只是一试一试地去做。用上当学乖的法子以为满足，这是普遍动物的习惯，猴子、猫儿、狗、鼠都是这样的。曾有心理学家[①]将小鼠关在四面有门、有机关的笼内，它屡试不得出；一旦它试着了以后，它一次熟一次。这就是投机的、暗中摸索的方法。

我们往往自鸣得意以为我们是人，哪知我们有时候还要与禽兽取同一方法，即稍为加了一点思索，也是有限。现在世界大势既已变更，还长此不改，未免太不经济了。所以，我们以后的正轨，乃是要打破这种投机的、暗中摸索的方法而改用意识的方法。

第一，意识的方法。不是用从前的老法子作盲目的行动，乃是有意识去思量、去设假定，再去试验。但是人类往往有党见，不能一致行动。不能一致行动还是不要紧的事，或者可以相辅而成。但是，用意识去思考的时候，一有党见就非常危险。它的害处有三种：一不肯看完全的事实，二不肯求完全的知识，三不能有彻底的思想。这种的遗害真大啊！

党见的害处，可以此次和会为例。当这次建设世界和平的时候，各国的专使应当如何研究世界全体的大势、民族的需求、将来的利害，才可以算是对于人类尽责。而他们计不出此，一点不平心研究，只是限于以前历史上内政外交的旧法子，预先存了私见，不定全局的计划去应付事实，而反找几种事实去

---

① 心理学家，指美国心理学家桑代克（Edward Lee Thorndike，1874—1949），动物心理学开创者，首创迷笼实验。

帮助他们的私见。所以，订出这种后患无穷的和约来。

这种大政治家、大外交家口头何曾不说爱国、爱人类呢？但是，一旦问他们是否用科学的方法统筹全局，则他们不但不懂，并且要笑我们。因为他们有成见在胸，以为历史的方法是好的，取科学的态度去研究是空想的。

他们更以为解决这种大问题的方法是容易的，只是问他们自己的道德和良心好了。弄到结果，彼亦一道德，此亦一道德，彼亦一良心，此亦一良心，流毒无穷，遗害无极。这都是因为他们的道德和良心没有用过科学的方法去研究，所以还是他们自己的私见。将来若是他们失败下来了，大家对于他们或有许多恕辞，或以为这是时机不好，或以为这里面有历史的关系，或以为他们的良心道德太好了所以受害。其实，他们其余的罪是可以恕的，唯有他们愚蠢的罪是不可恕的。

他们的动机很好，是我们可以承认的。他们有爱国、爱人类的心思，也是我们可以承认的。但是，他们不能用科学的方法和态度去研究一切的事物，所以，他们的高等的知识被低等的感情压下去了。往往有许多极小的事，被他们有意放大，至于不可收拾。细细考察，与其说这是他们道德的失败，毋宁说是他们知识的失败。

我举许多与大战有关的例子，却请大家不要把本题忘了。我的意思，不但是要大家记得这些事实，乃是要大家不要忘了遇事当用科学的方法、当取科学的态度。

第二，思想还有一种害处，便是不肯接受历史的教训。如此次大战，历史学家和其他学者都信与拿破仑战后有许多相同的地方，本来可以从历史得到点教训预防许多祸患。无如这辈外交家、政治家都不肯注意，岂非可惜。

举个例子来说，依历史的经验，说战时最受人崇拜的一定是有决断有勇气的人。但是，战争制造出来的英雄，不见得便是和议适当的人物。因为战时要迅速、要立刻实行，和议要通盘筹算、要谋永久的。不谓这次的议和的人物还是英国的路易乔治①、法国的福煦②、意国的欧兰豆③。这都是战时出风头的人物，却也是威尔赛宫④里出风头的人物。

再拿美总统威尔逊⑤来说，他是个战前很有名的政治家，固然不能说是战时的英雄，可是他也不能不负一点不接受历史教训的责任。要是他到欧洲的时候，肯接受一点历史的教训，不要那辈战时英雄来与和议，许人民送代表到和会去，自然有人辅助他的主张。但他不采用历史的教训，他以为只要他的主张不差，他到和会去如果不能贯彻，他便通告各国人民求他们的辅助。不多一回他为了费美⑥问题，便试了一回，却失败了。其实人民没有代表，自然没有人去辅助他，他便终归失败。意大利脱出和会，日本乘这机会，对于山东问题他占了胜利。

第三，还有种思想的障碍，便是好用好听的、抽象的名词，像自由、人道、民族、自决等等，却不去研究事实的解决方法。战时也有许多人落了这个窠臼。拿现在欧洲的经济状况做个例子。自从战后因为军费太重，全欧破产。工人也因职事心理上困疲万状。大家不去研究这些问题设法补救，而高唱自由人道，究竟有什么用处！

总而言之，我这番话是要证明世界的变迁，要用科学的方法研究实际的问题，要打破从前投机的、暗中摸索的方法。我们要求新知识、新思想去适应这新世界，我们要知道自从18世纪发明蒸汽机以来，便是实业的大革命。现

---

① 路易乔治（David Lloyd-George，1863—1945），今译"劳合·乔治"，英国自由党领袖、首相（1916—1922）。

② 福煦（Fedinad Foch，1851—1929），法国元帅，1918年起任协约国军总司令。

③ 欧兰豆（Vittorio E. Orlando，1860—1952），今译"奥兰多"，意大利法理学家、首相（1917—1919）。

④ 威尔赛宫，今译"凡尔赛宫"，法国国王的主要住地，作为政府所在地达100多年。1919年，协约国和德国在凡尔赛宫签订了《凡尔赛条约》。

⑤ 威尔逊（Thomas W. Wilson，1856—1924），美国第28任（1913—1921）总统。

⑥ 费美，指菲律宾和美国。

在世界的变迁以及发生的种种危险，都是这实业大革命的结果。所以，我们应从这一点上去研究方法、去救文化的危险。

如果有人对于这些问题和实业大革命的关系有些怀疑，吾再简单举几个例子来，都是与中国有关系的。其一，要不是实业革命，中国可以永远闭关自守。其二，要不是实业革命，中国政费不会增加，财政便不会困难，更不用去讲管理财政的新法。此外，如家庭、女子、工业问题等等，也都受这实业革命的影响。

有人说实业革命在欧洲是自身发动，在中国是受外国影响，情形不同。其实外国也不是各地方同时发动，也是一地方发动后，去压迫另一个地方。其为受外界的影响，与中国情形正同。从前欧洲受了这实业大革命的影响，因为当时的政治社会都没有预备，所以牺牲得很多，不少遇事补救、不经济的地方。现在，中国正该赶快想法子去免除这许多不经济的障碍。

再说世界的劳动问题。从前的旧观念以为资本和劳工两阶级是一成不变的，两阶级的战争无非是增资问题。到现在却不同了，不单为物质的竞争，还有许多政治、教育的问题。所以，现在的劳动者不但是争增资问题，还要工厂管理权、财政支配权、商场和运输的分配权，他们一步一步地做去，到那时便把资本和劳动两阶级完全打破。

这个劳动问题，不是近来新发生的，是发生于封建时代的，到现在有一千年了。何以至今还没有解决，可见当时欧洲人的行动方法也是投机的，也是暗中摸索的，不是预先有思想的。自从实业大革命以后，不但工厂与劳动者受其影响，并且政治、教育、宗教、文学等都受其影响，全社会受其影响。现在英国劳动者要求政府完全召回征讨俄国过激派的军队及取消征兵制度，否则同盟罢工。现在虽则是消极的，将来一定要变为积极的。

总而言之，从 18 世纪及 19 世纪初期的实业革命以来，一切电信、汽力、船、汽车等交通利器，把世界变作一家。现在我们应当研究怎样安排一切的制度、怎样将从前的知识学问重新组织去应付现在的时势，以及我们应取怎样的态度。

现在的世界是总算账的时候。中国这个古国不应纯去模仿，应当自己创造。物质方面，西洋已领先了一百年，中国自然稍微吃亏；但是社会方面，西洋也还没有把科学的态度去研究。东西两洋都有新的需要。中国本来很注重社会方面像人生问题、伦理问题等，所以希望中国既与西方同处一个新境遇中，应当努力创造所有贡献于世界的文明。吾自到东方以来，觉得东方对于新科学虽差，经验却富。几千年的经验背着走不动固然不好，然而经验也有许多好处、含有许多人本观念，也可用新的方法来整理一下，应用到社会科学方面去。西洋文明的大缺点是物质科学进步太迅速，而社会科学、人生科学不能同时并进。例如，造一机器可以破坏无数的产业，而他方面没有保障，实在是很危险的。所以，我们应当研究怎么会使社会科学与物质方面有点欠缺。然而，现在对于社会科学的问题，正与西洋一般，他有几千年人生科学的经验。可见于社会方面是向来注重的。我希望中国不单去输入模仿，要去创造。对于文化的危险有所救济，对于西洋社会的缺点有所补裨，对于世界的文化有所贡献。

（1919年8月10日，胡适口译。

《晨报》1919年8月11—12日）

小学教育之新趋势

（在杭州的讲演）

编者按：本文是杜威1920年6月12日在杭州的讲演。在讲演中，杜威指出，国家有"共和制度"，教育亦须有"共和制度"，两方相辅而行，则国家基础可以稳固。如果教育多注重被动而忽视自动，教授各种科目徒令学生复习重复习，将"教育"二字变成"记忆"的代名词，那就失去了教育之本旨。在小学教育中，应有注重动作的游戏、发表自己意思的手工、强调自动的自然研究。最后，杜威对听讲演的教师强调："诸君负教育的重任极重，所造就者甚大。"

今日到此，能与县教师学生相聚一堂，甚幸甚幸。鄙人素闻浙江文化最好，近年来对于教育方面进步亦速，故有二事可抱乐观：（1）数年来新教育势力非常扩张，而小学为尤甚；（2）许多教师牺牲光阴、精神、金钱赴远地研究种种新思想，将来以所得而供于教育界。

今日所讲者为"小学教育之新趋势"。前世纪教育，每苦不能普及；西洋教育之趋势，亦多有此弊。大概以为教育乃少数人所享权利特有之事业；高等教育，只被少数官僚人等独占。新近趋势，则已打破此层弊病，不能以贫富悬殊而限制其教育。简而言之，即凡有人类的机能，应享受各项教育，直含有"共和制度"的意思，万勿能偏于一方及少数。是故，国家有"共和制度"，而教育亦必欲有"共和制度"，两方相辅而行，则国家基础可固矣。

10 年或 20 年后中国之强与不强，全观小学方面之趋向如何，而为判断之。苟有人焉，虽注重教育，而独不能注重小学，则所谋之福利仍限于一部，而不能普及于全体。故欲谋多数人的福利，非增设小学不可，尤非先养成多数良师不可。更有一幸事，无论何国，多有此病。其病何为？即教育多重被动而忽自动。如教授各科，徒令学生复习重复习，几将"教育"二字变成一种"记忆"之代名词，殊失教育之本旨。兹所论者，国语、缀法、算学等科目占教科上重要之部分，造成国民兴发之精神，然与其余科目均有连带关系，爰再分晰言之。

（1）游戏。游戏之事颇多，非专指运动与体操而言。如运动场设备固完全也，布置固周到也，徒尚形式，亦不为功，终欲使一般儿童及大多数人在此运动场上活泼玲珑，从事运动，则精神可兴发、兴味可浓厚。此游戏方面之应注重者，今有二群儿童以为例。一则有运动的机会，一则反此；则10年、20年后比较，其精神上身体上必大为不同，即对于世界的态度亦大相悬殊：一则视世事若壁上观；一则思想丰富，而于应为之事更较从前踊跃，且能为人谋幸福，为地方做领袖。

（2）手工。教师制造一物或绘就一图，令儿童如法造之绘之，形虽酷肖，不失其真，然此乃机械作用。盖以儿童之手，而达教师之意，是手的教育，而非脑的教育。故教育的价值，务使儿童发自己的意思才是。

（3）自然研究。物理学识，寻常以为小学生不当学习，然不妨随时选择教材。如家庭常识及平常教项，可供研究者，均可随时随地而授之也。

以上所讲者：（1）游戏之应注重动作；（2）手工之应发表自己意思；（3）自然研究均为自动。自动云者，能使一种"思想""计划"完全达到其快乐固无穷也。

鄙人见迩来学生，每有一番举动发表"如罢课一事"。此果自动乎？其实不然。盖自动者，从"建设""积极"方面而言，举动趋于正轨，切不可误会也。

诸君负教育的责任极重，所造就者甚大。现因限于时间，不克细讲。兹祝诸君将来有"积极"和"自动"的成功。

（1920年6月12日，郑晓沧口译。

《民国日报》1920年6月13日）

教育的新趋势

（在徐州的讲演）

编者按：本文是杜威 1920 年 6 月 18 日在徐州的讲演。在讲演中，杜威指出，一切教育都是由社会生活、科目、学生三种要素组成的。教育的新趋势就是要注重学生本身的动作及能力的发展，并要注重学生生活与社会生活的联系。与旧式的教育不同，新式的教育对于这三种要素是并重的。如学校太重视教材，以教材为"目的"，而不适应学生的生活和社会的生活，那教授就好比将水池里的水用水管灌到空杯里去，学生的自动能力就得不到发展。最后，杜威指出，新教育的教材改组可以分为三方面：一是教师的责任应以主动的方法代被动的方法；二是要与学生已有的知识和经验联系；三是各种科目须与学生生活和社会生活有密切关系。

凡一切教育，皆是由以下三种要素组织成功的：

（1）"社会的生活"，就是要先讨论人生为什么要受教育；以现在社会生活状况，决定教育的目的。

（2）"科目"，须先研究科目应如何组织，就是应授予学生以何种的知识技能。

（3）"学生"，就是要注意学生本身生活的需要。

将这三种要素合起来，才是成功教育的全体。现在新式的教育，对于这三种要素是并重的。从前旧式的教育，只注重一种死的科目，对于学生的本身及社会的生活都不顾及。所以，最近"教育的趋势"，就是要注重学生本身的动作及能力的发展，并要注重学生生活与社会生活的联络，补足旧式教育的漏缺。适才所讲，大家不要误会新式教育是不注重科目，只偏重社会及学生的啦！不过因为学生将来必要参与社会生活，不能不放任在学校的时候养成各种的经验。所以，不但要教以亲切而有兴趣的知识技能，还要与社会生活连接起来；然后这种知识技能才是一种有用的，不是空泛孤立与社会无关的。再进一层说，教育的起点，注重在学校的本身。无论教授哪种科目，一面须适合学生的需要，使之发生兴趣，发展他的动作，助长他的经验；一面要拿科目当做一个桥梁，现在学生与将来社会相离的生活借这桥梁渡过去。

旧教育的缺点，在以"科目"当做"目的"，以为教授一种科目，只要学生能领会就算达到目的了。所以到了结果，虽是得了许多的知识，与社会生活方面仍不发生丝毫的关系。这是不知拿科目作中间连接的器具的原因，就是旧式教育的弊病，是很大的。如教材要的书很多；小学校可教的知识也是很少的。若是不顾学生生活需要不需要、对于环境适合不适合，漫然用一种无目的教授，是最不合宜的；所以必要加一番选择。选择的"标准"有两种。第一种标准是须与学生的生活、动作、经验各方面有关的，就是要先研究这种知识究竟用着用不着，与学生现在的生活有没有关系。如小学校里，教"阴阳五行"，是极没有道理的。第二种标准是须与环境有关的，就是要先研究学校环境生活的状况究竟怎么样，实业政治怎么样。教授一种与实业政治有关系的知识，然后出世做事才可以应用。以上是就正面说的，谓旧式教育的弊病，是很大的。如教材要是不适于学生的生活，那么，就因不需要的缘故，不发生关系；因无关系的缘故，不发生兴趣；教师行强迫的注入，学生只好勉强记忆；久而久之，将学生养成一种被动的习惯，不愿意自由吸收知识；教材与学生的生活就分离开了，好比注水器中水与器有什么关系呢？况且旧式的教育，还有一层短处，就是注重"模仿"，专使学生用记忆力，模仿成人的言语、行为；就"学之为言效也"一句话看起来，就可知旧式教育的意义啦。要知学生何以不自用其耳目思想去发明一切、规划一切，甘居被动的地位呢？实是学校太重视教材，以教材为"目的"，不以教材为"手段"；学校设施又不与学生生活相联络，所以始终无自由发表、自由创造的机会。比如，以学生的头脑为空杯，教师的头脑为水池；教授好比作将水池里的水用水管灌到空杯里去就算了。这样，学生毋得能自动呢！

从前，法国人好吃鹅肉，特用管子装些食物，灌到鹅肚里去，使之肥胖；至于鹅能消化不能消化，他是不管的。现在，教师只要教学生多得知识，就将些无用的教材强行注入；以为非如此不能增长学问，不顾学生天然的需要；不思设法引起动机，使学生有自动的研究的兴趣；有时还责备学生，不愿读书。这不是与法国人喂鹅的方法一样么？

由此可知，学生所以无自动的精神的缘故，全由于教材不合学生的需要、动作、经验、兴趣，不能发生动机所致；如人饿了、渴了，都知思食、思饮；因有饮食的需要，所以发生动机。若是不饥、不渴，因无饮食的需要，就不发生动机；如此刻强之饮食，反有害处。因教材不合学生的需要，所以，学生往往视读书如苦工，容易发生逃学的弊病。教师因要强迫学生读书，遂不得不生出赏罚记功记过的方法，威吓利诱，勉强学生，学生也只得勉强遵行，日日去读那枯寂无兴趣的书本。教师与学生的精神、时间两不经济，这不是与不饥渴而强饮食的害处一样么？世人每谓学生喜读书者少，非加以强制不可，这话真是荒谬。譬如植物种子，若是没有病，种在地下，自然能吸收地下的水分；在地上的枝叶，自然能吸收日光。人若是没有胃病，饥渴自然思饮食。学生读书也是这样，若是精神健康、没有脑病，没有不喜欢求知识的。

小儿学话，进步得很快；等到学校里学外国语，就进步很迟。究竟是什么缘故呢？因为儿时，对于言语很需要，并且觉得很有意思、很有兴趣，出于自动地学习，所以进步得很快。对于外国语或外国故事，觉得没有什么需要，与他目前的生活及经验上都没有什么关系，因不发生兴趣，就以为困难，其进步自然迟缓。所以，教授非与生活的状况联络、发生密切的关系不可的。

比之教地理，天然的气候、形势、山、水等等，与环境生活本有密切的关系；这种教材，学生当然愿学的；唯教者若仅教以抽象的知识，如只限于地图或课本的教授，则学生以为与他的生活无关，不发生动机，觉得这种教材为无用的，不愿学习。更进一层说，地理本有关于人生，有扩充知识、经验、范围的价值，并可增长其好奇心；倘不与环境联合，不过单增加死的知识，如只识得某山某水之名，不能解决一切人生自然问题。这样的知识在脑筋中和佩带一种徽章或一种宝物藏在包裹里一样，是极无价值的。

再比之教授数学，这种科目本是与人生有密切的关系的；但有曾习过度量衡还不能解决浅近的斤两问题的。这样的情形，都是由于教师只知以抽象的知识注入，不顾及与日用生活有没有关系。所以，这种不合学生生活的知识是没有用处的，学生决不愿学的。

以上所说，教材与学生的生活、需要、经验、兴趣以及社会状况，若是分离了，不但学生所学的知识没有什么实用，习惯下来，学生的心理亦不求有实用了。认为在某学校里毕业，差不多像得了一种官衔一样；或脑筋中记得几本书，就算是士君子之流，高出于群众了。像这样的知识，好比一块美玉佩在身上，当做一个装饰品罢了！这不是很坏的事情么？

概括起来说，新教育的教材改组，可分为三层：（1）教师的责任，要指导学生的活动，要满足学生的欲望，使他自行解决一切问题，以主动的方法代被动的方法。（2）要与学生固有的知识、经验联络，使他自己认为是需要的，才能发生动机，才能有愿学的兴趣。（3）教授学生各种科目，当选择与学生生活、社会生活有密切的关系的，不要认为是一种美玉、徽章，要能解决社会种种问题。终极的目的，当拿它作为一种富强国家的紧要的工具。

（1920年6月18日，刘伯明口译。

《民国日报》1920年6月30日）

现代教育的趋势

（在厦门集美学校的讲演）

编者按： 本文是杜威 1921 年 4 月 5 日在厦门集美学校的讲演。在讲演中，杜威指出，自动的原理和社会的原理"可以算做现代教育的趋势"。就自动的原理而言，发展学生的自动能力非常重要。自动就是学生自己动作。对于学校来说，第一步要考虑怎样使学生感到有用并高兴去学习，第二步要利用需要的观念使学生去实行。对于教师来说，不能只使学生自己做，而应该使学生有一定的目的和需要。因此，考查教师时，就要看他能不能引起学生的知识欲望，能不能唤起学生多方面的兴趣。就社会的原理而言，学校课程要与社会生活联系，注意用最好的方法来培养良好的国民。

今天所讲的要旨，有两种原理：第一种是关于自动的，第二种是关于社会的。这两种原理，就可算做现代教育的趋势。

自动就是自己动作，自己表现出什么动作来。

说到此地，就要问一句，诸位也曾想过小孩子并没经过几多教导，都会讲本地话么？譬如中国孩子能讲中国语，美国孩子能讲美国语，是一种天然的可能。但是我们要想，孩子学说本地语，同成人学外国的语言文字一样困难；成人学外国的语言文字，一定要经过许多困难，而孩子能不知不觉地讲本地话，不必经过几多的教练，这是什么道理呢？又如孩子出生以后到五岁时所得到的知识，要比五岁到十岁时学到的多，这又是什么道理？凡教育者都应自问的。这种道理，就是自动探索的好处。我们要研究孩子五岁以前容易学到知识和说话的道理，就得仔细推想，孩子也很想求些知识，并且自己也知道为什么要求知识，一定知道是需要的东西才去时究的。所以，孩子对他的父母姊妹等人，只要能说话，便可向他们要一切心里想要的东西。孩子知道能要即要是很有趣、很快乐的事，可以随便取来享受；但是，有许多地方说不出来，便不能到手，于是孩子很觉不能说话是很苦的，便拼命要学说话。故孩子学话是完全为目的所驱迫，虽不要他说话，他也自然要学说的。这一层可以证明自动可以助长求知。因为有一种需要观念在脑里，无论何人，只要有需要观念，便不需他人逼迫，自然会向前进行。所以，我们把一岁到五岁的孩子来同五岁到十岁的孩子比较，求知力一定前胜于后，便是这个道理。

现在学校里所教的数学、理科等，与孩子的内心往往不能相应，所以他不感兴趣；教师竭力指导他、责望他，然而他自己不感兴趣，成效总是很微。譬如我们把一个没有进过学校的孩子坐在椅上，教他一种外国文字，他觉跟它没有用处，一定不愿学它。这层可以证明不相应的弊病了。

所以，我们学校里教孩子，第一步一定要想怎样使孩子感到有用，他自己高兴去学习；第二步便利用了需要的观念，使他实行，譬如孩子初学到一个新字便想应用彼，即是好例。然而，现在学生所受的功课，觉得对他们没有意思、没有用处；好比聚了许多鹅鸭鱼肉之类不能吃，把彼腌起来预备将来受用。现在学校的功课，用脑力记忆者，等将来有机会用时再拿出来用，不同这预备腌腊一样吗？孩子因为要用字才学彼，并不需要特别记忆彼——用脑力死记——同腌腊一样，将来随便吃用的。诸位觉得对学生发问，学生回答的时候，竭力在脑里搜索从前死记的东西来应付，不像腌腊一样么？这就可以见到，不对应机会死记是无益啊！所以"需要且的"和"利用机会"这两层，是教育上最紧要的原则。

自动原理是知识的作用，并不是感觉的作用。孩子做事没有人拿原理来教他，让他随便乱做，不是自动；因为缺乏知识和目的等要素。老实讲来，自动是心里想做什么，用了合理的动作来表现，所以，一定要学生自己情愿去做，才算自动。譬如我们吃东西，必靠自己肠胃来消化，决不能请他人代消化的。但不合法的学校，很多叫学生呆记，不顾学生自己要不要的；平时叫学生死记，并且到一定时候，逼着他们考试，他们两方都以为这是最好的方法了。

但是，记忆力代表自动力是太迷误了，同记忆太容易，对于种种心象思想观察等统不相合。譬如我们储藏食物，不吃不消化，虽终日跟着它看，如何能变成血液和种种精力，得到益处呢！所以，我们假如死记，不想法去细细咀嚼，一定成效不好。

那么，教员应当使学生怎样自动呢？用什么方法呢？它的结果又怎样呢？

教员只使学生自己做，是不成功的。教员应使学生有一定的目的和需要，然后才有真正利益。所以，"自动"二字绝不是完全的感觉作用；随便想想，便算自动，实在不成事体。我们应当使"感觉"的行动完全变为"目的"的行动，向着前面做下去，一些儿不停留，结果自然是很好。

自动虽是偏于知识方面，发达他们的知识，不过物质上也不能完全抛弃，应当也去想法发展他们的体格。慈母教养子女，希望他的知识日有进步，因此常常使他身体不动，将来必成愚蠢的人类。学生进学校，知识上的收获不是一天就能得到。教师要期速效，完全叫他死记，他的结果一定十分愚蠢，知识不会发达。

幼稚园的发明人，他们教养儿童的方法，不但空口说白话，一方面还教他亲手怎样做去。所以，应用着这种原理，自小学以上，在学校内找出许多机会来，使学生发生知识上自动的要求、自动的试验、自动的获益。

应用这个原理，教授理化，就可到试验室去指导他实验，使他明白平常所讲授的是真正的。不然，就恐学生发生不信仰。小学里就可预备沙土，地理科中教授自然界一切现状，有时就可模仿堆砌，使学生翔实地明白了解。小学中不但有沙有泥，并且有剪刀有纸板，教员有时教授到什么实物，就可剪出色色的形状，使学生添加证据上的补益。除沙除泥外，还可预备糨糊、毛刷、毛笔等，将他平日读书的心得绘画剪裁，贴粘到什么东西上看。教员讲历史，虽是天花乱坠，不过和学生本身上发生不出关系；所以历史不但空口讲，并且用种种方法，做某时代的模型；又把他那里面的故事，编成戏剧。这样，使学生不但觉得历史是和实际人生有关系，又好像自己也生活在那个时代一样。所以，我们不但要知道讲堂中所授功课的那时代是那样，还使他们领略校外的生活，表演它、实地参与它，才是合法。最好教员教历史，关于那时遗留下来的古迹，领他们去看，直接教授。地理教员也应当于本地一切风土形势，都很透熟，教授时务使学生考察周到、发生兴趣。

上面讲的，都是随便举几个例子，证明发展学生自动的能力，为非常紧要的一件事情。所以，我很恳挚地希望在座的教员及将来预备做教员的先生们，应该时常设计用怎样最好的方法，才能使学生得到最大的益处。

假使学校内教员很热心教授，一字一句不肯放过：因为他热心，学生都很用功，无论什么都记录下来。但是，这种教授法，无论怎样，所教授的学生得益很少；不但益处少，并且学生将所记录的，有时竟不能应用。

我不是讲教员不应该热心教授，热心教授是教育者的天职。不过还得要用种种活动的教授。教员既热心，又有方法，那么，学生多得到利益，自然很多乐趣了。

教师讲的事实，叫学生牢记，然而这许多事实，不会永久占据在他们的脑袋里，并且渐渐要消灭。教师有方法后，学生自然感得很深厚，出了校门也还保守勿失。所以，我们平时考查教员的成绩，最好不要看他教授的多少，只要看他教书的方法如何，他能不能引起学生知识的欲望，能不能唤起学生多方面的兴趣。

以上讲的全是自动的原理。

第二种原理是社会的。

许多学生都说，将来学成帮助社会国家，就可证明学生目的在为社会做事情。但是我们要问：校中功课与社会上真有什么益处？受过教育的是不是比较没有受过教育的一定好？要讲这个问题，和自动的原理就很发生关系了。大约中国目前最要紧的，就是发展学生的能力。中国从大革命改造民国后，已历十年。十年的经验，要把君主国一下变成完全的民主国家，是一定不可能的。因为决不能是一朝一夕的事，须经很长的年代才行。然而，我们现时倘使仍用被动教育，不能引起国民的能力，决不能达到真正的德谟克拉西。君主国的时代，被动的教育还可以使人民服从，受少数指挥就可以了；至于民主国的教育，绝对不是这样的。民主的国民，必须人民人人有自动能力和知识，才能达共治之邦。

平常的教员，都以为自己的程度好、知识高，希望自己的学生和他一样造成。这种教员，只须教学生怎样做，完全抹杀学生自己发展的精神。所以，我们做教员的，应当把这种观念打破。

要使中国人人受教育，各个人都能发展能力，才能成就真正德谟克拉西的国家。但是，要待中国人人受教育，时间太长，不是一朝一夕所能做到的；所以我们教育界同仁，应当注意，想法在学校中预先去教导他、涵养他、启迪他，用最好的方法来造成一个真正的共和国家、教成良好的国民。

所以，教育不用最经济、最有效的方法，而教员一味注入教授，学生静默听讲，对于中国的前途着实有关系。教育家教授青年子弟，无分男女，都宜用优美方法，发现精神上的长处，达到真正共和精神之目的。

照这样看来，自动的原理乃是发展社会的目的。

（1921年4月5日。《民国日报》1921年4月27日）

八、伦理教育

在杜威教育思想体系中，伦理教育是一个重要的组成部分。杜威在在华讲演中多次讲到伦理教育问题。其中，他在北京所作的有关伦理教育的系列讲演（共 15 次），即后来收入由北京晨报社 1920 年 8 月出版的《杜威五大讲演》中的《伦理讲演纪略》最为典型。在"伦理教育"这一部分，收录了杜威有关伦理教育的五篇讲演。

在这些讲演中，杜威主要论述了以下八个方面。

第一，道德的性质。在《伦理讲演纪略》（在北京的讲演）中，杜威指出，道德就是生长。人所学的正是古圣今贤传下或发明的教训。因为社会是在不断变化的，所以，道德是无止境的。新的文明社会就应该有新的道德。但是，在道德上有些东西是不变的，例如，帮助人发展和生长、为人类谋公共幸福、对道德的重视等。

第二，道德与本能。在《伦理讲演纪略》（在北京的讲演）中，杜威指出，所谓本能是自然会知会能的东西，即人类的本性。本能与道德的关系是道德上的一个重要问题。由于对本性到底是善是恶的看法不同，因此产生了性善说和性恶说。然而，本性只是一种教育的原料，本无所谓善恶。对于伦理教育来说，重要的是不要消极地去束缚本能，而要积极地去利导本能，才能得到良好的结果。

第三，道德之诸关系。在《伦理讲演纪略》（在北京的讲演）中，杜威论述了道德与情绪、道德与欲望、自私与为人、德行与罪过等关系问题。在道德与情绪上，杜威指出，情绪在道德上的地位是普遍的，节制情绪是道德上的一个重要问题。如果观念和情绪能够协调起来，那么情绪就容易节制，并成为行为的原动力。诸如群性、同情、柔情、爱国心的社会情绪是道德行为的原动力，必须正确地去利导。在道德与欲望上，杜威指出，每个人都有欲望，但是每个人的欲望又是不同的。要想改变一个人的品行，就要改变观念和欲望，其中改变欲望尤为重要。欲望能激励人们去努力，但欲望变成物诱就会使人们走入歧途。在自私与为人上，杜威指出，自私虽不是人的天性，但在人的心里根深蒂固，并表现为一切为己、纵欲恣情、无恶不为等。其原因是一时为物诱惑而利己忘人。与此相反，道德的问题是要协调自为和为人，兼顾两全。在德行与罪过上，杜威指出，道德是种种正当行为的基础，品性好就是德行，品性不好就是罪过。智、义、勇敢、节制这四种德行正是一切良善健全的品性之基础。

第四，品格养成是教育的最高目的。在《品格之养成为教育之无上目的》（在山西太原大学校的讲演）中，杜威指出，品格养成是教育的最高目的，这已成为教育家的一种共识。学生应该有一种良好品格，但良好品格应以良好习惯养成之。所谓品格问题，就是德育问题。由于德育精神无处不在，因此各门学科中都有德育问题。如果仅仅靠道德书本及纸上格言，那么伦理教育是难以收效的。这正如学习游泳不能以函授方法教授一样。

第五，自动道德的重要及培养。在《自动道德重要之原因》（在广东高等师范学校的讲演）中，杜威指出，自动的道德就是创造的、冒险的、建设的能力，亦即是公民自己负责的。在专制时代，往往养成一种被动的道德；而对于民主国家来说，养成自动的道德尤为重要。为使学生养成自动的道德，就必须使学生受到正当的教育，同时教师要注意学生的心性。

第六，良好习惯的养成。在《习惯与思想》（在福州青年会的讲演）、《教育答问》（在南京高等师范学校的讲演）、《品格之养成为教育之无上目的》（在山西太原大学校的讲演）中，杜威指出，旧的教育仅以养成为习惯，新的教育乃能发展思想。因此，教育者应以新学问、新思想引导学生，克服束于习惯的固执和驱于情感的盲从，养成良好的思想习惯，即理智的、聪明的习惯，并知此习惯目的之所在，即有目的之动作。在这个意义上，学校教育既不可失之狭隘，也不可失之空疏；同时，学校内实行真正的学生自治，使学生有判断能力和实行能力。

第七，东西伦理思想之比较。在《伦理讲演纪略》（在北京的讲演）中，杜威指出，东西伦理思想有三种异点：一是东方伦理思想更切实、更健全，而西方伦理思想更抽象、更属知识的；二是东方伦理思想根据家庭，而西方伦理思想根据个性；三是东方伦理思想蔑视个人权利，而西方伦理思想尊重个人权利。

第八，道德与民主制度。在《伦理讲演纪略》（在北京的讲演）中，杜威指出，学校只是教育工具的一种，其他的制度都会有教育的作用。因此，不但学校，凡是文明的制度都能教育人民，都能陶铸人性、改变人性。民主制度的意义就在于，它能把个性的发展和社性的发展结合起来。民主主义的目的就是，养成博爱的精神、创造的能力、独立的思想和宽宏的心胸。

教育答问

（在南京高等师范学校的讲演）

编者按： 本文是杜威1919年5月在南京高等师范学校的讲演。在讲演中，杜威对三个问题作了回答。就教育造就军国民问题，杜威指出，无论何民族，都重视人民体格之发达，但造就军事专门人才并不是普通学校之事。就实业教育在小学中的位置问题，杜威指出，鉴于小学生年龄及小学情况，小学教育不能成为直接的职业教育。就道德教育是否需要宗教教育的辅助问题，杜威指出，这个问题很不易解决，但在讨论时需注意道德观念与宗教观念以及道德教育与宗教教育之区别。此外，杜威还对取得经验与支配经验之间的关系以及形式论理学与真实论理学之间的区别进行了论述。

予承诸君雅意，设题见效且使余知贵邦之重要教育问题，感甚！题多不能遍答，请择就询较类之三题，为缕述之。

（1）三题中询问最类者，为"照现在巴黎和平会议结果，公理未能合胜，武力就有压制公理之势，此后教育中对于造就军国民一端，是否不宜完全放弃？"此题殊大，终夜不克，究其极，约略言之。其论点有二：① 无论何民族，对于人民体格之发达，皆有不容缓者。请问贵国现在之学校，发言能否达此目的？此甚重要之问题，不可不加意研究者也。设学校教师择其注重兵操与军事教育之力，提倡私人与公众卫生，灌输体育知识于社会，如关于儿童之养护、社会之传良、游戏与娱乐，为直接与间接地提倡，则平时既多健全之国民，不幸质有战争，亦不乏精壮之军旅，岂不益更多乎？至于造就军事专门人才，应当别论，非普通学校之事也。② 果战争为不能免，则试观世界各国，亦有实力不充而能出战者乎？经济实业之发展，既为国利民福之要素，一旦有意，亦须仰给于此。各国必须注意于专门工程师及经济家之养成，中国为尤甚。所以，启无穷之利源、裕兆庶之生民，此经济实力之发展。教育上负有重大之责任，战不战者，皆不可废者也。不得已而战，亦不过为国际交涉之后盾。抑知国际交涉，由于民族间不明彼此实在情形所致。远看无论矣，即如日本与中国相去伊迩，在此以为固然者，在彼不知而嫌疑以起。交涉以兴，欲泯此弊，宜便国内实现（如国民之特殊心理、国际之交涉情形等）广为传布，使外人晓然于此中原委及国人之情愫。利用学界联合会搜集事实，明白宣告或翻译新闻，传播远方；或常与他国名人及著名报馆通讯宣达事实、邀其探听，将此种通讯事实善为组织，行之无懈，措施有条，则民族间之情愫较易联络，而龃龉亦庶可稍减矣。

（2）第二问题为"实业教育在小学校之位置当若何"。此题入手办法，当研究儿童与家庭及乡土职业上关系。各地组织实业调查会，集其所用原料及器械之样本，考究其方法，以为小学之教材；同时可取以与他国之法相比较，以资裨补。故小学职业教育，当由外而内，不可由内而外。若由内而外，在小学即为直接的职业教育，则其不良之点有二：① 学生年龄太小，是否宜于某种职业，不易确定；且早授职业，将减少其应需之普通教育，而失去其均平发达之机会。② 职业机能自动练习，易致褊狭，且无相当之经验以为去取之凭借，势必扬守陈法，不求改良，结果恶劣，可断言也。

（3）"德育问题，是否须借宗教教育以补助之？"此题大不易解决，诸君思念及此，实可快慰。欲讨论斯题，有宜注意者二事：① 道德的、宗教的观念。对于道德及宗教之观念二者迥异，但传有修身伦理等学科，而少实践之机会，其弊不止于费时而无补，且我奖励虚伪多以仁义而行盗跖者矣，其于品性果何裨乎？若以修身伦理等科之无效，乃更益以相类之宗教教科，是徒多一种科目而已，岂根本之救济乎？② 道德教育诚能从人生着想，力祛空虚之弊，取仁爱之精神，精深而博大之，以博大社会之幸福。则宗教之真精神已具于是，不知德育之有需于所谓宗教教育者，又何在也？耶稣圣典有云："人不能爱其可见之见，何能责其爱不可知之上帝？"此言宗教不能离人生而犹自存在也。

予所得诸君之问者，已扬推言之。尚有两事为前次讲演所未及，兹补陈之。

（1）取得经验与支配经验有何关系？

取得经验，前次已言之。支配经验之最大分子厥维习惯，故曰习惯者人生之一大能力。习惯可以支配经验，研究心理学者类能知之，考其可贵之点凡三：① 初事似难习，久则易，可以省力；② 习惯既成，则事有系统、不致紊乱；③ 有习惯易于措置，临事不致慌张，而有敏捷之效。或诣教育目的在养成习惯，若以所谓习惯者，用广义的解释，则斯言固亦可信。特吾人所宜注意者，须知习惯有两种，养成习惯法亦有两种，二者有同泾渭、不相混淆。第一为机械的或盲动的习惯，如学校之于教授训育，不使学生知其设施之理由，但务习惯之养成，则其究也徒为机械的习惯，所谓无目的之动作是也；第二，理智的或聪明的习惯，如养成一习惯时，同时使学生知此习惯目的之所在，目的有迁异，则习惯亦不得不变更，此乃养成聪明的习惯，所谓有目的之动作是也。第二种习惯不问有事之难易，但用一己之聪明才力，以达到目的而后已。教育因欲养成第二种习惯，故贵思考，盖有思考然后可以知所选择。顾常人往往误会，以为养成思考非常困难，且与人生无关，不知思考者，不过准目的以定解决问题之方法耳。人无百年不变之目的，亦无百年不移之习惯。养成适当之习惯，以达必需之目的，此思考之事也。例如，小儿见物，欲取物目的也。何以取之？思考也。去其困难而顺得之习惯成，而目的达，此思考之效也，安得谓思考与人生无关？盲动的习惯不过使吾人为动作之奴隶，有若牛马然，虽动作亦莫知其所之也。善记忆上下文，读之烂熟，考其意义，则茫然非不知，斯与牛马之盲动相去几希？又熟读九九表者，问其七八为何数，必由一八、二八而至七八，方知五十有六，斯可谓有智能者乎？需之外缘不变，旧习可用；外缘稍变，习惯亦随之而异。盲动的习惯在昔静的社会犹可敷衍，当今之世瞬息千变、不可捉摸，苟无理智的习惯，以适应时势之趋向，则难乎其为生矣！研究或掌管教育者于练思之事，诚不可忽也。

（2）形式论理学与真实论理学。

形式论理学最大缺点，认思想为独立，与人生无关，如何养成理智的习惯；如何支配习惯，不之讲究。师范学校平日之所讲习，固不可失之狭隘，亦不可失之空疏。养成习惯方法，不过从诸法中加以选择，而速达其目的耳。故师范学校之教师能善用练思方法，使学生他日皆具有选择之能力，则于教育法则之学习，已过半矣。兹简言思考之方法，以概其余思考之方法，实非繁复，约言之，可分三阶段：① 就第二题调查各地实业状况一事言之，如蚕之饲养、吐丝作茧以及化蛾生卵等，以吾人之耳目身心实地观察深究，以为教授方法。② 此段纯属精神方面，较之前段尤须用心，因次计划商酌而后行之故也，非无前段为其基本，此段则从成立，即能成立，亦无实用。盖各种方法，要比较称量，去其不适用者，留其当行者也。③ 熟察各种情形而实行之。未行之先，须察其是否可行；方行之时，须持试验态度；既行之后，须将所得之结果，与预计之方针比较，是否适当，以作改良之张本。以上三段，简单言之，曰搜求材料、曰比较、曰应用而已。虽属平常，然与师范生关系甚切，故特表而出之，为养成理智的习惯之一助也。

余此次到贵校，获与许多新少年讨论学理数日，极深感慰。今为临别之赠言，敢祝诸君康强愉快，前途无疆。

（1919年5月，陶行知口译。

《杜威在华演讲集》，新学社1919年10月版）

品格之养成为教育之无上目的

（在山西太原大学校的讲演）

编者按：本文是杜威 1919 年 10 月 10 日在山西太原大学校的讲演。在讲演中，杜威强调指出，品格问题即德育问题，良好品格应以良好习惯养成。在学校中，须使德育问题无往而不在，须将道德融入各科目之中而使之无往而不在，然后能达到讲求德育之真正目的。具体来讲，品格养成包括三个方面：一是养成适用社会之道德；二是养成道德判断能力；三是养成道德实行能力。

今日为中国最宝贵之国庆纪念日，鄙人躬逢盛典，回想革命时代，不知经几许力量，始能有此一日。所以，鄙人愿以非正式的代表向中华民国全体致贺；并希望中华民国全体国民努力于新国家之建设。

品格之养成为教育之无上目的一语，此各教育大家之所公认，因此发生次起之诸问题：第一，品格为何？第二，品格须如何养成？第三，学校科目甚多，教员所教科目亦甚多，有何方法何余暇讲求品格道德等问题而教授之于学生？

兹请先将最后问题解答之：夫所谓品格问题，即德育问题。若以德育为独立学科而教授之，将无甚效果，盖德育精神本无往不在，故虽教算学、博物、理化等科时，皆有德育问题在内。提出德育为另一部分，此乃一大错误。盖必须使德育问题无往而不在，然后能达到讲求德育之真正目的也。吾美从前有一讲求德育之方法，即于习字帖后，以美好之纸附格言于其上，使学生每日照习之，期以此求德育之进步，不知此法甚谬，因此虽令学生记着许多格言，然正如记着若山若水许多之呆名词，毫无用处。盖道德为活用的、为现实的，非种种呆格言所能适用的，必以社会良好习惯，使于无形中与学生为体合，而后学生自有一种良好品格。盖良好品格，应以良好习惯养成之，非纸上格言所能养成之也。因记许多之道德名词虽容易，而欲使之实在施用于社会则甚难，故必须将道德消纳于各科之中，使之无往而不在，不直接教导之而间接教导之，不有意教导之而无意教导之。盖道德本非直接有意所能养成，必须于间接无意之中，灌输一种无形的德育，使学生有一种极自然的道德观念，而后彼于阅有系统的道德书及各种纸上格言时，始能如水乳交融也。……今欲与诸君讨论者，即如何将德育消纳于各科之中？如何使大众均向德育方面走？如前所述，则专靠道德书本及纸上格言万难收效，唯有将人群互助的本能、爱群的本能、向上的本能，息息由社会于无形中示吾人者，教员于教授各科时设法亦于无形中深深灌输于学生之脑里，庶乎其可。诸君试想，近时国家为何负教育责任，因学校能将可善可恶之儿童或成年学生聚在一处，使习于爱群尽公益以真诚为互助，而且了解其兴趣及好处，即于国家社会之发达有无限帮助。故学校第一作用，即不依书本格言养成自然之社会道德，因此，必须将学校扩充为一社会，使学校生活即为社会生活，而后于社会道德有真实补助。闻之有某函授学校者，某甲入彼函授学校泳水科，某函授学校即将泳水方法以函授方法教授之。及期卒业，某甲入水实验，一泳而沉。何故彼函授泳水之法，试于水而不效？盖水中之媒介物与空中绝异故也。水中之技术不能于空中习之，犹之社会道德不能于纸上习之。欲纸上之道德而适用于社会，是亦袭函授泳水之故智也，其不入水而沉者几希。

但现欲养成适用社会之道德，有一种极大阻力，即当教员的、为父母的以试验成绩定学生优劣，此种考试之法适以养成与社会道德相反之道德。盖学生专以分数多寡、考试前列与否为荣辱，则不惜作伪以争竞之故也。夫养成道德之方法不一而足，学生争列前茅亦属正当竞争、不必反对，但为教员者，须于考试竞争之外，使学生习于爱群尽公益有互助精神，并于学校内外洒扫清洁各事，由学生为自动的共同动作。其他切近于学生之事，教员亦无容过事干涉，一切收归教员自办，以减学生自动的需能，此亦养成社会道德之方法也。

再一方法，即提倡学生自治。现虽亦有讲求学生自治者，然非真正之学生自治。因所谓自治者，或仍由教员指导之主持之，学生唯画诺而已。故真正之学生自治，必须遇事由学生自提议、自判断、自负责任、自己管束自己。盖服从教员命令之伪自治，其流弊则学生因习于被动。至于做事时代，无人可靠，遂至错乱。因为欲学生于创造或自己做事时有把握，必须于学校内实行真正之学生自治，使学生加入各事之提议、判断、执行，而养成自发之习惯，然后入社会时无往而不适用也。此等自发的习惯之养成，即在幼稚园时，亦须使彼了解社会生活为何物，且于游戏中亦必寓有社会生活之运用趣旨。夫教员于不得已时必须管理学生，此何待言。但于管理学生时，又必随时使彼了解管理之所以然。尝见有在讲堂极守规则之学生，即为出讲堂时极不守规则之学生，盖彼不能了解守规则之趣旨，徒知为教员之所迫而然，其结果必至如此也。如俄当帝国未崩坏时，在表而观之，似为最有秩序之国家，然至今日，则如溃堤之冲、一发而不可收拾，盖受无理由之压制愈甚者，其反动亦愈烈故也。

以上所讲为爱群的、互助的社会道德观念。现请一述判断能力。判断能力为人生最有兴味之物，属于知识一方面。今日见督军国庆纪念广散促醒人民之训条，末条有之：理性好恶为人群之慧刃，非磨砺不可。此语鄙人极表赞同。盖刃必时时磨砺，始有效用；知识亦必时时训练，始能判断。判断在人生行为至关重要，故判断必须由自己下的，绝非他人所能代替。养成学生之判断力，使彼于轻重缓急是非善恶之间，各人自有一种度量权衡。此又无论何项科目，自可于教授时，由无形而灌输于学生者也。何故许多学科不能于教授收此等效果？因各教员深恐任学生自作陷于错误，必遇事由为教员者示一方法，生吞活剥地令学生承受，于是学生虽承受得许多，每无心得，一到亲自实验，学生遂茫然无所措。殊不知学生自作一事，幸而不错固好，即有错误者，错误次数愈多，经验愈多，能于几次错误中经验出来，所得真理始能永远不忘。譬如算学教员预为做种种算式教授学生，不由学生自演，固可即时了解，然自己未于苦中寻求，旋得之亦旋失之矣。故墙上加以砖灰，终难永久。若令学生自演，始虽不免错误，经几次错误后，而求出一的确得数，将印入脑里者至深，终身不至遗忘，此固不独算学然也。因此，知墙上砖灰之教育，万不能养成学生之知识，知识为行为之重要标准，不能养成知识，即是不能养成道德。

鄙人今日所讲者有三种：第一社会道德；第二判断能力；第三实行能力。现有一怪现象，即有一等人虽不能做事，然不失为一好人，而能做事者则又疑彼为野心家、好事者。如何要知为行之故，故此节讲如何能实行方法。

旧式教员多将题旨看错，即以学生为吸收水分之海绵，能将种种知识装入学生脑里为已足，后此彼能将所知者一一行出来否，则不过问。殊不知事重在行，知一点，则须行一点，且与其多知而不能行，反不如少知一些，而能即知即行之为有益。此鄙人深望于有教育之责者大大注意也。

（1919年10月10日，胡适口译。

《杜威罗素演讲录合刊》，上海泰东图书局1921年9月版）

伦理讲演纪略

（在北京的讲演）

编者按：本文是杜威 1919 年 10 月 15 日至 1920 年 3 月 12 日在北京所作的系列讲演，共 15 次。在第 1 讲"讨论之性质"中，杜威论述了道德之性质，指出道德就是学，就是自然的和必要的生长，道德无止境。在第 2 讲"道德上变不变的要素"和第 3 讲"道德与人类本性（即本能）"中，杜威论述了道德上变的原因——有鉴别道德的能力、新文明需要有新道德，以及道德上不变的要素——成长或发展的责任、对公益的尊重、对道德的重视。他还论述了本能之性质和价值，指出本能是一种教育原料，本无所谓善恶。在第 4 讲"情绪在道德上之地位"、第 5 讲"社会的情绪"和第 6 讲"自私"中，杜威论述了情绪、社会情绪以及自私等方面，指出节制情绪是道德上一个重要问题，养成正确的观念就可以节制情绪，社会情绪包括群性、同情、爱、爱国心等，自私是同情的反面，但苦思积虑要自私的人一定很少。在第 7 讲和第 8 讲"自为与为人"中，杜威论述了自私和博爱的关系：道德问题要调和自为和为人，兼顾其两者；作为一种积极的道德，自为既要自表和自尊，还要自培和自发；为人需要采用三种方法——各尽本职、通功易事、团体合作。在第 9—10讲"德行与罪过"中，杜威论述了三种道德，指出第一种以风俗为标准的道德是偶然的、缺乏意志和不能超脱习俗，第二种省察的（即反思的）道德是根据良知良能去辨善恶和分是非，第三种根据情绪的道德是人人都有且不必经过多年训练，并强调在道德上知识和情绪是相成的，情绪能帮助和鼓励知识，知识能启导和坚固情绪。在第 11 讲"东西思想之比较"中，杜威论述了东西方在道德思想上的三个不同：西方思想更抽象、更属知识的，东方思想更切实、更健全；西方伦理根据个性，东方伦理根据家庭；西方伦理尊重个人权利，东方伦理藐视个人权利。在第 12 讲"欲望之性质与其对快乐之关系"、第 13 讲"欲望与物诱"和第 14 讲"欲望与风俗制度之关系"中，杜威指出：要改变品行，欲望的改变尤为重要；欲望或不知足心也可以唤起努力和改进环境；从欲望中生出的物诱是一种向恶的趋势，因而人不应该为外物所诱惑；风俗制度发生于欲望但又为制度所陶铸，一种良好制度一定能激发好欲望。在第 15 讲"民主制度之真义"中，杜威论述了制度的教育功用，指出凡是文明的制度都能教育人民、改变人性，自由的真义就是要使人人都有创造能力，发展心性的最好方法是以社会公益为心。

（一）讨论之性质

1. 绪论

我到这里演说，有一种困难，就是不知道要怎样规定所讨论的性质才能使诸位领悟得益。我刚到中国，对于华人的思路固属茫然，社会情况尤无研究。所以，我不能明明告诉诸位，那个是你的责任，这个是你的义务；某事可做，某事不可做。我只能就理论的、普遍的方面指出我们为什么想尽义务和为什么要负责任的理由。总之，我要讨论的，不是实行道德生活的方法，是研究道德生活的性质。

道德生活的性质和范围很复杂、很广泛，要研究它不是容易的，但大概有三种方法：（1）历史的，即鉴往知来，研究历史上种种教训经验和解释；（2）社会的，即研究人生关系和种种德行；（3）心理的，即从人生天性本能、情感嗜好、认识观念方面观察、研究种种德行。以上三种方法都可拿来讨论道德生活的性质，但是头两种我不要用它，我还是和诸位从心理的方面下手吧。

诸位思想的程度我不知道，所以，很希望大家和我通信，提出种种问题疑难或反驳来研究研究。

2. 道德之性质

现在我要提出几个问题。为什么有道德这个东西？从天性方面观察，道德是自然的呢，还是强制的造作呢？道德奋斗（moral struggle）发自内呢，还是铄诸外呢？

道德就是学，就是生长。我们初生下来，不会走，不会说话，何等的孤立无助，所以，不能不学、不能不长、不能不有道德，这就是为什么有道德这样东西的缘故。学的是什么呢？就是古圣今贤传下或发明的教训。这样看来，生长和学都是自然的、不得不然的，所以道德也不是强制的造作的了。

禽兽无道德的引诱（temptation），所以无道德奋斗；人类不然，所以必要学必要成长。诸位要知道，成长并不专指肉体，最要紧的是精神的观念的、知识能力的成长。但是，这种成长大部分与人生愿望和冲动相悖，所以，不能专靠本能的发达，还要有自觉的努力，去求正确的观念和能力，又要有自觉的奋斗去祛除私欲的反动。这样的奋斗，凡是人类自然会有，岂是由外铄的吗？

这样看来，伦理一科是自然的、必要的，与学问教育有密切的关系；进一层说，教育的程序即道德成长的程序。

有人反对我说，道德不是成长，道德不过是正当的品行，品行既正当了，就照老法子千回万回地做去罢了，还要什么成长呢？这话有点不对，要是人人都照一种的老法子去做，他的行动就是机械的、无意识的，像轮车汽机的，反算道德吗？况且社会的情形天天不同，道德所以适时宜，便应该求新经验新观念的成长来应付时势，不应该盲从旧法，所以，道德无止境。

3. 道德或生长之目的

现在有一问题，道德的目的究竟在哪里？成长有好有坏，但不能不有一定的趋向。成人在社会上有许多的要求、愿望和必需，所以，他的成长的趋向也因此决定。但是，儿童是无知无识的，他的生长趋向究竟如何决定呢？此全靠成人的指导。要是一个小孩子没有成人去保护他、指导他，一定活不了，即使能活，身体上、精神上的成长一定阻滞不堪。所以，成人对小孩子的影响是很重要的。然大抵成人习故安常，不像小孩子那样好学喜新，就生出弊病来了。他以为他的习惯总是对的，成人就是道德的目的和小孩子的模范。听说有个小孩子对他的母亲说："母亲，你去年说我总做不道德的事，今年又说我总做不道德的事，到哪年我才能无过呢？"他母亲说："成人做事无有不对，你长成大人的时候自然没有不道德的行为。"这话岂不可笑吗？我说就是当代圣人的德行也不能拿它当道德的准则，不然就好像野蛮人用严刑酷法去强迫他的子弟学习种种礼节仪式和种种无意识无理性的习惯。总之，这种行为是由外铄的，不管小孩子为什么要这样做，只管叫他学成人的样，断无圆满结果。以上是说成人不能做道德的目的。

还有一种人拿风俗来做道德的目的，这也不对，因为风俗究竟是外貌、无关心性又盲从。还有人拿原理做道德的目的，原理是良知的、属内的，由种种认识选择观念联想的通力合作而成的。我说道德或生长的目的不在成人或习惯，而在原理。

（二）道德上变不变的要素

1. 绪论（总括上次要义）

我前次说道德的性质，不是强制的、由外铄的，而为自然的、必要的，因为道德常常生长。我又说青年应该求学，应该通达民情风俗，模仿社会礼貌习惯，最要紧的是拿原理来做道德的极则，规定它生长的趋向，依原理进行。我今天要讲的是道德上变异的原因和不变的要素。

2. 道德上变异的原因

据我看来约有两种。

（1）鉴别力。彻底讲起来，道德虽不是强制的，但是通常所谓道德，若能仔细鉴别，也有一部分对于某社会某时期带几分强制的色彩。道德既有强制和自然的分别，所以不能不变，变就是进化，就是将强制的伪道德去了，换一种自然的真道德。我昨天曾说过，社会未开化的时候拿成人的行为或社会的风尚来做道德的极则，大人这样做，我也这样做。我为什么这样做？因为社会和古人都这样做。有些风俗呢，很合原理，没有它社会不能存在；但是也有些风俗，对于社会治安和欢乐幸福毫无贡献。普通人没有鉴别力，不知道哪些风尚合理，应当留，哪些不是，应当去。所以，道德永无变易进化的希望。

"道德"这个词有时可做礼貌习俗讲，照希腊、罗马的字义讲是"民道"（folkways）。这种解释实在不对。有些礼貌习俗对于社会治安进化并无关系，不过偶然发生于古代，后来积重难返，就奉它为神圣不可侵犯的德律，本来有什么真理在内呢？所谓"民道"，也不过一种外观的时髦或礼节罢了，对于社会有什么用处？岂但无用，恐怕还有害呢！听说某处的野人最尊重酋长的威严，要是有人踏着他的影子，罪比做贼还大。我们看来好笑，他们却认它为一种"民道"或德律，因为他们无鉴别力，不懂道德的真伪。开明的社会却不然，知识更高，知道哪个是真正道德，就不会拘泥旧俗了。

我们研究人类的特性、习俗、德律愈深，知道德不同的地方愈多。人类学家游行全球专为考察民情风俗的异同，据他们说，有时此处认为道德，他处就是罪恶。为什么有这种种分别呢？因为野蛮社会要死死地保守旧俗，不肯改变。为什么不肯改变？因为没有鉴别能力。文明社会却不然，对于固有习俗当存就存，不当存就变，总之，有鉴别道德的能力，然后能去伪存真，然后能变。

（2）生长。我先从个人方面讲起，大抵能者多劳，有几多新艺能，必有几多新职责。教育程度愈高，义务愈多。愚人犯罪，他自己不知道为什么有罪，所以，没有良心上的痛苦，也永无进德的希望。受过教育的人不然，他有错自己知道，会改过自新，所以，道德无止境。道德愈高，向上的善念又多，行善的机会又多。从社会方面看来，也是如此。古时社会所谓善，今日或不然；现在所谓道德，后世又未必然，新文明有新需要，就应该有新道德。

有部书上说：有些水手驶到南海一岛，见野人熙熙雍雍、相生相养、无有私产，反觉得文明人贪鄙无耻。平心而论，野人文化的程度幼稚，所以无尊重所有权的必要；但是文化进步了，这所有权也自然不可少，所以有新文明而后有宗主权，有宗主权而后有尊重宗主权的新道德。这种新道德，我们无以名之，名之为科学或智理的真诚（scientific or intellectual truth fullness）。

3. 道德上不变的要素

我们要讨论不变的要素，当先研究社会变革要经过什么情况。头一个或者是社会的摇动，或道德的无恒（moral uncertainty）。大抵人从旧社会到一新社会，看见种种风俗习惯都和旧社会不同，彼处以为道德，此处又不然，于是胸中生出种种疑窦，以为天下没绝对的道德，而旧道德也渐渐地泯灭。第二期呢，恐怕就是道德的破产。旧道德已经全然破坏了，新道德又未养成，这种青黄不接的时候是最可怕的。听说新到美国的殖民，他们虽然总想保存他的旧俗，却常常发生道德上的怀疑。到了第二代——就是他们的儿女既然不受旧道德的束缚，又不知道尊崇新道德，凡事都肆意纵欲、倒行逆施，成社会不良的分子了。传到第三代——他们的孙子才能遵守社会风俗，养成新习惯、新道德，做美国的好国民。因为在过渡时代，有社会动摇和道德破产的危险，所以要知道哪些是道德上不变的要素。依我看来，约有三种，这三种要求放诸四海而皆合、放诸百世而皆准的原理。

（1）成长或发展的责任（responsibility of growth and development）。我们无论在哪种社会，成长的责任都应该有的。我们不管道德是新是老，只管它能否帮助发展和成长，要是不能，老道德固然要不得，新道德也无用。大抵一种改革一定要拿旧文明做根据，渐渐地吸收融化新文明，使老的发展成新的。要是我们不问它能否帮助发展，只要是新就学，恐怕没有好结果。

（2）对公益的尊崇（regard for the common good）。世界种种道德的规律，或文或野、或东或西、或古或今，都有一相同而不变的地方，就是尊崇公益。实行道德方法条理万端、各个不同，但目的总在谋最大多数人的最大幸福。孔夫子①说："己所不欲，勿施于人。"耶稣②说："视敌如友。"立说各异，而原理不过为人类谋公共幸福。

（3）对道德的重视（moral seriousness）。无论何种社会，都有重视品行的观念，都应该看道德为重大的事，道德问题为社会要紧的问题，还要找出原理为社会指南。真正有道德的人就是重视道德的人。此种崇尚道德的观念在社会变革时代尤其重要。因为这个时候的青年多羡慕新文明而漠视道德为无用，渐渐就要到道德崩溃的地步。

以上所说三种道德上不变的要素——成长的责任、公益的崇尚和道德的重视，是我以后要讲论的基本观念。

（三）道德与人类本性（即本能）

1. 本能

天下有些东西我们不必学它、不能学它，自然会知会能的，我们就叫它本能或人类的本性。所谓本性，是本来的面目，未经教育的训练陶铸的。普通人都想：兽类有本能，人却很少。我们仔细看来，这话很不对。人类的本能实际比兽类还多呢，不过兽类的本能更发达、更有组织，人类的本能更涣散、更隐而难见罢了。因为它们涣散无组织，所以，我们要陶铸它、训练它、指导改良它，并且要使它们互相调剂，以成发而皆中之和。

---

① 孔夫子（前551—前479），即孔子，春秋末期思想家、教育家，儒家学派创始人。
② 耶稣（Jesus），基督教传说中的创始人，称为"基督"（Christ）。

2. 本能之性质

道德上有个重大的问题，就是本能和道德有何种关系，简单说，即本能的性质到底是善是恶。

这个问题在中国古代也讨论过了。有的说，人本来是善，以后被外欲习俗浸渍熏染就变坏了。有的说，是性恶的，全仗礼教来节制纠正它。有的说，人性是不善不恶，好像水，决诸东方则东流，决诸西方则西流。主性善的又驳它说，人性趋善，好像水之就下。这种辩论，不但有关理论的哲学，对于道德也确有密切的关系。因为我们要知道本能是否可靠，我们依靠它可以到什么程度：要是好呢，怎样去培养它；要是坏呢，怎样去扑灭制服它。

在西方，对于本性观念，也有两种：（1）主善派。他们说人生本来是善，以后受了物界的影响，就变坏了。我说这都是厌世派的论调，我们不可轻信。要是生物进化公例可信，要是人类是从兽类递演出来的，那么，人类和兽类总还有相同的地方，兽类本能，总有一部分未经天然淘汰而遗传到人类的。譬如怒本来是兽的本能，对于它们很有用处，遇着仇敌或阻碍，没有怒不能鼓舞勇气将敌人或阻碍战胜；但是对于儿童就不然，要是常常生气，不但有失体面，又空耗精力，毫无结果而有碍卫生。这样看来，本能是兽类遗传下来的，不经陶铸便是恶了。但是，性善说也存几分真理在内，何以故呢？要是人性彻底的恶，任凭有如何良善的环境，也不会受影响；必定先有可善的因，才有感化迁善的果。（2）性恶派。他们讲性是恶的，要是善呢，那就不容教育训练了；因为要教育训练，所以性不是善。我们平心来论，两说各有毛病。前说毛病在使人过于自信，不注意于克己、自治和督教儿童，因为他们想本能既然是善，就用不着克己工夫，对于儿童也只要一意顺从罢了；所以要食就食、要玩就玩，养成自私自利、纵欲肆志的习惯，真所谓贼乎人之子矣。性恶一说也有所蔽，他们既信他恶，所以用狮子搏兔的法子，将种种本能欲念、冲动意志都寂灭得干干净净，使道德完全成消极的，不是积极的。欧洲古代隐士逃到深山或沙漠里念咒打坐，也是要寂灭种种意念，做一个形如槁木、心如死灰的人。我知道主性恶的流弊都未必到这种田地，但是他们所谓道德，大概都尚束缚本能、贬损意志、节制喜怒哀乐之情，不准它们妄发。诸位要知道，现在世界最可痛恨的是什么？就是这种非积极而为消极的道义德行。所以今日所谓良民，就是庸行庸言的乡愿（mediocre person①），不是那有创造能力、积极精神、轰轰烈烈去改造世界的人物。这不是很可痛恨的事吗？依我看来，要是不利用本能而以束缚为德行正轨，顶好也不过养成一种柔怯的德性（wishy-washy character）。Kipling② 有一首诗，写一个人死了要想登天堂，他是个庸言庸行、无功无过的人，但是也没有积极地去做什么好事。所以，天帝不准他登天堂，还打他去地狱受审。阎王看他没有犯过什么罪，吩咐他再到人间去养成积极的德行。这首诗不但骂尽天下乡愿，也将主性恶的流弊和盘托出。

3. 本能之价值

总而言之，本能不过是一种教育的原料，本无所谓善恶，把它造成善行或凶德，都无不可，只看你怎样用它。彻底地讲起来，本能有什么善恶呢？不过有些本能更容易陶铸成良德，有些更难罢了。譬如爱情、同情、慈悲心，比畏惧、愠怒等，实在是更容易利导成善的。但是，它们在道德上的价值还是一样，都看我们怎样用它。没有一种本能我们不能用它来助善，也没有一种本能我们不能用它来长恶。譬如怒，普通人讲是应该寂灭，但是怒也可以养成堂堂正气和健全人格。一个人要是没有义理之怒，断不能大有作为，和恶魔作战；要是见了社会罪恶，还是漠不关心、无一点愤慨，断不能望他改良社会，即使一时有志，久后境过便忘，终是无济于事。所以，像怒这种本能，要是利用到好的地方去便是善，便是义理之怒（rightous indignation）。我们再有同情这样本能，初看好像是好的，但是用到坏的地方去，便成愚蠢呆板、阿所好子、煦煦之仁。譬如我们看见乞丐的痛苦，我们也觉得痛苦，要给他表同情，赏他几

---

① mediocre person，应译为"平庸之人"。

② Kipling，即吉卜林（Rudyard Kipling，1865—1936），英国小说家、诗人。

个铜子，这不是慈悲心吗？但是他得了钱，就甘心乞食到老，懒去谋正当的营业，所以我们给他钱，反增加他的痛苦，害了他的终身，社会上又添了许多寄生物。要是不善用同情，也是可以长恶啊！总而言之，道德的重要问题，不是要怎样消极地去束缚本能，是要怎样积极地去利导它，才能得良好的结果。

[**记录者附**] 前几天我们写了一封书，问杜威博士两个问题，博士答得很明白，我现在写出来供大家参考，也可改正我前二次所记的误点。

一问：博士第一次讲时贤的德行不能做我们道德的准则，风尚习俗不能做道德的目的。第二次又说我们应当取法时贤、学习风俗，好像有点矛盾。博士说："道德进化有两时候，第一期是拿风尚来做道德的目的，第二期是拿原理来做道德的目的，诸位不明白有二时期，所以疑我自相矛盾。但是彻底讲起来，无论进化到什么田地，一部分风尚还可做道德的目的或准则。譬如好战爱国，论起原理总算不对，现在文明又总算很进化，但是风尚是尚武爱国，所以有杀身为国的，我们也不能不认他为有道德。"

二问：什么是科学的真诚？它和道德上第二种变异的要素有什么关系？博士说："科学的真诚不但要说真话，还要用科学的方法找出真理做我们道德的规范。道德无止境，科学的真诚就是帮助道德的生长，这便是它们的关系。但是，我并没有说changing element①，我是说cause of change②，恐怕诸位听错了。"（案：博士要是不讲，我们断不会记，也断不会都记错。况且他自己写出来的大纲上明明说constant and changing elements in morality③。但是都无关紧要，我们还是照他改成cause of change罢。）我前二次所记的真是自欺欺人，罪莫大焉，所以要拿博士的答案来更正。但以后博士都有简单的大纲发给

---

① changing element，可译为"不断变化的因素"。

② cause of change，可译为"变化的原因"。

③ constant and changing elements in morality，可译为"道德中不变的要素"。

我们，这次演说就是照大纲记的，或者少错一点。

（四）情绪在道德上之地位

1. 情绪之性质

我今天要讨论情绪在道德上所占的地位。诸位一定要问：什么是情绪？我也不能下一适当的定义，只好举几个例子来解释它。譬如本校运动员要同他校比赛，运动员一定要有精熟的技术、伟大的能力、娴于规律、精于机变、勇于决断才配代表全校。但是还有一件最要紧，就是气、就是情绪。未赛以前，各运动员必异常激动、发扬踔厉，有跃跃欲试之慨，这种兴慨叫做情绪。情绪带智理作用，故与肉体运动不同；又根于本能，故与冷静判断不同。那般运动员想自己受了全校的付托，自然希望得胜；看见敌队的精强，又自然会见而生畏，胸中患得患失、又喜又惧，都是为情绪所激荡的缘故。就是参观的好像完全中立，不管谁胜谁负，也不能不有情绪。普通人有好奇心，看见竞争激烈自然兴趣勃发，会运动的见犹心喜，更不觉手之舞之了。比赛完了，得胜的心满意足，欣然有喜色，甚至欢呼狂跳，不知手之舞之足之蹈之。失败的一定怅然失望，扫兴而归，甚至羞愤忧郁、垂头丧气。我再举一个例子，我们得了佳音，不知不觉地要高兴起来；接到噩耗，又不知不觉地悲哀起来。以上种种经验都叫做情绪。情绪能激励我们、启发我们、束缚驰骤我们，我们不能不跟它走。情绪如希望、憎恶、喜、怒、爱、恶等，对于人生添上多少色彩、增加多少生趣热力，要是没有它，何等的奄奄无生气。即使有智理，能知能行也像机械造物、算机加数，成不喜，败不忧，索然没趣了。所以，人生有兴趣、有价值，因为有情绪，不然就生也像死了。

2. 情绪在道德上之地位与节制之必要

我前段所讲有两个要点，我现在特别提出申论。（1）性根（instinctive basis[①]）。最普通、最强烈的情绪都根于本能，与生俱来不学而能的；或年长就有，不假思索考求、自然会发现的。因为情绪根于本能，所以势力极大，能支配激发我们，使我们不能自主，一定要受它的指挥，什么责任都难担负了。所以人做了坏事往往自辩无过，说他不能负责，一时为情所驱，难欲遏抑而不可，本来毫无恶意。这样看来，人简直成了情绪的奴隶工具或傀儡了。（2）原动力（motor force）。情绪若善用它，有绝大好处。普通人都有知而不行的毛病，情绪的用处就是激发人、驱迫人去行他的知，简直可说人是机械，情绪是原动力。它的势力，好像习惯。我们走路一步一步往前去，毫不费力，为什么呢？因为受习惯的支配。我们做一件事，能踔厉奋发、孜孜不辍，也是受情绪的支配。

因为情绪根于本能，有绝大的神力，能驱迫人去倒行逆施，也能发人去孜孜为善，所以，节制情绪就成道德上一重要问题。你看管汽机的人进退迟疾、左右纵横，无不如意，他并不是节制各部机械，是调和宣泄那蒸汽。人像机器，情绪像蒸汽，节制各部肢体运动，不如节制情绪，情绪一正自然动定合礼了。要是不然，任凭情绪自由，心里虽然深思熟虑，想不爱不憎却不得不爱不憎，想不喜不怒却不得不喜不怒，任凭怎样激战，还是没用。因为情绪好像蒸汽，有绝大的神力，意志百体都受它的支配，所以，节制情绪就是防于未发，所以正一切行为之始。

节制情绪的必要既如上述，所以，自治克己的人就是克制情绪的人。人能做情绪的主人，克服它、利导它，我们就许他能克己复礼。要是做它的奴隶，自己毫无主权，我们就骂他殉情逐物。我们通常所谓社会恶习，如嫖娼酗饮等，都是因为不能克己、纵情恣欲，就不觉流连忘返。人为什么要赌？有的

---

① 性根，也可译为"本能基础"。

靠赌为生，自然没有情绪作用；但是普通人大都想赢钱、好争气，情绪勃发，不可阻遏。人为什么要喝酒？并不是因为味美，也是为情所驱，有的饮酒助兴为欢，有的饮酒消遣解闷。其余都可类推。以上所论，可以说明情绪在道德上之地位与节制之必要。

3. 节制情绪之真义

什么是节制情绪？什么是正当的节制情绪？这是应当讨论的问题。我前说情绪根于本能，诸位却不要误会它们是一样东西，它的同就是都可不学而能，它的异就是情绪带有智理观念等作用，本能没有。我且举个例子，譬如小孩猛见得怪兽张牙奋爪，他便惊骇反走，这是本能。要是日里听了许多鬼语神话，夜里独坐房中，遐想前话不胜战栗，就是情绪。因为情绪由遐想观念构成，所以，我们只要养成正确的观念思想，情绪就不致妄用，也不必节制了。

喜悦、爱情、痴情、憎恶、愤恨种种情绪都很强烈，我们要克服它，一定很难，不如利用它到好的地方去，更易为功。我上次讲过，消极的道德不如积极的道德，束缚本能就是消极，利导本能就是积极。情绪也是如此，不应该消极地去扑灭它，应该积极地去利导它。譬如我们讨厌一个朋友，一举一动都猜忌他，疑他心怀恶意。他成功就妒忌他，他失败就冷笑他、幸灾乐祸，恶感日深。要将这种不良的情绪消极的寂灭得干干净净，是很难的，不如从积极方面下手吧。我们应该去勉强爱他、想他的好处、念他从前待我怎样好，时带给他讲话游戏，种种误会都可解除。所以，要直接扑灭情绪，不如间接地引起良美情绪去代替不良情绪，使它无形消灭。我再举一个例子，譬如人受社会恶习熏染，贪财好货，要将贪利的热情完全打消并非不能，但是总觉很难。有个更容易的法子，就是以爱财之心爱国、以好货之心去好仁，爱国好仁之情强，爱财好货之情就无形消灭了。

总而言之，所谓自治，不是要用狮子搏兔的法子去歼灭情绪，是要培养它，使它又强又好，还要利用到好的地方去，使它以正确的思想观念为标准。故养成正确的观念，即所以节制情绪。所谓克己，是要引起优美情绪，去驱逐那不良的情绪，换句话，就是要思想和情绪得其均衡罢了。正当行为即有理性的行为，但是那种冷静呆板死理性也是要不得的。极有理性的人要是没有情绪，遇事一定左思右想、迟疑踌躇，终是知而不行。我们最好是要有理性同时又要有强烈真挚的情绪，激发我们去孜孜为善、欲罢不能。有人视情绪为道德之仇，我说要调和思想与情绪使得其均衡，一切问题都解决了。

年龄和情绪成反比例，年愈长，情绪愈弱。小孩最富于情绪，故易哭易笑；青年稍逊，但是很强烈；老年暮气奄奄，故事事都讲理性。诸位都是青年，青年时期情绪最强，若能养成正确的观念，真是终身受用不尽。中国青年若能以正确明锐之观念、发扬踔厉之情绪，求进步，谋公益，一步一步踏实做去，前途大可乐观。要是偏重思想，即使把新思潮一一注入脑里也是枉然，因为没情绪就不能奋发踔厉地去行，即使行也易为外诱所惑，无坚决的操守，不能有始有终。总而言之，观念和情绪若能联合调和，那情绪一定容易节制，并且能做实行的原动力。

（五）社会的情绪

1. 绪论

我上次讨论情绪在道德上的地位是普遍的。今天所讲，是社会的情绪，是人对人互相起激动的情绪。这种情绪，人类最富，禽兽没有。初生的小孩不到几个月，看见许多人围着他就会微笑。他笑以前并没有人教训他、命令他，他自己也并没有想到笑了有什么好处、不笑有什么坏处，所以才张口来笑。他的笑是不知不觉、自然而然的笑，不用思考、天然流露出来的笑。所以，社会的情绪根于本性，与生俱来，势力非常伟大，在道德上的地位也非常重要。我今天要讲三四种社会的情绪之性质和它们对道德发生的影响。

2. 群性（gregariousness）

这个字是从拉丁文出来的，原训队、训群。譬如说一群羊、一队牛等。牛羊虽是兽类，都也好群，喜欢走在一块，取一致的行动，一个要吃草，大家也跟它吃草，一个要喝水，大家跟它喝水。这种一唱百和、乐群恶独的天性，就叫做群性。再看一队小鸡，每个互相攀援、互相排挤，往队心里攒，好像要使前后左右都是同类才觉愉快，这也是群性的作用。群性的反面，就是孤独。我们说一个人富有群性即是说他恶独。乐群是天性，恶独也是天性，因为孤独无邻是世间第一惨事，人人都不喜独，所以人人都有群性。群性是先天的、自然而然、不得不然的趋向，并没有想到合群的利益幸福或不合群的痛苦。人类聚合成家、成市、成国、成天下，也像牛羊成群、雏鸡往队里跑。所以幽囚是世间第一惨刑，被囚的人独坐暗室，有话无处说，有耳无处听，卧不是，站不是，虽然有饭吃、有衣穿，不久就要中风发狂、失却常态了，所以我说它是最惨的刑罚。我们无时无地不与人相处，反觉得社会于我无功，要是离群索居就知道群的乐了。以上是群性的性质和势力。讲到它在道德上的地位，实在很重要。从积极方面说，它是一切社交友谊的基础。社会能结合团固、相生相养、通功易事、立约帝盟，全靠群性。群性根于先天，与生俱来、不假思索、不用训练，所以为道德的要素。

达尔文[①]著人种论，讲宇宙是一大战场，无时不战，无地不战，新陈递嬗，物竞天择，最适者最强者才能生存。后来哲学家见达氏立论不无流弊，所以说适者强者能生存的原因不在战，而在互助，互助是生存进化最有势力的要素。试比较现在人种的优势就知道了。大抵人类文野强弱都可以乐群和不乐群做标准。要是最富有群性，聚千百万人，通力合作如同一人，文化一定很高，国家一定很强，断不受天然淘汰。要是割裂好争、自相残杀，文明程度一定很低，国家一定很弱。所以说，互助乐群是进化的要素。但是从他方面观察，群性也有坏影响，就是长人依赖心，事事都靠社会帮助，自己成了寄生物。雏鸡往队里攒，一半怕冷要取温，一半怕敌要躲避。人类要往城市里跑，是要智理上、道德上的热温和保障。但是，这种保障往往戕贼个性、降伏人格。大抵群

① 达尔文（Charles Darwin，1809—1882），英国博物学家，进化论的奠基人。

性过强便成盲从，社会怎样做，我也怎样做，阿世媚俗，不敢立异，自己理想主张观念一概牺牲了。

我常说，文明进化的历史是特立独行之英雄的历史。他们看自己的人格个性比社会还重，只要认得真理、对得起良心，就单刀匹马、独来独任，即使和世界的人挑战他们也不怕。他们这样地反抗社会，并非故意立异，为文明进化不得不如此。要是人人都事事从众、阿世媚俗，新思想、新改革就没有立脚地，社会还有进行希望吗？所以，我说群性固然有利，但有时也会戕贼个性，使人无道德的责任心。要是人人都毫无情操，心里显然有点怀疑，因为怕人家骂，不敢明目张胆地讲出来，只好糊里糊涂随着潮流走了。天下最可怕的是俗论，是多数人心理上的误解。他的势力异常伟大，谁也不敢反抗，名为民意、民声，实则倒行逆施，这不是群性的流弊吗？

总而言之，道德问题是要调和社会的情绪和个人理想主张，使它得其均衡，一方面要善用群性，一方面又要主张魄力、不失个性。凡是有思想的人、受过教育的人，遇着问题发生，或从众，或特立独行，都能合于义理。在潮流激湍、举世若狂的时候，最能表现个人的胆量魄力。一国有无领袖，只看有无有魄力胆量的人。事事以俗、阿世媚俗是假领袖，真领袖有高尚理想、坚决主张，言人所不敢言，行人所不敢行，因为盲从是进化阻力，要进化不得不排俗论。贯彻自己主张，使天下都翕然从我，这才算是道德的表率（moral leadership）。

3. 同情（sympathy）

这字原出希腊，训感、训与。同情是普通的社会情绪。人类感情好像电最易传送，人喜亦喜，人忧亦忧，见人得福心里觉得愉快，见人遭灾心里觉得哀悯，何以故，有同情故。至于它在道德上的重要，积极方面人人都知道，不必细论，只要把同情和不同情两两比较，利害更明了。假使一个人没同情、心肝冷似钻石，他人得福他不庆幸，遭灾也不怜悯；大家对他笑，对他哭，他总不理，这不是惨刻少恩吗？他虽然不为福先，不为福始，好像无功无过，但是那种木石灰冷的态度就可表明他毫无心肝。所以同情是社会的膏灰，所以胶结人群使他通力合作，喜相庆，灾相恤。但是最要紧的，是智理的同情。智理的同情不但见人受苦心里要难过，还要设身处地研究他受苦的原因，想出种种法子去割除病根才算真正的仁人志士、真正的表同情。

同情是情绪，也是本能。势力很大，能支配一切，能驱迫我们做善，也能驱迫我们造业。譬如看见一个乞丐，褴褛憔悴，可怜他、给他钱，自己心里就好过一点。但是，那些乞丐以为可以乞食终老，不去谋正业了，这不是造业吗？所以，我们一定要有智理的同情，见他人受痛苦不但要发慈悲心、为煦煦之仁，还要将所苦的祸源斩草除根才好。我再举一个例子，譬如一个人病在医院，气息奄奄。他的朋友去看他，坐在床边长吁短叹、泪流不停，总算很厚于友道了，但是他没有一点救他的办法，哭死也无用。况且病人见他哭得哀痛，心更难过，病更加重呢。要是医生看见病人危险，一定不慌不忙、态度冷静，比较那啼啼哭哭的朋友好像太无慈悲心，其实他胸有成竹、能起死回生。这就是智理的同情和盲目的同情的异点。

4. 爱情和恋爱

这两种社会的情绪在心理上稍有分别，但通常所讲，好像一样，我们都叫它做"柔情"。它和同情却有点分别，爱是永久的，同情是一时的，一个是触境生感，一个是发自心中。爱的势力最大，所以，在道德上的地位也最重要。我曾再三申论，讲消极的道德不如积极的道德，降伏种种情绪不如利导他们，所以，仁民爱物的心和兼善救世的愿望是一切积极道德的根源。有些人说着许多圣经贤传，高谈正心诚意、齐家治国，但终是言不愿行、一无所成。为什么呢？无积极的情绪的驱迫故，无仁民爱物、救世宏愿故。所以，爱是改良社会最重要的原动力。有爱然后能知行合一、大公无私，视社会之休戚荣辱如己之休戚荣辱，谋公家利一如自谋、救公家灾一如自救。但是爱情也要成智理的才好，不然，心里想仁民爱物却不知道怎样去仁民爱物，有志去改革社会却不知道怎样去改革社会。所以，徒然有爱也是无用。爱的反面就是私，知道私的害就明白爱的重要了。

5. 爱国心

爱国心也是一种社会的情绪，不过更复杂，智理作用多，本性作用少。它是用数种情绪凑合而成的，包括群性、同情、恋爱在内。我们知道爱国的价值就知道其他各种情绪的价值，明白群性等在道德上的地位就明白爱国心在道德上的地位。但是，爱国心也要有智理作用，因为情绪是靠不住的，还要理性和观念去利导它、纠正它，才能真正造福国家。要是率意妄行，不但无益，恐怕有害呢！

总而言之，我今天所讲的要点是情绪为行为的原动力，社会情绪又为道德行为的原动力。这原动力应该用思想观念去利导它，使它趋归正道。

（六）自私

1. 绪论

上次所讲种种社会的情绪，即仁慈、友爱、乐善、恤灾等情感都可拿同情来概括它。同情的反面即私心，即不管旁人只谋自家快乐利益幸福或牺牲大己以为小己的癖性。自私的意向虽不是天性，但是它在人心里根深蒂固、很难割除，所以，有些理学先生讲它是万恶之本。因为自私遂不惜牺牲一切以为一己，纵欲恣情、无恶不为了。这说近乎适当，但是自私的势力也可想见一斑了。我今天就要讨论自私的性质。

2. 为我派之自私观

若从名学方面想，自私实在愚悖无理。若能明察事物、超脱小己、从旁边观察，就知道自己不过是社会一分子，人我都平等，所以，我的利益断不是比人家的利益重要了。人类的智能权望各个不同，但是总是一个人，哪能自尊抑人呢。这种理谁不知道，一到实行就不然了，看别人像蛾虫、自己像神圣，大千世界唯我独尊，自己利益是最要问题，其次都为次要了。所以，理学先生以不自私、视人犹己为道德的根本。但是，我们要研究的是为什么人要利己，为什么人有自私的趋向。有些人讲，自私是根于天性、不能免的，人不能不为我，也不得不自尊，自尊为我是人生最上目的，自卫是天演公例。这话实在无理，但是有许多大思想家都尽力发挥这种学说，所以我要详细讨论。

有人问为我派说：人既自私，何必乐善好施呢？他就答，乐善好施也是自私，是开明的自私（enlightened selfishness）。英国俗话说：信实是顶好的政策。何以叫做政策呢？可见有私利在内，信实就是为我的手段了。欺诈骗人终究为社会不齿，要受痛苦。所以聪明的人、开明自私的人，要人我兼顾、双方得利。这种自私谁说不好，愚笨浅见的自私才是不好呵。那些人目光如豆、只见近利，谋虑不出数时数日，无深远计划，所以吃亏不小。善于为我的人，见到好吃的菜会有节制，因为怕食多伤胃。愚笨人就大嚼起来，不管后患了。愚而自私的人说：有利快夺，不必迟疑。智而自私的人说：利不可专有，我靠人的地方很多，眼光不放大，他人都不理我了，我助人，人才助我。所以，开明的自私也是自私的变相。我们不仅靠人的帮助地方很多，还希望人家说我的好话、受社会的敬仰，因为名声是人生乐事；愚而自私的人惑于近利，一定被社会鄙弃唾骂，终是得不偿失。你想，人为社会不齿还有什么可乐呢？

以上所说，都是那些为我派解释好施也是为我、为我是天演公例的话。这种学说实在不明自私的性质。他们说为我根于天性，尤其荒谬，同情、怜悯、慈悲、互助才是天性呢！这是心理学、生理学上的实事，彰彰可考的。不仅人类，禽兽也如此，禽兽也能牺牲自己，保养它的小鸟或乳兽。还有些禽兽简直能牺牲性命去保护它的同类。这样看来，禽兽有互助的天性，人就没有吗？禽兽能牺牲自己以保同类，人反不能吗？依物竞天择的公例，能互助能合群的动物就占胜利，人类既然能经过自然选择战胜万物，那种能牺牲能互助的天性一定格外发达了，还能够说为我是人类的天性吗？所以，大多数人天性都喜欢做好事、谋公益，不喜欢自私自利。譬如战争，好男儿离家室、损资财、抛却头颅，为的什么？也是为谋公益。战争没有牺牲性的本能去鼓舞兵卒，是打不成的。

我这样反复解释并非好辩，因为有两个要点。头一个，为我派说自私根于天性是不对的，我们还要找出别种解释才算满意。第二个，开明的自私和愚昧的自私固然有别，因为一个纯然为我、倒行逆施、无所顾惜；一个勉强助人、好名怕骂、还有忌惮。虽然彼善于此，还是五十步笑百步，因为自私而乐善好施，不是积极的道德。

3. 杜博士之自私观

然则自私是什么呢？为什么有呢？我说苦思积虑要自私的人一定很少，我们一定不会对自己说，时机到了，快乐是我们专有的，不容旁人染指。这种凉血头脑的人实在很少。所以，自私断不是从那里来的。天下最普通的自私不是处心积虑要自私的自私，是粗心暴气一时大意的自私。詹姆士[①]在他的心理学书上举的一个例子很好。他说：有一个房子，里面有好多椅子，只有一把很精美、很安适，头一位进来的人就不知不觉地要坐在那把椅子上，他去坐的时候并没有想到自私，也并没有思想到夺去他人的安乐。所以，自私的根源是智的缺乏，是太大意，是无理想眼光和想象力的缘故。有想象力一定会设身处地体贴人情，自己不去占便宜，也不会自私了。我们对于他人的利害何以漠不关心呢？就是物诱的缘故。人被物欲缠系，什么也不管了。要是一个好朋友病了，我们一定会去看他、安慰他，假使要去的以前有外诱纠缠也就忘了。人为什么要独占好椅呢？也是心为物惑无暇他顾的缘故。

4. 除去私心之方法

自私既然是从无思想、无想象力来的，那么想除去私心自然当从发达想象力做起了。所以，我们要研究的问题是怎样去防备物诱，使我们不会忘却他人的利害。有人说，礼节可以防止自私，譬如独占好椅，讲礼貌的人一定不会做的。但是，礼节也不过是一种藩篱纲维，还不是根本解决。要根本解决，非

---

① 詹姆士（William James，1842—1910），今译"詹姆斯"，美国心理学家。

发达想象力不可。想象力发达，才能设身处地，见得到他人的利害，才能忠恕为心、视人犹己。

（七）自为与为人

1. 绪论

上次我曾解释自私的性质，讲自私并非由处心积虑审思详察而来的，是由太大意、无想象力，一时为物诱所惑就不觉利己忘人。今天和下次我要讨论自为与为人。这个问题，理学先生讨论得很详细。Egoism 这个字，原出拉丁文训我。Altruism 也出拉丁文训他。我们可以译它做利己和博爱。自爱博爱，自尊尊人，为己谋，为人谋，到底有什么关系呢？所以，道德的问题是要调和自为和为人，总要兼顾两全、一举两得才好。真正自为并不是自私，自私不可有，自为不可无。人人都有自爱的义务，都应该爱自己的肌体，尽力养护；都应该爱自己的心灵，尽力发达。自己财产、权利、名誉都有爱惜保护的天职，所以对人对己都有责任，应当审思详虑、权度利害，才能得折中之道。

2. 一般人对于克己的误解

什么是克己自损、牺牲自己？有些理学家说，它本身就是道德。这话有点偏激，因为他们对于利人博爱看得过重，以为欲利人必先自损，欲博爱必先牺牲，人我不能两全，所以不得不舍此全彼。还有些人的议论更进一层，说自力是罪恶，对于自己无义务之可言。所以，那苦行真修的僧道，衣鹿褐、食藜藿、绝饮食、离群索居、摒去一切娱乐、寂灭种种情绪，甚至锥股戕形、自贪痛苦，以为如是才算克己、才算牺牲。这种流弊都从以自损为道德之学说来的。这种人在今日自然很少，但是社会上还有人以为娱乐伤情，应该避乐寻苦。我常见两个美国小孩讨论苹果的仁和肉谁好。他们说仁的味苦，所以好；肉味甜，所以不好。这也可谓避乐寻苦了呵。

3. 反驳前说之理由

反驳前说的，大约有三种理由。

（1）己达然后达人，己立然后能立人。若专从事自损，一己都不能自立，还能有益社会吗？况且自损是消极的，不能积极去创造建设，更觉无用了。自为和为人并不是绝对的相反，实在是相成。譬如我们保重自己身体，练成精悍的躯干，那么，不但自己受益，社会上也多一个有用的人才了。要是体弱多病，不但自己受损，社会多加一份负担了。又大抵体弱多愁最易动气，别人看到更觉讨厌。自己爱惜肉体，就有这许多利益；若自己爱养精神，利益更可想见了。牺牲自己、克己自损的真义到底是什么呢？我说牺牲并非牺牲自己，是贬损个人若干的幸福罢了，譬如人不吃肥甘，他并不是自损，是损食、是牺牲他食肉的娱乐罢了。又如饱了不多吃，也不是牺牲自己，是牺牲自己剩下的菜饭罢了。这种牺牲自损，有常识、有判断力，不惑近利而乱大谋。我们不但要窥见未来祸害，牺牲一时娱乐以自利，还要想到社会幸福，贬损自己权利以利人，才算真正的牺牲自损。譬如别人有病或读书的时候，我们断不能在他旁边弹琴、吹笛去扰乱他。所以，我们吹弹的娱乐是因为想到他人幸福而牺牲的。世界娱乐实在很多，我们不能都享受，一定要择，既有所择，便有所去了。娱乐的价值又不一样，有远而大的、近而小的，重要的、次要的，我们更应该选择了。因为娱乐不能尽取、要慎择，所以不能不牺牲一部分的权利了。

（2）牺牲自己是矫饰不自然，好像有点拂逆人性。要是人想到牺牲也一定想到报酬，牺牲愈大，报酬应当愈厚。不在其身，必在子孙；不在现世，必在来生。望报而行善，就非真正的道德了。况且这种矫饰勉强的人生活也是很无聊，性情也一定刚躁，使人讨厌他。

（3）自爱的才能爱人，要是不爱自己的人格，还能爱他人的人格吗？自尊的人才能尊人，自为的才能为人。世上所受的痛苦，头一个是自私，第二个是不自尊。不自尊就不知道自己所处的地位，不能谋新发展、新生活，社会就永无进步的希望了。假使人人都知道自己的价值，社会一定有变化、有进步。所以，自尊自爱的人不但要注意自己身体、教育、财产、权利，还要有积极的自表（selfassertion）。

4. 自表自尊之重要

我们常常自问，为什么我要生，为什么要生在这个世界。我们既然生于斯、长于斯，自然有我们固有的地位和我们固有的责任。天生人，各有所长，各有异能，并非像两片豌豆，形状功用都一样的。我既然和人不同，自有我应做的事，自然要堂堂地做一个人，要独自表异，要表现出个人的个性。彻底地讲起来，我们并非独自表异，是表白我们的理想主张和信仰罢了。比方四马驾一车，一马踟蹰不前，它不但荒弃应尽责务，还阻止他马的进行。社会也是如此，要想进步，一定要人人勉励奋发、急起直追才好，不然就成害群之马了。有些人说独自表异近于躁进无礼，但是自表并不是好露头角，是要表白贯彻一己主张思想，使人家都归于正道，有什么无礼的地方呢！要是怕人嘲骂就改变信仰，还能算堂堂丈夫吗？

自尊也是尊他自己的理想主张，要实行贯彻；嘲骂毁谤一概不管。人有反对我们理想的，我们可平心和他讨论，但断不可舍己从人，因为自尊者人恒尊之。要是人不自尊、任人鱼肉，就养成弱肉强食的风气。美国文豪哥克说："人家要打我，我也愿意让他，不过我让了他，他就认为别人也可欺，要得寸进尺了。所以，为保护别人起见，我就不能让他了。"所以，自尊是一种社会的道德，要自尊自表才能保护他人的权利。总而言之，自损和牺牲算不得道德，积极的道德是自表自尊自为。自表自尊自为是我们对己对人应尽的天职。

（八）自为与为人（续）

5. 自培自发之重要

上次讲自为和为人的比较——自私和博爱的关系，今天要继续讨论。我上次说，自为并非自私自利，自私是损人为己、垄断权利。自为是自尊自表，是积极的德行，是排俗论、倡正道。所以，自为自表是个人的天职。但是还有一件要紧，就是自培自发（selfcultivation and self-development），培养自己的性情好恶，发展自己的能力特长，换一句话说，就是求教育。我讲个故事给你们听。有个富翁要出门，把银子吩咐三个家人管理。两个拿钱去经商生利，一个把钱锁在箱里，主人回来自然要奖励那两个能生利的仆人。天才（talent）这个词，在希腊文原训银钱，以后才有天赋的才能、资秉等解释。天赋我们才能，好像主人付托我们银钱，要利用去经商生息，所以，天才也要发展扩大才好。教育的功用就是发展天才，所以，人人都应该培养锻炼发展利用他的天秉。要是一大部分人都想受教育、都有求学向上的志愿，世界进步不更快吗？要是人人有智理的奢望，发扬踔厉、自培自发，社会进化不更快吗？譬如两个社会，一个姑息偷惰、假仁假义，一个努力自爱、各展天才，我想努力自爱的社会进步一定更快。

6. 折中自为和为人之标准

前段和第七次演讲都讨论自为。总而言之，自为的人第一要保重身体，第二要自尊自表，第三要自培自发。现在要讲为人了。要讲以前我还有几句话说，就是自为为人难得折中之道，自表自尊过当便是自私，便是侵犯他人权利、蔑视他人人格。为人过当便是姑息养奸。煦煦之仁，反足害人。人类有一种天然的情绪，就是以不得社会的赞美为羞耻。要是受了社会的攻击，就牺牲自己主张去博社会的欢心。知耻虽然是德的基础，但是有时也能戕贼个性、束缚思想、丧失自尊自爱的观念。我讲社会的情绪时说，真正的领袖、大改革家、科学家、社会家都有特立独行的情操，力排俗论，牺牲虚名浮誉以贯彻他的主张，不肯阿世媚俗。阿世媚俗的弊病多从为人过当生出，所以为人太过也能阻滞进化。自为为人的折中之道实在很难，没有个最良的标准，我现在提出两个要点，或者不无小补。（1）应该鉴别社会的近利和远利。譬如我们介绍一利新学说，起初虽然遭人笑骂好像不利，但是后来才能得人信仰造福社会。（2）应该了解为人的真义。有些人心面不一，假爱人的名行自私的实，圆滑谲诈、怯懦好名。明明是阿世媚俗，他还说和光同尘；明明是畏讥避谤，他还说谦冲好让。总而言之，我们应该注意两件：第一要牺牲社会的近利以成社会的大福，第二要真正的为人不可夹杂一毫私意。

7.为人

仁爱、慈善、博爱等都是为人。为人有三种方法：（1）各尽本职。我们尽本分就是间接服务社会的妙法。工程师专心建筑就是服务社会。他不容想到为人造福，要是想到心分意乱，房子也盖不好，社会受害更大了。医生也是如此，要是苦心劳意地想救人，病也医不好了。所以，为人不必念念存仁，只要安分守己地去做他应做的事。（2）通功易事。慈善事业有利有弊，专去救贫恤灾常常使人自弃自暴，专靠旁人帮助养成依赖的习惯。所以，给乞丐钱就是制造新乞丐。那些乞丐除了疯老残疾，大概都是不自爱自重、好食懒做，你给他钱，你自己得了个慈善的好名，那些乞丐可就受害不浅了。所以，要助人最好能使他自助、自立、自救，不要旁人的帮助。现在是社会改造的时候，一切制度都受批评。我们对于一种制度应该发一问题，这制度是助人呢，还是使人自助呢？使人独立自食其力呢，还是教人依赖做寄生物呢？英国有句俗话说"天助自助者"，所以，慈善事业并不是真正的仁爱。通观以上两种要点，可得一个结论，要是非疯老残疾、非遭意外危险，万万不能帮助他。顶好的慈善事业是通功易事、互相帮助。我们助人虽然不望他报我的德，也盼望他能助人，能做社会生利的分子。不然受恩的仍然生依赖心，施恩的也得不偿失了。平常的人做了一点慈善事业就趾高气扬，因为有望报的心、有自私好名的心，算不得慈善。慈善是助人自立、是通功易事、是改良境遇，使贫富贵贱有平等发展的机会，使贫的有正业、有职务、能自食其力。爱国不专靠当兵打仗，各能尽其职或通功易事、改良境遇就是爱国。（3）团体合作。即是聚拢许多人各尽其职，一心一力去谋公共利益。他们有公共的目的、有组织的分工、有秩序的进行，所以，彼此都得利益。他们虽然没想到帮助人，却间接地助人不少。故上所讲的三种方法——各尽其职、通功易事和团体合作，都是间接的慈善事业。总而言之，自为为人并不是相反，各尽本职，不但为己也是为人，通功易事、改良境遇和团体合作，都是人我兼利、一举两得的事。

（九）德行与罪过

是非、善恶、德行、罪过，都是讨论道德时常用的惯语。是非二字多用以批评行为。善恶二字用以论人、论行都可。德行和罪过多用以表人品性。品性好就是德，不好便是过，德是种种正当行为的基础，过是一切暴行邪说的本源。德行到底有何标准呢？我从前已经说过了，道德有三个时期，第一时期以风俗为道德，是非善恶都以社会风气的向背为标准。第二时期以明心见性为道德。第三时期可算进化的道德，不但修己，还要正人，还要改良普遍的道德。

1. 以风俗为标准之道德

这是道德发达最幼稚的时期。凡是为社会欢迎赞美的都是善，都是德行。凡是受社会攻击厌恶的都是恶，都是罪过。这种观念和近代全然相反。我们赞美这一行为，因为这行为是善。他们承认一行为是善，因为这行为受社会的赞美。嘉善嫉恶是人类的天性。人家做的事虽然不关我事，我却常好批评是非、议论长短。要是人家的行为很合我意，便微笑，或夸奖他、勉励他；要是不合我意，便蹙眉，或嘲骂他、攻击他。所以，我说嘉善嫉恶是人类的天性。德（vinue）这个字在罗马文是训人，所以德就是成人之道。罗马人最尚武好战，所以他说的成人之道不过勇敢、强毅、坚忍、忠义罢了。过字在罗马文有削弱个人的意义。凡是削弱、消磨或划除个人的品性、勇敢、强毅、忠义、坚忍心、丈夫气的，都是罪过。罗马风俗尚战，就以能战为道德，举国上下一致赞扬。但是，那种道德是以风尚为标准，所以流弊很多。

2. 以风俗为道德之流弊

据我看来，这种道德有三个缺点。

（1）这种德行是偶然的。罗马人好勇善战是偶然的事。他们以善战为道德，也是偶然的事，并无理性的根据。他们为什么要好战呢？好战是不是合理呢？即使合理，他们是不是因为战争合理就要好呢？我想他们要战并非说战争合理，不过是偶然的事罢了。因为这种道德是偶然的、无一定的标准，所以，那班奸雄豪杰就造作种种风尚，去笼络人心、愚弄社会。美洲土人有两种德律：一为勤俭、友爱、助人等，一为尚武、忠君。那些酋长大概都有力好战，常常耀武扬威，使人怕他、称赞他，拿他当道德的标准。虽然有好些愚蠢残忍的行为，那些土人总以为他有过人的才能、体力，可以尊敬，因为风俗是尚战、忠君的。当君主的不但自己耀武扬威，还要使他人耀武扬威，勇敢善战的，鼓励他、重赏他，文弱怀安的，告诫他、责罚他。社会为赏罚所笼络羁縻，就变成君主的器具牛马。君主有了这些器具牛马，势力日大，就成贵族专制。萧伯纳[①]说：大抵社会以为好子弟就是那般绝对恭顺父母的子弟。要是不恭顺就叫他逆子。专制政府对人民好像父母对子，恭顺就是良民，违命便是叛党。所以，养成讴歌圣德、粉饰太平的风气。一切谄媚、愉情、苟安、卑鄙的恶习，都成天经地义或积极的德行。服从原理固然是德行，服从君命便有时成罪过。这都是因为道德是偶然的、无一定的标准，所以，君主能够造作种种假道德去牢笼人心。

（2）这种道德不能见人意志。既然以风俗为道德的标准，所以不问居心、只管结果。结果合风尚，居心虽恶也是善；结果不合风尚，居心虽善也是恶。譬如有人撞我一下，我自然要发气。要是那人是被旁人挤拥或是失意，我就不能责他，因为他不是居心要撞我。凡是文明的人，都要先考究居心，才能判善恶、辨是非、定毁誉。但是，人类的天性喜欢以结果定是非。于我有害总是坏的，于我有益总是好的，居心如何都不管。就是文明如古希腊人，也有此种误解。传说有一树倒了，压死一个人。人将此树搬到法庭受审，制定死罪，当众焚烧。在现代眼光看来，实在可笑。但是，普通心理都以善己的为恶、利己的为善。譬如中了彩票就说彩票好，赢了钱就说赌博好。论结果不论居心，还有一种流弊，就是以成败论人。侥幸成了，非也成是；不幸败了，善也成恶。

---

① 萧伯纳（George Bernard Shaw，1856—1950），英国剧作家。

（3）这种道德不能超脱习俗。勇敢、强毅、坚忍是很好的品性。但是，罗马人赞美这些品性是因为好战，不是因为他们懂得勇敢、强毅的真正价值。因为不能超脱习俗，所以，习俗尚战的社会有强毅、坚忍诸刚德，风俗好和的社会有恭顺、服从诸柔德。刚柔都因习俗定，德性的真正价值实在没有了解。

3. 省察的道德（reflective^① morality）

这种道德不是以风俗为标准，是根据良知良能，用省察功夫找出原理，去辨善恶、定是非。这种趋向发生很早，远在孔子、释迦^②、柏拉图诞生的时候，诸圣贤对于道德都有条理有系统的研究，影响后世很大。柏拉图在欧洲思想界的势力至今不衰，耶稣教采择他的议论尤多。据柏氏学说，有四种基本德行（cardinal virtues）。罗盘有东西南北四点，叫做基本方位。四点能总摄一切方向，就像四德概括一切道德。四德即智、义、勇敢、节制。因为当时的古希腊人要拿原理做道德的标准，所以最注重理性。要注重理性不能不注重知识，所以智为四德之首。柏拉图说："愚昧为最大罪过，为万恶之源。"要是人有知识，自然能知善知恶。能知善知恶自然能行善去恶，所以智为众德之源。有一次，柏拉图问门人什么是德。门人说："对君为忠、对父为孝、对夫妇朋友为和与信。"他说："这是德的标本，不是德的本源。要是人问我什么是蜂，我给他一群蜂看，说这就是蜂。我今问什么是德，你说忠孝，也是以蜂说蜂呵。德的本源就是智。"义和智有点关系。要是我们是个智者，自然能权衡物理的价值，哪个绝对有价值，哪个没有，哪个大，哪个小。善恶是非，都以价值为标准，所以褒贬赏罚恰如其分，这就是义。个人无义，是非不明；国家无义，赏罚不明。赏罚不明，国家必乱。赏罚明，然后轻重得平；智愚有分，然后国治。勇敢和节制没有智、义那样重要。智、义是抽象的道德，勇敢和节制是对痛苦或快乐的态度。痛苦使人害怕不敢冒险去行义；勇敢就是不怕痛苦的态

---

① 省察的，现译为"反思的"。

② 释迦（Sākya-Muni，约前565—前486），即释迦牟尼，佛教创始者。

度。快乐使人纵欲，不能专心去行义；专制就是抑损肉欲的态度。以上四种德性是一切良善健全的品性之基础。

（十）德行与罪过（续）

我上回讨论品性的善恶，哪种宜受赞扬，哪种宜被贬斥。我又提出古希腊大思想家柏拉图的基本德行，即智、义、勇敢、节制；而此四德之中，知识尤为重要，其余三德俱依靠它。怎么讲呢？义，是褒贬轻重恰当其分。要是我们无知识，不能权衡物理的价值，便不能褒贬得当了。勇敢是大无畏。要是我们无知识，不能辨别当怕和不当怕，只一味逞强便不成勇敢了。节制是抑损快乐。要是我们无知识去辨明哪种乐当损，哪种不当损，只一味节制，便不成节制了。所以，柏拉图以智为诸德的中心，知善知恶为百善之始。今天我要提出和柏氏相反的学说。

4. 根据情绪的道德

他们说道德的中心不是知识，是情绪或感情。他们对于柏氏学说，根本攻击的地方就是说知识是贵族的、限于少数，不是人人能有的。求知识不是容易的事，第一要有闲暇，第二要有钱财，第三要有天才。有才无时不能学，有才有时无钱去买书，也不能学，就是三样都全，还要兀兀穷年才有成就。可见求知识是不容易的啊。知识既然非人人能有的，而道德又不可须臾离。下愚孩提，知识很浅薄就可不讲道德吗？所以，我们应该提倡普遍的道德，使人人能享受，无论老少男女、上智下愚，都能注重道德，无须钱财时间，也不必兀兀穷年。感情是人人都有的，不经训练与生俱来的。好像希望、憎恶、畏惧、同情、慈爱等情绪若能利导他们，真是百善之始。柏氏自己也承认知识是少数人专有的，所以，他要智者在上作君作师，愚者在下唯命是从，天下就治了。柏氏虽然能自圆其说，但是更足表明智是贵族的，不是普遍平民的。这是反对柏氏派最有力量的理由。耶稣势力蒸蒸日上，能凌驾古希腊哲学也是这个缘故。古希腊哲学重智，耶教尚情。一个以知识为道德的中心，为少数人说法，所以受影响的也为少数；一个以慈爱为道德的中心，为大多数说法，所以受感化的也居大多数。除了慈爱，最要紧的是信——信条、信任、信仰。人人未必能知善知恶，却都能信。他所信的义未必是他知得透彻的，譬如人信上帝，他并不知道上帝是个什么东西，只是诚心地信，他能信上帝自然能实行道德了。这种道德有两点胜过柏氏的学说，一情绪人人都有，二不必经过多年的训练。柏氏四德也可包括在内。譬如我信正道，欠几多钱我还他几多，他有功有罪，我赏他罚他，就是义。我信原理，愿牺牲性命财产去保障原理，就是勇。我信真理，孜孜地求它，就是智。我信卫生，知足不贪、饮食有时，便是节制。

5. 二说之折中

我提出这两种学说的本意在引起下列的问题：知识和情绪有什么关系？知的势力和情的势力在道德上居何等地位？道德自然是普遍的，要使那般愚蠢贫苦、不能求学的都能乐道好善才好。要是以知识为道德的中心，大多数人都不能自立自行，要依赖他人的指导，就带着贵族的色彩了。但是，感情也靠不住，因为盲目易迁。人受了感情的刺激常常发狂、倒行逆施，便是盲目。有些人易笑易哭，今天趾高气扬，明天垂头丧气，便是易迁。英国文学家常常比感情作波浪，时起时落、变化万千。我们不能波浪上造房子，所以也不能拿感情做道德的基础。两种学说各有利弊，我们应该求个折中之道，使知识感情调和得中才好。以下两个要点，我们应该注意。

（1）求知识与用知识都靠动机的鼓舞。那些专重致知穷理的人，不知道致知也靠动机的鼓励，我们没有求知若渴的情绪，哪能去致知穷理呢！感情是行为的原动力。有些人求知识专为知识自身的缘故。有的求知识因为爱知识。有的求知识因为要使自己的前途远大。譬如想做律师、商家、官僚，一定要求知识，因为知识是为自身谋幸福的工具。有的求知识因为好名。有学问的人受人尊敬，所以想在文坛上露头角的，不能不学。这种自私自利和沽名钓誉的动机，我们虽然不能绝对地骂他，却也不敢赞成。这些动机为自己谋幸福、钓名誉，也不是坏，但是总不算顶高尚的动机。顶高尚的动机是同情的动机

（sympathetic motive）。什么是同情的动机呢？就是对他人表同情。我求知识因为要增长自己服务社会的能力。这种动机不但更高尚，结果也更好。那些为自己谋福利而求知识的，所得的知识也不真。即使是真，也用在自私自利上，有什么价值呢？那些为沽名钓誉而求知识的也是如此，他们对于人的利害总是漠然无情。要是人为同情而求知识，所得的知识一定真实，也一定能用它去造福社会。所以，知识和感情不是立于反对的地位，不是相反，是相成，不是仇敌，是朋友。五四运动以来，我想学生比前当更热心求学。他们因外交问题激动爱国心，所以有新动机、新兴趣，对于学问自然更亲切有味了。爱国的动机又大，欲救同胞之心又切，对于进德修业自然欲罢不能了。总而言之，知识和情绪不是相反，是相成。情绪能帮助知识、鼓励知识，不至流于空虚或知行不一。知识能启导情绪、坚固情绪，不至流于盲目妄动或虎头蛇尾。富有强烈感情的人往往轻举妄动，欲益反损。英国有个著作家说：贤者造祸，智者救之。贤者就是指那些有情无识欲益反损的人。说到爱国，也要情智互用才好。救国救国谈何容易，方法万千，各须专识，能够纯依感情做事吗？要是纯有情而无知识，想讲卫生的不知怎样防止疾疫，想做买卖而不懂怎样经理店务，还有成功的希望吗？所以，感情必须受知识的启导。若说感情在知识之先，未尝不对，因为感情是行为的原动力，但是一到实行，知识就更重要了。我们都知道情易变化、忽冷忽热，好像炭上加油、碧焰一现、俄顷即灭。所以使情感坚定，要有知识，看得事理明，然后能始终如一。

（2）实行就是求知识。知识要经过实验的陶炼才能正确。中国大政治家孙逸仙先生说"知之非艰，行之维艰"，这话实在很对。我们虽然不能预料成败，却不能不冒险去行。多行一次，就多一番经验；多一番经验，就增一度知识。所以，知识和信仰——一种情绪——有密切的关系。要是有信仰，一知便行，行了知识自然增进。要是先求知识的完全，然后去行，恐怕终生也无机会去行呢！英国有句俗话说：陆上学泅水。那些求知不实行的人，就好像学泳不入水。此次学生运动，也是因诸位有信仰、能冒险，才能成功，才能得许多新知识、新经验。所以，信仰和知识或情绪和知识，不是相反，是相成。

（十一）东西思想之比较

今日是本期伦理演讲的末次，我的演讲也要告一段落。所以，我把往日所讲的总束起来和东方思想比较。但是，我并非要度长较短、尊彼抑此。道德本应环境而起，某种道德对于某种环境为善，对于他种环境又不然，所以，东西道德实无长短之可言。我所讨论的是知识的比较，是东西思想的对照。我对于东方学案毫无研究，议论有错，还请原谅。据我看来，东西思想有三种异点。

（1）东方思想更切实、更健全，西方思想更抽象、更属知识的。譬如五伦（君臣、父子、夫妇、兄弟、朋友）都是健全的、确定的、切实的、天然的人生关系。人人都有父、有子、有夫妇兄弟，人人都是一国的臣民或君长，人人都有朋友。所以，东方的圣人就规定五伦的德律，教人怎样做君臣，做父子、夫妇、兄弟、朋友。西方的思想却不同。大概西方的主要观念为直（justice）与慈（benevolence）。都是抽象的观念，并没有指实哪种伦常事物。换句话说，直和慈都从知识推究出来的。切实的道德观念有种好处，就是有确定的标准，教的省得麻烦，学的容易领悟。弊病就是因确定生执拗，因切实成拘泥、习故安常，不能通权达变，以适应时势。知识的、抽象的道德观念能权能变。譬如直和慈，应用到君臣、父子、夫妇、兄弟、朋友都可。臣对群要直和慈，君对臣也要直和慈，不像东方臣对君要忠，君对臣就不要忠了。所以，西方道德是平等的、普遍的、活的，能权能变以适应环境，环境变，观念也变。大抵事物愈确定，变化愈难。譬如说臣要忠，就使数千百年的臣民都要忠了。原理愈普通，变化愈易。虽然有含糊的毛病，却能通权达变。

（2）西方伦理根据个性，东方伦理根据家庭。这种异点，人人都知道的。它和第一个异点有密切的关系，简直是二五和一十。西方人不承认人伦有何种确定的关系，好像君臣等。他们只知道有我、有个人，所以没有尊卑的分别，直和慈对父对子都可以的。东方经书所说的五伦，有三个属家庭（即父子、夫妇、兄弟），其余君臣是父子的变相、朋友是兄弟的变相。所以，东方的道德观念简直可说全然根据家庭。所以经书常说孝是德之本。而孝的范围也最大，不信不诚、败坏家声，可算不孝；建德立功、扬名显亲，就可算孝。

（3）西方伦理尊重个人利权，东方伦理蔑视个人利权。西方一二百年来，个人利权最受尊崇。所以，个人有行动自由的利权，他人不得干涉；有保存财产的利权，他人不得强取；有养护身体的利权，他人不得毒打；有保全荣誉的利权，他人不敢败坏。凡干涉他人自由、强取他人财产、破坏他人荣誉的，都是不道德。后来，这种利权观念渐渐推到政治。美国宣告独立文①中，开宗明义就说人人有生命财产和自求多福的利权。从道德方面说，个人不能侵犯他人利权，所以从政治方面说，政府就应当保护人民的权利了。这就是个人主义的真表现。人人都是多种利权的中心点，社会一切平等。父有利权，子也有利权，君臣同有此种利权。君不尊重民权和民不尊君权一样的不道德。有人说尊重个人利权好像有点自私自利。道德应当根据义务，不当根据利权。东方道德就是专重一己对人应尽的义务，所以没有西方道德自私自利的毛病。但是，尊重利权并非蔑视义务。况且义务利权本非二事，所谓义务，不过是尊重他人的利权罢了。假使我们拿个人做中心，认我们的利权为神圣不可侵犯，那么，推己及人自当会尽义务，自然会尊重他人的利权了。所以，你的利权就是我的义务，我的义务就是你的利权。这种政治上的个人利权之尊重是民治主义的基础。所谓行动自由、言论自由、择业自由、民族自决等，都从这里演出。五伦是不平等的，是严尊卑、定上下、蔑视个人利权的。所以，君上臣下、父尊子卑、夫妇兄弟也是如此，只有朋友一伦是平等的。所以君父夫兄有利权，臣子妻弟就没有。西方社会一切平等。子要服从父亲是因为父亲经验知识更高；若论到利权，子和父站在同等的地位。所以，民主体的国民无尊卑贵贱贫

① 美国宣告独立文，即美国《独立宣言》。

富，都是绝对的平等。

利权和直道有密切的关系，你尊重我的利权，我尊重你的利权，就是直道。所以可以说直道等于利权。利权和慈善实在没有关系，因为乐善好施纯出自个人慈悲心，受施人并非没有利权去要求。譬如乞丐向我们讨钱并非要求利权。所以，慈善观念和直道观念没法去联络它。但是，真正的慈善是直道。要是乞丐有生存的利权，他也有受社会保护的利权。他是疯老残疾，社会自然应当保护他；要是好吃懒做，社会就应该教育他，使他能自食其力、能自保其利权，才算真正的慈善。所以，直道是权利的保障，慈善是间接帮助直道去保障利权的工具。

（十二）欲望之性质与其对快乐之关系

1. 欲望之性质

欲望意义太简单，微之又微，无从解释。要解释它，只好举几个例子。我们对于某件事物，想念它、渴望它，用种种方法，费多量心血去求它，求不得心里便闷闷不乐，这就是欲望。人人都有欲望，人人的欲望都不同，看人的欲望便知道他人品的高下。有些人的欲望是知识，有的是声色、财富，有的是威权、荣誉或结交合群。要是所欲不得，便觉快快不乐。所以，欲望在道德上的地位是很重要，因为它要激发我们尽力去行。比方心欲读书，一定会尽力读书，要是说心想读书却懒读书，便是自欺欺人的话。我们的观念好像灯，我们的欲望好像火。灯能烛是非，火能增热力，鼓舞我们去行，鞭策我们前进。凡人对于是非利弊虽然看得透彻，要是没有欲望的鞭策终是知而不行。精算学的虽然知道怎样加减乘除，毫厘不爽，要是没有诚实的欲望或同时而有发财的欲望，这个人做生意一定不会老实。精会计的要是没有诚实的欲望，一定会利用他的专门知识去掩饰他的行为。所以，徒有观念而无欲望对于我们的品行毫无影响。空谈性理、道听途说是没用的。有些人知识很高、思想很正确，但是，他的言行终不一致，甚至饰过文非、藉才济奸。外观好像正人君子，内德反不如禽兽。这是什么缘故呢？因为他没有正当的欲望。想要改变品行，观念的改变固然要紧，欲望的改变尤为重要。

2. 欲望和快乐之关系

西方谈理学的当把欲望和快乐相提并论。我们想要的东西，一日不能获得便一日不乐。大抵人对于寻常已得的东西不会想要，想要的一定是奇异未得的东西，所求不得我们自然会忧闷，要是所欲都遂自然会踌躇满志。世人为什么营营遑遑、不知满足呢？因为他们各有所求。

欲望应否寂灭是个大问题。哲学家的意见各相背驰。有的说：人类苦恼大半由于多欲，要是将种种欲望寂灭干净，自然天真泰然、百体从命了。印度先哲以降伏欲望、心意宁静为大智慧，甚至谢绝饮食。罗马苦修家也主张淡泊宁志、苦身乐道。总之，他们的主张是不寂灭欲望便无快乐，立说都未免过激。

反之，英国某诗人又说：欲望是不可少的，因为欲望能鼓动我们努力去改进环境。人无欲望便蠢如鹿豕。因为有欲望才能不满意于现状，才能发扬踔厉去从事改造事业。所以，奢望为进化发展和改革之本源。有人问某德国社会改造家说：什么是改良社会最大的阻力？他说：就是难使社会不满意于现状。因为不满意，才能有改良的欲望，才能努力去行。

说句平心话，这也是片面之词。不满意、不知足的人也有许多毛病，就是愤郁多忧、难与为观，或吹毛求疵、得陇望蜀、和世人多龃龉。又这种人必浮躁易怒，责人重而自责轻，或自私自利、不顾公益。所以，有欲无欲各有利弊。无欲望，便不能奋发去行；有欲望而常不知足又必妄于非分，徒劳无功。总之，欲望或不知足心万不可寂灭，因为不知足的目的是要唤起努力、改进环境。要是能善用不知足心，利益很多；要是操之过急，便贻祸无穷了。

所以，逸乐（pleasure）和快乐（happiness）有分别。求逸乐和求快乐也不同。比方小孩吃糖果，不过一时欢喜，未必永久快乐。要是我们得个电报，说某人送我一万块钱，心里只是狂喜，也未必就能快乐。要想快乐，还要善用此宗进款。欲望和快乐关系密切。不知足的人未必就不快乐。比方人欲求知识，精益求精、不自满足，虽未必有成，心中总觉快乐。又如人想做大商家或大工程师，虽备历艰辛也觉愉快。逸乐是偶然的、一时的、来自外的。快乐是悠久的、发自心内、从努力辛苦中得来的。赴宴、会友、听戏都是逸乐。逸乐的有无都随机缘，我们不能支配它；但是快乐自心境，所以支配由人。营求逸乐的人往往大失所望，即使获幸获得也不能久，情过境迁有如泡影。况且欲壑难填，逸乐常少，痛苦常多呢！哲学家主张寂灭欲望就是这个缘故。我说外物之欲不可有，义理之欲不可无。假使求道若渴，努力向上，虽境遇艰险、事与愿违，心中也觉快慰非常。

总之，理学家对于欲望有三种主张：（1）主张寂灭种种野心欲望，不忮不求、浮沉人海、随遇而安。此种人有如死灰枯木，世界上有他不多、无他不少，恰像算学上的零号。（2）主张增大野心、欲望，醉心逸乐、得陇望蜀，只图贯彻自己主张，不顾他人权利幸福。（3）主张培养欲望，但是他只管耕种不问收获、不计成败只知努力。他不像野心家，妄于非分，牺牲他人；也不像淡泊家，万念灰冷，有如零号。他只知道求进步、奋发踔厉、努力往前，即使所求不遂，他心中仍然快乐，因为人事已尽，成败他自不容管了。此种折中主张极为持平。人不能过于知足，太过便成死灰枯木；也不能过于野心，太过便郁闷多愁或自私自利。我们应该一面常不知足，一面又能随境而安。我们还应该不计利害，努力去满足我们的欲望，给他们畏难却步的一个好教训。

（十三）欲望和物诱

今天我想继续讨论欲望，解释它和物诱的关系。物诱即从欲望中生出来的流弊，是一种向恶的趋势。欲望本身实在很正当、很自然，它的满足也属正大，不过常人操守不坚，容易走入歧路，欲望就变成物诱，大背本来主旨了。现在，我把最普通最强烈的几个欲望来解释我这段议论。

1. 饮食

饮食是天性，是很正当、很自然的欲望，不但自然并且必要，因为人人每天都要饮食。我们饿得食、渴得饮，心中觉得无限的满足和快乐。这种满足和快乐是正当的、合理的，并非邪恶荒淫之事。但是，这种欲望要是不小心防范，容易走出正道。譬如饮食的目的不过充饥解渴，要是饮求醴泉醇酒、食求粱肉珍馐，便纵欲伤身了。小孩饮食的目的是充饥，快乐不过吃时一种附带品。但是，我们常轻重倒置、喧宾夺主，以快乐本身为目的，忘了充饥的本意。所以，大嚼鲸饮，每夜宴会费钱荒时还是小事，甚至戕生伤性，贻害终身。这种人真是饭桶，他不是为生存而食，是为食而生存。充饥解渴何必食肉喝酒呢？不过纵欲寻乐罢了。

2. 情欲

饥渴和色欲皆是天然的情欲，饮食和男女居室都是正大光明的事。不过常人往往以快乐为目的就堕落邪恶，大背饮食伦常的本意了。这种人大概分两种：（1）纵欲，以满足肉体的欲望为目的；（2）徇情，以满足更高尚、更文雅的欲望为目的。纵欲的人专寻满足肉欲的快乐，所以荒淫无度、戕生伤性。徇情的人专寻精神的愉乐，所以沽名钓誉、粉饰矫虚。譬如要做英雄豪杰，一定要有做英雄豪杰的毅力，做出轰轰烈烈的功业。要是不去想怎样立功，只梦想做英雄如何快乐，便是徇情了。人人都有崇拜英雄的情感，都有做豪杰的欲望，所以喜欢读英雄传略。但是，他们应当模范他，做出轰轰烈烈的事业，才能满足他想做英雄的欲望。要是关上门，一味妄想将来得志的快乐荣誉、人家怎样颂扬他，便是徇情矫饰、沽名钓誉了。有些人虽不纵欲却很徇情，即求满足高尚欲望的愉乐。爱国心也是一种情感，我们要是不去做爱国的事业，只空想爱国的快乐也是徇情。有时文人学士的徇情比鄙夫野人的纵欲还厉害。总之，徇情和纵欲虽然彼善于此，终是五十步笑百步，都背满足欲望的本旨。

3. 好权心

好权心是什么？人家为什么要诅咒它，说它是祸根罪府？我说好权心的本身极为正当，不过是善用他天赋的权能罢了。譬如有人特别聪明，聪明便是天赋的权能，他一定要用这权能到读书上，心里才觉得快乐。其余像有音乐权能的人喜欢唱歌，有论辩权能的人喜欢演说。有些人又有社会的权能，即交际的天才，人家见到他很和蔼可亲。这些天赋的权能自然应该培养。利用权能本是极自然极正当的事，但是，专以好权为目的就大背利用权能的本旨了。大抵有天赋的权能的人未必就能发扬他的权能，所以，有音乐智慧、美术才能的人未必都是音乐家、学问家或美术家。但是他总想得权、以得权为目的，所以，无论在家、在国、在学校、在社会，都要争位攘权了。人类的权能或能力虽然大小不同，却个个都有一点。但是发扬它实在不容易，所以往往走入歧路，用许多阴谋诡计去满足他揽权的欲望。大抵秘密是揽权的第一妙法。他不把态度表明、方针宣布，只是暗中进行，所以能倒行逆施、为所欲为。政客官僚为什么受社会一般的诅咒呢？因为他们怕受民间批评或攻击，一味阴谋揽权。

4. 好利心

好利心也是欲望的流弊，不是本来的面目。好钱的人并不是喜欢钱，是喜欢由金钱换来的东西。现在金钱万能的时代，有钱什么都买得到，他的势力更大，人家爱他更甚了。要食肉饮酒和野游或满足他种欲望，都靠金钱。况且金钱就是权，好权更不能不好利了。

5. 苟安心

我们大抵都有实行的欲望，但是遇着阻力往往畏难却步、有始无终，因为实行的欲望没有怀安的欲望大。有些人因为劳碌太甚、动极思静，要暂时休息。这种暂时的怀安是自然的、正当的。不过休息愈久，觉得苟且偷安愈乐，奋斗劳动愈苦便懒去谋生了。苟安心和好权心常有密切关系，有苟且偷安的人民才有揽权作威的政府，政府敢好权就是因为人民好苟安。所以，好苟安的人比好权的人更多，好权的不过少数野心家或梦想家。普通社会都喜欢安逸，虽然有向上的机会，他总是瞻前顾后、不敢去行。所以，懵懵懂懂度过一世，什么远大计划都不管了。

6. 好群心

我去年演讲本能的时候已经说过，群性是天然的本能，拘囚是最惨刑罚。好群的欲望是人类的必要，不过它也会生出流弊，祸害可也不小。所以，好群的人往往喜欢出风头、媚世从俗、沽名钓誉或般乐遨游。大抵喜欢宴会野游的人不是专为满足饮食或女色的欲望，大半由于喜群恶独。他们般乐会宴专以团聚快乐为主旨，并没有别的正当目的。

以上所举的几种欲望是最普通、最强烈的，欲望的本身和欲望的满足都是自然的、正当的、不可不有的，但是外诱很多，往往令我们走入歧路。物诱所以有这大魔力能诱惑青年，因为它从自然的、正当的欲望生出，外面好像是善的。要是物诱显然是恶，人家断不会为它所惑。总而言之，我们应当保守自然的欲望，不应该走入歧路、为外物所诱惑。

（十四）欲望与风俗制度之关系

这次我还继续讨论欲望，研究它和风俗制度的交互关系。就是解释社会制度如何发生于欲望，欲望又如何为风俗制度所陶铸或改变。

1. 风俗制度发生于欲望

什么是制度呢？我不必下定义，让我举几个例子。家庭就是一种制度。世界民族或文或野，都不能不有家庭生活，虽然组织各异，大致总是相同，因为它都发生于几种普遍的、通常的欲望。财产私有也是一种制度。我们有田、有屋、有衣食、器具、金钱，受法律的保护，所以他人不得侵犯我们的利权。宗教也是一种制度，无论文明人、野蛮人都有的，虽然信仰不同、组织各异，大体总相仿佛。政府也是制度，到处都有的。凡是民族都有一种裁制规约个人行动，何事可做，何事不可做。有人说战争也是制度，因为它是判决争端最后的手段；况且它是最普通、最平常、代代皆有的，叫它制度也未尝不可。总而言之，家庭、政府、宗教和财产私有是社会上四种重要的制度。

以上四种制度为什么到处都有呢？它们发生在什么地方呢？我说它们发

生于欲望。人想满足某种欲望才创造某种制度，某种制度就是某种欲望的表现。人同此心、心同此理，所以到处都有家庭、宗教、政府和财产私有等制度。譬如家庭制度就是发源于多种欲望。第一是色欲。由色生爱，由爱成夫妇，然后有父子家庭。所以家庭的基础就是色欲。第二是儿女恩爱、逸乐、保护等欲望。人类想生育儿女或找一栖息逸乐的地方，所以才建设家庭。禽兽也有巢穴，以避风雨、御外侮、谋安乐休息。巢穴即是禽兽的家庭。第三是求财的欲望。家庭是财产的中心，有家庭才有储蓄财产的地方。财产在家中不但安全，还可传之子孙。所以求财的欲望也是家庭制度的基础。第四是好权心。在古代社会中，男人比妇女、成人比小孩有更大的威权。在男统的家制中，家长都有裁制权，要妻子绝对地服从他，甚至操生杀大权。虽在现代文明世界家庭专制日见消灭，但是家长还有一部分裁制权。人类想满足他的好奇心，所以有家庭制度。

财产私有的制度也是发生于多种欲望。储积是人类的本能。小孩积聚许多竹屑、木片都没有什么价值，不过人类有储积的本能，便不知不觉地要去找那些无价值的东西。所以储财的欲望是财产私有的基础。人类不但有储财的欲望，还有好权心和巩固的欲望。什么是巩固的欲望呢？就是要巩固自己的地位以备意外的危险。恐惧是人类的本能，祸福又无常，家中有财产，然后老病危险都不要紧，他的地位自然巩固了。所以巩固的欲望也是财产私有的本源。因为人人都想巩固自己的地位以备不虞，所以财产私有的制度在社会上、历史上根深蒂固，很难废除。俄国过激党流了多少血才能暂时被废除。俄国这种试验能否有良好结果，能否满足人类天然的冲动，还是一个疑问。无论如何，财产的欲望极为强烈，文明国家都不能不有财产私有的制度。假使俄党果然成功，那真是世界空前的大变更了。我们知道俄党的事实很少、不能预断它的命运。据我看来，人类的本能冲动和欲望是很难变更的，与其废除财产私有、违反人性，不如均分财产，使人人能满足他财产私有的欲望。听说俄国现在已经有这种倾向。俄国为什么有革命呢？并不因为财产私有，是因为农夫太苦、赤贫无有，所以只要给他们土地也算达到革命的目的了，何必主张财产公有，想划灭人类好财的欲望呢。好权心和好财心也有密切的关系。积财愈多权势愈大，所以好权的人也好财。美国人好财心尤大。人常说美国人要钱不要命，欧洲人常叫美国人做逐利人。我说美国人爱钱并不是爱钱的本身。美国人用钱比别国人更慷慨，所以爱的不是钱，是钱所发生的权势。从欧洲新到美国的移民都很吝啬，住了好久，受了美化的影响才肯多用几个钱。所以欧人比美国人实在更爱钱。美国人的爱钱是爱权势，有了钱就能执商务的牛耳、受社会的钦仰，间接地能支配政府。所以好权心也是财产私有的基础。总而言之，种种制度都是从欲望发生出。

2. 欲望又为制度所陶铸

不但制度发生于欲望，欲望又为制度所陶铸。英国罗素①是个革新家，英国守旧的阶级很不满意他。他讨论社会政治问题，常说人类有两种本能或冲动：（1）贪求的本能（acquisitive）；（2）创造的本能。纯粹科学真理的发展、建筑、试验、美术、音乐等都属创造的本能。现在制度不良，就是过重贪求性的发展而不顾创造性。这些制度只是发达人的贪求性、使人褊狭不全，创造的本能就没有表现的机会了。所以财富分配的不均不但大背公道，还能窒塞创造性的生机。物质主义受人攻击，也是因为这个缘故。罗素著了一部书叫做《社会改造之原理》，就是拿这种眼光去批评社会上种种制度。社会主义也受他的攻击。他说，社会主义只知注重人类贪求的本能，不知建设能发展创造的本能的社会，未免轻重倒置。我们为什么要改造社会？不是要增大创造力使人奋发有为吗？美术家的著作并不是贪求金钱，不过求创造罢了。

战争在罗素的书上也算是一种制度。战争何以很难免除呢？因为它并不是纯从邪恶的欲望出来的。战争虽然表现低下的欲望、敌忾、猜忌、排外等恶感，但是也能表现爱国心和同情。战争的时候，怨恨仇敌心固然日深，对国内

---

① 罗素（Bertrand Arthur William Russell，1872—1970），英国哲学家、教育家。

或友邦的同情心或仁爱亦更发达，所以说战争使人性堕落也可，说战争增高人性也可。有人说战争是必要的，因为它能发达同情心、使患难相救。试看联合国当大战的时候何等的互助精神和友爱的情感！这话也有片面真理。不过战后这些精神都消灭得干干净净，自己吵起嘴来了。有人说地球要是和火星的人打起仗来，大同世界立刻实现，因为同舟遇风，吴、越也会相救如左右手。某年旧金山地震，房屋财产都被焚毁，人民赤贫无有，倒还相爱如兄弟，解衣衣人，推食食人。所以灾祸战祸都能表现人类良好的本能。冒险心、好动喜变心都随着战争流露出来。人生碌碌如常，没惊魂动魄的事一定枯燥没趣。有战争，才能陶铸人类的冒险心和勇敢心。有一次我在车上遇着一个老人，他说他16岁时曾参加美国南北战争。从军的时候艰难万状，但是还觉非常快乐。我引这段故事并不是主张战争，不过要证明罗素的话说战争能表现良好的本能罢了。爱国心、公德、仁爱、勇敢、冒险，都靠战争的陶铸才能表现。但是罗素的结论并不承认战争有存在之必要，他说，我们应该创造新社会，即能表现良好本能的社会去代替战争，因为同情、爱国、勇敢、仁爱，没有战争也能表现。家庭制度本来是爱情的表现，但是也能养成贪求的欲望。有家庭，然后贪求的欲望愈大，不但贪财求货，就是妻妾儿女也当做货物，支配生死、一任家长了。总而言之，战争能陶铸良好的欲望，也能养成不好的欲望。家庭制度能表现爱情，也能养成贪求的欲望。有一种制度便能陶铸一种欲望。

我们想批评一种制度，要问它所陶铸鼓励的是哪种欲望，所降伏划除的又是哪种欲望。一种良好制度一定能激发好欲望，又能使人人都有表现的机会，不致互相残害。民主制度的好处就在使人人都有平等的机会，都能表现良好的欲望，却不致互相冲突、互相残害。

（十五）民主制度之真义

上几次我曾讨论过人性和制度的交互作用。大抵说制度发达于人性，人性复为制度所陶铸。人性能否改变是个问题。有些人说战争不能免、和平是梦想，因为人性好战，人性不能改变，所以战争也不能废除。这种论调虽然言之有故、持之成理，却有个根本误点，就是不合事实。人性是能改变的，且已经改变了。人类既能由野蛮进而为文明，为什么不能由今日之文明更进而为更高尚、更完善之文明呢？在石器时代，我们的祖先没有语言文字、穴居野处、茹毛饮血，用具何等简单，风俗何等蛮悍，但是他们的子孙渐渐改变了蛮性，已经进化到现代的程度；那么，我们谋将来的改革也不是妄想了。人性为什么能改变呢？因为制度能陶铸人性。制度的价值就在教育。有些人没有进过教室，知识却很高，因为他受了种种文明制度的陶铸。学校不过是教育工具的一种，他种制度都有教育的作用。要是一个中国或法国的小孩在野蛮社会中生长，他一定成个野蛮人，因为他所居的环境、所见的制度都是野蛮的。所以，不但学校，凡是文明的制度都能教育人民，都能改变人性。批评一种制度，也可以拿它的教育的作用做标准。想比较两种制度最好是发一问题，问他们所教育、所陶铸的是什么。今日我要讲民主制度的意义，就是讨论它的教育的功用。民主制度为什么更好？因为它给我们的训练更好，因为它能联合个性的发展和社性的发展。

法国革命有三种大义，就是自由、平等和博爱。自由属于个性的发展；博爱属于社性的发展，即养成互助、仁爱、共同合作和他种社会的责任心；平等好像链环，将个性发展和社会责任连成一气。

自由和博爱初看好像水火不相容。所以反对个人主义时，说个人想自由不能不破坏社会的束缚，社会也就瓦解了。要是人人都讲个人主义、自私自利、不顾公益，还有和好的希望吗？贵族政治能束缚个人发展，养成服从法律、尊重秩序的品性，所以是维持社会的要素。但是自由和博爱并不是绝对相反，而民主制度的责任就是联合自由和博爱。

自由不但是外界束缚的解除，也是精神事业。要是自由纯属外界束缚的解除，虽然有利于个人却无益于社会。自由第一的要素是精神或心理的特征。自由的真义是要使人人有创造的能力，自思、自行、自决、自裁，不靠旁人丝毫的帮助。解除外界的束缚是消极的自由，养成创造的能力才是积极的自由。积极的自由不是徒然解脱束缚所能得的，还要有知识的发展，能洞察物理、判决是非、自思自行、不顾俗论，去谋思想的进化。

古时争自由，多半是消极的。人民蜷伏法律风俗之下，掣肘束缚，毫无发展的希望。他们因想旧式的法律遗风都是剥夺个人自由，想得自由非把这些法制划除不可。所以他们认解除束缚自由。但是外界的束缚虽然解除，积极的自由还是没得。他们不过得了更好的机会，想真正的自由一定要有知识的发展、创造和裁判的能力，况且所谓束缚有显而易见的、有微而难窥的。好名就是一种微而难窥的束缚。大抵常人求学做事都是为人，都是注意旁人对他的意见怎样。换句话说，简直是虚名的奴隶。这种束缚比酷法暴政还厉害，法律是外界的、暂时的，好名是心中的、永久的，好名心不去，终不能自由。

品性和虚名有种奇异的关系，品性是个人本来的面目，虚名是品性在旁人心中的反影。所以品性好像人，旁人的心好像镜，虚名好像影。譬如一个人，住在一个房子里，四壁都是镜，一举一动妍丑毕显，他自己就只注意镜中的影，反觉手足失措、行为不自然了。我们在人群中前后左右都是镜子，一举一动都要受他人的批评或赞扬。常人专重他人的赞美，所以矫饰沽名，失去本来的面目了。这种束缚比什么外界的约束也厉害些。民主制度的目的不但要解脱外界的束缚，还要解除心中的束缚，即发展知识和道德，这是他的利益。

这种道德的、知识的自由和社会团结、统一、互助、合作等要素并非冰炭不相容。换句话说，自由和博爱不是相反。自由教人自己去想，不是教人想为自己。想为自己便成自私自利，有害社会。自己去想，便是不靠旁人、不顾俗伦，自己用思想去裁判是非。我们应该以公益为目的。大抵目的愈高，心的发展愈大。要是所思所虑都是琐碎小事，他的心境一定很狭小，没有发展的希望。要想心性发展，最好的法子就是以社会公益为心，苦思积虑去谋发达，这是培养心性唯一的法门。

青年求学的人多半志向远大、度量宽宏、富有理想，不像暮气奄奄的老人。但是出了学堂便一改常态，行动理想和在校时决然两样了。他们的心理何以不能继续发展？因为他们出校后，为物诱所惑、注意近利，所以心也缩小，不能向上发展。总而言之，自由的意义不过谋心理的发展，想发展心理一定要以公益或博爱为目的。所以博爱和自由不是相反的。

说到这里，我又想到贵国的学生运动。……学生因这种运动知道公益的重要、互助的利益，对于政治、教育、商业情形也更明了，这也是学问，这也是教育。不过有个问题，学生的思想集中到公益上到底能到几时呢？我先前说过感情好像蒸汽，蒸汽能运机器；但是蒸汽一定要支配得好，机器才能依着轨道走。机器也要整理得好，蒸汽才能有用，不然热气喷涌，机器都要崩裂了。感情也是如此。民治主义的价值在能开拓人民心胸，使注意社会公益，不专谋私人和家庭的小利。诸君要知道，爱国是一事，排外又是一事。排外是消极的，想积极地去保存中国民治制度或增进社会福利，还要有建设的计划。激发感情易，着实去行难。诸君应该努力去做积极的事业，即推广教育、改良体育、发达实业、提倡国货或增进平民的生产和消费力。……今天是演讲的末次，谢谢诸位踊跃赴会的雅意。

（1919年10月15日至1920年3月12日，志希等笔录。

《杜威五大讲演》，北京晨报社1920年8月版）

习惯与思想

（在福州青年会的讲演）

编者按： 本文是杜威 1921 年 4 月 18 日在福州青年会的讲演。本次讲演主要讨论习惯和思想二者与社会教育之关系。杜威指出，习惯是自古及今人类所共同遵守之自然规律，思想是随环境变迁所要求之新气象、新需求，但古人喜墨守成规，社会束缚于习惯，个人也束缚于习惯。他还指出，因为改造社会基于思想，教育者须以新学问、新思想引导青年在新思潮面前抛弃固执和盲从的态度，而持有思想的态度，成为良好的社会成员。由此，社会的根本改革在于教育，即主动的新教育，而非被动的旧教育。

今日所讨论，系为习惯与思想二者与社会教育之关系。天壤间体质，有固定、流动二种；人类之行为，亦可与此二种体质相比拟，即：（1）反复行为，同种类行为反复屡见，虽亘多数年月而不变者；（2）变动行为，触境而发、遇事而生、不牵不滞者。人类行为，有此二种，故社会事业亦有守旧维新之别；因之遂生习惯与思想之划界。何谓习惯？自古及今人类所共同遵守之自然的规律是。何谓思想？随环境变迁所要求之新气象、新需求是。处理寻常事故，可沿习惯；处理新奇问题，当用思想。唯习惯易成，思想难构。譬之行路，其素熟者，虽狭隘幽僻，亦信步所之，无复疑虑；否则虽康庄平坦，亦彷徨道左，莫知所向。又譬之乘坐自行车，初固万难，苟得其法，则诚易易。故人喜墨守习惯，而恶创出思想。沿习惯如水就下，反习惯如水逆流。习惯之潜力，实足以束缚社会；不独束缚之，且有禁绝新思想侵入之倾向。盖畏难趋易人之常情，不知其弊，乃至于无以自存。介壳类动物，其初生也，以介壳能卫其肉体，遂极力产成之，久之介壳渐就坚实，肉体竟至不能发育。人类束缚于习惯，奚以异是？故无论何国，制度风俗，当其造成之始，均费许多力量，嗣以为此种制度风俗，能永永行之，不复改造，驯至与社会即有绝对不合，亦必泥守。譬之车行，车之所过，初有辙迹，久之辙迹渐深，不独前行者沿之而过，尾其后者亦以为可以遵循不复改辙，终至同归倾覆而后已。故习惯既成，虽费九牛之力亦难强之使改。革命本足以改造社会，然但革人而不革心，革与不革等。中国当辛亥之年，人民以为经一度革命，必有一度更新，迄今十年，成绩不过尔尔，盖虽有改造之名而无改造之实故也。留心中国政治者，或谓中国现时尚需改革，或谓但须复辟，或谓改革复辟均无补，当行世界之最新政治，此均徒持高论、不切事实。窃以为中国无论改革复辟及行世界之最新政治，苟不洗涤国民旧染，终必徒劳无功。今日欲使中国由旧而新，第一须排习惯、重思想。凡有新思潮至，人人须生新觉悟，人人对此新思潮须详细研究，应如何迎受、如何支配。凡物常静常动者，不能引人觉意，必其由静而动或由动而静者，人始注意及之。新思潮即要求吾人注意，并要求吾人加以评判取舍。天下事非至万难之境，不生警悟；旧制旧俗平日沿用虽不生何种问题，苟至不能适用之时，是不能不思所以解决之道。各国制度风俗，非全不适用；"改造"二字，在彼尚不为急切问题；然今日改造声浪且日高一日，必欲将旧社会力加改良以求其全数适应；况在中国尤为对症之药乎？

中国处过渡时代，不进则退。有改造而后有进步；此种改造之责任，全在于社会之领袖。社会领袖非能责之普通人，实责在教育者。教育者须以新学问、新思想引导一般青年，夫然后谓之真改造。世之应付新思潮者，其态度约分为三种，就鄙见观察，（1）（2）两种均属不合，唯（3）为最适用。兹述之如下。

第一，固执。此派笃守旧习，对于新思潮全持反对态度，或因新思潮之反动其守旧乃愈甚。不知潮流所趋，虽有大力莫之能阻，昔有某国王，平日深居简出、不谙外事，其国人见王之固也，迁之海滨。某日潮至，王发命令使退，无效；又命近卫以帚却之，又无效；王座遂没。盖王不知潮为何物，欲以平昔惯用之手段应付之，其败也固宜。今之持固执态度以抗新思潮，正复类此。一方拒之愈力，斯一方求人之也亦愈甚，结果驯至冲突出而归于破坏。

第二，盲从。此派对于新思潮之来，不加详察，漫为采纳。……此其病无异于固执。盖前者束于习惯，后者驱于情感。社会上有此二派互相争竞倾轧，使新旧文化无复有融会之一日，又安能达改造之目的？于是思想尚焉。

第三，思想。凡事临头，须凭推想之力以采其源变。有推想，斯有权衡；有权衡，斯有取舍；有取舍，斯能适应社会。旧未必全非，新未必全是，东西文化互有短长，苟能调和融会于二者之间，而创造一种文化，则社会自不难一新面目矣。

改造社会基于思想，既如上述；唯改换思想，必自青年始，以青年未染旧习，易于施行教育故也。教育者须以良习惯（即适应时势之新习惯）输入青年脑中，使之成为将来社会之良分子。盖政治上之改革，不外对已长成之人与以一种之助力，其变动改革全在外面，故效力綦微。若教育上之改革则能铸造青年之思想信仰，其改革全在内面，故效力綦大。且此种改革，非若政治改革之激烈，自无反抗流血事实。诸君见中国革命后毫无进步，或有疑前此改革尚不痛快者，不知即令诸君具有大力，将中国旧制一一推翻，造出各种新制，然社会大多数人心理均无更换，亦属无效。故根本改革端在教育；而所谓教育者，要为主动的而非被动的。旧的教育，徒以养成为习惯；新的教育，乃能发挥思想。譬以牛马碓米，掩其目使之环行，彼牛马但知道循旧路，无复更改。人非牛马，故须时开新径以图进步，尤不宜自掩其目，失却心理上之光明。教育者之注意，即全在此点。但望负此责者，能激励儿童，使之奋发、勿生畏难之心，则社会之幸也。

（1921年4月18日，王淦和口译。

《晨报》1921年6月30日、7月1日）

自动道德重要之原因

（在广东高等师范学校的讲演）

编者按： 本文是杜威 1921 年 5 月 2 日在广东高等师范学校的讲演。在讲演中，杜威指出，新世界会产生很多新现象、新问题，因而必须使人训练其创造力，并养成一种公民自负责任，即自动的道德。但在旧教育法下，学生之心恰如空碟，并以碟承接教师所授之教材，故一般人都以为学问即积蓄财产。就如何养成好的国民而言，一是注意心理与身体的密切关系，二是关注学生的心理。杜威还强调指出，观察中国历史，中国的国民性本富于创造力，故能发明活字印刷、瓷器、火药等物件，因此，今日教育界须能保持并发扬其创造发明的能力。

余未作演讲前，我还先向诸君道谢。今日得这机会到来演讲，我实在欢喜得很。这地虽然是我最后游历的所在，却是美国人最先认识的地方。因为中国人去美国营生，实以贵省人为多。回忆我初到沪时，他们所操的话很奇怪，不像中国音，我实觉惊奇，因余从前惯听贵省语言，直以贵省语言为中国代表。所以一到这里，我听觉很熟。又今日到来这里，得见此邦教育界诸君和北方旧友，尤觉欢喜。唯今日所贡献的，就是讲演"自动道德重要之原因"。

昔曾闻得一位中国著名的教育家说，中国系以静的及被动的道德著于世。什么叫做静的及被动的道德呢？就是忍耐的、坚强的性质，亦即是服从尊长及尽忠尊长的特性。什么是动的道德呢？就是创造的、冒险的、建设的能力，亦即是公民自行负责的，不肯让长者去负责的。今所说明者，就是现在学校怎么样能够养成此种动的道德，以养成负责的人呢？这个问题是很重要的，因中国现在是过渡和变迁的时代，从前养成一种静的和被动的道德，在专制时代尤显而易见。唯我觉得现世应将那权力交还个人，且我以为欲民治主义成功，必养成一种公民自负责任，维持社会治安、积极建设。因现在为新的世界，有几多新的现象、新的问题发生，然不能以积习应付之，务须训练有创造的心力以应付之。彼旧式的训练从前虽或有用，在今日则为有害。是故昔日养成的人格系适合专制的社会，现在却不适宜了。现昔日教授的方法，注重注入的及被动的教育，只养成一种记忆力，专吸收他人印象及意象。此种记忆如映片然，单能吸收物像，其所引入的印象唯能保持不变而已。彼旧教育法，与此将毋同。是又如教师将瓶倾泻，学生以碟承之。学生之心恰如空碟，所有教师给的讲义及教材满载其上；而教员所授的教材则以为已成的物，分类包裹，给予学生，和商店的包件售于购物的人相同。以致一般人以为学问即积蓄财产，是由前人传授而来，后人不独对于社会服从，且对于知识亦须服从，是将心之独立权操之他人了。故外人来华观此情形，多不满意于革命①十年来之结果，就是这个缘故。

但诸君自问，此种失望是归咎于政客呢，督军呢，抑中国何日养成静的道德缘故呢？中国教育何取高等教育主义和将来教育主义，但共和国家的教育须采用普遍主义。因为教育与共和国家的教育关系极深。有的人说，不普及教育，便无良好的政府；反之，则有人说，无良好的政府，便不能普及教育。今日欲破此坏圈，首须养成负责的人才，使之一方发展国民好的心性，一方协助政府。然如何才能发展国民好的心性？此问题很大，今提两点，讨论讨论。

（1）有正当的教育。盖心性与身体有密切的关系，如身中所得是静的、被动的，则心所感受的亦同；反之身体所得，若为刚健的、活动的，则心所感

---

① 革命，指1911年爆发的辛亥革命。

受，乃养成创造的、建设的能力。有此创造的能力，然后可以助国家做新事业。恰如大船需煤，没有煤则船不能行。国家亦然，无活动的国民，便不能进行各种事业。若煤之供给少或恶劣，则船必迟行。依这样说，故人人若着病便不能有贡献于国家。彼不独放弃其精力，没有贡献罢了，结果国家还受累不少。我以为，受过教育的人应当负救济这病的责任，于自卫其身体外，再于社会上做一番传播的功夫。若只自用其力外，复不自振发，则精神益惫、得过且过、百废待举。国家或有力做日常的事而无余力做建设的事业，正犯着这个病。邻国日本所以强盛的缘故，不外能教导国民活动及强身体。我觉得养成强健的身体，最善莫如游戏及运动。我入此校，见运动场有各学生为种种游戏和讲坛内没有些微喧哗的声音，此最可喜的现象。所难者，各校未必尽设运动场。余非谓没有事比运动紧要过，不过运动可将知识态度借此变迁就是了。

一日余进此城，见着街道上有许多儿童精神活泼，后查知此城已有幼稚园，但在余查考之前，见着那些孩子均具活泼的精神便可推知。其实，最重要者就是游戏和运动，因为两者实能训练人的心性敏捷和活动，可能适应事物而有余。我以为医生欲医中国现在暮气沉沉、萎靡不振的宿疾，其最要之药方亦就是游戏和运动。此日训练儿童于街上，他日亦必有一代能建设中国的儿童。余非不知智育、德育并重，不过智育、德育实由运动养成。予再有机会演讲，必复闻明此理、奉劝诸君；有机会时可将运动之必要，讲给未受教育的人听听，使之能晓然于运动及游戏之必要。我以为在街上所见之儿童，其运动时所得之印象不能为所记忆，只将各事物拿来观察，以改变其心性，此种是好性质。但观察固可贵，如无养成观察的正当方法，则恐各人只会观察，其效果难期。至养成观察正当之最要方法，不是等有事物来观察，是要使事物供我来观察。所谓得良善的教育，发振国民的好心性，就是想国民不要等事发生来观察，是要使事发生来观察。此为训练动的道德之一部。

（2）教员须留心学生的心性。积习教育、旧的教育只知供给教材，不问学生理会不理会，亦不问学生的心理如何。于此有故事可以相比。昔希腊有旅店，店主人供旅客所用之床制成长短大小一样，其意以为如各旅客对于所用之床，长则截就之，短则引伸之，以求适合。旧代教育其所教授的材料，要学生强同，恰如教育床然，教员之不能养成儿童的好心性。由于不能注重儿童个性的志趣及自动的能力，发振个性自动的能力非任由做何事之谓。任由做何事，不过根于冲动及感情；发展人的个性，是为自己设想，有条理、有目的、有继续的统系，做事务求至于成功。旧的教育忽于此点，以至如母对于儿强之食物，而替其消化，吾人何贵有这样的母？譬如留声机器，此机片不论何厂制造，若所摄为同一的声音，则所发出者亦同。教师随时上练，学生恰如机片，使之依样唱出。旧教育的教授实与此相类。今假如有友由俄国归来，人以为彼必得多少趣谈和新的知识，于是各以所欲问者问之，答而复问，其中各有各问的意思，若所问异而演讲皆同，不久即听者厌闻其演讲，只好却走罢了。积习教育与此将毋同。适间友人引人往参观贡院昔年考试的屋子，此可探之积习教育之一斑，并可推知世界积习教育几同一样。彼所谓教育者如考试的屋，将人的生活与外界环境隔绝。吾人今日不独当将此屋子打破，同时须将向日隔绝人生与外界之点一并打破。

观察中国的历史，中国的国民性本富于创造力，故能发明种种事物。如活字印刷、瓷器、火药等极难制造的物件，中国均早已发明。且随处可察之中国人确能利用外界境象发明事物。今日教育界如何能保守此创造的发明的能力，并发挥而光大之？我以为，学校即具有此能力。但教育理想常趋向一方发；倘注重旧的，则制造出做旧事业的人；若注重新者，则制造出做新事业的人。愿诸君自审之。中国人常鼓吹领袖之说，我以为有二三出类拔萃的领袖，仍于新事物无多大效果。必要人人有为领袖的存心，不要随着人家亦步亦趋。此于发振国民的心性至深且切，又愿诸君勉之。

（1921年5月2日，韦珏口译。

《民国日报》1921年5月9—10日）

九、学生自治

　　美国教育家杜威十分关注学生的发展，在在华讲演中，他多次论述到"学生自治"问题。在"学生自治"这一部分，收录了杜威有关学生自治的三篇讲演。

　　在这些讲演中，杜威主要论述了以下三个方面。

　　第一，学生自治的含义。在《学生自治的组织》（在南京的讲演）、《自动与自治》（在福建第一中学的讲演）中，杜威指出，学生自治就是学生自己练习管束自己，是自己治自己，但并不是绝对地不许外界插入干涉。无论哪一种哪一级学校，都可以实行自治。学校应该使学生渐渐地养成自治的习惯，使他们知道学校是自己的学校。在这个过程中，必须反对两种极端的主张：一是教师方面绝对地专制，根本不顾学生的内部精神；二是教师方面绝对地放任，对学生的一切不去约束。杜威还认为，中国的许多学校试办学生自治但均归失败，其原因就是失之太泛，没有真正理解学生"自治"的含义。因此，实施学生自治须从积极方面着想。

　　第二，自动与自治的关系。在《自动与自治》（在福建第一中学的讲演）中，杜威指出，每个人都有天赋之自动能力，学校应善用而不可放弃。但是，旧教育只重视注入和养成学生的被动性，不能发挥学生的自动能力。因此，应该使自动与自治一致进行，以解决学校教育的各种问题。学校实施自治和学生提倡自治，实际上是使教师和学生彼此互相讨论、互相策勉，使学校事务能积极地进行。而且，如果学生在学校内力行自治并养成习惯，那么将来承担社会事务自能为人信用。只有正确对待自动与自治的关系，才能使学生联合而组织一个坚固的团体，使学生理想与实行一致（即知行合一），使学生习知将来在社会上应如何进行。

　　第三，学生自治的组织。在《学生自治的组织》（在南京的讲演）、《学生会的宗旨与办法》（在湖北学生会的讲演）中，杜威指出，学生组织自治团体是一件极好的事情，因为它可以使学生得到许多良好的机会。当然，在各级学校里，自治的组织是不断地进行的，就像登楼一样须一级一级地上升。学生自治的组织是以自己管束自己和谋公共利益为目的的，而不是凭一时的感情或为谋私利的。在制定学生自治团体的规则时，应该详细地研究和得到舆论的赞同，使它有一个共同的、理想的目的。无论校内校外，都可以有学生自治的组织。应该看到，学生自治的组织表面上和社会没有密切的关系，但实际上对于全社会也有很大的影响。学生自治的组织不要过于注重形式，而要从简要着手；在做出决定之后，应不畏困难、勇往直前，确有创造和奋斗的精神。

学生自治的组织

（在南京的讲演）

编者按：本文是杜威 1920 年 9 月 16 日在南京的讲演。在讲演中，杜威指出，在学生时代，无论校内、校外，都应有自治的组织。自治的意义，乃是自己练习管束自己的意思。学生组织自治团体，可以得到许多管束自己的良好机会，如上课时分发用品、分组轮值打扫课堂和校内场地、校内装饰布置、组织音乐会和辩论会等。杜威认为：要用舆论去管束一个团体，须先定一个共同的理想的目的；要养成自治的习惯，须渐渐而来，从小学起就可以让学生练习自己管束自己。

学生自治的组织，可以把"自治"和"组织"分做两个概念。这两个概念是一样的重要。

许多的学生，都把"自治"的意义误会。只顾了自己的"自"字，忘却了还有管束自己的"治"字。自治的意义"不是绝对的不许外界插入干涉，乃自己练习管束自己的意思"。学生组织这一种机关，乃专为管理自己的，不是去管教习、校务及学校以外的一切事的。

学生组织自治团体，可以得到许多的良好机会，即怎样可以组织一个团体，怎样可以练习做事的经验，怎样可以做事永远有进步。无论教员和学生，对于自治团体，都应该把它看做一件极好的事。因为教师是本来要希望学生能自己去管束自己的人，对于它须如学生同一的欢喜。倘使两方面都从反面看去，学生不肯服从教师的约束而去争自治，或教师恐怕学生剥夺自己的权柄而不许学生自治，互相反对，互相冲突，那就和自治的真义完全反背了。一个人要养成自治的习惯，须渐渐而来，不是一朝一夕的事。在幼稚的时代，限于体力和智慧，最缺乏自治自助的能力。年岁渐渐地长大，体力和智慧亦渐渐地发达完全，当心自己管束自己的程度，亦自能增高。

人的生长发育的程序是连锁的，不是片断的。自治能力的增进，也是这样。故青年在哪一样时期使他练习自治起头，实在难以断言。

不过上面已经讲过，要养成自治的习惯，须渐渐而来。倘使突如其来，要学生去自治，恐怕就是高等学校的学生，亦必不知所措。所以，在极低级的小学校里，应想法至少把一部分的自治权，给学生练习自己管束自己。总之，自治的组织，乃不断地进行的，仿佛登楼，必须一级一级地上升。了解了这一种意义，才能得圆满的结果。

有两种绝对极端的主张，都有缺点。一种是教职员方面绝对专制。专讲表面的办事便利，不顾学生的内部精神。一种是教职员方面绝对放任。听学生的没有组织，一切不去约束。

在专制国家的学校中，亦须采用专制的方法，养成学生依赖的心性。在共和国家，民主精神发达的社会之下，这种专制的方法就不适用了。民主国家所希望养成的是：全体人民对于社会各事，都看做自己的事一样，时时去当心处理，组织许多完全的团体。

但是，民主国家的成立和各种团体的组织，都非全部人民有充分的毅力、经验不可。否则，没有不失败的。以下所讲，即证明其艰难。

凡是人类，都爱自由。那么，照理论上讲起来，必定是先有民主国了。但是，考查考查历史，偏是先有专制国，慢有民主国。其中的原因，则因人民都有一种"隋性"。虽有求得自由的心，而不肯付求得自由的代价。二则因人民往往喜欢随便做事，没有坚忍的毅力。一碰着阻力或失败，就马上灰心，把一切责任卸给旁人，因此渐渐造成寡头的专制政体。必定要在专制政体之下，过了许多年数，受着了许多苦楚，然后渐渐地觉悟组织民主团体。

照上面讲来，欲造成民主国家是这样的艰难，非有实际的经验不可。故就是在学生时代，无论在校内校外，都应有自治的组织。认定以自己管束自己和谋公共利益为组织团体的目的，不是逞着自己一时感情上的兴奋，或为着自私自利而去组织的。无论哪一种哪一级的学校，都可以实行自治。教师不必偏重管理，只要各人肯尽自己的本分，有兴味做事。好像在课堂里上课，只要个个学生有兴味去研究他的学科，自然不论高年级、低年级，都能秩然有序，无须教师的管理。

学校里的一切事情，教师和学生当合而为一，互相尽职，不必分彼此的权限。即以上课时分发用品的一件事而论，有许多教员往往不肯想教学生去做，或恐怕学生做得不好，而自己去做。不知道学生能在一定的时间，轮值分发，或收拾一切用品，就是练习自治的绝好机会。教师能时时在此处着想，就能造就学生完全的自治。做教师的切不可把一切事务都要自己去做，使学生误会学校是教师的学校。应该和学生一起去做，使他们知道学校是自己的学校。

以下略举几件可以学生去做的事。

（1）课堂和校内场地，不必雇佣人整理，教学生分组轮值去打扫。此事我已经看见中国有许多学校办理得很好。

（2）学校各处的装饰品、仪器标本和各种教具，检选学生欢喜的。鼓励他们组织摄影采集等各种小团体，出品就可给学生应用。

（3）在规定课程以外，教学生组织演剧团、音乐会、辩论会、义务学校，增加他们服务社会和自治的能力。

从表面上讲来，学生自治的团体和社会上没有深切的关系。但是，从间接观察起来，学生和教师真能了解自治的真义，学生把教员当做顾问，有了困难的事，彼此商榷、讨论，办得很有成绩。那么，这种团体的效果，不但是帮助学生在学校以内能够做事，并且能做正式自治团体的基础。对于全社会上，真有莫大的影响！共和国家的立法、司法、行政等一切机关，都是表面的、形式的。能否得到民治的实际，全要看人民能否有自治能力。议会里定出来的宪法等，要使人民遵守，至少须使他们明白此法律的精神、目的在哪里。

果然，一切的社会组织里，没有法律是不能依次做事的。但是，法律不过是一种标准，不是最后的目的。人类都不喜欢被人夺去自己的权利。极琐屑的问题，也往往载在法律，使人不能逾越。其弊终至处处受法律的束缚，自由意志不能发表，一些事也不能做。所以一切的法律章程，都是愈简愈好，只要能够解释清楚为什么要有这一种法律。

有一个很怀疑的问题是，定学校的章程时，学生自治权的分量应该有多少。要解决这个问题，还要应用我以前所说"人类自治能力是渐渐发达的"一句话。须平时教师和学生，随时给学生自治的机会。那么，比较起来，容易成功。

美国学校自治团体的组织，大都仿照国家或市政的制度。中国也有几处是这样。这一种做法，虽也有好处，但总嫌过于注重形式。苟能从简要着手，亦可达同一目的。

现在世界上的政府，可分为两种。（1）用（人）去管束国民的。（2）用"法律"去管束国民的。

用法律去管束人的国家，顶要紧的是"舆论"。议会定出的宪法，乃舆论的结晶。所以，必须经慎重地再三地讨论，方能成立。

中国有许多学生自治团体的失败，以我个人的观察，就是为着定法律、规则的时候，未经详细的推究、得舆论的赞同的缘故。因为法律的治人，总须经舆论的承认，是和用感情的治人不一样的。并且在学生团体之中，偶一不慎，也要有像军阀派一样的人物，从中操纵一切。舆论真是不可不注意的。

要用舆论去管束一个团体，必先定一个共同的理想的目的，然后用这个目的去管束团体的分子。所以，现在的所谓真正自治，实际上讲来，仍是被治在团体的理想的目的之下。个人一分子所做的，不过是依着团体的章程、方法，向所定的目的进行罢了。

倘使中国的学校，无论在校内校外，都有自治团体。学生能在民主国的缩影里做事，且了解"责任"和"自由"的意义，把自由做责任的工具，发展理想的目的，那么，将来定有真的自治团体产生，中国可以成一真的自治国家！

（1920年9月16日，郑晓沧口译。

《晨报》1920年9月17、19日）

学生会的宗旨与办法

（在湖北学生联合会的讲演）

编者按： 本文是杜威 1920 年 11 月 5 日在湖北学生联合会的讲演。本次讲演会改成了讨论会。杜威指出，有关学生会的宗旨与办法的问题，可以从两个方面去讨论：一是我们应当做什么事；二是对于应当做之事如何做法。接着，在讨论校长官厅压制时，杜威指出，在学生会的宗旨详细讨论后，将应办的事逐条写出，并不畏困难去实行。在讨论女学生加学生会时，杜威指出，不仅允许她们加入，而且要使她们在学生会有机会多做事。

我在长沙接得贵会电报，仓促之间没有预备演说题目，抱歉得很。以前我所预备的题目都演说过了，今天不过临时发表意见。请将武汉联合会经过困难情形报告出来，我好同各位逐条讨论的，我很喜欢将演讲会改作讨论会。

我以为，这种问题要分两层讨论：（1）我们应当做什么事；（2）对于应做之事如何做法。据你们所提出官厅和校长压制问题、女学生向以不加入学生联合会问题，我来逐条讨论。

（1）对于校长官厅压制。若是说怎样对付方法，在这短时期内是很难解决的。我初到武昌，学生如何做事，政府如何压迫，尚不知道，请详细报告出来，我好下具体讨论。

（主席谭邦萃君用英文报告）

现座各位，（督可何用）中文将官厅及管教员的压制，或有他项困难的问题说出？

（许久没人发言）

若是没有别的困难问题，像主席听说的官厅检察和扣留学生会之邮件电报及学校管理员收押学生会之信件，这问题很容易解决。① 要问自己的宗旨错不错；② 要问自己的办法错不错。至于教职员之反对，要看他是自己的良心反对，还是为位置关系受官厅的指使，这问题甚小，可以想出别种法子送信到各校。至于说学生会的宗旨，先要详细讨论宗旨总要正大；将宗旨讨论之后，将应办的事逐条写出，上于校长及官厅，看宗旨对不对，或是某条对不对。若是呈请之后，不得校长、官厅许可，可以请调和的人向校长官厅疏通，问究竟宗旨对不对，或是某条对某条不对，我想总可以得个好结果。

（主席又请吴方琳君报告武汉学生联合经过困难情形）

刚才所说的困难问题，与主席的报告差不多，所以我的解决方法与以先所说的没甚分别。仍须将学生联合会的宗旨和办法呈请官厅，如不许可，仍请调和的人派出任调停。现在你们仍须将以前所办的平民学校继续进行。平民学校的办法，不要收学费，或平民日校，或平民夜校，总要各学生出任管理。像这种学校，中国现有十几省举办，这是很好的现象。像这样办法，只做建设的功夫，不做破坏的功夫，不涉及其他分外的事情，官厅校长一定不会反对的。（反对的人）他必定有所指责，（物必先腐而后虫生，）总是你们做事涉及范围以外了，不然他们一定不得反对。但是，以前困难及弊端都可作罢论，仍须重新组织学生联合会，将宗旨详细讨论之后，报告校长官厅，然后进行，定能得他们的谅解。中国现在是希望学生出来振兴，但是学生的宗旨与做事总须一致，切不可说的宗旨是正大，到做事的时候就变了。大概以前的学生联合会就有这种弊病，是出于情感的冲动；以后办事，总要出于精细的研究和大多数的讨论，于此决定之后，即应不畏困难，只要勇往直前，确有创造和奋斗的精神。至于官厅干涉不干涉，那都不要紧，只要自己合法，什么困难都可胜过。

再说你们以前的进行方法，也不能说都是对的，也不能说都是不对的。比方以前的两次大运动，一次是大胜利，一次是大失败。像五四运动很有效力，舆论很表同情，这是对的；像今春间罢课运动，那就是大失败，舆论也不甚表同情，即在一城之内或一校之内，问各学生的意见，答案都不相同，这就是不对的。再问他们失败的原因，他们说罢课不是多数学生所主张的，是少数年轻激烈分子所主张的，并有人说学生受人运动。我想这事要是虚伪的谣传才好。无论做什么事总有弊端，诸君要将从前流弊一概忘记，视为昨天死了一样，今日要从死复活，就是把学生联合会重新组织。要重新组织学生联合会，必要内部改良。以前有好几次示威运动，结果总是失败，愈示威而愈失败。像这种失败是由没有精细讨论的缘故，没有精细的讨论，所以生出种种弊端。以后若能事事有精细的研究，没有不得舆论表同情的；只要得了舆论的同情，谁敢公然反对呢？

中国情形，以前我不晓得。像这次安福系失败，不是舆论推翻的吗？由此可以推想到武汉学生联合会，只要所做的合乎舆论，凡反对这舆论的人，不久也要像安福系那样被人推翻。现在的时局，是很用得着学生联合会来解决的，所以这会的责任重大，应即着手改组，好达到诸君起初组织学生会之志向。

（2）女学生必如何才能使她来加入学生联合会。我想女学生加入学生联合会的少，必定是女学堂少，要能够多开办女学堂，学生联合会自然就有女学生来加入。但是，现在女学生很少，总要以恭敬以对待她们，使她们在学生联合会有机会多做事。像天津的女学生对于学生联合会很热心，贵会可以写信到天津学生联合会，采访它们的办法。

我今天所讲的话，是没有预备的，所以没有秩序，还望大家原谅。

（1920年11月5日。《晨报》1920年11月17日。标题系编者所加）

自动与自治

（在福建第一中学的讲演）

编者按： 本文是杜威 1921 年 4 月 20—22 日在福建第一中学的讲演。本次讲演分三天进行。第一天讲演主要谈自治。杜威指出，须注意 "自"与 "治"二字是相互联结的，学生提倡自治就是自己治自己，就是互相讨论、互相策勉，故实行自治，须从积极方面着想。第二天讲演主要谈为何要使自动与自治一起进行。杜威指出，其目的就是改良学校中的各项事务。其作用有三方面：一是能使学生联合而组织一个坚固团体；二是能使脑与手联络，即能使理想与实行一致；三是能使学生知将来在社会上应如何进行。第三天讲演主要谈读书如何才能实用。杜威指出，应改革被动的旧教育，而培养学生的自动能力。

此项讲演题，分三日讲演，本日先讲自治问题。"自"与 "治"二字，相为联结，颇有研究价值。今人所谓自治，往往注意 "自"字而忘却 "治"字，所以曰言自治，乃至被治于人。被治于人，固非假自治之名而欲以治人，亦非学生在校提倡自治。每以为借自治之名，可以避教职员之督责，或取得教职员之职权而反以治教职员；又以为自治乃使教职员不必留意学生而任其所为；又以为自治乃使学生做校内之巡警侦探以纠正他人不规则之举动。不知学校之办理自治，与夫学生之提倡自治，乃以自己治自己，亦充其量以协助将来社会，使合于共和的。窃愿中国学校之教职员学生，于自治之精神上加之意焉。学校犹国家然，犹社会然。国家有种种法律，社会有种种规则，以促进人群进化。学校组织虽较国家社会为简，而其有种种规程，使能循秩序的进行，则一也。

前此教育，乃养成学生为君主国之国民；今日教育，乃养成学生为共和国之国民。故前此学校所定之规程，不但为教职员自定自行，而且均从少数人方面着想，而非为普通社会方面着想。学生对于校内秩序，均责之教职员，超规越矩，成为习惯。犹之前此国家制定法律，纯出于少数执政者之意，人民亦视此为肉食者谋之，已无与焉。即有违犯，以为非破坏社会利益，不过逆少数执政者之意耳。

欲去上述之病，舍国民对于国家负责，学生对于学校注意，无以为也。譬之闲步宫街，见有禁止前进之木牌，若不详细寻思，则此亦寻常耳，恶足为意。稍加考察，则知此中有二意存焉。一以表示强权，使人易路，如专制国之法律然；一以指示途径，恐人陷于危险，如共和国之法律然。盖一则为己，一则为人也。再譬之通衢大道，车马杂沓，若非彼此互谙来往之途线，势必纷乱而至于不能前进。学校办理自治，学生提倡自治，并非表示强权作用、倾挤手段，实彼此互相讨论、互相策勉，使学校事务如国家社会之能积极进行。故欲实行自治，须于其目的方法，详为考究，方不至始勤终怠。

鄙人知中国许多学校，试办自治，均归失败。失败情形，虽各不同，而其原因要不外学生只从器械的着想，不从精神的着想之一点。盖中国学生办事，非操之过切，即失之太泛。当其倡办自治之始，即以为所有自治规约，均应由学生自决，不许教职员参与。又以为学生未染习惯，思想必较教职员为优，一意孤行，卒至无成。诸君受中等以上学校教育，均有相当学识。以诸君之相当学识，与一般未入学校之青年比较，自有特别之机会、特别之权利，实从万难中得来，切宜善保善用，不可自视太高，以一般青年为不足与语，而怀厌弃漠视之心。盖有权利即有责任，少数人独善，非国家之福，当使天下人一一如己而后可。前述学校自治，非徒以维持校内秩序，并将以协助社会，使合于共和的，即此意也。

年来中国学生对于政治上有特权之人，力加攻击，实则诸君转眼即为此有特权之人。攻击人者，幸勿为人所攻击。中国在国际上力量太薄，诸君每引以为憾。此力量太薄之故，非可专责之少数人，实国民道德未完有以致之也。中国国民道德有两大缺点，一无信用，二好互相倾轧。今日欲补此缺憾，唯在青年之学生诸君，能于学校内力行自治，不生意见。习惯成为自然，则将来出任社会事务，自能为人信用，自不致有倾轧之恶习。非然者，徒恃一时兴奋，无忍耐力行之力量，彼此意见不合，动成恶感，则人之所以厚望于学生，反自暴其无信用好倾轧之不良性质，谓其能改造社会，促进国家，恐徒托空言也。鄙人在中国见有二校办理自治，首先废除早晨体操。其废除之用意何在虽不可得而知，然其从消极途径、不从积极途径则可断言也。以消极方法办理自治，亦难望其有好成绩。消极即不作为，不作为何以见本色。故办理自治，须从积极方面着想。学生在校对于所读之书，每易遗忘，唯对于力行自治验，即可历久不磨，将来且能本其经验以协助社会，此理愿诸君共体会之。

今日所欲言者，为何以使自动与自治能一致进行，以改良学校中各项事业之问题。昨日有云，学校所有组织，略同于社会。盖以物质言，学校之有房屋器具，亦社会所常有。学生若能以自力小心整理而保护之，不推其劳务于学校或校丁①身上，则将来置身社会，亦必成为良好国民。予在中国两年矣，参观所及，见二三中小学校，其校丁不过服务于校外，内部事务则由学生自理之。其方法即于年初或开学时，学生开一大会，酌量学校中事务之性质及其多寡，分设数部，由学生自行担任管理，并分配其时间，或一两月后轮流，以其他之事务，俾不生厌倦。各部推出部长一人，以总其事。教职员则监察而评判之，有成绩者，更用种种方法以奖励之。例如，习手工者，除功课之外，更巡察校舍校具之有破损者修补之。苏州师范所附设国民高等两校，南京国立高等师范及其附设之小学均然。上海有一职业学校，其办法与前略同，且更有一二

---

① 校丁，即校工。

特异之处，即更有：（1）卫生部，以注意学校卫生及预防传染病。（2）贩卖部，以贩卖学生所需要之日用品，其簿记与外间所用者同。又将平日手工科所制之物品卖出，其所得即以补助学校经费。（3）银行部，以经营储蓄，收入亦为不少。故学校中另设一座洋楼，以为各部之办事室。室中由学生布置装饰，并备各种乐器。室之后方，尚有消遣所，故学生甚有趣味，而特具一种精神。此精神即其学校所特有之团体的精神也。或以为此种办法，与学生之学业毫无关系，实则如是方足为真教育。盖有三理由在。

第一，能使学生联合而组织一坚固团体。夫中国所缺乏者，非在个人无相当能力，乃在全体无强固之组织力。故学生对于学校中各项事业所应为者，万不可漠视。若能如上述之组织，则此种兴味能力必日益增进，与将来大有关系。然此仅对于学校中之物质的方面言之耳。此外，尚有精神的方面，如上课、听讲、读书，以及各种小结合，如音乐部、图画部，皆是。近年来，北京大学学生有组织团体以研究中国古来固有之旧音乐者，此举鄙人深以为然。盖北京大学多由各省来者，各省有各省之特别乐器以及歌曲，均足以保守古乐。若徒模仿外国，则不特抛弃其古来所固有者，且恐模仿亦难精到。此种流弊，在各种美术最为显著，如音乐、图画、戏曲等皆是。苟能一一保全之，实大有益。又如雄辩会，可资辩论；新闻会，可资研究。若得教职员之赞助，且不必旷课而可以助科学上之所不及。它如演剧，更可助历史的知识，未可以事属游戏而漠视之也。再就体育言之，体育本以强固身体，若有组织的游戏，亦可以增加组织的精神。如有十数人组一团体，以为游戏，则不能专就一己利益着想，必共谋全体之利益。当一百年前，法与英有一大战争。战后有一英国大将谓英人曰，英国此次胜利，实由于前此学校中各种组织之精神。盖游戏时能有团结及组织之精神，则战争时更可知矣。在组织的游戏中，更有一事，与中国现在情形最有益者，予且欲加一真确的批评，诸君谅之。中国人之通病，在怕失败，以为失败则惭愧无地矣。岂知失败不足惭愧，所最惭愧者，在不尽力以为之耳。天下安有怕失败惭愧而能富强之民族与国家哉？且组织的游戏之益处，即在无论失败与否，必有积极一试之精神。彼志气堕丧者，每因怕失败，遂假借口实，以避竞争即可免失败，免惭愧。以此推之，则一国之精神可想而知矣。

又有组织的自动，与教室中关系更为密切。盖学生中有好于野外水滨采取花草虫鱼鸟兽标本者，若学校有此需要，学校即可组织野外采集团以采取之。一方可满足学校之需要，一方亦可增加学生之趣味。一省如此，他省继而效之，更可彼此互换有无。又如学生有好拍照者，亦使组织一野外写真团，互相研究，将名胜古迹有关历史知识者，拍照一二纸，亦可使学校多一陈列品，历史科多一材料。以此省与彼省交换，则全国之名胜古迹，不难聚之于一室矣。至有对于机械方面特有趣味者，其手工必甚巧，可以制成仪器，以供学校之用。美国学校中之学生，时有自设电池、电话、电扇、电报、电铃等等，且无一学生不思与他地方通无线电者。即如中国，予前在江苏，见有某校学生，组织一野外团体，制造地图、非平面而凹凸者，以补学校平面地图不易领悟之缺点。此不独为学校所应用，且应向外贩卖，更为有益。以上所述，即能使学生有组织的精神，其理由一也。

第二，能使脑与手相联络，换言之，即能使理想与实行一致。此实中国所最需要者。盖即所谓知行合一者是也。中国人皆以为读书既多，则学问已足，而不注意于手足之动作。上述种种，即是破除此种知而不行之弊。

第三，能使吾人习知将来在社会上应如何进行。盖学生平日所得之于学校者，亦可施诸社会，如爱清洁、好秩序，非特在学校时为然，即在社会亦应如此。福州比较的稍为清洁，然应使之更为清洁。如城旁各处，尚多荒芜之地，可由学生组织团体，修整而清洁之，并植之以树，岂不有益。至公共游戏场，则尤应设立，以为无力入学校者游戏之所。此事可由学生极力提倡，引起一般之注意，先立其基础，然后再聘各种游戏师以指导之。鄙人闻前此学生诸君所为之事，官厅多不允许，鄙人今日所说者，皆创造的而非破坏的，想亦官厅所乐予赞成者。唯上述各种非欲诸君一一模仿，仅欲引起诸君之趣味，并供给其材料，以资诸君这自动的研究耳。

今日就自动问题之近于学术上者言之，即读书应如何方能实用也。中国古昔教育，纯重注入，不能发挥儿童之自动力。此种教育，谓之例故教育。例故教育有三种性质。

（1）此种教育专为少数人着想，非为普通人着想。

（2）此种教育专培育绅富子弟，贫民不与焉。绅富子弟不知稼穑艰难，无亟亟于读书以谋活，国家岁糜巨款以教育之，不啻制造闲人，于社会何补。此不独中国为然，即欧洲各国亦曾经此阶段。诸君习英文，即知"学校"为school，此school字系由希腊文而来，原义解作"闲人"。可见欧洲古代设立学校之意，亦不外位置闲人已耳。教育宗旨如此，则其所以教人者自尚虚文，不重实用。学生求学，亦只从表面着想。至于将来置身社会，应如何应付，全不过问，至于不能自存固也宜。譬之朽木，髹之以漆，外观虽美，其美不久。教育不重实用，其病正复类此。故人博览陈腐之书，号称淹博，不知其所称为淹博者，不过如以徽章炫人，究竟能否领会书理，能否本其所学以致用，则不可得而知也。欧洲有一时代，学校好使学生研习希腊拉丁文字，学生亦乐此不疲。此种文字当时已属无用，彼所以如此致力者，盖欲表示人所不能知者我能知之，以为具特别学识。普通之人，亦视希腊拉丁文字为难能可贵之事，极力尊崇之，愈尊崇而实学愈荒。中国今日盛倡改用国语教授儿童之议。一般古学家以为国语易使一般人通晓，兹议果行，则天下之人学识均等，而我之皓首穷经，将归于无用，遂极力反对。一般青年，亦以为农工商人，只可灌输以粗浅知识。若改用国语教授，则知识逐渐增长，彼将不甘自安其事，亦不甚赞成。其实此种见解，均有未合。鄙人昨天已经与诸君说过，中国人稍知文字，便轻视手工，有时躬与工作，则引以为深耻。此所以日言振兴实业，结果均属子虚。美国大学生卒业后往各工场实习，与普通劳动者同居处操作，受同一赁金、同一监督，不但不以为苦，且以为愉快，盖于此短时期内，彼将以实验其所学也。中国工商业学生，均怀卒业后须为总理厂长之热望，不知一公司之内、一工厂之中，所谓总理厂长者有几。使人人均为总理厂长，则分业协作之事将谁为之乎？

（3）此种教育，均养成儿童之被动性，没却其自动之能力。诸君见留声机乎，其所唱之声，均为其所受之声同，无丝毫变化。例故教育即视儿童头脑如留声机然。平日教材无论有兴味与否，强使受纳，试验斯届，则如开其机使演唱之，若能与平日强纳之材料相同，则许为高材生。此法若施之于木偶人则可，若施之于具完全自动能力之学生，则未免贼夫人之子矣。人类有好奇性质，儿童为最，故遇新事物，则必极至力注意。惟其有此性质，故能进步。教育者，启发儿童之好奇心，而授以适当之材料，与视儿童之头脑如盆盂，注以沟洿混浊之水，二者孰优孰劣，不难明察。学生读书，每有初授第一课即欲窃窥第二课第三课之心理，此盖欲采取新材料以充满其欲望。如饥思食、渴思饮然。儿童饥渴，父母须进以适量之饮食品，若徒心忧儿童之不饮不食，而以浓厚多量之品食之，则不致使之大病不已。有时教员视学生如顽石然，力加椎凿，不知椎凿愈甚，而反动愈大，终至于教员心力交瘁，而顽石之为顽石，尚自若也。故诸君须知人人均有天赋之自动才能，切宜善用，不可放弃。例故教育宜于旧社会，不宜于新社会。况今日潮流所趋，不许人以守旧乎？凡新情境新问题，至不容放过，当切实研究，以谋解决，此为苦心之谈。愿诸君勿以为河汉也。中国人提倡振兴实业，每以为须利用天然资源，不知天然资源，非限于地下，即地上亦须注意。地上资源者何？即一般儿童之心理也。教育苟能于儿童心理，力为启发，已足以富中国。中国年来新状况新问题层出不穷，虽使世界最有学识经验之人，亦难谋解决应付之方。窃以为欲切实解决应付，非中国人之均用其自动力不可。

今日为最后讲演之日，亦即与诸君最后晤面之日，心中实有三事，愿为诸君陈之。（1）与福州教育界全体道谢。（2）此次鄙人来闽，备承优待，并蒙诸君传译，非常感激。（3）诸君将来如临敝国，万请莅舍一谈。众虽稠人广众之中，难以一一相识，然苟有提起鄙人某年某月某日在福州某处讲演，必相竭诚相待，以答此次之盛意也。

（1921年4月20—22日，倪耿光口译。

《晨报》1921年5月3、5、6日）

十、教师职责

美国教育家杜威一直强调教师是一个神圣的职业，教育改革需要教师做好充分的准备。因此，杜威在华讲演中多次以教师的天职和责任为题。"教师职责"这一部分，收录了杜威有关教师职责的八篇讲演。

在这些讲演中，杜威主要论述了以下四个方面。

第一，教师的领袖责任。在《教育家之天职》（在南京江苏省教育厅的讲演）、《教育者之责任》（在南通的讲演）中，杜威指出，对于学校教师与教育行政人员来说，他们负有"领袖的责任"。因此，领袖是他们的第一责任，也可以说是他们的天职。这种领袖是在前面领导人们，一步一步地达到目的。在某种意义上，领袖与被领导人有着共同利害的密切关系。领袖的责任具体分为两个方面：一是知识。把目的和途径一一指示出来，使被领导的人有明白的观念。二是感情。鼓励被领导人的兴趣，使他们具有热忱，由自动而达到目的。具体来讲，教师的领袖责任表现为对于知识应负的责任、对于学生应负的责任和对于社会应负的责任三个方面。

第二，教师的资格。在《教育家之天职》（在南京江苏省教育厅的讲演）、《教育者的天职》（在上海第二师范学校的讲演）、《再说教育者的责任》（在苏州的讲演）、《教育者的工作》（在济南的讲演）中，杜威指出，既然教师负有领袖的责任，那么他们仅仅具有知识学问是不行的，他们必定要具有品格，富于知识，使学生服从信仰。只有这样，他们自己的一切言行，旁边才会有步趋的人；他们自己的一种目的，才能使他人不得不跟他们走。领袖就是指导人，对于人们负有指导的责任。对于负有领袖责任的教师来说，在知识方面，要有丰富的知识和熟练的技能；对于学生，要无限同情和热爱；在社交方面，要对于达到的目的有兴趣。因此，教育的领袖可以分为知识技能的领袖、人格的领袖、社交的领袖。具体来讲，教师应该在学问上、在和学生接触上、在社会上具有领袖的资格。

第三，教师成为社会领袖的要素。在《教育者为社会领袖》（在福建省立第一师范学校的讲演）、《教育者之责任》（在南通的讲演）中，杜威指出：

教师不但要注意学校以内，而且要注意社会；不但做学校的领袖，而且要做社会上一般的教师，即社会领袖。教师要成为社会领袖必须具备三个要素：一是认定目的；二是有达到目的的好方法；三是有坚忍力。因此，教师肩负教育之责，能确定目的、指引方向，而没有见异思迁、浅尝辄止的习惯。

第四，教师的职业精神。在《教师职业之现在机会》（在北京高等师范学校的讲演）、《与贵州教育实业参观团之谈话》（在北京大学哲学教研室的谈话）中，杜威指出，无论哪种职业，都有它自己的精神。职业的精神既是悠久的，又是伟大的。对于教师来说，必须具有职业的精神，专心于教育事业，以谋它的发展改良；必须具有信仰心和热心，把教育看作神圣的事业，真诚对待儿童，帮助社会训练出人才。因为教师的品行、性格和用心是学校成功及教育成功的元素，所以教师的职业精神和为教育而牺牲自己的品格毅力比他们所学的知识更加可贵。但必须注意，对个人的利害看得过重以及学校与学校之间的竞争太甚，会影响教师的职业精神的养成。

与贵州教育实业参观团之谈话

（在北京大学哲学教研室的谈话）

编者按： 本文是杜威1919年7月19日在北京大学哲学教研室的谈话。在谈话中，杜威谈了五个问题：一是过渡时代的教育既要求普遍，又不能重形式；二是教育家修养既要有信仰心，又要有热情；三是社会训练的解决首要的是训练一般新人以为将来的基础；四是民治主义须努力奋进才能达到希望；五是寓宗教于道德中。

（一）过渡时代的教育

教育事业，本无所谓过渡；"过渡"二字，不过为一种假定的说话。说到过渡时代的教育，第一要求普遍。既要求普遍，便不能重形式，更不可存一久待是机会的心理，最好标出几个简单的竭力做法，果能于活动中经验，自然可达进步的希望。

（二）修养得力要点

有信仰心，有热心。比方教育家应该鼓舞信仰教育的热心，信仰教育为万能的事业。更须用宗教家对上帝的心理对待儿童，便能帮助社会训练许多人才出来。这可算得满了教育的本分，也就是教育家的修养。我的热心同着信仰心，多在这里面。

（三）训练社会

这个问题，还含有社会训练的意味，应该合拢一块来说。两个意思合拢进行，恰恰成了一个环形的圆圈，依着这个圆圈儿行去，难免不有互相冲突的时候；然而，要是把它弄成一螺旋圈儿，由上至下，或由下至上，必可免除冲突的坏处。所以，讲到训练社会根本上的解决，非先训练一般新人，才以做将来的基础不可。

（四）民治与武力

现在武力主义所以盛行，民治主义所以不能发展，就是因为战争的缘故。将一般有权有势的人都提在那最高层上，有以阻挠民治主义的进步。一方面又因战事了结后，大家都疲了，反不能大倡它的民治主义，所以得了这个结果。但无论如何，对于民治主义只须努力奋进。因为在和平时候讲建设比较战争时候讲建设难得多，非有真觉悟推翻有权者的势力，不能达到希望。至于一国的势力，还有经济实业等种种问题，掺杂其间，不是一个武力可以包括了的。所以，我们应该大大地觉悟，看我们所长的在什么，就把全副精力去发展它，这是经营国家的根本。

（五）哲学与宗教

道德既坏了，应该维持它。寓宗教于道德中，就是维持的法子。但所说的宗教，并不是下愚的宗教，要有热心、有信仰心，在人生真正快乐上做功夫，跳出个人范围以及于社会，这便算是宗教。有了宗教的热心、信仰心，那道德也就自然而然地有了。所以，宗教于道德、于社会关系是很密切的，哲学只是科学知识上一种工具。讲到转移习俗，好像不及宗教的力量；然而关于人生较重较难的德智问题，又非哲学不能解决、不能分析。这就是两种不同的大略。

（1919年7月19日，胡适口译。

《申报》1919年7月27日）

教育家之天职

（在南京江苏省教育厅的讲演）

编者按： 本文是杜威 1920 年 5 月 9 日在南京江苏省教育厅的讲演。在讲演中，杜威强调指出，领袖是教育家的第一责任，包括教育行政人员和学校教师在内的教育家，其共同之点就是有领袖的责任。教育的领袖有三种要素或三种资格：一是对于知识有热诚。其包括明白教育史的沿革、研究心理、考察世界教育的新趋势。二是对于被领导者有兴趣与共同利益。其包括与他们形成亲切的关系、须使他们自己批评和评估。三是明白所做事情的社会价值。其包括指导社会舆论、深信教育为改进社会的唯一方法。

教育家包含教育行政人员与学校教师。在不同的教育家中，求其共同之点，就是有"领袖的责任"。领袖是教育家的第一责任。要能尽领袖责任，就要有领袖资格。就教师方面说，学生知识经验少，便要来补充，自治能力薄弱，便要用管理训练的指导；就教育行政人员方面说，教师的知识囿于局部，不能普及于教育全体，要加以指导，能如此便有领袖的资格。

领袖的资格，与主人—独裁—专制不同。譬如行路，领袖不过指示途径。他的知识阅历多，对于旧有道路很为明了，指导同伴如何走法，这是关于知识的。还有关于感情的，对于目的给同伴一种亲切有味的观念，感动其兴趣，使有前进的热诚，不肯中道而止。

领袖所做的事，不过提出知识、意见供同伴之参考，使同伴观念明澈，更引起其感情，使其自动去做事，并不从外方用高压强迫他做事。至于独裁专制的人，则与此相反，发出命令、强人遵守。

领袖资格与独裁专制不同之点：领袖引导于前，独裁阴骗于后；领袖与被领者生活相共，有共同利益，独裁与被裁者只有机械关系，无同情亲爱、无共同利益。

今以简单之比喻，说明领袖与被领者之关系：譬如登山，山路崎岖，一群的人都不晓得向何处走。有人先时曾经走过，这人就应当负引导责任，和他们共同登山，行在他们的前边，不可行在后面，不可离开太远，须在适当之距离。在途中，一方予以明了知识，告以从何处走，到何处止；一方鼓其勇气，使深信达到目的之价值；又要使他们不安于小，登了这个山峰，看见前面的山峰比这个高，更鼓其勇气、激其感情，往高峰登去。教育的领袖有三种要素或三种资格：

1. 对于知识有热诚；

2. 对于被领者有兴趣与共同利益；

3. 明白所做的事对于社会的价值。

（1）教育行政人员，对于教育前途有很大的责任，不可囿于例行公事，当继续研究教育原理、世界教育新趋势等，有明确的思想，传染四方、速率甚大，不久人人都受其影响了。

无论教育行政人员或教师，总要：① 明白教育史的沿革，拿从前的教育学说和现在的比较，作为参考。② 研究心理，明白人的天性，定教育的趋向。③ 考察世界教育的新趋势，取长去短，生出新思想方法。教育家纵不能兼顾这三种，至少也要得一种。不然，则与被指导者不能发生关系，唯有事事敷衍而已。

老教师自谓经验丰富、不必继续研究，是很危险的事。对于这种人须设法指导，使能超脱狭隘的成见、希望求得新知识，对于心理学、教育史、教育行政等科学发生无限乐趣，那么不令他研究，也不肯不研究。

（2）教育行政人员，对于教师要有个人的兴趣，生亲切的关系，不是可以敷衍应酬的。

中国情形我不明白。在美国，教育行政人员对于教师没有兴趣的原因有二：① 编制的规则很简单，令其自己做去，关系太疏远；② 规则太繁，监视太严，任何事总要干涉，不给他们有伸缩之余地，不能发生同情，不生亲切关系。

行政人员对于教师必须发生个人同情的兴趣。这种兴趣，在授以适当必需之知识时可以表见。教师的成绩好不必赞许，成绩差不必攻讦，务须教他们自己批评、自己估计价值，那么，发生的效果自然比从外部批评的价值大了。

常人不喜受人批评，受人批评如被人打伤一样。外部的批评，一定没甚效果。内部的批评，能发生个人的兴趣、同情的关系，才能使他们自觉对于自己有些补助地方。

善于批评的人，不过给点暗示、知识以供参考，使被批评者生自动、自由、试验的精神，自觉特点之所在，使之适应，不必遵守同一模型，做奴隶似的。

有些学校风气好，教师学生总欢喜做事，活泼有生气。有些学校风气恶，教师学生总因循敷衍，奄奄无生气。这便是因指导者的人格有没有个人的兴趣的区别。

（3）教育家须明白所做的事业对于社会的关系要有真切的观念，认明教育为改良社会唯一的利器。

教育家在社会上不止做分内狭小的事业，还要做社会的领袖，做教育政治家，负指导社会舆论的天职。

人人承认教育为改造社会唯一可靠的方法，人人知道要利用学校系统制度来改造社会。

余初来宁，听人说，从前此地有 480 个庙宇（"南朝四百八十寺"），现在还有一半存在。怎么样能建筑这许多呢？就是有感情、有信仰、有热诚的缘故。

教育家亦当有同样的信仰，看教育做神圣，看自己做僧侣，深信教育为改进社会的唯一方法，虽有种种障碍当前，还是要战胜它的。

前人所能做的，后人也能做。前人能造寺观，传到现在；现在的人也能建设学校，拿来改进社会。

信仰为物，最有价值。一方自信很有能力，能做事、不怕什么障碍限制；一方又信自我提倡以后，必有继起的人。

（1920年5月9日，刘伯明口译。

《时事新报》1920年5月14日）

教育者的天职

（在上海第二师范学校的讲演）

编者按： 本文是杜威1920年5月29日在上海第二师范学校十五周年纪念会上的讲演。在讲演中，杜威明确指出，教师负有指导的责任，犹如登山时担当一群人达到高峰的引导责任。这是因为教师具有三种资格：一是在学问上的领袖资格。教师对研究学问有彻底的精神，对教授学生有热诚的感情。二是教师和学生接触时的领袖资格。教师注意学生个性的培养，有考察学生心理的机会。三是在社会上的领袖资格。教师把学校教育看成改革社会的一部分。最后，杜威希望师范生有彻底的觉悟和牺牲的精神，从容不迫地从乡村教育做起。

今天我到这里来，恰巧逢着贵校十五周年纪念，我能在这里讲一篇话，真是荣幸。今天我所讲的题目是"教育者的天职"。这是完全对教师而言。教师是学生的领袖，他的资格有三种：（1）教师学问上有资格；（2）教师和学生接触上有资格；（3）教师在社会上有资格。

在讨论以前，先要说明领袖资格在哪里。领袖就是指导人，对于后面的人有指导的责任，坚持到底、不达到目的不止。譬如一块新的地方，后面的人没有走过的，那么指导的人应当逐一地指导他；但指导人必先自己对于目的地看得很清楚，方才可以领导人达到目的。这个是在知识方面讲的。还有关于感情方面，应当使后面的人发生兴趣和热诚。领袖并不是驱斥别人，是在前面引导别人。驱斥是强制、独裁；领袖是引导、感化。并且领袖不是像雇工一样，他自己站立的地位很高，对于后来的人，无论利害方面、感情方面，常常顾到。并不是使被指导者没有感情，你我分别，好像没有关系。譬如登山，山路崎岖，一群的人都不知道向哪条路走。有人先时曾经走过这条路，这个人就应当担负引导的责任，和他们共同登山的时候，应当跑在他们的前面，也不要走开太远，须在适当的距离。在路的中程，一方面予以明了的知识，一方面应当激励他们的勇气、兴味，尽向高处跑去，不要到了一个小小的山头，就算是完全到了，应当跑过一个小山，又是一个小山；小山跑完，方才可以达到高峰。这个精神，就是指导者即领袖者应有的精神。

第一种的资格，是在学问上有领袖的资格。诸位同学在求学时期，应当达到求学上的目的。所以，在求学的时期，应当排除虚伪，而尚真实；应当有彻底的精神去研究学问；应当有热诚的爱情，去将来和小学生一块儿同化。不过知识有两种：一种是没有什么紧要用处的，就是普泛的学问。这种知识有许多学生沾染到的，不过与人生没有一分关系；这种知识，好像包裹包在里面，将来捐到小学校里面去打开应用，决不能使学生有感受的地方。这种教师是敷衍钟点，学生都是被动，现出一种枯寂无味的态度。诸位在这里应当研究各门功课的一门，十分地注意，十分地探讨，将来在小学校应用起来，正是有了光的火爆发出来。这样的感动学生，岂非能够十分引起学生的感动来感受这种教材。我们说到这里，就有一种譬喻，世界上人的生活好像传染病一样，传染病的细菌到处传播，人的生活，好像处世、做人，也是传染一样。所以，教师须有一种兴趣，在教授学生的时候，也像微生虫传播一样快，使感情全体能够感动学生，而学生也自然有一种感情。有许多教员，没有研究过教授的方法，他教授学生不能引起什么兴味，这不但学生无兴味，就是教员也没有一些儿快乐。所以，我劝各位同学，应当从许多学科的当中专门研究一种学问。这种学问永远继续地研究，于是学生自然被他教育得好。所以，我再劝各位，他日做教员，不要做机械的，不要拿普泛的知识去强使学生顺受；学生人人有个性，自然不能听他一致的容受。

第二种资格，就是教员和学生接触时的领袖资格。就是两方面要有同情。学问固然要紧，不过同情尤其要紧。教师教授时，应当注意个性的培养。是以个性更宜十分着重，好像某学生哪处是他的长处、哪处是他的短处。现在有一种教员，敷衍塞责，计钟点拿铜钱，对于学校除开上了课竟没有一些儿关系。这种雇工似的教员，对于教育者的天职自然完全不懂。他跑来跑去，好像人家的散工一样；一天做多少工，一天就赚多少钱。所以，要想免除这个弊病，必定要注意到学生和教师间的感情。所以教师对于学生心理方面，都要处处顾到。有长处的，应当鼓励他；有短处的地方，也要想个法子，叫他知悔。教师又要注意到学生家庭方面，知他的环境的影响，好的应当指导他去实行，不好的应当指导他去免除，使他一直往正轨上走。这样说来，好像教员太烦恼了；担任教课，已经很是艰难，还要去说什么考察个性呀、调查学生的家庭状况和环境呀，这未免太是苛求了。不过，这也有救济的方法去免除它。方法是什么？就是要对于学生有同情心，教员自己的兴趣也就增加了，一些儿没有苦恼了。但是雇工似的一般教员，从没有这样乐处。我们知道世界最有兴趣的事情，就是研究人人的心理。学生与教员接触的时间既多，那么，就有考察儿童心理的机会。教员应当常常带一本日记簿，就是记在心里也可以，总之，对于学生的个性要时时记录起来。他的进步是怎样，退步是怎样。这是很有效力的方法。

现在时常听说教员和学生有对抗的现象，这应当想一个方法去免除它。这原来的起因是因为政治社会的腐败，起了很大的风潮；于是一方怀疑、一方猛进，就起了误会，这是平时教员没有开诚布公的态度弄糟的。所以，要想免除这种恶现象，就除了"开诚布公"四个字，没有法子好想。

第三，就是在社会上领袖的资格。学校里面只读书，这只是改造社会的一部分。我近来见到中国有一种很能够鼓励的事情，就是推广义务教育。叫一般没有读书的人都有机会去上学堂，并且我们想希望工商各界都能够觉悟，合全国人的力量去实行强迫教育。还有大家的目光，不要单注意在男子方面，也要注意到女子方面；不要单注意在城市上男女的方面，也要注意乡村中男女的方面。所以，我们现在最好从乡村里面扩充出去。我们在学校里读书，当然在他日到社会上去服务。我们大家都希望到城市里去做教员，因为大家以为城市里面工商业发达，并且教授便易。不过要希望中国将来的社会发达，必定要从乡村教育推广起来才是。中国自来是以农立国的，那么，自然从农民教育上着手，更加容易发达。所以，我们师范生人人应当有彻底的觉悟，我们看见新世界的精神，一定要好像传教士到非洲去传教一样。我们自己要有一种牺牲的精神、从容不迫，从乡村教育做起。并且全国结合，不但在城市着力，且及于乡村，这就是师范生的唯一精神。我这次在南京讲演 6 个星期，听说南朝有 480 个寺，这种数目，都是许多的魄力精神才能造成。从前的人既然这样，我们自然也当发扬蹈厉地奋力做去，好像造庙宇一样。我们自己也要看重自己的目的，当做宗旨；中国的富强，岂是十分难的事情？诸君！起来呀！

（1920年5月29日，刘伯明口译。

《民国日报》1920年5月30日）

教育者之责任

（在南通的讲演）

编者按：本文是杜威 1920 年 6 月 6 日在南通的讲演。在讲演中，杜威明确指出，教育者的天职就是领袖，犹如游历时的向导。这种领袖在前面领导，鼓励被指导者的兴趣，激起他们对于目的的欲望，一步一步地达到目的。其领袖的责任在于三个方面：一是对于知识应负的责任。其对学问有兴趣，有研究精神，并进行一种活的、有生气的教学。二是对于学生应负的责任。其不仅教授各个科目，而且通过各个科目培养学生的人格和品行。三是对于社会应负的责任。其把教育视为改造社会的工具，不仅注意学校内的事务，而且注意社会服务、公共利益和公共幸福。

教育者的天职，概括地定个名词，就是领袖。这个领袖，譬如游历的时候的一个向导；这个人在前面领导，必定要拿目的地和达到目的地的路径一一地说明，使游历的人有明白的观念。领袖对于被领的人，也是这样。

领袖的责任，可以分两方面说。（1）知识。拿所要达到的目的一一地指示出来，使被指导的人很清楚、很正确；并且要拿达到目的必定要经过的途径，为很明白的指示。（2）感情。目的和路径既然为很明白的指示，同时并要引起他的感情；就是用种种方法，鼓励被指导者的兴趣，使他们对于目的起欲望，因而发生热忱、爱情，继续踊跃地向前进，达到他们所要达的目的。

这种领袖是在前面领导，一步一步地达到目的；和在后面鞭策，叫前面的人不晓得目的和路程，完全出于盲从的不同。他的区别，就是领袖对于被领导的人有共同利害的密切关系；在后面鞭策的人是没有的。领袖对于被领导的人感情很融洽、丝毫没有隔阂，一切的事都是一致进行的；在后面鞭策的人和被鞭策的人是两方分离的。在后面鞭策的人，譬如一个专制君主登高临下，一味以权势迫人、发出命令、叫人服从，对于在下的人能够了解他的意旨与否是不顾的；而在下的人亦不过表面上的服从罢了！领袖是拿目的和途径一一地指示出来，使被领导的人有明白了解的观念；并且鼓励他的兴趣，使他发生爱情、热忱，由自动的而达到目的。

例如，现在要到一个地方，这块地方是没有开发的荒郊，只有几条很弯曲的小路；那么，一定要有个向导。这个向导，必定要具有两种资格：一种是知识，一种是感情；就是一方面指示目的地和路径，一方面说明沿途的风景怎样，以引起他的兴趣和感情，并且要发生同情。能够这样，那么，游历的人沿途就不觉得寂寞、不觉得辛苦，很快乐地达到目的地，绝不会有半途而返的事情。所以，这两种资格的价值很大，是做向导的人所不可缺乏的。

教育者的责任，上面所说的很含混，仔细地分起来，有三个要素：（1）对于知识应负的责任；（2）对于学生应负的责任；（3）对于社会应负的责任。

（1）对于知识应负的责任。这种责任很浅显，不必细说，因为诸位在学校里所得的各种知识，将来拿去教人，那是很容易的。今天所要郑重申明的，就是诸位所习的各科固然要一一装在脑子里，但是到教人的时候，不是拿脑子里所装的一一地搬出来就算了事；必定要培养一种兴趣，对于学问上有很大的热忱、有继续研究的精神，时时在知识改造中，那么，所有的知识就可以继续有进步。这种研究的精神，是学生的精神，也是教育者应有的精神。现在，有许多学生往往有一种谬误的见解，以为在校所习的各种，逢了考试的时候分数可以及格，毕业的时候可以领得到文凭，就算了事；各种知识，仿佛有一定的分量。这种谬见是应当打破的。因为知识是无量的，同建筑房屋不同；建筑房屋可以预定它的材料，知识却不是这样。假如拿有限的知识来教人，他的教授必定是呆板的、循例的，而教者自身也是无兴趣的。这种教育是敷衍塞责的教育、机械的教育，不能使学生得有何种的利益，对于社会更不能有所贡献了！

学生的见解大概有两种：一种以为学识是有止境的、有限度的；一种以为学识是进步的、应当继续研究的。前一种人，求学的时候，譬如拿学问装在一个小包裹里，将来做了教员，就一一拿出来交给学生，适合学生的心理和需要与否是不顾的。后一种人，自己对于学问有兴趣、有研究的精神，做了教员之后，一登讲台，学生都受他的感动，蓬蓬勃勃地有生气，如同火光能够照耀全室。一种是死的、是机械的；一种是活的、是有生气的。这两种的影响不同，就是求学时代、对于求学的见解不同罢了！

世界上常常有种传染病，这种病因为细菌的媒介，不知不觉地就传染起来。道德上也是有传染的，不知不觉地可以使旁的人受它的感动。所以，当教员的应当具有一种可以传染人格的能力。诸位在学校里学习各科目的时候，可以拣择自己性之所近的一科特别研究；在中等学校，虽不能专修，然而不妨在各科中选出一科，或者参考旁的书，或者到旁处研究，所学的程度可以超过学校所定的分量和限度。因为同时学习几科不会发生兴趣；专习一科就容易发生兴趣，并可以培养一种研究的精神。将来教人的时候，拿这种研究的精神去感化学生、传染学生，那么，学生自然会发生兴趣。

（2）对于学生应负的责任。教员在学校里，不但是教授各科，并且要由各科培养学生的人格。因为学校的中心是学生，不是科目；科目不过是一种方法。所以，学生的性情、人格、品行是教授的中心；而学生各有各的特性，各人的心理构造不同、性情不同、家庭不同、环境不同、欲望不同、机会不同、需要不同；做教员的不能视为一律，应当视为个别的、各有个性的，而加以适应的教授。

有种教员做了一年半载就觉得疲劳，对于事务上既没有兴趣，并且还以为苦恼，视学校为牢笼，只希望早一天脱离。有的对于自己求学或者有兴趣，而对于学生的教授训练上所发生的问题就觉得苦恼。推究它的原因，就是对于学生个人没有关系、没有往来。不知人生最快乐的是人同人往来，而同天真烂漫的儿童往来是更快乐的事情。做教员者，如能对于学生有一致进行共同利益的观念，视学生的快乐就是自己的快乐、学生的进步就是自己的进步，那么，不但不以为苦恼，转觉得很快乐的了！

（3）对于社会应负的责任。做教员的，平时在小学校里所管的事，如教授、训练、管理等；他的眼光，就以为他的责任仅仅限于学校之内，个人对于社会是丝毫没有关系的。所以，对于学校以外的事一概不问。这种人拿自己的责任未免看得太小；其实做教员的，对于社会服务是应当注意的。关于公共的利益、公共的幸福，都是应负的责任。

我有时对于这一层，为很严重地考虑，觉得小学教员对于社会的责任很大。因为改造社会的工具就是教育，今日的学校就是他日的社会。所以，看了现在学校的组织怎样、生活怎样，就可以预定将来社会的组织怎样、生活怎样。

社会的生活和组织，可以比之于布。布是由经线纬线组织成功的，社会是由许多老人和青年组合成功的；由新陈代谢的理解，老成人所做的事总有一天要交代，而继起的人必定是青年。这等青年，必定要由学校里培养很好的人格，才可以担负责任。如果没有受过训练、没有什么陶冶，迳去做社会上的事务，那社会必定不能完善。所以说，要明白他日社会的精神，就看今日学校的精神；看了今日学校的精神，就可以决定他日社会的精神。假如今日学校里的学生是萎靡不振的、胆小的、事事听其自然的、时时处于被动的地位、没有开创的精神，那么，这个国家的将来就可想而知。

中国现在的社会太腐败，改造的责任全在学生，而师范生的责任更加重大。将来做教员的时候，应当拿开创的精神、操纵自然的精神来感化学生，造成一个蓬蓬勃勃的中国。

我出外游历各地，觉得各处的情形不同。有的是开创的、发动的、蓬勃有生气的，这种地方的教育总很发达。有的是萎靡不振的、无生气的，这种地方的教育总不发达，而社会上就现出许多的弊端，他们的个人娱乐纵或有之，但是所娱乐的总是下等娱乐。由此可见，学校同社会是息息相关的；如果学校好，那么社会一定也得好了。

要度量中国将来的进步，好似寒暑表的测量气候；是拿学校的多少和学校的精神做准则，而小学校更加重要。如果现在有推广小学的种种计划，将来一一地实现，无论男女，个个都有相当的教育。那么，中国无论什么疑难复杂的问题，自然可以迎刃而解。所以，今日的学校同将来的社会是很有关系的。

中国现在提倡教育，重在普及于人人；而女子教育，更要注意。所以要注意女子教育的原因有两种：（1）现在的学校，女子不如男子发达；受教育的人数，女子不如男子多。（2）女子将来要生育子女，假如不受完善的教育，哪能产出良好的儿童？而且女子的心思细密、感情丰富，若是受了完善的教育，必定能够想出种种方法，使教育可以普及。前一种是女子自身受教育；后一种是关系于后代的教育。所以，提倡女子教育是一件一举两得的事情。

总之，诸位应当注意的一点就是：不但注意于学校以内，更当注意于社会；不但做学校的教师，更当做社会上一般人的教师、学生家属的教师。个个教员有这种意思，继续地做去，那么，中国前途一定很有希望。

美国过去的历史和中国不同。现在拣择一件于美国很有影响、中国将来必定也有这样情形的一桩事说说。美国在开国的时候，教育很不发达，只有家资富厚的人创办几所私立学校，教育自己家里的子弟；公立学校是很少的。在 80 年前，有几个少数的人，就有一种觉悟，以为教育不但是紧要的，而且是必要的；于是就到处演讲教育的必要，有时候发为议论登在报章上，鼓吹舆论，期望教育的普及。而这些热心鼓吹的人多是小学教员。他们情愿牺牲精神、牺牲时间、牺牲金钱，竭力地鼓吹。所以，现在美国的教育能这样发达。

照这样看起来，美国的提倡普及教育不是由中央政府发动的，是由人民先自觉悟，而后去觉悟政府的。大概无论什么事，假如由中央政府发动，往往难得举行；纵或举行，也是不大好的。所以，现在中国的小学教员应当要由自动地提倡普及教育，各地方互助进行，将来一定可以达到目的。

（1920年6月6日，刘伯明口译。

《民国日报》1920年6月19日）

再说教育者的责任

（在苏州的讲演）

编者按： 本文是杜威1920年6月28日在苏州的讲演。在讲演一开始，杜威就强调指出，教育者的责任就是做领袖的责任。接着具体阐述，作为学生行路的先导和学生信息的指导，教师应当是这样的三种领袖：（1）知识技能的领袖。其不仅教授学生知识和学问，而且要激起学生在学习上的兴趣。（2）人格的领袖。其在教授学生的同时，研究学生的心理和个性，培养他们的人格，使他们在精神上得到实际的好处。（3）社交的领袖。其作为新社会的建设者和改造者，把改造社会作为自己的天职，关注社会上的一切事务，推进人的智力和思想的改造。

今天我所要讲的第一个题目，就是"教育者的责任"。教育者的责任固然很多很多，但是，我们可以总括它一句，就是"教育者的责任就是做领袖的责任"。教师是学生的先觉先导，一方面要指导学生有适当的目的，一方面再给学生一个路径。

教师是做学生行路的先导，处处要在学生前面指导，不是在学生后面观察。教师既然有这样重的责任，而做教育的领袖，那么，必定要具有品格、富于知识、使学生服从信仰。所以，无论什么做领袖的人，要觉他自己一切言行，旁边都有步趋的人；而他自己的一种目的，能够使他人不得不跟他走。现在，我们举一个浅近的例子。譬如有人走到旷野的地方，东南西北都迷糊了，于是一切路径都要有个向导去指点他。现在一般青年所以要受教育，使其生活熟悉，犹人到旷野里去一个样子。大概少年对于人生目的及路径都不知道；即知道一二，其间又有种种的困难要除去。所以，必定要有个援助者做向导的人。不过这种向导的人，对于那知识路径要很熟悉、很明白，并且还要和一般少年都表同情，使他们晓得人生的可贵。

做教育领袖和向导的人，应当有几种能力：

（1）知识技能要丰富（对于知识方面）。

（2）要有无限的同情对于学生（对于学生方面）。

（3）知道自己对于达到目的要有兴味（对于社交方面）。

由上看来，教育的领袖可有几种：

（1）知识技能的领袖。

（2）人格的领袖。

（3）社交同情的领袖。

第一种领袖，凡是教师对于知识技能方面，似乎比较学生要熟练些。不过其中要有一种危险发生，就是学生的学问有限，教师往往以为他的教材足以满足学生。其实，学生所得到的很不满意。为什么呢？因为平时教师所取的教材，今天是这样，明天也是这样，没有一些改变，很容易成为一种机械式的教育。就是他们的教材，一些没有兴味。所以，知识的领袖不单是教授学生知识，灌输他们学问，并且还要提起学生求学心的兴味，不但教师也要时常去求学，学生才可以完全得益。

现在我们回想起从前教授我们的教师，最容易想起的不是学问丰富技能精良的教师，而是提起我们求知心的兴味的教师。这种教师，我们最容易记忆他，可见引起学生求知心的兴味，是一种很要紧的事情。不过方才所说的求知心的兴味，师生之间是很容易传染的，就是教师的一切兴味和欲望信仰，学生能在不知不觉中一齐同化。照这样讲，现在一般师范生将来就要做教师，不应当以为求了学是将来拿来作教材的，应当对于学问上有切实的兴味和信仰。非但师范生应当取这样的态度，就是在外面做事的人亦要常常求学，非他教授的功课亦要去学习学习，可以帮助保持他求学心的兴味。最不好的就是故步自封、不求进境，于教育前途是有极大危险的。

第二种领袖，就是人格的领袖，也就是教师教学生的人格，使他们将来怎样生活。有许多教师觉得自己对于学问上的兴味不算浅薄，不过对于个人人格上觉得不满足。往往教授学生只在学问上着想，以为学问是一种工具，将来用了它生活，这是很错的。要晓得，学生的个性是人各不同的。教师当从各方面着手去研究。假使教师对于学生尽量地把教材灌输进去，专门在学问方面进行；其实，学生连丝毫的益处都得不到的。为什么呢？因为这种教师不在精神方面着想，只知道把学问交托了学生就算完结，是不能有效的。教师应当一方面教授，一方面想不专是送给学生学问的，是要使学生在实际方面得益，并且还要研究学生的心理和个性，使学生得到精神上实际上的益处。

教师要研究学生个性及品性，不是取冷静态度，是要使学生的品性有陶冶的能力，这就是教材在精神上的要点。现在中国的学校渐渐地多起来了，我很希望学生慢慢地多起来，一切设备都慢慢地完善起来，对于教育原理也能够发达起来。不过教师总要觉悟，自己对于学问上有兴味，而引起学生的同情。有许多教师误会教师的责任，只专门在教室里面等到钟声一响就上课，等到上了几十分钟课就下课。对于学生道德上修养，也只在修身课做功夫；至于其余的时候学生的一切言动都不管。这是很不好的事情。所以，现在最要紧的，就是教师要明白自己的责任，不单在课堂里或上修身课。

教师能够研究学生的心理，那么对于学生求学心的兴味很可以提起，把一切机械式的教授可以一齐除去。研究心理学，实在是学问中最有兴味的学问。譬如教师研究学生一切特性和个性，而因材设施，实在是很有趣的。

第三种，是社交领袖。按教师平日所接触的，似乎都是学生，其实不单是学生，教师和社会也很有接触。所以，在社会方面，可算是一种社交的领袖。

教师是新社会的建设者、改造者，对于社会上的一切事业都要希望他去支配。无论社会上什么行政长官等，都没有他重要。试看国会里和省议会里，定有法律。其实这种法律到底能否使国民实行、能否有效，还很是疑问。设使法律没有民意做它的后盾，那么，这样的法律等于一种工具，所以，法律只不过是一种民意的结晶。教师乃是使学生信仰民意最有效的人物。所以，法律的要紧还不如教师的要紧。八九年前，中国推翻了专制政体，建设共和政府，不过这样仅是形式上的推翻和改造，要有种内部的改造，才可以算是根本的改造。什么叫做内部改造呢？就是智力的改造、思想的改造。照这样，方才能够把一种形式上的改造脱离。不过内部改造，必须要明白教育是改造内部的根本方法；否则，一切都是枉然。

德谟克拉西的兴盛，固然要靠国民个人的觉悟，但是其中有许多机会给教师，使他们改造一切。有人一定要不明白，教师平时已经很忙，还要希望他去改造社会，似乎不能做到。其实，教师绝对不可借口这话。因为他们都要自认：改造社会是他们的天职；他们不去改造，绝没有别人能够去改造。所以，不妨静静地等着，一有机会立刻就去实行，达到改造社会的目的。至于一切事业的兴味，都可以从他的思想里得来的。

（1920年6月28日，郑晓沧口译。

《民国日报》1920年7月3日）

教育者为社会领袖

（在福建省立第一师范学校的讲演）

编者按： 本文是杜威 1921 年 4 月 13 日在福建省立第一师范学校的讲演。本次讲演主要是与师范生讨论教育者责任问题。杜威明确指出，教育者的责任是为社会领袖。在教育者如何为社会领袖上，教育者须具备三个要素：一是有一定的目的，即教育者切实引导青年达到所认定的目的；二是有一定的方法，即指引青年达到目的的途径；三是坚忍力。在教育者为社会领袖的方法上，教育者须明确三种任务：一是须以学问教授学生。所教授的学问应是活学问，而不是死学问，即与现社会不适应的学问。二是须养成学生人格。在授课之外，须研究学生之不同个性。三是须指导社会。教育者眼光宜远视而不宜近视，宜从思想影响社会。

鄙人今天欲与诸君讨论教育者责任问题，以诸君志愿习师范学问，似有以教育为唯一生涯之决心。既有此决心，则所应负责任，不可不明。责任为何，为社会领袖是也。此问题可分二段说明之：第一，在明教育者须如何方足为社会领袖；第二，在明为社会领袖须如何方能无愧。

兹先言前段。教育者欲为社会领袖，须具备三要素：（1）一定目的。教育者须认定目的，切实引导一般青年到达于目的地。（2）一定方法。教育者既认定目的，必求所以达此目的之良法，即指引一般青年到目的地之途径也。（3）坚忍力。教育者定目的具方法矣，无坚忍力以持之，必不能久久兴奋。譬引人登高岳，引者第一必先具把握、定趋向；高岳之环境与平地之环境何者同而何者异，与夫引人登岳将趋其同耶，抑向其异耶，须慎思明辨之。第二，认定由平地抵高岳，何处为捷径，何处为夷路，然后方着手指引。既指引矣，即有艰难险阻，亦当甘受——匪特引者甘受即为完责，且须忍耐温和，使被引者忘劳生趣，登高岳之巅，探高岳之胜而已。登岳且然，况教育事业乎？世云肩教育之责者，以为吾谂目的、吾谂教法，即是以称良教师。不知其见异思迁、浅尝辄止之习惯，实造无量之罪恶也。故教育者，须具备上述三要素，方足为社会领袖。领袖一词之意义，人多误解。领袖者，在群众前头示步趋之法、定进止之方之一人也。故领袖与群众宜相接近、宜相亲爱。今之教育者，大半自许太高，以为教育事业可以一蹴而就。譬诸前例，引人登岳，已先疾趋而上，高呼曰胡不前进、胡不前进，不知被引者已知陷迷途、心力交瘁矣。此善不谙领袖之义有以致之也。领袖与群众非有阶级之别。人多以为共和国无领袖之必要，实则大误。果为真共和国，所需要领袖之处更多。盖领袖乃指导者，非在后面鞭策也。

以上均就教育者须如何方足为社会领袖上讲说。今进而言为社会领袖须如何方能无愧。其为领袖教育者，欲解为领袖之方法，不可不明三种特别任务：

（1）须以学问灌输学生。此种任务至为浅显，本无待赘述。唯学问有死学问、活学问之别，学问之死活非必如人之必须经过许多年月而始见，有今日视之以为活，明日视之而即死者，盖凡与现社会情形不适应者，皆为死学问。教师以此授人，其害尤烈于洪水猛兽。故凡以教育为职志者，切须为无间断之研究。西谚有言，盲者引盲，终必坠渊。又英人论奈端轶事云，有诮奈端者曰，人生学问如君是矣。奈端笑谢之曰，以我之所知与我所应知者较，不过如小儿拾鱼介于海滨耳。可知世间学问浩如烟海，欲与人较量，当就其高于己者，不宜就其低于己者。与低于己者较，虽较何益？习师范学问者，幸勿报以五年所学便足为终身使用之愚想。平日对于科教只宜择一专修，不可全部敷衍；且须随世界潮流悉心研究。夫然后始有活学问，否则如无灵魂附着之躯壳，不能自由活动矣。

（2）须制造学生人格。教育者之任务，非从授课已也，授课之外又须就学生之个性详细调查，加以纠正。今日的教育为国民教育。学识固应灌输，人格更须注意。人格优长、学识浅薄，其害小；学识优长、人格卑劣，其害大。教科书不过为教育者陶铸学生人格之一器械，能善用之则有种种趣味，否则如以印版印纸，虽千百如一也。盖儿童个性不能尽同，实以其家庭之濡染及住居之环境而异。故须各个寻出本能，施以训育，使在校为良好之学生、出校为良好之国民，教育者之责始完。非然也，则如以水灌竹筒，灌毕即去，尽人能之，奚贵乎有师范学校之学生？

（3）须指导社会。以上二种任务虽备，尚未足称为完全教育者。教育者之眼光，宜远视不宜近视。聚十数儿童于一室而教，心目中即需含有改造社会之思想。改造社会虽非易事，然苟能各个就少数人方面用工，收效亦至速。外国人往往以老大目中国，此种见解极为不合。若以历史论，中国固为数千年古国。然今之国民非古之国民，今之思想非古之思想。国民思想有新陈代谢，则文化必自有新陈代谢。窃以为中国今日之文化实为最新鲜之文化。中国教育者果能个个负领袖社会之责，勿馁勿激、着力前进，则今日之思想即为他日之事实也。一国中各种行政机关虽很多，然不如教育机关之必要。一国中法律家、政治家、实业家虽众，然不如教育者之可贵。以前者影响社会全在外面，后者影响社会全在内面也。鄙人到中国各处讲演，每到一处均觉有一种新气象。今日见诸君精神焕发，均许为将来领袖社会之人，甚为愉快，愿诸君勉力行之。

（1921年4月13日，王淦和口译。

《晨报》1921年4月30日、5月2日）

教师职业之现在机会

（在北京高等师范学校的讲演）

编者按：本文是杜威 1921 年 6 月 22 日在北京高等师范学校的讲演。这是杜威对北京教师和学生所作的最后一次讲演。杜威指出，教师的品行、性格以及对学校的用心与学校的关系极大，这也是教育成功的元素。无论哪个职业都有它自己的精神，对于教师来说，其职业精神的影响是很大的。但是，有些事情会阻碍教师的职业精神，具体有：教师对自己的利害看得过重，而漠视学校中的重要事务；学校和学校之间的竞争太甚，教师和教师之间联络不够；教师对学科研究不肯用功。杜威还希望：仿效美国建立研究教育问题或研究各科教学法的教师团体，以促进教育事业的发展；教师在注重物质的同时，也要注重研究学问的精神。在讲演结束时，杜威期望大家增进职业的精神，专心于教育事业。

我对于北京的教师和学生已经讲演过好多次了，今天所讲的恐怕较往日也没有什么增加的地方。但是，我对于北京的教师和学生感情既如此深厚、关系既如此密切，益以此次请我讲演的用意又如此诚恳，真让我不能拒绝，并且不忍拒绝。

教师和教育的重要已经成为定论，无须乎再说。现在所要说的是西方一句格言，就是：学校优劣的判别，在看教师如何和学生如何，所以，如果教师多受过好训练、学问异常渊博，又复专心致志地对于学校，则这个学校的成绩必定特别优秀、完善。反之，纵然建筑非常宽敞、设备非常完全，也不能收令人满意的效果。

教师的品行、性格和他对于学校的用心与学校之关系极大，即其在社会上所受的敬礼，也是教育成功的元素。所以，做教师的人最重的性格就是热心，敷衍塞责绝没有成功的。做教师的人，不但对于所教授的科目应该尽心预备，并且应该想着提高教师的职业的标准。这是今日所要和大家谈的。

无论哪种职业，都有它自己的精神。这种精神是能继续发展的，所以职业之个人生老疾死、往来嬗变异常迅速，而职业之精神则亘万古而长存。职业的精神既如是之悠久，所以能发展它的理想、精神、习惯，足以感化职业者使他们有共同的目的，并且忠心于他们的职业。但是，职业之精神虽如是之伟大，而假使职业者对于它——职业精神——有一种极活泼的表现，也未尝不可以助长职业精神——理想、习惯等——使它发挥光大。法国人有句话说是：身体中之精神，一贯之精神也。此言虽仅就个人身体上立论，而可以拿来比方职业精神和职业者的关系。因为个人的生命能团结联合身体上的五官百骸，职业的精神也能结合职业中各部分。所谓职业的精神，如是而已。

这种精神——职业的精神——和教师的影响异常伟大。所以，为教师者，其个人间所受之训练以及其他事项之适宜与否皆无关重要，最重要的就是在是否受过共同的训练。关于共同训练的事项，可分为社会、个人两方面。

职业精神的社会方面，最重要的就是要有同情的、互助的精神。因为这是达到共同的精神所不可少的元素。例如，一个军队之能否成功并不在其军械辎重是不是锐利充足，而在他们能不能同心协力、众志成城，假使遇着共同的危险，能不能一致进行。要是能够如此，则其破敌制胜自可操胜券。

关于社会方面的，上面已经述过。但是除此而外，又必要为教师之个人对于学问——所教授的——有精深的研究、透彻的主张，然后可望达到目的。故关于个人方面的无他，就是对于各种学科的注意。再以军队为例，一军队之能决胜与否，固在于军士间协同的精神；但这以外，还要有对于竞争的学问曾加以研究的长官指挥之、引导之，并将此种知识授之军人，而后敌可破而名可立。

各种职业中最重知识的有二，就是医学与教育。因为学医的人不但要极用心地研究医术代人治病，并且要研究新的、发明新的，去教授别人。教育也是这样。所以，担任教育事业的人，不仅要增进自己的学问见识，而且必要有所贡献于教育全体。这个贡献是勿论大小多少的。

凡一个人的目的在增高他的地位，必定要去增进他的学问。但是这种别有用意而去研究、增进的学问，决不能深造。反之，完全以职业为目的的人，则可于其增进的知识外，并可对于职业有许多贡献。不过是各国多半有极多的障碍物，来妨害职业精神的发展。这是很可惜的。单就美国说，有许多人虽表面似乎从事教育事业，但他并不视此为他的终身的职业，他的目的是在比教育较合算的事情，其从事教育的原因不过用之补空而已。又有一部分人，其对教育的用处并不彻底了解，不过是看教育是大家所承认的高尚的职业，可以增进提高个人在社会上的地位，因而从事之。再就中国说，也有许多人以教育事业为职业中的附属品，而以做官等事为主体。其视教育事业不过是另外一个收集进款的方法罢了，像这种情况都妨害职业精神的发展。所以，我甚望做教师的都发出他真正的精神，始终其事，而牺牲其他。千万不可存五日京兆之心，而别有所图。

有两桩事足以阻碍个人的真正精神，使他们——一般从事教育的人——对于教育不能始终其事、终身不离，再提出来和大家讨论一下。

（1）教师对于他们的领袖的利害、幸福看得非常重要，而对于学校中重要的、应当注意的部分反漠然视之。

在中国教育的毛病，就是按授课时间的多少定薪金的厚薄。因为这种方法，最容易养成做教师的人觉得只要把所担任的功课预备好就敢告无罪，对学校中其他应行与改革的事情一概置之不理的习惯。这种习惯，就是职业精神发展过程中的大阻力。所以，我常见许多教师，其对于学校的前途可说是一点责任心都没有，他们的责任只限于上课的钟点。假使要有一贯的精神存乎其间，则他们看学校的盛衰和他们是休戚相关的，和他们自己的利害一样，我想必有能以学校为集中地点，于此谋学校的幸福的。若果能这样做下去，自不难使学校的精神和教师、毕业生合为一气，学校前途的发展还不是意中事吗？这种事情并不要许多人来担任，只要有六七人能把学校长久之计作为自己的责任，学校自然就会进步。不但如此，这种方法推行的结果，无论哪种学校，都可使学生有所感动，对于所处的学校有爱恋不舍的心，不至于中途无故退学，并且想着竭力用功，以期学校成绩的优良。

（2）职业的精神发展的阻力，就是学校与学校的竞争太甚。我并不是说这种竞争完全是不好的，它的确可以减少人的懒惰的根性、想着和别人比较优劣，学校各个方面也都可赖之进步。但是，竞争的结果最容易变成妒忌、猜疑、欺诈的心。此心一动，则学校与学校、教师与教师间相互联络的精神往往因之破坏。我说它是职业的精神发展的阻力，为的是这个缘故。所以，据我个人的眼光观之，中国的教师与教师相与之间，最重要的就是要把平素念念不忘的你是甲国毕业、我是乙国毕业的念头忘却，而以教育如何发展的观念做大家共同的目的。如军队然，虽人存有心，而其共同之目的为国家谋幸福却是一致的。我希望做教师的人，也具此种精神，视彼此的利害是相同的、毫无此疆彼界之分。

除上述二者外，还有一种妨害真正精神的发展的阻力，就是做教师的对于学科上多不肯用功。教师日常所接近的皆系知识未曾成熟的青年。所以，他们常常觉得自己的学问已经很高深渊博，去教那些知识未曾成熟的青年已是绰绰有余，求进步的心也就日渐消沉下去。要晓得凡做教师的人，不问他所教的是什么功课、所教的学生的程度是深是浅，总是应当而且必要选择一种与自己适合的学科去用心研究，以求知识的进步。

职业的精神既有这样多的强敌来阻挠它、妨害它，我很希望大家对于这些地方特别加点注意，想着怎样去发展它才好。

说到这里，我要提出一点意见：美国的教师已经有此种经验，群起组织会社或团体。全国在教师中的团体有两种：（1）研究教育问题的，如讨论教授、管理等方法如何才能适宜，教育行政应当怎样改良才是。（2）讨论每种学科特别的教授法。

现在，我先讲第一种这种团体的由来。起初只由一个学校的教师组织个小社会，讨论教育的进行——如教授法和管理法应如何改良等——渐而借此推之全州，结合为较大的团体，专研究教育的问题。到了最后，又由一州的变为全国的，而教育研究会由是成立。每年开会一次，每次必由众人讨论教育上的种种问题。至到会人数，每次总有2万多人乃至3万人。在开会时间，下至小学，上至专门学校，每阶段之教师皆与其同等者讨论，研究学校的根本问题——如学级之编制，等等。

至于第二种，则为研究学问之团体。每逢开会时，则各科教师与其同业者在一处研究各种学科之特别教授法。

此类团体完全出于教师的自动，为欲促进教育事业之发展而起，故各分子间的感情异常浓厚、真挚，洵足以辅助职业的精神的存在和发展，较之官僚所办者或在官僚势力监督之下者，其效果的相差真不可以道里计啊！

此类团体所收的效果，可分为两方面：一社会的方面，二知识科学的方面。关系第一项的，就是以彼此往来的结果，可以增长社交上的经验。关于第二项的，就是以彼此互相切磋的结果，知识也随之而增加。这种效果，不独可以提高教师职业的标准，并且可以此为中心，使不能如此办理的人得所效法。所以，此种团体可受舆论的尊崇、众人的信仰，而且对于以自己位置为目的的教育界的败类可设法驱除之。

以上所讲，皆关系于知识和道德方面的，以下再将关于气质和经济方面的略述一二。

教师虽知识较旁人为丰富，但他也是个人，也有生命的，也是有依赖他的赡养而后生命得以维持的人。他既有生命，他就要思所以维持他自己的生命，他就要思所以维持他自己生命的方法。他既然有依赖他的赡养而生活的人，他自然要思所以维持他们的生命的方法。社会上的人要是不尊重这种职业则已，要是承认这种职业是高尚、可敬的，就应当由经济方面来援助他们。不然，我可说这种尊重是不诚实的、是虚伪的。因此，教师们结合团体时，亦宜注意此点——经济物质方面的情形。不过大家要知道，我虽然这样说，而我始终主张在团体结合时还是以知识和道德为重。因为重视知识道德，则目的高尚远大，是真正的服务；若仅依物质之力来维系团体之精神，我知此团体涣散之期已经不远了。何以言之？若果一团体中咸以利益为主，则利益所在的地方，趋之者必争先恐后，其结果必酿成尔诈我虞的现象，团体也随着破坏。故欲团体永久存在，且博得社会上的信仰和崇拜，唯有以公正无私的精神为目的然后可。总而言之，凡做教师的人一方面固要注重物质，同时其他方面又不要忘了研究学问的精神、职业价值的提高两个大题目。

此外，还有许多方法可增进教师的职业的精神，兹暂不述。方才所说的，都是美国所已经行过的。不晓得在中国已经有这改良教育的团体没有。

谈到此处，因而联想到这个学校的学生都是有为的青年，并且我所教的一班，又是已经做教师、回来研究教育的，这种求学的热心使我永远不忘。以诸位的经验，真正可做组织事业为社会的中坚，应当先由自己以身作则，然后推而广之，增进你们的学问、提高职业的精神。诸位在师范所得的知识将来都极有价值，而特别学科研究的心得尤其能给社会上许多好处。除过于所学的知识外，最重要的、不要忘记的就是对于教育要有信仰心，然后心才可专。这种职业的精神和为教育而牺牲自己的毅力，较你们所学的知识格外可贵。

此次讲演，是我对于北京的教师和学生最后的演讲。今天，我除了感谢两年来诸君待我的尊敬、真挚外，有一句最后的话奉告，就是大家应当专心于教育事业，以谋它的发展改良，增进职业的精神，然后国家才有强盛的希望。这件事责任本是很大的，而且各方面的阻力也是异常之多，但要是能勉力做下去，其效果之大真不可限量，较之过去或其他方面的经营的成效不晓得大多少。所以，若果诸君能以教育为终身目的，做它没齿不二的纯臣，这多灾多难的中国还有日臻隆盛的希望。这种事业的伟大，较之汲汲于个人的利益者，其相差简直出乎吾人预想之外。谨祝诸君成功！谨祝诸君今后觉悟教育事业之重要、高尚，而好自为之！

（1921年6月22日，淑兰笔录。

《晨报》1921年6月24—27日）

教育者的工作

（在济南的讲演）

编者按：本文是杜威1921年7月18日在济南作的讲演。在讲演中，杜威强调指出，教育不是简单的，而是复杂的。其有三个要素：一是社会的要素。社会变迁不仅影响学校的组织制度和管理，而且影响学校科目，因此，学校要适应社会情况和社会需要，教育者要不断研究社会情况和社会需要。二是知识的要素。教育者不仅需要知识学问，而且要不断地研究知识学问，并使学生去热爱知识学问。三是个人的要素。教育者在精通知识学问的同时，须研究学生的心理以决定教授方法，因为只有知识学问不能算是一个完全的教育者。总之，教师是一个真正的领导者，永远不能放弃他做引导的职务，并知道怎样引导才能到达目的地。

对于教育的讲演，最好是用教育的题目。各种教育的事业需要依着各种目的而定，讲演的第一个问题就是要研究各种工作和各种要素才能达到教育的目的。教育这件事不是简单的，是含有复杂要素的，我们要怎样去预备自己，必须先知道各种要素的不同，还须知道教育的各种事业。

教育好像一根绳——三股做成的，取这个譬喻的意思就是说教育有三个要素：

（1）社会的要素。就是社会各种的情况、生活、需要等等。

（2）知识的要素。对于各种学问须研究精通。

（3）个人的要素。学生的身心两方面怎样构造、怎样组织，本着什么原理去发达、生长和发展。

所以说，教育不是简单的，是复杂的。要成就一个教师必须有什么样的知识学问。但是，只有知识学问，并不能算一个完全的教育者。教育者和政治家是一样的，必须知道社会的情况、需要等等，而后用适当的方法去发展他的教育目的。所以，教育者除了知识学问以外还需要明了社会的情形，并且还要知道儿童心理怎样地诱导。因为教育包含很多事业是不容易做的，然而也是很有趣味的。若按多种的元素去预备，一切的职业都没有比得上教育的。

第一先要讨论社会的要素，就是要讨论人怎样能成一个完人。教育的目的就是要把社会的青年男女造成完人、造成社会上有用的分子。要造成社会上有用的分子，须有三种必要的资格：

（1）做家庭中有用分子。

（2）对于他所从事的某种事业须有完全知识。

（3）对于社会国家须有所贡献而成一有用的分子。

以前的时候，有一少部分人受教育就可以维持社会，而现在如何需要都受教育？以前的教育，所授受的功课只有文学，为何现在需学许多科学？这些变迁并不是少数人说想要变就变的，是因为社会上的新情况、新势力、新运动迫着教育不得不变的。一个学校在五百年或百年前所用的方法可以造就人才，然而在今日必要失败，因为它不能随着社会的转移，所以有这样的结果。所以，教育和对于各种科学、各种艺术必须顺着潮流走去。在民主主义的国家里边，若是学校教育用其他主义的教育，就必然失败；教育既然失败，国家也要失败。并且教育是无阶级的；若是一个学校里边，重男的、轻女的，有富的、无贫的，是很不对的。所以，要普及教育，必须把这男女贫富的阶级都化除了，给他们一种平等的机会。

社会变迁的影响，不但影响到学校的组织制度、管理上，还能够影响到科目问题。哪种科目是必需的、哪种是不必需的、哪种应该提前、哪种应该取消，都要特别注意。并且，不只科目受影响，教授的方法也受影响。譬如在专制时代，教授法只在锻炼儿童的记忆力和各种知识的授予，若社会是稍有自由性质的或是民主主义的，那学生的推理力、判断力、发明力、计划力也是要注意的。

由此看来，学校的建设不是偶然的。有一种必要先解决的问题，什么呢？就是使学校适应社会的情况、适应社会的需要。从历史上研究，各国教育的制度就可以决定各国的强弱；哪一国的强弱全在它的教育能不能适应当时的社会情况，就是那实行帝国侵略主义的国家——现在我们绝对不赞成的——它的教育也需要主张侵略主义，然后才能达到目的。学校失败的唯一病原，就是任其所尚、漫无计划，国家的目的和社会的情况一概不管，因此，他们的办法和目的便不能一致，所以结果要失败的。

若是一个国家在理想上是民主主义，然而不拿民主主义去做教育，也是必定要失败的。学校好像一个工厂，学校应该做的事业也要做成一个工厂似的学校。这工厂是活的、不是死的，造出的货物——学生——也是要活泼泼地做社会上有用的公民。若是工场的工人不知所做的是何种货物，彼此又不能联络而互相分离，他的工厂是必不成功的。所以，教育的唯一要素就是要晓得社会的情况，去决定指导的方法。学校造就学生，就像工场需用何等方法、何等材料以制造何种货物是一样的。

学校又像农人耕种一样，农人耕种并不是偶然的事情，必有一定的自然法则、自然规律。若是不耕不种还要希望收获，哪里会能成功？倘若一个民主国不注重普及教育，可要做一个真正的民主国，这和农夫不去耕种、只望收获岂不是一样？若要成功可就难了。所以，我们要做良好的教育者，需要按民主主义造成民主国家。

良好的教育需要有一种资格，什么呢？就是要做一个继续不断的研究者，研究社会的情况、需要，再去考究对于这件事所以反复声明的缘故，是因为里面有因果关系。将来儿童心身的发展就可以影响到将来的社会。

所以，教育行政者对于社会的主要元素应该特别地注重，科目的选择啦，目的的规定啦，学校的种类和学校的制度啦，这些事情更是不知社会的情况不能着手的。譬如学校是否应该取学监制或自治制、是否男女应该同校，也要按社会的情况去定。

第二是讨论知识的要素。教育者需要知识是当然的事，不用细说了。因为教员对于他所授的功课必要有了知识然后才能教授，这不是明白的事实吗？但是，其中有一件事是不可不知道的，什么呢？就是教员觉着自己年龄比学生高、知识学问比学生好，对于功课便就不再研究，用的讲义年年都是一样，这是很危险的。教授儿童固然是非常容易、毋庸费力，但是因为不太费力便就不继续研究，当然也就不能进步，对于知识的兴趣也就消失了。

教育者向知识方面努力地用热心、兴趣去感化儿童，儿童就同着他的感化也发生热心和兴趣，也就向知识方面努力。若是有许多教师，他的学问知识不甚高明，但是能以继续研究感化儿童，使儿童们都有兴趣比较那些学问优长，而不能继续研究、感化儿童的教师，结果必然是好的。社会上不好的事往往易于传染，幸而好事也能传染，就像灯光四射一样。好事既然容易传染，做教师的就可以用这种传染，将他对于知识的爱力不知不觉地传染到儿童身上；儿童受了这种影响也就可以发生知识的爱力。所以，教师自己若要免去那机械的危险，唯一的方法就是要努力将自己造成一个学者，就是要有一种特别的嗜好去研究某种科学——如文学、哲学、经济学等——无论哪一种科学需要于一定时间、热力、毅力地去研究它，那么，学生也就仿照他的办法，受知识的影响。并且，教师不但要研究他所应研究的功课，对于其他的科目也要注意。

第三是讨论个人的要素。教师的知识虽然很丰富、学问虽然很渊博，若是不知儿童的心理，就不能和儿童表同情。所以，做教师的不仅要注意儿童的读书和居住，还要观察他的心情、发展他的身体；不然，必不能和他们亲近，结果究竟是失败的。大凡学生对于教师的性质行为往往明了得很，只是教师对于学生大半不甚注意，这都是教师的不好处。所以，教师必须研究心理学去观察儿童心理、决定教授方法。

为教师的，除了以上三种资格以外，必须做一个首领。这里所说的首领，并非发号施令的司令，也非在众人之后强迫进行的驱迫者，乃是一个真正的指导者。他知道目的所在，还知道怎样引导才能达到这目的地。他原是在前边领着他人走的，好像一个引路的人，对于前途的阻碍都是很明了的。学生在学校的时候，好像去到一个不知方向的地方旅行似的，若是没有好的引导者在前面指示途径，那能成么？所以，教师永远不能忘了他的职务是要做个领导者，还要永远不能放弃他做引导的职务。他的职务并不是发号施令，只要能知道目的地所在和达到目的的方法，永远在前做一个引导者，那就是教师的职务了。

（1921年7月18日，王卓然口译。

《晨报》1921年7月22—23日）

附录

杜威在华主要教育讲演汇总表

讲演时间	讲演题目	讲演地点	翻译者
1919年			
5月3—4日	平民主义的教育	江苏省教育会	蒋梦麟
5月	平民主义之教育	上海	朱公振（笔录）
5月7日	平民教育之真谛	浙江省教育会	郑宗海①
5月	教育答问	南京高等师范学校	陶行知
5月	经验与教育之关系	南京高等师范学校	刘伯明
6月17、19、21日	现代教育之趋势	北京美术学校	胡适
7月19日	与贵州教育实业参观团之谈话	北京大学哲学教研室	胡适
8月10日	学问的新问题	北京尚志学校	胡适

---

① 郑宗海，即郑晓沧。

（续表）

讲演时间	讲演题目	讲演地点	翻译者
1919年9月21日至1921年2月22日	教育哲学（16次讲演）	北平北洋政府教育部	胡适
10月10日	品格之养成为教育之无上目的	山西太原大学校	胡适
1919年10月15日至1920年3月12日	伦理讲演纪略（15次讲演）	北京	志希等（笔录）
12月17日	大学与民治国舆论的重要	北京大学	胡适
1920年			
4月7日至5月5日	关于教育性质和学校教育的教育哲学（10次讲演）	南京高等师范学校	刘伯明
5月8日	教育之要素	南京江苏省教育厅	刘伯明
5月9日	教育家之天职	南京江苏省教育厅	刘伯明
5月16日	平民主义之精义	南京江苏省议会	扶国泰、陈文（笔录）
5月20日	教育与社会进化之关系	扬州	刘伯明
5月20日	"自动"之真义	扬州	刘伯明
5月29日	教育者的天职	上海第二师范学校	刘伯明
5月29日	职业教育之精义	中华职业教育社	刘伯明
5月30日	职业教育与劳动问题	中华职业教育社	刘伯明
5月31日	专门教育之社会观	上海同济学校	刘伯明
6月1日	工艺与文化之关系	上海南洋公学	刘伯明

（续表）

讲演时间	讲演题目	讲演地点	翻译者
6月2日	普通教育与职业教育之关系	上海沪江大学	刘伯明
6月2日	社会进化	上海青年会	刘伯明
6月3日	公民教育	上海浦东中学	刘伯明
6月4日	教育与社会的关系	上海松江	徐守五
6月6日	教育者之责任	南通	刘伯明
6月12日	小学教育之新趋势	杭州	郑晓沧
6月14日	造就发动的性质的教育	浙江省立第一师范学校	郑宗海
6月18日	教育的新趋势	徐州	刘伯明
6月19日	教材的组织	徐州	刘伯明
6月22日	试验主义	无锡第三师范学校	沈同文、沈宗璜、方腾农（笔录）
6月27日	教育行政之目的	苏州吴县教育会	郑晓沧
6月28日	再说教育者的责任	苏州	郑晓沧
6月29日	学校与社会	苏州	郑晓沧
6月29日	教育与实业	苏州	郑晓沧
9月16日	学生自治的组织	南京	郑晓沧
11月4日	教育与社会之进步	湖北高等师范学校	王卓然
11月5日	学生会的宗旨与办法	湖北学生联合会	
1921年			
4月5日	现代教育的趋势	厦门集美学校	
4月6日	大学的旨趣	厦门大学	

（续表）

讲演时间	讲演题目	讲演地点	翻译者
4月13日	教育者为社会领袖	福建省第一师范学校	王淦和
4月14日	自动的研究	福州青年会	王淦和
4月15日	教育与实业	福州青年会	王淦和
4月18日	习惯与思想	福州青年会	王淦和
4月19日	天然环境、社会环境与人生之关系	福州青年会	王淦和
4月20日	国民教育与国家之关系	福州青年会	孙世华
4月20—22日	自动与自治	福建第一中学	倪耿光
4月21日	读书与工作结合	福建省立蚕业学校	
4月21日	美国教育会之组织及其影响于社会	福建省教育会	朱立德
5月2日	自动道德重要之原因	广东高等师范学校	韦珏
5月	教授青年的教育原理	北京女子高师	福音（笔录）
6月22日	教师职业之现在机会	北京高等师范学校	淑兰（笔录）
7月18日	教育者的工作	济南	王卓然
7月19日	教育之社会要素	济南	王卓然
7月20日	学校科目与社会之关系	济南	王卓然
7月21日	学校的行政和组织与社会之关系	济南	王卓然
7月22日	教育之心理要素	济南	王卓然
7月23日	学校与社会的关系	济南	王卓然